Religiöse Bildung erforschen

Eine Veröffentlichung des Comenius-Instituts

Peter Schreiner,
Friedrich Schweitzer
(Hrsg.)

Religiöse Bildung erforschen

Empirische Befunde und Perspektiven

Waxmann 2014
Münster • New York

Bibliografische Informationen der Deutschen Nationalbibliothek
Die Deutsche Nationalbibliothek verzeichnet diese Publikation in
der Deutschen Nationalbibliografie; detaillierte bibliografische
Daten sind im Internet über http://dnb.d-nb.de abrufbar.

Print-ISBN 978-3-8309-3161-4
E-Book-ISBN 978-3-8309-8161-9

© Waxmann Verlag GmbH, Münster 2014
Steinfurter Straße 555, 48159 Münster

www.waxmann.com
info@waxmann.com

Umschlaggestaltung: Inna Ponomareva, Münster

Gedruckt auf alterungsbeständigem Papier,
säurefrei gemäß ISO 9706

Volker Elsenbast
zum 60. Geburtstag
in herzlicher Verbundenheit

Inhalt

Weitere Horizonte

Zur Einführung

Das Interesse an empirisch gestützten Einsichten zur religiösen Bildung ist in den letzten Jahren deutlich gewachsen. Dahinter steht die Wahrnehmung, dass religiöse Bildung heute nicht mehr unabhängig von Erkenntnissen der empirischen (Bildungs-)Forschung begriffen und gestaltet werden kann. Dies ergibt sich zum einen aus veränderten Ansprüchen und Erkenntnissen im Bildungsbereich insgesamt, der sich nicht allein auf der Basis von Begründungen und Zielen ausgestalten lässt, und zum anderen aus dem Wandel der religiösen Sozialisation, Erziehung und Bildung. Weniger denn je kann davon ausgegangen werden, dass deren Qualität und Wirksamkeit gleichsam automatisch vorausgesetzt werden können. Stattdessen wird nun weithin – in Kirche und Religionspädagogik, aber auch darüber hinaus – die Notwendigkeit gesehen, religiöse Bildungsprozesse gezielt zu unterstützen und zu verbessern. Deshalb wird auch die wissenschaftliche Begleitung, die sich ebenfalls u.a. empirischer Methoden bedient, auch in diesem Bereich zunehmend zu einem unerlässlichen Instrument. Zudem sieht sich auch religiöse Bildung mit kritischen Fragen konfrontiert, die sich nicht allein mit Hilfe theoretischer Annahmen oder Argumente beantworten lassen. Begründungen zur Notwendigkeit und Relevanz religiöser Bildung in evangelischer Perspektive bedürfen empirischer Grundlagen.

Im Leitbegriff „religiöse Bildung", der für den vorliegenden Band gewählt wurde, drückt sich zunächst der Anspruch aus, dass auch Religion als ein grundlegender Bereich und eine konstitutive Dimension von Bildung anzusehen ist. Dies wird in der bildungstheoretischen Diskussion etwa auch in der Erziehungswissenschaft zwar durchaus bejaht (Baumert 2002; Benner et al. 2011; vgl. Schweitzer 2014), in der sozial- und erziehungswissenschaftlichen Forschungspraxis dann aber häufig übergangen. In dieser Hinsicht dient der Band dem Zweck, entsprechende Forschungsaufgaben und -möglichkeiten neu bewusst zu machen. Der Bildungsbegriff wird dabei, dem derzeitigen, aufgrund seiner Unschärfe allerdings nicht immer unproblematischen Gebrauch folgend, in einem sehr weiten Sinne verstanden. Er schließt Aspekte der Sozialisation und der Entwicklung, der Erziehung sowie des Lehrens und Lernens ein. Insofern bezeichnet er einen Gegenstandsbereich, ohne ihn – wie es bei klassischen Bildungstheorien der Fall war – zugleich in eine bestimmte, theoretisch gehaltvolle Perspektive zu rücken. Allerdings sollte darüber nicht übersehen werden, dass es sinnvoll bleibt, mit dem Bezug auf religiöse Bildung einen übergreifenden sowie orientierenden Horizont für alle religionspädagogischen Bereiche und Handlungsfelder präsent zu halten. In dieser Hinsicht bleibt der Bildungsbegriff durchaus gehaltvoll und unverzichtbar.

Innerhalb dieser allgemeinen Zielsetzung dient der vorliegende Band drei Aufgaben: Erstens soll der Stand der Forschung zu religiöser Bildung dokumentiert werden. Zweitens geht es um eine kritische Diskussion vorliegender Untersuchungen, um die Identifikation von bislang vernachlässigten Bereichen und Fragstellungen sowie um die Kennzeichnung von Zukunftsaufgaben. Damit soll – drittens – eine Grundlage auch für die Weiterentwicklung der Forschung zu religiöser Bildung gewonnen werden.

Die Beiträge des vorliegenden Bandes stellen deshalb den Stand der Forschung in verschiedenen Bereichen religiöser Bildung vor. Sie geben, wie aus den jeweiligen Themenformulierungen erkennbar wird, zum Teil einen Überblick und stellen zum Teil einzelne Projekte vor. Aufgabe und Notwendigkeit empirischer Erkenntnisse werden ebenso diskutiert wie methodologische Fragen nach der Möglichkeit und den Grenzen der Erforschung religiöser Bildung.

Mit dem Band wird eine Zwischenbilanz empirischer Forschung zu religiöser Bildung vorgelegt, die unterstreicht, dass die Anschlussfähigkeit von religionsbezogener Bildungsforschung zu Erziehungswissenschaft und Sozialwissenschaft vorhanden ist und sich immer wieder – auch im interdisziplinären Diskurs – bewähren kann, aber auch muss.

Die Beiträge beziehen sich auf zahlreiche, wenn auch nicht alle denkbaren Bereiche religiöser Bildung und deren Erforschung. Einer im weiten Sinne biografiebezogenen Perspektive folgend geht es um „Familie und Elementarbereich", „Kinder, Jugendliche und Gemeinde", „Schule und Religionsunterricht" sowie „Erwachsene", wobei es zwischen diesen Bereichen natürlich immer wieder Überschneidungen gibt. Die Bereiche werden darüber hinaus gerahmt durch Beiträge zu übergreifenden Perspektiven religiöser Bildung und dem konkreten Vorhaben einer evangelischen Bildungsberichterstattung (EBiB), das die EKD, ihre Gremien und das Comenius-Institut seit 2008 intensiv beschäftigt. Im abschließenden Teil finden sich Darstellungen zu perspektivisch wichtigen Horizonten, wie vergleichenden Studien zum Religionsunterricht und zur Konfirmandenarbeit sowie zu interreligiösem Lernen. Methodologische Desiderate in der Erforschung religiöser Bildung werden ebenfalls in einem eigenen Beitrag sowie an zahlreichen Stellen in anderen Beiträgen diskutiert. Der Band ist somit nicht nur als Situationsbeschreibung zu verstehen, die einen aktuell erreichten Forschungstand aufzeigen will, sondern er weist zugleich auf weitergehende Herausforderungen für zukünftige Forschung hin.

In den Beiträgen in diesem Band wird eine inhaltlich wie strukturell vorhandene Vielfalt sichtbar und ebenso wird der unterschiedliche Stand im Blick auf Forschung deutlich. Während für einige Bereiche wie die Konfirmandenarbeit und für religiöse Bildung in der Schule zahlreiche empirische Befunde vorliegen, ist in anderen Bereichen noch Pionierarbeit zu leisten.

Schon in der Vergangenheit hat das Comenius-Institut mehrfach die Aufgabe wahrgenommen, Untersuchungen zur religiösen Bildung zusammenzuführen und ihre weitere Entwicklung zu unterstützen. Dazu wurden zahlreiche Konsultationen durchgeführt und Arbeitsgemeinschaften eingerichtet, immer wieder aber auch entsprechende Veröffentlichungen vorgelegt. Beispiele dafür betreffen die religionsbezogene Biografieforschung (Comenius-Institut 1993; Fischer/Schöll 2000) sowie Untersuchungen zum Religionsunterricht (vgl. Fischer et al. 2003; Feindt et al. 2009, als Überblick Elsenbast/Schreiner 2004). Der vorliegende Band führt diese Bemühungen weiter und stellt sie in den breiteren Horizont der religiösen Bildung insgesamt.

Mit ihren Beiträgen würdigen die Autorinnen und Autoren, die in unterschiedlicher Nähe zum Comenius-Institut stehen, zugleich die Verdienste Volker Elsenbasts, Direktor des Comenius-Instituts. Die Herausgeber statten ihm im Namen des Vorstands des Comenius-Instituts und seiner Mitarbeiterinnen und Mitarbeiter ihren Dank ab und wünschen ihm zur Vollendung des 60. Lebensjahres alles Gute und Gottes Segen.

Wir danken Angelika Boekestein vom Comenius-Institut für die sorgfältige Erstellung der Druckvorlage und Beate Plugge vom Waxmann Verlag für die gewohnt professionelle Beratung und Begleitung der Drucklegung dieses Bandes.

Die Erstellung und Herausgabe dieses Bandes wurde von der Evangelischen Kirche in Deutschland EKD, der Evangelischen Kirche der Pfalz und dem Jenaer Zentrum für Religionspädagogische Bildungsforschung in dankenswerter Weise unterstützt.

Peter Schreiner, Friedrich Schweitzer
Münster/Tübingen, Juli 2014

Literatur

Baumert, J. (2002): Deutschland im internationalen Bildungsvergleich. In: Killius, N.; Kluge, J.; Reisch, L. (Hg.): Die Zukunft der Bildung, Frankfurt a.M.: Suhrkamp, S. 100-150.

Benner, D.; Schieder, R.; Schluß, H.; Willems, J. (Hg.) (2011): Religiöse Kompetenz als Teil öffentlicher Bildung. Versuch einer empirisch, bildungstheoretisch und religionspädagogisch ausgewiesenen Konstruktion religiöser Dimensionen und Anspruchsniveaus. Paderborn u.a.: F. Schöningh.

Comenius-Institut (Hg.) (1993): Religion in der Lebensgeschichte. Interpretative Zugänge am Beispiel der Margret E. Gütersloh: Gütersloher Verlagshaus.

Elsenbast, V.; Schreiner, P. (2004): Religionsunterricht. In: Elsenbast, V.; Pithan, A.; Schreiner, P.; Schweitzer, F. (Hg.): Wissen klären – Bildung stärken. 50 Jahre Comenius-Institut. Münster u.a.: Waxmann, S. 163-178.

Feindt, A.; Elsenbast, V.; Schreiner, P.; Schöll, A. (Hg.) (2009): Kompetenzorientierung im Religionsunterricht. Befunde und Perspektiven. Münster: Waxmann.

Fischer, D.; Schöll, A. (2000): Religiöse Vorstellungen bilden. Erkundungen zur Religion von Kindern über Bilder, Münster u.a.: Comenius-Institut.

Fischer, D.; Elsenbast, V.; Schöll, A. (Hg.) (2003): Religionsunterricht erforschen. Beiträge zur empirischen Erkundung von religionsunterrichtlicher Praxis. (Veröffentlichung des Comenius-Instituts). Münster u.a.: Waxmann.

Schweitzer, F. (2014): Bildung. Neukirchen-Vluyn: Neukirchener Verlag.

Übergreifende Perspektiven

Peter Schreiner/Friedrich Schweitzer

Religiöse Bildung erforschen, wie und warum

Religiöse Bildung bezieht sich auf die Theorie und Praxis religiösen Lernens und Lehrens, wobei die Bildungstheorie eher Grundlegungsfragen betrifft, während Lehren und Lernen als (Teil-)Operationalisierungen von Bildung angesehen werden. Forschung in diesem Bereich will Voraussetzungen, Kontexte und Ziele klären, Wirkungen erforschen und Anregungspotenzial für eine verbesserte Bildungspraxis bieten. In konkreten Untersuchungen bedarf es jeweils einer klaren Beschreibung der zu erforschenden Fragestellung bzw. des Problems, das bearbeitet werden soll, geeigneter Kategorien und adäquater Methoden. Manche Aspekte der Forschung zu religiöser Bildung sind auch Untersuchungsgegenstand von Disziplinen wie der Soziologie oder Psychologie, in denen sich bestimmte Forschungsrichtungen mit Religion, Religiosität, Spiritualität, Glaubensmustern, religiösen Institutionen etc. beschäftigen. Ein interdisziplinärer Austausch bietet sich deshalb an. Religionspädagogik als ein Bereich, der sich mit religiöser Bildung beschäftigt, wird zunehmend selbst zur Forschungsdisziplin, die mit Hilfe eines entsprechenden Instrumentariums Untersuchungen durchführt, die helfen, „den Gegenstand der Religionspädagogik besser zu verstehen und spezifische Modelle oder Theorien zu entwickeln" (Ziebertz 2004, 209; vgl. auch Schweitzer 2011). Davon zeugen die Beiträge in diesem Band. Bei den verschiedenen Darstellungen von Forschungsprojekten wird deutlich, dass es generell um das Verstehen von Situationen und Handelnden geht und daher um eine darauf eingestellte Empirie.

Unter empirischer Religionspädagogik wird der Zweig der Religionspädagogik verstanden, bei dem Daten erhoben, ausgewertet und interpretiert werden, unter systematischer Anwendung entsprechender Untersuchungsmethoden, mit deren Hilfe neues Wissen generiert werden kann. Die empirische Religionspädagogik ist notwendigerweise inter- bzw. intradisziplinär ausgerichtet. Empirische Forschung in der Religionspädagogik verschränkt eine theologisch-hermeneutische Grundlegung mit empirischer Analyse und kritischer Reflexion (vgl. grundlegend: Ziebertz 1994; Porzelt/Güth 2000; Schweitzer 2012).

1. Warum religiöse Bildung erforschen?

Obwohl schon in den 1960er Jahren in Anlehnung an die sich neu konstituierende Erziehungswissenschaft auch für die Religionspädagogik eine „empirische Wendung" gefordert wurde (Wegenast 1968), gilt noch immer, dass die Praxis religiöser Bildung empirisch gesehen bislang ein nur wenig fassbarer Bereich ist. Weithin fehlt es an entsprechenden Untersuchungen, und es stehen keine einschlägigen Daten und Befunde zur Verfügung, zumindest nicht in ausreichendem Maße. Wie sich die entsprechende Praxis tatsächlich vollzieht, welche Vorstellungen dabei realisiert werden und welche Wirkungen davon zu erwarten sind, lässt sich – ähnlich wie viele vergleichbare Fragen – daher nicht zuverlässig beantworten.

Im Folgenden werden verschiedene Begründungszusammenhänge für die Erforschung religiöser Bildung aufgenommen. Die Darstellung ist dabei auf empirische Untersuchungen zentriert, wobei die Bedeutung empirischer im Verhältnis zu anderen Zugangsweisen im zweiten Teil dieses Beitrags noch eigens thematisiert wird.

1. Die Praxis wahrnehmen

Die Aufgabe, die Praxis religiöser Bildung wahrzunehmen, stellt sich zunächst jedem und jeder, der oder die in diesem Bereich tätig ist. In diesem Falle geht es dann zunächst um die eigene Praxis, die beispielsweise einer genaueren Reflexion unterzogen werden soll. Eine solche Reflexion gehört nach heutigem Verständnis grundsätzlich zur Professionalität pädagogischer Tätigkeit und kann als eine ihrer unverzichtbaren Voraussetzungen gelten.

Weiterreichend wird die pädagogische Praxis von anderen wahrgenommen – von den unmittelbar daran Beteiligten, aber auch etwa von Eltern, von Kolleginnen und Kollegen und nicht zuletzt in vielen Fällen auch von Vorgesetzten. Zumindest teilweise geht es dabei um ausdrückliche Verhältnisse der Aufsicht, wie sie in der Schule durch die Schulleitung und in der Gemeinde von Pfarrerinnen und Pfarrern oder anderen Personen ausgeübt wird.

Resultat der bisher genannten Formen der Wahrnehmung von Praxis sind in aller Regel Erfahrungsberichte, die in mündlicher oder schriftlicher Gestalt Verbreitung finden. Abhängig vom Wahrnehmenden sind diese Berichte mehr oder weniger subjektiv, mehr oder weniger professionell und eben auch mehr oder weniger verlässlich. Vor diesem Hintergrund kann die erste Aufgabe empirischer Untersuchungen darin gesehen werden, eine Form der Wahrnehmung von Praxis zu erreichen, die möglichst intersubjektiv und verlässlich ist. Dies soll dadurch gewährleistet werden, dass die bei entsprechenden Studien leitenden Fragestellungen klar beschrieben und die eingesetzten Methoden eindeutig benannt werden. Dazu kommen noch die ebenfalls auszuweisenden Formen der Datenauswertung und Interpretation, die von vornherein transparent zu machen sind.

Eine genauere und verlässlichere Wahrnehmung der Praxis religiöser Bildung kann bereits als in sich selbst sinnvoller Schritt angesehen werden. Denn aus einer solchen Wahrnehmung erwachsen vielfach Impulse für die Praxis und für deren Weiterentwicklung, was – genauer betrachtet – allerdings zumindest implizit auch Normen voraussetzt, anhand derer das Wahrgenommene beurteilt wird. Solche Impulse verweisen zugleich auf weitere Gründe für die Erforschung religiöser Bildung.

2. Transparenz und Sichtbarkeit

Die Forderung nach mehr Transparenz wird nicht immer positiv aufgenommen. Lange Zeit galt das, was sich hinter einer geschlossenen Klassenzimmertür vollzog, als ein zu Recht wohlgehütetes Geheimnis, und Ähnliches galt oder gilt beispielsweise auch für die Arbeit mit Konfirmandinnen und Konfirmanden. Transparenz kann immer auch als eine Form der Kontrolle empfunden werden, die damit in den geschützten Bereich pädagogischer Freiheit und zwischenmenschlichen Vertrauens einzubrechen droht. Leicht nachvollziehbar sind solche Einwände und Befürchtungen dort, wo sich die Transparenzforderung heute mit dem Hinweis auf Extremfälle etwa den Missbrauch von Kindern und Jugendlichen verbindet.

Auch wenn die aktuellen Missbrauchsdebatten tatsächlich einen erhöhten Bedarf an Transparenz belegen, wäre es falsch, im Blick auf Sinn und Notwendigkeit empirischer Untersuchungen einfach von Extremfällen „schlechter Praxis" her zu argumentieren. Das würde bedeuten, eine Atmosphäre des Misstrauens zu schüren. Demgegenüber ist festzuhalten, dass die Bereitschaft zu Transparenz grundsätzlich Vertrauen voraussetzt und als Antwort auf erfahrenes Vertrauen interpretiert werden kann. Die Bereitschaft, das eigene pädagogische Tun offen zu legen, kann nur wachsen, wenn diese Bereitschaft nicht ausgenutzt wird.

Weiterhin entspricht die Transparenzforderung dem evangelischen Selbstverständnis, das weder dem kirchlichen noch einem sonst religionspädagogischen Handeln eine besondere Würde oder Vollkommenheit zuspricht, die dieses Handeln prinzipiell von anderen Formen des menschlichen Handelns unterscheidet und es gar der Notwendigkeit der kritischen Prüfung entzieht. Darüber hinaus verdient die Unterstützung von Vertrauensverhältnissen durch Transparenz in evangelischer Sicht besondere Beachtung. Wer sich an Angeboten religiöser Bildung beteiligt oder wer, wie etwa Eltern, seine Kinder zur Teilnahme an solchen Angeboten ermutigt, soll wissen, was ihn oder sie dort erwartet.

Besondere Bedeutung hat in der Bildungsdiskussion der Gegenwart auch die Forderung nach Sichtbarkeit gewonnen. In der entsprechenden Verwendung stammt der Begriff der Sichtbarkeit („Visibilität") aus dem ökonomischen Diskurs. Deshalb wird er pädagogisch mitunter auch abgelehnt, weil er auf einer fragwürdigen Gleichsetzung von Ökonomie und Pädagogik beruhe. Daran ist richtig, dass es in der Pädagogik nicht einfach um den erfolgreichen Verkauf von Produkten gehen kann. Zugleich muss aber auch bewusst sein, dass pädagogische Einrichtungen wie etwa Schulen in evangelischer Trägerschaft oder kirchliche Angebote für Jugendliche im Freizeitbereich immer mehr in einer Konkurrenzsituation zu anderen Angeboten stehen und sich darin behaupten müssen.

Darüber hinaus können pädagogische Einrichtungen oder Programme nur dann auf Unterstützung hoffen, sei es durch die Kirche, durch die Öffentlichkeit oder durch Eltern, wenn sie in positiver Weise wahrgenommen werden. Nicht zu vernachlässigen sind dabei auch die finanziellen Implikationen etwa im Blick auf kirchliche oder staatliche bzw. kommunale Haushalte. Angesichts knapper Mittel wachsen die kritischen Nachfragen.

Empirische Befunde sind nicht die einzige Möglichkeit, für Transparenz und Sichtbarkeit zu sorgen. Vielfach sind es persönliche Begegnungen und Eindrücke, die über die Wahrnehmung eines pädagogischen Angebots entscheiden. Dies wird auch in Zukunft so bleiben, aber die Subjektivität solcher Eindrücke verweist auch auf wünschenswerte Korrekturwirkungen durch empirische Befunde.

3. Wirksamkeit

Es lässt sich kaum bezweifeln, dass auch Angebote religiöser Bildung zumindest im weitesten Sinne auf bestimmte Wirkungen angelegt sind. Sie sollen und wollen Möglichkeiten religiöser Bildung eröffnen, dabei bestimmte Bildungsziele erreichen, zielführend Prozesse gestalten sowie – in der heute gängigen Terminologie – den Aufbau von Kompetenzen fördern (vgl. den Beitrag von Möller im vorliegenden Band). Wie im Folgenden noch genauer darzulegen, gehört zu Angeboten religiöser Bildung allerdings von vornherein eine Art „Überschuss", der sich einer Wirksamkeitsüberprüfung prinzipiell entzieht. Insbesondere der persönliche Glaube markiert in dieser Hinsicht eine nicht zu überschreitende Grenze.

Diesseits dieser streng zu wahrenden Grenze lässt sich jedoch für viele Ziele religiöser Bildung durchaus empirisch untersuchen, ob und ggf. wie sie bei dem entsprechenden Programm tatsächlich erreicht werden oder nicht. Das gilt in besonders leicht nachvollziehbarer Weise für alle Ziele, die den Erwerb von Wissen oder Kenntnissen betreffen, weiterreichend aber auch für ein über das bloße Wissen hinausreichendes Verstehen von Inhalten, auf das schon die Reformatoren entscheidenden Wert legten (so etwa Martin Luther in den Vorreden zu seinen Katechismen, vgl. Luther 1976, 504). Haltungen oder Einstellungen, etwa im Sinne der Toleranz und der Anerkennung des anderen, wie sie beispielsweise im Bereich des interreligiösen Lernens breit diskutiert werden, lassen sich ebenfalls empirisch untersuchen (vgl. Schweitzer 2014 sowie den Beitrag von Schröder im vorliegenden Band). Ein weiteres Beispiel stellt die Fähigkeit zur Perspektivenübernahme dar, die manchmal als kennzeichnendes Merkmal religiöser Bildung angesehen wird, dann verbunden mit dem Wechsel einer Innen- und Außenperspektive etwa als „religiös reden" und „über Religion reden" (vgl. Dressler 2006; 2012).

Für alle diese Aspekte gilt bislang, dass nur sehr wenige empirische Befunde verfügbar sind. Das stellt insofern einen deutlichen Nachteil dar, als die vorliegenden empirischen Studien häufig zu überraschenden und für die weitere Gestaltung der Praxis aufschlussreichen Befunden führen. So geben Forschungsergebnisse etwa dazu, welche biblischen Geschichten Kinder heute kennen und aus welchen Zusammenhängen ihre Kenntnisse stammen, wichtige Hinweise für den religionspädagogischen Umgang mit biblischen Geschichten (vgl. etwa Hanisch/Bucher 2002). Empirische Studien zum interreligiösen Lernen weisen nach, dass auch sorgfältig geplante und durchgeführte Unterrichtsreihen zu diesem Thema keineswegs in jedem Falle zu den gewünschten Ergebnissen führen (Sterkens 2001; Ziebertz 2010). Es gibt keinen einsichtigen Grund, auf solche Einsichten und Impulse zu verzichten.

Wirksamkeitsuntersuchungen werden allerdings ebenfalls nicht durchweg mit Zustimmung aufgenommen. Sie gelten manchmal als Ausdruck eines „evaluationsfixierten" Denkens, das in vielen Fällen der Praxis von außen aufgezwungen wird und das nur wenig zu deren Verbesserung beiträgt. Auch die internationalen Schulleistungsvergleichsuntersuchungen wie PISA mit ihren zum Teil zwar ungewollten, aber durch ihre Konzentration auf sprachliche sowie mathematisch-naturwissenschaftliche Kompetenzen auch der Wertschätzung religiöser Bildung abträglichen Folgen können zu einer Abwehr von Wirksamkeitsstudien führen. Dabei sollte jedoch nicht übersehen werden, dass auch die PISA-Studien ein neues und pädagogisch unbedingt zu bejahendes Bewusstsein für zentrale pädagogische und gesellschaftliche Herausforderungen geweckt haben: Wer profitiert in welcher Weise tatsächlich von bestimmten Bildungsangeboten? Wer wird wirksam erreicht, wer nicht? Wie steht es um den Erfolg von Bildungsbemühungen bei benachteiligten Kindern und Jugendlichen? Solche Fragen können auch bei kirchlichen Angeboten gestellt werden, wie etwa das Beispiel der Konfirmandenarbeit zeigt (vgl. Ilg/Schweitzer/Elsenbast 2009, 191ff.; Elsenbast 2009). Denn auch von dieser Arbeit profitieren offenbar manche mehr und andere weniger.

Im Grunde lässt schon das Engagement der in der Praxis Tätigen die Frage nach der Wirksamkeit des eigenen Tuns unverzichtbar erscheinen. Daneben sind es auch in diesem Falle vielfach Haushaltsfragen und -zwänge, die ein genaueres Nachfragen nach der tatsächlichen Wirksamkeit bestimmter Angebote motivieren. Wo nicht mehr alles finanzierbar ist, müssen Entscheidungen begründet gefällt werden und der Mitteleinsatz muss jedenfalls sorgfältig geplant und verantwortet werden.

4. Optimierung

Bemühungen, die Wirksamkeit religiöser Bildungsangebote zu überprüfen, wie auch andere Formen der Evaluation, gewinnen einen pädagogischen Sinn erst daraus, dass sie der Optimierung von Bildungsangeboten dienen. Darin kann eine Schwäche beispielsweise der PISA-Untersuchungen gesehen werden, weil sie lediglich Lernergebnisse erfassen, nicht aber, oder zumindest nicht gleichermaßen auch die Wege, auf denen diese Ergebnisse erzielt oder nicht erzielt worden sind. Darin liegt bereits ein erster Hinweis auf die pädagogisch erforderliche Anlage entsprechender Untersuchungen: Sie müssen geeignet sein, Optimierungsmöglichkeiten erkennbar zu machen, und deshalb auch die Qualität beispielsweise von Unterrichtsprozessen erfassen. Eine ausschließliche Konzentration auf Lernergebnisse bleibt in dieser Hinsicht von vornherein unzureichend.

Auch die Religionsdidaktik hat sich in ihrer gesamten Tradition bislang wenig um die empirisch nachweisbare Wirksamkeit etwa der in der Literatur vielfach diskutierten religionsdidaktischen Ansätze oder „Konzeptionen" gekümmert. Bis in unsere Gegenwart hinein werden neue Ansätze dieser Art entwickelt, für deren Bewährung allein „die gute Erfahrung in der Praxis" einstehen soll (vgl. als Überblick Schweitzer 2013). Angesichts der inzwischen verfügbar gewordenen Möglichkeiten der empirischen Forschung ist die Berufung lediglich auf die persönliche Erfahrung aber nicht mehr zureichend. Wünschenswert wäre beispielsweise eine vergleichende Untersuchung verschiedener religionsdidaktischer Ansätze im Blick auf die mit ihrer Hilfe tatsächlich realisierten – oder eben ausbleibende – Lernergebnisse.

Evidenzbasierung im Unterricht oder auch in anderen pädagogischen Handlungszusammenhängen wird sich freilich kaum erreichen lassen. Dazu sind zu viele Einflussfaktoren im Spiel, von den Lernenden her ebenso wie von den Lehrenden. Darüber hinaus erlaubt der in solchen Prozessen immer bestehende Zeitdruck keine handlungsentlasteten Entscheidungen, die sich auf eine breite Kenntnisnahme empirischer Befunde stützen könnten. Auch wenn ein evidenzbasiertes Unterrichten oder Lehren so gesehen kein erreichbares Ziel darstellt, sollte deshalb nicht auf die durchaus erreichbaren Bezüge auf empirische Evidenz verzichtet werden. Empirische Untersuchungen sollten so angelegt sein, dass sie eine zumindest zunehmende Evidenzbasierung gezielt unterstützen.

Auch im Bereich der Forschung zu religiöser Bildung ist eine reine Grundlagenforschung sinnvoll, bei der nicht immer schon mögliche Verwendungsweisen im Blick sein sollten. Eine allein auf ihre Verwertbarkeit und Wirksamkeit angelegte Wissenschaft kann erheblichen Verengungen unterliegen. Das hat die Diskussion über das Verständnis Praktischer Theologie als Handlungswissenschaft zu Recht kritisch hervorgehoben (vgl. etwa Failing/Heimbrock 1998).

Dennoch liegt die Frage nach Verwendung und Wirkung empirischer Befunde in pädagogischen Zusammenhängen naturgemäß nahe. Wenn die Praxis religiöser Bildung verbessert werden soll, müssen entsprechende Befunde für die Praxis verfügbar gemacht werden. Der dafür übliche Weg der Veröffentlichung stellt eine in dieser Hinsicht zwingende Voraussetzung dar, reicht aber vielfach nicht hin, um die Praxis tatsächlich zu erreichen. Deshalb ist es wichtig, empirische Forschungsbefunde konsequent in der Ausbildung und Fortbildung für entsprechende Tätigkeiten fruchtbar zu machen. Dabei besteht nicht nur Gelegenheit, Befunde zu präsentieren und kritisch zu erörtern, sondern es kann auch über deren mögliche Bedeutung für die Praxis reflektiert werden.

Zumindest teilweise lassen sich auch Forschungsprozesse so organisieren, dass veränderte Formen von Praxis ebenfalls zum Gegenstand von Forschung werden. Auf diese Weise entsteht dann ein Praxis-Theorie-Praxis-Zyklus, der im besten Falle mehrfach durchlaufen werden kann.

Eine wichtige, insgesamt noch viel zu wenig genutzte Möglichkeit stellt empirische Forschung im Sinne der wissenschaftlichen Begleitung von Innovationen im Bereich religiöser Bildung dar (vgl. Schweitzer 2008). Auch diese Möglichkeit sollte in Zukunft konsequenter beachtet werden.

5. Lässt sich empirische Erforschung religiöser Bildung auch theologisch begründen?

In der Vergangenheit wurde diese Frage häufig so gestellt, dass die theologische Legitimität empirischer Forschung im Bereich religiöse Bildung grundsätzlich bezweifelt wurde. Eine generelle Ablehnung empirischer Forschung aus theologischer Perspektive wird inzwischen aber nirgends mehr vertreten. Einwände gegen empirische Forschung beziehen sich auf Grenzüberschreitungen, wie sie dann gegeben sind, wenn der Glaube oder gar das Lehren des Glaubens empirisch überprüft werden soll. Dies ist aus theologischen Gründen in der Tat ausgeschlossen. Aus evangelischer Sicht ist der Glaube prinzipiell nicht lehrbar. Er ist kein Lernziel, weshalb auch eine entsprechende Wirksamkeit von Bildungsangeboten in diesem Sinne nicht empirisch überprüft werden kann. Eine Lehrbarkeit des Glaubens ist ebenfalls aus pädagogischen Gründen auszuschließen. Der Glaube betrifft den Personenkern des Menschen, über den weder pädagogisch noch auf anderem Wege verfügt werden kann und darf (vgl. dazu Schwöbel 2008; religionspädagogische Hintergründe: Biehl/Nipkow 2003; Nipkow 2002).

Zugleich ist theologisch jedoch die Unterscheidung zwischen geistlich und weltlich zu bedenken, wie sie besonders von Martin Luther und im Anschluss an ihn in der evangelisch-theologischen Tradition vielfach vertreten worden ist (s. die Beiträge in Schweitzer 2002; Koerrenz 2013). Unterricht oder Lehren gehört in dieser Sicht zum weltlichen Bereich, auch wenn geistliche Inhalte berührt sind. Empirische Forschung kann sich demnach allein auf die weltliche Seite des Lehrens und Unterrichtens beziehen, muss dies allerdings auch tun, weil das weltliche Handeln den Regeln der Vernunft und damit der Wissenschaft untersteht.

Im Übrigen ist an dieser Stelle noch einmal an das zum evangelischen Kirchenverständnis Gesagte zu erinnern. Soweit religiöse Bildung Teil kirchlichen Handelns ist, muss sie als Menschenwerk angesehen werden. Sie gehört – mit der evangelisch-theologischen Ekklesiologie gesprochen – zur sichtbaren Kirche, und insofern kann und muss sie erforscht werden; dass sie zugleich auf die unsichtbare Kirche des Glaubens verweisen kann, ändert daran nichts.

So ist zusammenfassend festzuhalten, dass die empirische Erforschung religiöser Bildungsangebote theologisch dann legitim ist, wenn die Grenze des Glaubens gewahrt bleibt. Zugleich ist eine solche Forschung auch theologisch gesehen erforderlich, eben weil menschliches Handeln den Regeln von Vernunft und Wissenschaft nicht entzogen ist.

2. Wie soll religiöse Bildung erforscht werden?

2.1 Der weitere Horizont: Empirie und andere Zugangsweisen

Nach der Vorstellung von Begründungszusammenhängen für die Erforschung religiöser Bildung stellt sich nun die Frage, auf welche Weise religiöse Bildung erforscht werden soll. Auch in Forschungsprozessen zu religiöser Bildung ist es generell wichtig, die jeweilige Fragestellung klar zu beschreiben und ebenso die gewählten Methoden zu begründen und transparent zu machen. Diese Anforderung gilt für alle denkbaren Zugangsweisen in der Wissenschaft. Jenseits solcher allgemeinen Kriterien orientiert sich die religionspädagogische Forschung an verschiedenen Typen der Forschung, die hier zumindest in knapper Form gekennzeichnet werden sollen.

Traditionell gepflegt werden in der Religionspädagogik *analytisch-systematische Untersuchungen* zu bestimmten Fragestellungen. Dabei geht es um Theoriebildung z.B. zu der Frage, was heute unter religiöser Bildung zu verstehen ist und wie sich dieses Verständnis in Bildungsprozessen konkretisieren lässt (vgl. Benner et al. 2011; Schluß 2010). Ein aktuelles Beispiel stellen Untersuchungen zum Verständnis interreligiösen Lernens dar, das nicht nur in der Religionspädagogik, sondern auch in Politik und Öffentlichkeit große Aufmerksamkeit erhält (vgl. Schröder in diesem Band; ebenso Schreiner et al. 2005; Hoffmann 2009; Edelbrock et al. 2010). Damit zusammenhängende Fragen, z.B. nach adäquaten Formen des Religionsunterrichts, beziehen sich auf theologische Bestimmungen, Urteile und Kontexte, die sich nicht allein mit Hilfe empirischer Untersuchungen klären lassen (Schweitzer 2014).

Historische Untersuchungen zu religionspädagogischen Themen haben nach wie vor ihre Bedeutung, z.B. wenn es um das Wissenschaftsverständnis von Religionspädagogik geht oder auch um das Bildungsverständnis (vgl. Pfister/Wermke 2013). Vielfach handelt es sich bei den religionspädagogischen Handlungsfeldern um geschichtlich gewachsene Größen, die sich nur aus der jeweiligen Genese heraus verstehen lassen. Darüber hinaus bieten historische Untersuchungen wichtige Kontrastierungsmöglichkeiten, also für eine Art Lernen aus der Differenz, sowie Begegnungsmöglichkeiten mit tradierten Einsichten, die nicht einfach überholt sind. Das kommt in der Rede von „Klassikern" der Religionspädagogik besonders deutlich zum Ausdruck. Mitunter wird das Klassische dadurch definiert, dass man noch immer etwas davon lernen könne (Scheuerl 1979, 11). Insgesamt kann heute kaum mehr von einer Entgegensetzung zwischen historischen und empirischen Zugängen gesprochen werden. In dem Maße, in dem sich historische Forschung über rein geistesgeschichtliche Zusammenhänge hinaus auf sozialgeschichtliche Dimensionen bezieht, nimmt sie empirisch zu untersuchende Sachverhalte auf sowie, falls vorhanden (wie etwa in der Zeitgeschichte), auch empirische Untersuchungen.

Empirische Untersuchungen sind heute für die Religionspädagogik unverzichtbar und gerade in diesem Bereich besteht ein besonderer Nachholbedarf. So ist die empirische Unterrichtsforschung im Bereich der Religionspädagogik wenig entwickelt und bedarf der Verstärkung (vgl. Schweitzer 2013). Ähnliches gilt auch im Blick auf nonformale und informelle Bildung, zumal mit religiöser Bildung zusammenhängende Fragen in der Regel in der sozialwissenschaftlichen Forschung ausgespart werden. Ein markantes Beispiel hierfür sind die Shell-Jugendstudien. Hier werden religiöse Fragen zwar berührt, jedoch in so geringem und unbefriedigendem Maße, dass eher verunklarende Befunde daraus entstehen.

Die Trias „hermeneutisch (historisch), kritisch (analytisch/systematisch), empirisch" wurde in der Erziehungswissenschaft von Wolfgang Klafki als damals hilfreiches, über die geisteswissenschaftliche Tradition in der Pädagogik hinausführendes Orientierungsmodell vorgeschlagen (Klafki 1976) Dabei war besonders an das jeweils zugrunde liegende Erkenntnisinteresse gedacht, etwa mit der Unterscheidung zwischen einer kritischen, hermeneutischen und empirischen Perspektive (Ziebertz 2000, in Anlehnung an Habermas: Erkenntnis und Interesse, 1968). Damit verbindet sich jeweils ein unterschiedlicher Blick auf die Praxis und ein unterschiedliches Verständnis von Theorie und Normativität. In kritischer Perspektive geht es um eine ideologiekritisch-analytische Betrachtung von Praxis. Bei der hermeneutischen Perspektive stehen Auslegung und das Bemühen, Sinn zu verstehen, im Zentrum. In einer empirisch-analytischen Perspektive wird, Tatsachenwissen erhoben und werden Gesetzmäßigkeiten erklärt.

Inzwischen hat sich das Repertoire erziehungswissenschaftlicher Forschung deutlich weiter ausdifferenziert. Beispielsweise spielen nun vermehrt (international) vergleichende Untersuchungen eine Rolle. Sie nutzen die Möglichkeit, u.a. ganze Systeme miteinander zu vergleichen. Vergleichende bzw. international vergleichende Studien werden mitunter als eigene Methode angesehen, bedienen sich jedoch bei genauerer Betrachtung der bereits genannten Methoden und nutzen diese im Zusammenhang einer veränderten Frage- und Vorgehensweise. Das ist ähnlich bei Evaluationsstudien, die in der Pädagogik ebenfalls eine wachsende Bedeutung besitzen (vgl. Flick 2006a). Hier werden bestimmte Modelle oder Formen religiöser Bildungspraxis auf den Prüfstand gestellt und insbesondere ihre „Wirksamkeit" wird untersucht. Insgesamt stellt sich die Methodennutzung in der Erziehungswissenschaft sehr vielfältig dar. Dabei kommt es auch zu wichtigen Verbindungen etwa von hermeneutischen und empirischen Methoden.

Die Perspektiven schließen sich gegenseitig nicht aus (Schweitzer 1993), vielmehr können sie als wechselseitige Ergänzung verstanden werden denn: Hermeneutik ohne Ideologiekritik läuft Gefahr, Ideologie zu produzieren; Hermeneutik ohne Empirie läuft Gefahr, die Wirklichkeit aus dem Blick zu verlieren, Empirie ohne Hermeneutik läuft Gefahr, positivistisch verstanden zu werden, und Empirie ohne Ideologiekritik kann dazu führen, Faktenwissen unkritisch zu übernehmen oder als Herrschaftswissen einzusetzen.

Gleichsam unterhalb solcher typologischer Zuordnungen stellt sich dann die Frage nach der Vorgehensweise im Sinne von Methoden.

2.2 Qualitativ und quantitativ, die Frage nach den Methoden

Angelehnt an die Sozialwissenschaften sowie an die Erziehungswissenschaft lassen sich grundsätzlich zwei Strategien empirischer Forschung unterscheiden: empirisch-*quantitative* und empirisch-*qualitative* Vorgehensweisen (grundlegend dazu: Diaz-Bone 2006; Friebertshäuser et al. 2010, Ackermann et al. 2012, zur Integration qualitativer und quantitativer Methoden: Kelle 2008). Beide Perspektiven beruhen auf einer wissenschaftlich-systematischen Erhebung und Interpretation von Daten und Informationen. Vergröbernd lässt sich sagen: In einer quantitativen Forschungsperspektive geht es vornehmlich um die Prüfung von Hypothesen, in einer qualitativen Perspektive um Theorieentwicklung. Das Erkenntnisinteresse empirisch-quantitativer Forschung zielt darauf ab, in der Gestalt von Hypothesen formulierte Annahmen über Zusammenhänge, Bedingungen und Abhängigkeiten von messbaren Variablen an der Realität zu überprüfen. Qualitative Forschungsmethoden zählen eher zu den hypothesen- und theoriegenerierenden Verfahren, wobei die Unterschiede heute zunehmend verschwimmen (vgl. Kelle 2008). Auch qualitative Untersuchungen streben verallgemeinerbare Erkenntnisse an, und quantitative Verfahren werden auch explorativ eingesetzt. Bereits an dieser Stelle sei vermerkt, dass sich auch im Bereich religiöser Bildung qualitative und quantitative Ansätze nicht ausschließen, sondern wechselseitig ergänzen. Die Frage welcher methodische Zugriff bzw. welches methodische Setting angemessen ist, entscheidet sich am Forschungsinteresse, den Fragestellungen und dem Untersuchungsgegenstand. Das Passungsverhältnis von Forschungsdesign und zu bearbeitender Problemstellung ist entscheidend.

Qualitativ arbeitende Forscherinnen und Forscher beschreiben und analysieren soziale Kontexte unterschiedlicher Akteursgruppen, biographische und episodische Verläufe, institutionelle Kontexte und Bedingungen. Sie untersuchen Interaktions-, Sozialisations- und Bildungsprozesse ebenso wie subjektive Sichtweisen, (latente) Sinnstrukturen oder Handlungs- und Deutungsmuster.

Quantitative Verfahren erfassen in der Regel, was an prüfbarem theoretischen Vorwissen und daraus abgeleiteten Hypothesen bereits existiert. Mit einer sequenziellen Vorgehensweise werden Hypothesen operationalisiert, Daten erhoben, aufbereitet und ausgewertet. Qualitativen Verfahren geht es um eine regelgeleitete, kontrollierte „Entdeckung" von Theorie aus Daten/Empirie in wiederkehrenden Zyklen, in denen Erhebung, Auswertung und Theoriebildung miteinander verschränkt sind. Verstehen ist eng an den Akteuren und deren Alltagswelt orientiert. In beiden Ansätzen ist die Kontrolle der Forscherperspektive erforderlich, auch wenn diese Perspektive oft als die treibende Kraft in quantitativen Zugängen angesehen wird, während bei qualitativer Forschung verstärkt die Sicht der Subjekte in den Vordergrund gestellt wird.

Bei der sogenannten Triangulation werden heute auch qualitative und quantitative Vorgehensweisen systematisch miteinander verbunden (vgl. Flick 2004; Flick 2006b). Die möglichen Verbindungen stellen allerdings eine eigene Herausforderung dar, die nicht schon dann bewältigt ist, wenn einfach sowohl quantitative als auch qualitative Verfahren eingesetzt werden. Anzustreben sind Verknüpfungen im Sinne einer unterstützenden Funktion des jeweils anderen Ansatzes und der Möglichkeit, die Strategien komplementär zu kombinieren.

Von einer Dominanz quantitativer Verfahren kann im Bereich der Erforschung religiöser Bildung nicht gesprochen werden. In vielen Bereichen überwiegen bislang qualitative Verfahren oder es werden verschiedene Verfahren miteinander kombiniert. Auch hier kann konstatiert werden, dass sich eine „Entweder/Oder-Perspektive" als wenig weiterführend erwiesen hat. Zunehmend werden qualitative und quantitative Forschung miteinander verknüpft, bis hin zu *mixed methodologies* und Triangulation (vgl. Morgenthaler 2013).

Im Blick auf das Verhältnis von Empirie und Hermeneutik hat sich nicht nur im Bereich der Erforschung religiöser Bildung die Auffassung durchgesetzt, dass beide Forschungstypen aufeinander angewiesen sind. Empirie ist eine Bereicherung einer zeitgemäßen Hermeneutik, die sich um die Explikation der Methode ihrer Erkenntnis ebenso bemüht wie um eine adäquate Erfassung der Konstitution ihres Gegenstandes. Mit Hilfe der Hermeneutik kann empirische Forschung zeigen, dass und wie sie einen Beitrag zum Verstehen von Situationen und Handelnden leistet.

Unverzichtbar ist eine differenzierte Perspektive, die zwischen *Erhebungsverfahren* und *Analysemethoden* unterscheidet. Für die konkrete Methodenwahl ausschlaggebend sind dann die zugrundeliegende Theorie sowie die gewählte Fragestellung. Das gilt auch für Untersuchungen zu religiöser Bildung:

- *Erhebungsverfahren*, die in der empirischen Sozialwissenschaft üblich sind, finden auch bei der Erforschung religiöser Bildung Anwendung: 1. Beobachtung, 2. Interview, 3. Schriftliche Befragungen, 4. Quasi-Experiment, 5. Dokumenten-/Inhaltsanalyse, 6. Gruppendiskussion, 7. Aktionsforschung. Jede Variation dieser Erhebungsverfahren liefert spezielle Formen von Daten. Man unterscheidet verbale, numerische und audiovisuelle Daten. Verfahren können auch Mehrfachdaten zur Verfügung stellen, etwa ein Fragebogen mit offenen und geschlossenen Fragen oder Interviews mit narrativen und strukturierten Anteilen. Welche Form der Daten adäquat ist, muss im Rahmen des Forschungsdesigns entschieden werden.
- Die *Analysemethoden* lassen sich in hermeneutisch-interpretative und empirisch-statistische Verfahren einteilen. Zu den hermeneutisch-interpretativen zählt die im religionspädagogischen Bereich häufig herangezogene *Grounded Theory* (Breuer et al. 2009; Corbin und Strauss 2008; Fuchs 2010; Clarke 2010). Sie begreift das zu untersuchende Phänomen in einem Handlungszusammenhang und analysiert (kodiert) dabei gewonnene Daten als Grundlage für Reflexion und Theorieentwicklung. Andere Analysemethoden sind die Objektive Hermeneutik, die in der religionspädagogischen Forschung ebenfalls angewendet wird (Schöll 1992), und phänomeno-

logische Verfahren, die insbesondere auf die „Lebenswelt" bezogen werden (Failing und Heimbrock 1998; Heimbrock 2012, 2014; Streib et al. 2008). Analysemethoden im empirisch-analytischen Bereich umfassen auch bei Untersuchungen zur religiösen Bildung alle gängigen Methoden (dazu Diekmann 1995). Orientierend sind zunehmend auch aufwändigere Verfahren aus der empirischen Bildungsforschung (Mehrebenenanalysen, Rasch-Modellierungen usw.), die in der Religionspädagogik insgesamt noch zu selten praktiziert werden (vgl. Ilg/Schweitzer 2010; Benner et al. 2011). Daran ist abzulesen, dass die Frage nach Standards auch im Bereich der Erforschung religiöser Bildung an Gewicht gewinnt.

2.3 Standards der empirischen Sozial- und Bildungsforschung auch im Bereich der religiösen Bildung?

Die Frage nach der Beachtung von Standards empirischer Sozial- und Bildungsforschung markiert im Bereich der religiösen Bildung eine besondere Herausforderung. Dies wird zunächst deutlich, wenn man sich die bislang verfügbaren Untersuchungen vor Augen führt, die in den allermeisten Fällen hinter den entsprechenden methodischen Anforderungen zurückbleiben bzw. davon abweichen. Deshalb werden sie häufig als explorative Untersuchungen oder als Pilotstudien ausgewiesen. Untersuchungen dieser Art sind ebenso notwendig wie legitim, aber Exploration und Pilotierung enthalten schon in ihrer Selbstbezeichnung die Perspektive einer Weiterführung, die über das dann als ersten Schritt zu bezeichnende Interesse an einer Vorstudie hinausreicht. In den allermeisten Fällen bleiben solche Weiterführungen jedoch aus, mit der Folge, dass theoretische Annahmen hypothetisch bleiben und weder bestätigt noch widerlegt werden können. Der Bereich der Kindertheologie ist dafür ein sprechendes Beispiel (s. dazu die im Jahrbuch für Kindertheologie gesammelten Beiträge, Bucher et al. 2002ff.).

Die Standards empirischer Sozialforschung machen in vielen Fällen auch repräsentative Untersuchungen erforderlich. Damit ist nicht gemeint, dass qualitative Forschungsansätze prinzipiell hinter diesen Standards zurückbleiben würden. Der Gegensatz von qualitativen und quantitativen Untersuchungsmethoden kann heute, wie gesagt, als überholt gelten. In vielen Fällen werden im Bereich der religiösen Bildung aber Fragen gestellt, die sich nur auf der Grundlage repräsentativer Untersuchungen beantworten lassen. Dazu zählen etwa generelle Aussagen über die religiösen Orientierungen, Interessen und Einstellungen Jugendlicher, auf die im Sinne von Bildungsvoraussetzungen Bezug genommen werden soll. Eine differenzierende Untersuchung unterschiedlicher religionsdidaktischer Ansätze, wie sie oben gefordert wird, die bislang aber kaum über erste Anfänge hinaus gekommen ist, kann als ein weiteres Beispiel angeführt werden. Die Rezeption von Angeboten der religionsbezogenen Erwachsenenbildung oder von Glaubenskursen kann hier ebenfalls genannt werden (vgl. Hofmann 2013). Soweit statistisch verallgemeinerbare Erkenntnisse angestrebt werden, führt kein Weg an einem Untersuchungsdesign vorbei, das solche Erkenntnisse zulässt.

Ein eher prinzipieller Einwand gegen Standards empirischer Sozial- und Bildungsforschung erwächst im Bereich der religiösen Bildung mitunter aus der Annahme, dass hier eigene Methoden etwa der Praktischen Theologie zum Einsatz kommen müssten (vgl. Klein 2005). Mit anderen Worten: Es wird angenommen, dass religiöse Themen sich mit den in der Sozialforschung üblichen Vorgehensweisen nicht oder nicht zureichend erfassen lassen. Die Forderung nach themen- oder gegenstandsspezifischen Methoden ist als solche durchaus plausibel. Bislang fehlt es aber an Beispielen für Methoden, die sich als Alternativen zum sozialwissenschaftlichen Methodenrepertoire anbieten würden. Entsprechende Lehrbücher etwa zur Empirischen Theologie lassen dies deutlich erkennen: Ausgehend von einer religionsbezogenen Fragestellung wird aus diesem Repertoire ausgewählt und die entsprechenden Methoden werden gegenstands- und kontextsensibel eingesetzt. Wirklich andere Methoden finden sich aber nicht (Beispiele dafür sind: Ziebertz 2001; Dinter et al. 2007).

Diese Beobachtung und das daraus erwachsende Argument, dass Theologie und religiöse Bildungsforschung über keine alternativen methodischen Möglichkeiten verfügen, die über eine kontextuelle Sensibilität hinausführen, lassen sich durch eine allgemeine Überlegung noch weiter stützen. Sozialwissenschaftliche Gütekriterien haben keinen anderen Zweck, als mit Hilfe reliabler und valider Befunde die intersubjektive Geltung von Erkenntnissen zu ermöglichen und zu unterstützen. Untersuchungsansätze sollen tatsächlich erfassen, was sie zu erfassen vorgeben (Validität). Und sie sollen in einem Verfahren gewonnen werden, das sich von anderen nachvollziehen und ggf. wiederholen lässt (Reliabilität). Solche Kriterien entsprechen einem Wissenschaftsverständnis, das auch von der Theologie geteilt wird, nicht nur im Sinne der Forschungspraxis, sondern aufgrund prinzipieller Erwägungen. Im Unterschied zum Glauben ist Erkenntnis eine Frage der Vernunft, die bei der Anwendung auf religiöse Gegenstände oder konkret: auf religiöses Bildungshandeln nicht anders verfahren kann als bei anderen Gegenständen. Kritisch zu sehen hingegen sind theologisch alle Vorbehalte, die eine Erkenntnisgewinnung im Sinne der Wissenschaft auf säkulare Gegenstände beschränken oder jede Sensibilität im Blick auf Religion als Untersuchungsgegenstand ausschließen wollen.

Literatur

Ackermann, F.; Ley, T.; Machold, C.; Schrödter, M. (2012): Qualitatives Forschen in der Erziehungswissenschaft. Wiesbaden: VS Verlag für Sozialwissenschaften.

Benner, D.; Schieder, R.; Schluß, H.; Willems, J. (Hg.) (2011): Religiöse Kompetenz als Teil öffentlicher Bildung. Versuch einer empirisch, bildungstheoretisch und religionspädagogisch ausgewiesenen Konstruktion religiöser Dimensionen und Anspruchsniveaus. Paderborn: Schöningh.

Biehl, P.; Nipkow, K. E. (Hg.) (2003): Bildung und Bildungspolitik in theologischer Perspektive. (Schriften aus dem Comenius-Institut 7), Münster: LIT.

Breuer, F.; Dieris, B.; Lettau, A. (2009): Reflexive Grounded Theory. Eine Einführung für die Forschungspraxis. Wiesbaden: VS Verlag für Sozialwissenschaften.

Bucher, A.; Büttner, G. et al. (Hg.) (2002ff.): Jahrbuch für Kindertheologie: Stuttgart: Calwer.

Clarke, A. E. (2010): Situationsanalyse. Grounded Theory nach dem Postmodern Turn. Unter Mitarbeit von Reiner Keller und Juliane Sarnes. Wiesbaden: VS Verlag für Sozialwissenschaften.

Corbin, J.; Strauss, A. L. (2008): Basics of qualitative research. Techniques and procedures for developing grounded theory. 3. Aufl. Los Angeles: Sage Publ.

Diaz-Bone, R. (2006): Statistik für Soziologen. Konstanz: UVK Verl.-Ges.

Diekmann, A. (1995): Empirische Sozialforschung. Grundlagen, Methoden, Anwendungen. Reinbek bei Hamburg: Rowohlt Taschenbuchverl.

Dinter, A.; Heimbrock, H-G.; Söderblom, K. (Hg.) (2007): Einführung in die Empirische Theologie: Gelebte Religion erforschen. Göttingen: Vandenhoeck & Ruprecht.

Dressler, B. (2006): Unterscheidungen. Religion und Bildung. Forum Theologische Literaturzeitung, ThLZ.F 18/19. Leipzig: Evangelische Verlagsanstalt.

Dressler, B. (2012): Pluralitätsfähige Religionspädagogik im Perspektivenwechsel von Teilnahme und Beobachtung. In: Englert, R.; Schwab, U.; Schweitzer, F.; Ziebertz, H.-G. (Hg.): Welche Religionspädagogik ist pluralitätsfähig? Strittige Punkte und weiterführende Perspektiven. [Kontroversen um einen Leitbegriff]. (Religionspädagogik in pluraler Gesellschaft 17), Freiburg im Breisgau: Herder, S. 53-65.

Edelbrock, A.; Schweitzer, F.; Biesinger, A. (Hg.) (2010): Wie viele Götter sind im Himmel? Religiöse Differenzwahrnehmung im Kindesalter. (Interreligiöse und interkulturelle Bildung im Kindesalter 1), Münster: Waxmann.

Elsenbast, V. (2009): Forschung in der Konfirmandenarbeit. Versuch einer Bilanz – Perspektiven für die Weiterarbeit. In: Schweitzer, F.; Ilg, W.; Elsenbast. V. (Hg.): Konfirmandenarbeit erforschen. Ziele, Erfahrungen, Perspektiven. (Konfirmandenarbeit erforschen und gestalten 1), Gütersloh: Gütersloher Verlagshaus, S. 31-39.

Failing, W.-E.; Heimbrock, H.-G. (1998): Gelebte Religion wahrnehmen. Lebenswelt, Alltagskultur, Religionspraxis. Stuttgart: W. Kohlhammer.

Flick, U. (2004): Triangulation. Eine Einführung. (Qualitative Sozialforschung 12), Wiesbaden: VS Verlag für Sozialwissenschaften.

Flick, U. (Hg.) (2006a): Qualitative Evaluationsforschung. Konzepte – Methoden – Umsetzung. Reinbek bei Hamburg: Rowohlt-Taschenbuch-Verlag.

Flick, U. (2006b): Qualitative Evaluationsforschung zwischen Methodik und Pragmatik – Einleitung und Überblick. In: Flick, U. (Hg.): Qualitative Evaluationsforschung. Konzepte – Methoden – Umsetzung. Reinbek bei Hamburg: Rowohlt-Taschenbuch-Verlag, S. 9-29.

Friebertshäuser, B.; Langer, A.; Prengel, A. (Hg.) (2010): Handbuch Qualitative Forschungsmethoden in der Erziehungswissenschaft, unter Mitarbeit von Heike Boller und Sophia Richter. 3., vollst. überarb. Aufl. 2010 (Neuausgabe), Weinheim: Juventa.

Fuchs, M. E. (2010): Bioethische Urteilsbildung im Religionsunterricht. Theoretische Reflexion – empirische Rekonstruktion. (Arbeiten zur Religionspädagogik 43), Göttingen: V & R unipress.

Hanisch, H.; Bucher, A. (2002): Da waren die Netze randvoll. Was Kinder von der Bibel wissen, Göttingen: Vandenhoeck & Ruprecht.

Heimbrock, H.-G. (2012): My Personal Contexts: learning Religion in Context. In: ter Avest, I. (Hg.): On the Edge: (Auto)biography and Pedagogical Theories on Religious Education. Rotterdam: Sense Publishers, S. 37-46.

Heimbrock, H.-G. (2014): Ende offen – lebensweltorientierte religiöse Bildung. In: Rupp, H. F. (Hg.): Lebensweg, religiöse Erziehung und Bildung. Religionspädagogik als Autobiographie. (Forum zur Pädagogik und Didaktik der Religion: Neue Folge 5), Würzburg: Königshausen et Neumann, S. 151-165.

Hofmann, B. (2013): Sich im Glauben bilden. Der Beitrag von Glaubenskursen zur religiösen Bildung und Sprachfähigkeit Erwachsener. Leipzig: Evangelische Verlagsanstalt.

Hoffmann, E. (2009): Interreligiöses Lernen im Kindergarten? Eine empirische Studie zum Umgang mit religiöser Vielfalt in Diskussionen mit Kindern zum Thema Tod. (Schriften aus dem Comenius-Institut 21), Münster: LIT.

Ilg, W.; Schweitzer, F. (2010): Researching Confirmation Work in Europe: The Need for Multi-Level Analysis for Identifying Individual and Group Influences in Non-Formal Education. In: Journal of Empirical Theology 23; H.2, S. 159-178.

Ilg, W.; Schweitzer, F.; Elsenbast, V. (2009): Konfirmandenarbeit in Deutschland. Empirische Einblicke – Herausforderungen – Perspektiven. Mit Beiträgen aus den Landeskirchen. (Konfirmandenarbeit erforschen und gestalten 3), Gütersloh: Gütersloher Verlagshaus.

Kelle, U. (2008): Die Integration qualitativer und quantitativer Methoden in der empirischen Sozialforschung. Theoretische Grundlagen und methodologische Konzepte. 2. Aufl. Wiesbaden: VS Verlag für Sozialwissenschaften.

Klafki, W. (1976): Erziehungswissenschaft als kritisch-konstruktive Theorie: Hermeneutik – Empirie – Ideologiekritik. In: Klafki, W.: Aspekte kritisch-konstruktiver Erziehungswissenschaft. Gesammelte Beiträge zur Theorie-Praxis-Diskussion. Weinheim/Basel, S. 13-49.

Klein, S. (2005): Erkenntnis und Methode in der Praktischen Theologie, Mainz: Kohlhammer.

Koerrenz, R. (Hg.) (2013): Bildung als protestantisches Modell. (Kultur und Bildung 3), Paderborn: Schöningh.

Luther, Martin: Vorrede. Der kleine Katechismus. In: Die Bekenntnisschriften der evangelisch-lutherischen Kirche. 7. Aufl., Göttingen 1976, S. 501-507.

Morgenthaler, C. (2013): Methoden integrative empirische Religionsforschung. In: Weyel, B; Gräb, W.; Heimbrock, H.-G. (Hg.): Praktische Theologie und empirische Religionsforschung. Leipzig: Evangelische Verlagsanstalt, S. 209-219.

Nipkow, K. E. (2002): Bildung in evangelischer Perspektive. Eine analytisch-kategoriale Skizze. In: Rupp, H.; Marggraf, E. (Hg.): Zukunftsfähige Bildung und Protestantismus. Stuttgart: Calwer, S. 50-64.

Pfister, S.; Wermke, M. (2013): Religiöse Bildung als Gegenstand historischer Forschung. (RBD 2), Leipzig: Evangelische Verlagsanstalt.

Porzelt, B.; Güth, R. (Hg.) (2000): Empirische Religionspädagogik. Grundlagen – Zugänge – aktuelle Projekte. (Empirische Theologie 7), Münster: LIT.

Scheuerl, H. (1979): Einleitung. In: Scheuerl, H. (Hg.): Klassiker der Pädagogik Bd. 1: Von Erasmus von Rotterdam bis Herbert Spencer. München: C.H. Beck, S. 7-14.

Schluß, H. (2010): Religiöse Bildung im öffentlichen Interesse. Analysen zum Verhältnis von Pädagogik und Religion. Wiesbaden: VS Verlag für Sozialwissenschaften.

Schöll, A. (1992): Zwischen religiöser Revolte und frommer Anpassung. Die Rolle der Religion in der Adoleszenzkrise. Gütersloh: G. Mohn.

Schreiner, P.; Sieg; U.; Elsenbast, V. (2005): Handbuch Interreligiöses Lernen. Eine Veröffentlichung des Comenius-Instituts. Gütersloh: Gütersloher Verlagshaus.

Schweitzer, F. (1993): Praktische Theologie und Hermeneutik. In: Ven, J. A. van der; Ziebertz H.-G. (Hg.): Paradigmenentwicklung in der praktischen Theologie. (Theologie & Empirie 13), Kampen/The Netherlands: Kok u.a. S. 19-47.

Schweitzer, F. (Hg.) (2002): Der Bildungsauftrag des Protestantismus. (Veröffentlichungen der Wissenschaftlichen Gesellschaft für Theologie 20), Gütersloh: Gütersloher Verlagshaus.

Schweitzer, F. (2008): Wissenschaftliche Begleitforschung als Aufgabe der Religionspädagogik. In: Gramzow, C.; Liebold, H.; Sander-Gaiser, M. (Hg.): Lernen wäre eine schöne Alternative. Religionsunterricht in theologischer und erziehungswissenschaftlicher Verantwortung. Festschrift für Helmut Hanisch zum 65. Geburtstag. Unter Mitarbeit von Helmut Hanisch. Leipzig: Evangelische Verlagsanstalt, S. 125-136.

Schweitzer, F. (2011): Was heißt religionspädagogische Forschung? In: Zeitschrift für Pädagogik und Theologie 63; H.2, S. 116-126.

Schweitzer, F. (2012): Zur Bedeutung religionspädagogischer Forschung für die Praxis religiöser Bildung. In: Koerrenz, R.; Mettele, G.; Wermke, M. (Hg.): Bildung und Religion. Dokumentation der Gründungsveranstaltung des „Zentrums für Religionspädagogische Bildungsforschung" (ZRB). Edition Paideia, 11. Jena: IKS Garamond, S. 17-34.

Schweitzer, F. (2013): Aufgaben und Möglichkeiten empirisch-religionsdidaktischer Forschung. Überblick – Beispiele – Perspektiven. In: Demantowsky, M.; Zurstrassen, B. (Hg.): Forschungsmethoden und Forschungsstand in den Didaktiken der kulturwissenschaftlichen Fächer. Bochum/Freiburg: Projektverlag, S. 47-70.

Schweitzer, F. (2014): Interreligiöse Bildung. Religiöse Vielfalt als religionspädagogische Herausforderung und Chance. Gütersloh: Gütersloher Verlagshaus.

Schwöbel, C. (2008): Art. Bildung. In: Horn, W.; Nüssel, F. (Hg.): Taschenlexikon Religion und Theologie 1. Göttingen: Vandenhoeck & Ruprecht, S. 172-175.

Sterkens, C. (2001): Interreligious learning. The problem of interreligious dialogue in primary education, Leiden, Boston: Brill.

Streib, H.; Dinter, A.; Söderblom, K.; Heimbrock, H.-G. (2008): Lived religion. Conceptual, empirical and practical-theological approaches. Essays in honor of Hans-Günter Heimbrock. Leiden, Boston: Brill.

Wegenast, K. (1968): Die empirische Wende in der Religionspädagogik. In: Der Evangelische Erzieher 20; H.3, S. 111-125.

Ziebertz, H.-G. (1994): Religionspädagogik als empirische Wissenschaft. Beiträge zu Theorie und Forschungspraxis. (Forum zur Pädagogik und Didaktik der Religion 8), Weinheim: Deutscher Studien Verlag.

Ziebertz, H.-G. (2000): Methodologische Multiperspektivität angesichts religiöser Umbrüche. In: Porzelt. B. (Hg.): Empirische Religionspädagogik. Grundlagen – Zugänge – aktuelle Projekte. (Empirische Theologie 7), Münster: LIT, S. 29-44.

Ziebertz, H.-G. (Hg.) (2001): Imagining God. Empirical explorations from an international perspective; [Würzburg Research Days – Practical Theology in December 2000]. Research Days – Practical Theology. (Empirische Theologie 9), Münster u.a.: LIT.

Ziebertz, H.-G. (2004): Religionspädagogik und Empirische Methodologie. In: Schweitzer, F.; Schlag, T. (Hg.): Religionspädagogik im 21. Jahrhundert. (Religionspädagogik in pluraler Gesellschaft 4), Gütersloh: Kaiser Gütersloher Verlagshaus, S. 209-222.

Ziebertz, H.G. (Hg.) (2010): Gender in Islam und Christentum. Theoretische und empirische Studien. (Empirische Theologie 20), Berlin: LIT.

Nicola Bücker

Die empirische Erforschung religiöser Bildung – ein Kommentar aus sozialwissenschaftlicher Perspektive

Bildungsprozesse können und sollen empirisch untersucht werden. Diese Feststellung ist aus sozialwissenschaftlicher Perspektive eine Selbstverständlichkeit. Gleiches gilt für die Erziehungswissenschaft – insbesondere vor dem Hintergrund ihrer „realistischen Wendung" (Roth 1967) seit den 1960er Jahren, welche die Abkehr von einem stark normativ geprägten Wissenschaftsverständnis und die verstärkte Nutzung empirischer Methoden in der pädagogischen Forschung beinhaltete (Edelmann et al. 2013). Im Bereich der Religionspädagogik hingegen scheint die empirische Erforschung von Bildungsprozessen noch unter einem gewissen Rechtfertigungsdruck zu stehen, wie auch der Beitrag von Peter Schreiner und Friedrich Schweitzer nahelegt. Fasst man aber die Vermittlung religiöser Inhalte als eine Form pädagogischen Handelns auf, die sich nicht grundsätzlich von anderen Lehr- und Lernarrangements unterscheidet, so stellt sich weniger die Frage nach dem „Ob" der empirischen Untersuchung religiöser Bildungsprozesse als vielmehr die nach ihrer angemessenen wissenschaftlichen Realisierung.

Für die Beantwortung dieser Frage kann die Religionspädagogik auf die methodischen und methodologischen Diskussionen der Sozialwissenschaften und insbesondere der Soziologie zurückgreifen, die diese Fachrichtung seit ihrer Entwicklung zu einer eigenständigen Wissenschaftsdisziplin Ende des 19. Jahrhunderts führt (vgl. die Beiträge in Kneer/Moebius 2010 und den Beitrag von Boris Kalbheim im vorliegenden Band). Hinsichtlich der Methodik zeigen Schreiner/Schweitzer in ihrem Beitrag und auch die übrigen Kapitel des vorliegenden Bandes, dass die als etabliert geltenden qualitativen und quantitativen Verfahren der empirischen Sozialforschung mittlerweile zum festen Repertoire der religiösen Bildungsforschung gehören (auch wenn diese in vielen Bereichen noch in ihren Anfängen steckt). Hier kann die empirisch forschende Religionspädagogik elaborierte Strategien der standardisierten und unstandardisierten Datengewinnung und -analyse anwenden, wie beispielsweise repräsentative Umfragen und multivariate Regressionsmodelle oder Leitfadeninterviews und kodierende bzw. hermeneutische Textanalyseverfahren. Insbesondere profitiert die empirische religiöse Bildungsforschung von dem vorliegenden Erkenntnisstand dahingehend, dass sie die Grabenkämpfe zwischen qualitativen und quantitativen Forschungsansätzen, welche die sozialwissenschaftliche Debatten lange Zeit bestimmten und auch lähmten (vgl. Wilson 1982; Kelle 2008), nicht wiederholen muss, sondern sich auf die gewinnbringende Kombination beider Traditionen konzentrieren kann.

Der Status eines „empirischen Nachzüglers" bringt also einige Vorteile, welche die Religionspädagogik nutzen kann und auch immer stärker nutzt. Die vollständige Realisierung ihrer „empirischen Wendung" (Wegenast 1968, vgl. Schreiner/ Schweitzer in diesem Band) beinhaltet aber nicht nur die korrekte Anwendung von methodischen Verfahren, die für andere Untersuchungsgegenstände konzipiert wurden, sondern auch deren Weiterentwicklung. Dies impliziert nicht die Erarbeitung originärer Methoden der Datenerhebung oder -analyse, wie Schreiner/Schweitzer zutreffend betonen, wohl aber deren gegenstandsspezifische Anwendung, vor allem in qualitativen Untersuchungsdesigns. So kann man beispielsweise in Anlehnung an den Beitrag von Sabine Grenz in diesem Band fragen, wie narrative Interviews geführt werden sollten, damit die Befragten möglichst offen über ihre religiösen Vorstellungen und Orientierungen sprechen. Spezifische methodische Erkenntnisse dieser Art können in die allgemeine Methodendiskussion der Sozial- und Erziehungswissenschaften eingebracht und durch den Austausch mit anderen Fächern zu einer generellen Weiterentwicklung der Methodik dieser Disziplinen genutzt werden.

Die Realisierung dieses anspruchsvollen Vorhabens erfordert allerdings nicht nur einen selbstbewussten und kritischen Umgang mit dem vorhandenen methodischen Instrumentarium, sondern auch eine eben solche Auseinandersetzung mit den methodologischen Grundannahmen der Sozialwissenschaften, also mit der Frage, warum die Anwendung bestimmter Methoden zu neuer Erkenntnis über soziale Phänomene führen sollte. Die Entscheidung über die Angemessenheit von sozialwissenschaftlichen Forschungsmethoden hängt sowohl von erkenntnistheoretischen Positionen als auch von ontologischen Annahmen über die Beschaffenheit des Untersuchungsgegenstands, also der sozialen Welt, ab (Mayntz 2009, 8). Hinsichtlich möglicher erkenntnistheoretischer Kriterien weist Kelle (2008) darauf hin, dass ein deduktives Ableiten von „methodologischen Programmen" (ebd., 16) aus epistemologischen Annahmen Gefahr läuft, an inhaltlichen Fragestellungen und Forschungspraxis vorbeizulaufen und somit die methodologische Fundierung sozialwissenschaftlicher Forschung wenig voranzubringen. Stattdessen schlägt Kelle vor, die Eigenschaften der sozialen Welt möglichst umfassend und abstrakt zu reflektieren, um davon ausgehend Kriterien für ein angemessenes methodisches Vorgehen in den Sozialwissenschaften zu entwickeln (siehe auch Wilson 1982; Mayntz 2009). Dieser Grundgedanke führt nach Meinung verschiedener Autoren auch dazu, dass die häufig als paradigmatisch und damit als unaufhebbar wahrgenommenen Unterschiede zwischen qualitativen und quantitativen Ansätzen obsolet werden. So betont Kelle, dass soziale Phänomene und Prozesse von „Strukturen begrenzter Reichweite" (2008, 21) geprägt seien, die hinsichtlich ihrer Regelmäßigkeiten mit quantitativen und hinsichtlich ihrer Situationsabhängigkeit mit qualitativen Methoden zu untersuchen seien. Ähnlich argumentiert Wilson (1982, 498), der die soziale Welt als „durch situative Handlungen konstituiert" sieht, in denen soziale Strukturen reproduziert werden. Diesen Eigenschaften des Untersuchungsgegenstands (die aber natürlich auch anders konzeptualisiert werden können und empirisch überprüft werden müssen) muss bei der Auswahl der Methoden Rechnung getragen werden, um zu verhindern, dass „die Ergebnisse selbstherrlich, unfruchtbar, uninteressant und irreführend" werden (ebd., 489).

Eine gründliche Reflexion des Zusammenhangs zwischen Untersuchungsgegenstand und Forschungsmethoden ist aus dieser Perspektive auch für die Religionspädagogik notwendig, um den Einsatz ihr angemessener methodischer Verfahren zu gewährleisten. Dabei ist die Klärung methodologischer Positionen insbesondere für die Integration von qualitativen und quantitativen Verfahren zentral, die, wie oben angedeutet, in der Erforschung religiöser Bildungsprozesse befreit von ideologischen Grabenkämpfen realisiert werden kann und in verschiedenen Projekten bereits umgesetzt wird (vgl. die Beiträge von Anke Edelbrock und Peter Schreiner in diesem Band). Wie die sozialwissenschaftliche Forschung (vgl. Kelle 2008) beschränken sich die religionspädagogischen Untersuchungen gegenwärtig allerdings zumeist auf eine pragmatische Kombination der unterschiedlichen Methoden und verzichten auf ein methodologisch reflektiertes Vorgehen. Zur Überwindung dieses Mankos kann die empirisch orientierte Religionspädagogik beitragen, indem sie die methodologischen Debatten der neueren und älteren Mixed-Methods-Ansätze aufgreift (z.B. Wilson 1982; Kelle 2008; Brady/Collier 2010; Brady 2013) und Erkenntnisse aus ihrem spezifischen Kontext in die allgemeine Diskussion einbringt.

Zusammenfassend ist aus sozialwissenschaftlicher Perspektive festzuhalten, dass auch religiöse Bildung empirisch untersucht werden kann und soll. Die empirische Erforschung religiöser Bildungsprozesse birgt großes Potenzial, und zwar nicht nur für die eigene Disziplin, sondern auch für die allgemeine methodische und methodologische Entwicklung der Sozial- und Erziehungswissenschaften, wenn sie kritisch die vorhandenen Forschungsmethoden reflektiert und in Bezug auf den eigenen Untersuchungsgegenstand weiterentwickelt.

Literatur

Brady, H. E. (2013): Do Two Research Cultures Imply Two Scientific Paradigms? In: Comparative Political Studies 46; H.2, S. 252-65.

Brady, H.E.; Collier, D. (Hg.) (2010): Rethinking social inquiry: diverse tools, shared standards. 2. Aufl. Lanham, Md. u.a.: Rowman & Littlefield.

Edelmann, D.; Schmidt, J.; Tippelt, R. (2013): Einführung in die Bildungsforschung. (Grundriss der Pädagogik/Erziehungswissenschaft 12), Stuttgart: Kohlhammer.

Kelle, U. (2008): Die Integration qualitativer und quantitativer Methoden in der empirischen Sozialforschung: theoretische Grundlagen und methodologische Konzepte. 2. Aufl., Wiesbaden: VS Verlag für Sozialwissenschaften.

Kneer, G.; Moebius, S. (Hg.) (2010): Soziologische Kontroversen: Beiträge zu einer anderen Geschichte der Wissenschaft vom Sozialen. Berlin: Suhrkamp.

Mayntz, R. (2009): Sozialwissenschaftliches Erklären: Probleme der Theoriebildung und Methodologie. Frankfurt a.M. u.a.: Campus.

Roth, H. (1967): Die Bedeutung der empirischen Forschung für die Pädagogik. In: Roth, H. (Hg.): Erziehungswissenschaft, Erziehungsfeld und Lehrerbildung. (Schriften aus dem Max-Planck-Institut für Gesellschaftsforschung Köln, 63) Hannover u.a.: Schroedel, S. 9-56.

Wegenast, K. (1968): Die empirische Wende in der Religionspädagogik. In: Der Evangelische Erzieher 20, H.3, S. 111-125.

Wilson, T.P. (1982): Qualitative ‚oder‘ Quantitative Methoden in der Sozialforschung. In: Kölner Zeitschrift für Soziologie und Sozialpsychologie 34, S. 487-508.

Boris Kalbheim

Normative und methodologische Aspekte empirischer Sozialforschung in der Religionspädagogik

1. Einleitung

Empirische Forschung hat die Religionspädagogik in ihren Konzepten und ihren Schlussfolgerungen verändert. Bis weit ins 20. Jahrhundert hinein benutzte die Religionspädagogik vor allem hermeneutische Methoden; sie galt als Anwendungswissenschaft und sollte die Glaubensaussagen so organisieren, dass diese leicht zu erlernen waren. Dahinter stand ein kognitives Konzept religiöser Bildung: Kinder wurden in den Glauben eingeführt, indem sie Sprache, Denken und Handeln der Konfession erlernten. Der Lehrende wusste, was zu glauben war, und der Lernende übernahm diesen Glauben. Daher stellte die Religionspädagogik keine Fragen an die theologische Wahrheit: Die theologische Wahrheit war eindeutig; der lernende Mensch als Adressat dieser Wahrheit wurde vom Einfachen zum Komplexen geführt (vgl. z.B. Bolle 1988, 350-354). Dieses Konzept von religiöser Bildung wurde in den letzten Jahrzehnten kritisiert, die Religionspädagogik nahm stärker den lernenden und lehrenden Menschen in den Blick. Von diesem Interesse aus ist seit ca. 20 Jahren empirische Forschung in der Religionspädagogik fest etabliert.

Die Religionspädagogik ist nicht die einzige theologische Disziplin, die empirisch arbeitet, doch gerade in der Religionspädagogik ist empirische Forschung besonders weit verbreitet. Dies liegt an der Nähe der Religionspädagogik zur Allgemeinen Pädagogik – als diese ihre empirische Wende nahm (vgl. Tenorth 1988), blieb auch die Religionspädagogik nicht unberührt. Darüber hinaus ist es gerade für die Religionspädagogik von Interesse, gesellschaftliche Veränderungen zu erkennen: Zentrale Themen religionspädagogischer Reflexion sind der Religionsunterricht an öffentlichen Schulen sowie die religiöse Bildungsarbeit der Kirchen. Diese Präsenz der religiösen Bildung in der Öffentlichkeit verlangt einen aufmerksamen Blick auf Veränderungen in der Gesellschaft. Um diese Veränderungen adäquat zu beschreiben, bietet die empirische Sozialforschung geeignete Mittel, auch wenn die Integration der empirischen Arbeitsweise in die Religionspädagogik weitergehende Auswirkungen hat: Sie verändert nicht nur die Wahrnehmung, sondern auch Konzepte und Argumentationen, Schlüsse und Konsequenzen der Religionspädagogik.

In einer grundsätzlichen Reflexion sollen diese Veränderungen in Zielen und Methoden der akademischen Religionspädagogik näher bestimmt werden. Zunächst werden die Gründe und Möglichkeiten für den Austausch von empirischer Sozialwissenschaft und Religionspädagogik beschrieben; danach die grundlegenden Formen empirischer Arbeit in der Religionspädagogik. Schließlich wird die Frage reflektiert, wie die Empirie die normative Dimension der Religionspädagogik beeinflusst und welche Auswirkungen diese auf den Status der Religionspädagogik als Theologie hat.

2. Grundlagen und Arten des Austausches zwischen der Religionspädagogik und den empirischen Sozialwissenschaften

Die Religionspädagogik kann sich mit unterschiedlichen Wissenschaften austauschen, etwa mit der Allgemeinen Pädagogik, der Psychologie oder der Geschichte. Dass gerade die empirische Sozialwissenschaft ein wichtiger Partner der Religionspädagogik geworden ist, hat gesellschaftliche Gründe. Einige dieser gesellschaftlichen Gründe sollen im Folgenden bestimmt werden. Daran schließt sich eine Reflexion an zur Konzeption eines Austausches über die disziplinären Grenzen von Religionspädagogik und Sozialwissenschaft hinweg, und schließlich werden anhand der Untersuchungsdesigns innerhalb der empirischen Religionspädagogik die unterschiedlichen Möglichkeiten empirischer Arbeit dargestellt.

2.1 Veränderungen in der Gesellschaft und im religiösen Feld

Schon die Katechetik entstand als Krisenwissenschaft aus der Erfahrung heraus, dass Glaube und Gesellschaft auseinanderdrifteten (vgl. Leimgruber/Ziebertz 2010, 30). Die Kongruenz von Gesellschaft und Kirche, von Denken und Glauben war auseinandergefallen nach Reformation, Glaubenskriegen und Aufklärung. Daher war es für die Theologie notwendig, die Spannungen zwischen Glaube und Gesellschaft zu erkennen und zu reflektieren. Die Katechetik war eine Art, mit dieser Spannung umzugehen; ihre grundlegende Aufgabe bestand darin, Glaubensaussagen so zu organisieren, dass sie gelernt und übernommen werden konnten. Dahinter stand die Hoffnung, dass die Wahrheit vor allem die richtige Vermittlung brauche, um gehört zu werden.

In den letzten Generationen, seit dem Zweiten Weltkrieg, sind soziale Veränderungen im Gange, die direkten Einfluss auf Glaube, Kirche und Religion haben. Es sind Veränderungen auf globalem Niveau, und diese Veränderungen verlangen eine Weiterentwicklung der Betrachtung religiöser Bildung. Es seien nur drei genannt: die Entwicklung der Konfessionslosigkeit, die Begegnung mit anderen Religionen sowie die Globalisierung von Wirtschaft, Kultur und Philosophie.

Konfessionslosigkeit meint individuell die Ablehnung eines religiösen Bekenntnisses; kulturell markiert sie einen Abbruch der Tradition. Besonders stark zeigt sich dieses Phänomen in Mittel- und Nordeuropa (z.B. Schweden, Niederlande, Tschechien), und es hat direkte Folgen für die Gesellschaft: Es ist nicht mehr selbstverständlich, dass die tradierte Religion eines Landes oder einer Region an die jüngere Generation weitergegeben wird. Die Konfession ist nicht mehr fraglos Bestandteil einer Kultur, es ist nicht mehr selbstverständlich, dass der Finne Protestant ist und der Spanier Katholik, die Zugehörigkeit zu einer Region oder Nation hat keine religiöse Dimension mehr. Die kulturellen Regeln haben soziale Bedeutung, lösen sich aber von ihren religiösen Fundamenten (vgl. Kalbheim/ Ziebertz 2013, 53f.).

Die Flüchtlingsbewegungen nach dem Zweiten Weltkrieg haben die konfessionelle Landkarte verändert; in Deutschland sind die Grenzen zwischen katholischen und protestantischen Gebieten schwächer geworden, darüber hinaus hat sich in Deutschland sowie in vielen anderen Ländern Europas die Präsenz von Religion verändert: Durch die Immigration ist das Christentum nicht mehr die einzige sozial relevante Religion in Europa; auch der Islam ist in der Gesellschaft erkennbar. Das bedeutet auf lokaler Ebene eine Veränderung der konfessionellen Zusammensetzung der Bevölkerung, auf nationaler Ebene die Differenzierung der Beziehung zwischen Gesellschaft und Religion. Die Anzahl der Muslime ist in Europa noch nicht besonders hoch, aber Muslime sind in der Öffentlichkeit präsent. Sie fordern Gleichbehandlung mit dem Christentum und das Recht, ihre Religion öffentlich zu leben. Damit fordern sie die christliche und die säkulare Gesellschaft in Europa heraus.

Schließlich die kulturelle Globalisierung. Ausgehend von der ökonomischen Globalisierung ist auch die Kultur nicht mehr national orientiert, sondern global: Nicht nur Paris, London oder Berlin sind globale kulturelle Zentren; Städte wie Tokio oder Schanghai sind hinzugetreten. In manchen Bereichen, wie in der Architektur, laufen diese neuen Zentren den alten schon den Rang ab. Aber auch Kunst und Philosophie orientieren sich nicht nur an westlichen Traditionen, sondern auch an muslimischen und asiatischen (vgl. z.B. Mishra 2013). Globalisierung ist dadurch ein kulturelles und auch religiöses Phänomen geworden.

Alle drei Veränderungen haben die traditionellen Beziehungen von Religion und Gesellschaft verändert, und damit haben sie direkte Konsequenzen für Voraussetzungen und Inhalte religiöser Bildung. Um nur zwei Auswirkungen zu nennen: Inhaltlich spielt heute in der öffentlichen religiösen Bildung das Thema „interreligiöse Begegnung" eine wichtige Rolle, schon im Elementarbereich. In den Voraussetzungen religiöser Bildung zeigt sich z. B. ein differenzierter Umgang mit Kirche und Glaube; einfache Dichotomien wie gläubig/ungläubig oder kirchlich/ unkirchlich reichen nicht mehr aus, um den Bezug des Einzelnen zur Religion zu beschreiben (Ziebertz et al. 2003). Religiöse Bildung kann daher nicht einfach aufgefasst werden als Einführung in einen Glauben oder als kritische Reflexion des Glaubens; sie muss verschiedene Interessen in Bezug auf Inhalte und Ziele religiöser Bildung berücksichtigen.

Die Beschreibung dieser Veränderungen, die Reflexion ihrer Bedeutung für religiöses Lernen sowie die Entwicklung von Zielen und Abläufen religiöser Bildungsprozesse verlangen von der Religionspädagogik mehr als aufmerksame Beobachtung. Es bedarf intersubjektiv gesicherter Daten, die wissenschaftlichen Ansprüchen genügen – und diese Daten können mit empirischen Mitteln erlangt werden.

2.2 Der Austausch zwischen Religionspädagogik und empirischer Sozialwissenschaft

Die christliche Theologie hat schon immer außertheologische Diskurse, Methoden und Erkenntnisse in ihre Reflexion aufgenommen, angefangen bei der antiken Philosophie (vgl. Baus 1985, 204f.). Insofern ist ein Austausch zwischen Religionspädagogik und empirischer Sozialwissenschaft an sich nichts Ungewöhnliches; doch es bedarf einer Reflexion dieses Austausches, wenn er mehr sein soll als eine naive Übernahme sozialwissenschaftliche Ergebnisse im Sinne „wahrer Erkenntnisse".

Empirische Forschung bedeutet mehr als eine Umfrage oder ein Schaubild: Sie ist ein eigenständiger Zugang zur Wirklichkeit. Zentrale Elemente dieses Zugangs sind die theoriegeleitete Generierung von Hypothesen sowie deren Test an der Realität. Die empirisch arbeitende Religionspädagogik kann diesen eigenständigen Zugang zur Wirklichkeit in verschiedenen Formen integrieren; konzeptuell lassen sich folgende Möglichkeiten entfalten (vgl. dazu van der Ven 1994): Multidisziplinarität, Interdisziplinarität und Transdisziplinarität/Intradisziplinarität.

Ein multidisziplinärer Austausch bezeichnet die Beschäftigung verschiedener Wissenschaften und verschiedener Wissenschaftler mit einem gemeinsamen Gegenstand. So kann zum Beispiel „Schule" soziologisch als geordnete Gemeinschaft betrachtet werden, pädagogisch als Rahmen von Lehrprozessen und pastoraltheologisch als ein spezieller Ort der Seelsorge. In einem multidisziplinären Austausch können die Ergebnisse der einzelnen Disziplinen miteinander in Beziehung gesetzt werden. Die Grenzen der einzelnen Disziplinen bleiben bestehen und jeder Beitrag ist identifizierbar. Jede Wissenschaft bringt dabei ihre eigenen Kenntnisse in den Untersuchungsprozess ein und beschränkt sich gleichzeitig auf einen Teilbereich des gemeinsamen Problems (vgl. Jungert 2010, 2). In dieser Hinsicht multidisziplinär haben sich z.B. Sozialwissenschaftler und Pädagogen mit der Bedeutung von Erwerbsbiographien für die Erwachsenenbildung beschäftigt (Behringer et al. 2004).

Der multidisziplinäre Ansatz hat eine längere Tradition (so Kreutzer/Trawöger 2013, 25). In einigen Einführungen in die Sozialwissenschaft werden bis heute die empirischen Humanwissenschaften neben die normativen Geisteswissenschaften gestellt (z.B. Helle 1997). Der multidisziplinäre Austausch hat den Vorteil, dass unterschiedliche Perspektiven innerhalb der Wissenschaft anerkannt werden: Theologie und Sozialwissenschaft sind in diesem Konzept Partner in Bezug auf den gemeinsamen Untersuchungsgegenstand.

Doch der multidisziplinäre Ansatz hat zwei grundsätzliche Schwächen: Erstens setzt dieser Ansatz voraus, dass es eine gemeinsame Wirklichkeit gibt, die die

Wissenschaften von unterschiedlichen Perspektiven aus betrachten. Doch ist es tatsächlich der gleiche Gegenstand „Schule", den die Soziologie, die Pädagogik und die Pastoraltheologie beschreiben? Diese Voraussetzung kann nicht bewiesen werden. Die zweite Schwäche ist die Voraussetzung, dass die Disziplinen scharf getrennt werden können. Auch diese Voraussetzung kann nicht bewiesen werden und es gibt Argumente, die dagegen sprechen: So stellt die Sozialwissenschaft zum Teil auch historische Überlegungen an, die Pädagogik betrachtet auch die sozialen Bezüge des Lernens.

Durch die Reflexion dieser Schwächen hat der disziplinäre Austausch eine Weiterentwicklung zum Konzept der „Interdisziplinarität" erfahren (vgl. z.B. Mittelstraß 2003). Interdisziplinäre Wissenschaft versucht, die Grenzen zwischen den Disziplinen zu überschreiten: Nicht nur der Gegenstand, sondern auch der Forschungsprozess selbst wird im Austausch zwischen den Disziplinen reflektiert; so soll ein tieferes Verständnis des Gegenstandes möglich werden. Um beim Beispiel „Schule" zu bleiben: Interdisziplinäre Wissenschaft betrachtet die Schule nicht nur parallel von soziologischer, pädagogischer oder pastoraltheologischer Perspektive aus und stellt die Ergebnisses nebeneinander, sondern sie reflektiert auch die Bezüge dieser Perspektiven zueinander (vgl. Sukopp 2010, 21f.). In diesem Konzept beginnt der Austausch schon im Prozess der Theoriebildung und nicht erst auf der Ebene der Ergebnisse. Das Konzept des interdisziplinären Vorgehens hat etwas Idealistisches: Es verlangt von den Beteiligten ein hohes Maß an Selbstreflexion und Beachtung der Unterschiede in der Logik der einzelnen Wissenschaften, und auch ein hohes Maß an wissenschaftlichem Austausch.

In der Praxis geschieht interdisziplinärer Austausch häufig so, dass Daten aus einer Erhebung von verschiedenen Perspektiven aus betrachtet werden. Die Shell-Studie 2000 und ihre religionspädagogische Rezeption ist ein Beispiel für diese Form interdisziplinärer Wissenschaft. Doch gerade diese Rezeption zeigt auch die Schwierigkeiten des interdisziplinären Austausches (vgl. Thonak 2003). Ebenso wie der multidisziplinäre Ansatz bedarf der interdisziplinäre Ansatz einer weitaus stärkeren Kommunikation der Fachvertreter als gemeinhin möglich, darüber hinaus bleibt der interdisziplinäre Ansatz an einzelne, gemeinsame Themen gebunden und zementiert so die Grenzen der einzelnen Disziplinen (vgl. Mittelstraß 2003, 7).

Über das Konzept der Interdisziplinarität hinaus haben sich zwei weitere Wege des Austausches zwischen Disziplinen etabliert: Transdisziplinarität bezeichnet den dauerhaften Austausch zwischen Disziplinen angesichts von Untersuchungsgegenständen, die grundsätzlich mehr als einem Fachbereich zugeordnet werden (so Mittelstrass 2003, 10f.). Es ist eine institutionalisierte Form des interpersonellen Austausches zwischen Vertretern unterschiedlicher Wissenschaften, der auf Nachhaltigkeit hin angelegt ist. Als institutionelles Konzept ist Transdisziplinarität ein neuartiges Konzept der Organisation und Bedeutung von Wissenschaft.

Das individuelle Äquivalent zu transdisziplinären Institutionen ist das Konzept der Intradisziplinarität. Dieses Konzept eines Austausches zwischen den Disziplinen beruht darauf, dass der einzelne Wissenschaftler unterschiedliche Disziplinen in seine eigene Forschung integriert: Der Religionspädagoge wird auch empirischer Sozialwissenschaftler und bleibt gleichzeitig Religionspädagoge. Intradisziplinarität ändert die Tätigkeit und das Selbstverständnis des Wissenschaftlers: Er ist nicht nur einer Disziplin gegenüber verantwortlich, sondern verschiedenen Disziplinen, er integriert in seine Arbeit die Vorgehensweisen verschiedener Disziplinen und entwickelt seine Theorien im Rahmen verschiedener wissenschaftlicher Kontexte.

Gerade in der Theologie ist dieses intradisziplinäre Vorgehen fruchtbar: Die Theologie hat nicht eine genuine Methode, sondern übernimmt die Methoden anderer Wissenschaften. Die Religionspädagogik ist im Kontext der Theologie fokussiert auf die religiöse Bildung, durch eine intradisziplinäre Herangehensweise kann das Verständnis von Lernen wie das Verständnis von Religion innerhalb der Religionspädagogik neu bestimmt werden (so z.B. Scheunpflug 2001). Eine intradisziplinäre Religionspädagogik überschreitet nicht nur institutionelle Grenzen zwischen den Disziplinen, sondern überschreitet diese Grenzen von ihrem eigenen Ansatz her – sozusagen in allem, was der empirische Religionspädagoge untersucht. Die Schwierigkeit intradisziplinärer Wissenschaft liegt in der erhöhten Komplexität der wissenschaftlichen Perspektive, die Konsequenzen bis in die Ausbildung der Theologen hinein hat, damit die empirische und die hermeneutische Dimension dieser Form der Wissenschaft tatsächlich gleichwertig entwickelt werden.

Jede der genannten Formen des Austausches zwischen den Wissenschaften stellt einen Idealtyp dar (Mittelstraß 2003); man kann sie als Perspektiven verstehen, mit denen Fachvertreter einander begegnen: Im multidisziplinären Austausch beachten die Fachvertreter die Grenzen der einzelnen Disziplinen und erkennen deren Stärken und Schwächen an, sie akzeptieren gegenseitig die entwickelten Erkenntnisse. Im interdisziplinären Austausch werden nicht nur die wissenschaftlichen Ergebnisse, sondern auch die wissenschaftlichen Erkenntniswege miteinander geteilt; damit stellen sich die einzelnen Fachvertreter gegenseitig infrage. Das intradisziplinäre Setting verlangt vom Wissenschaftler die persönliche Integration unterschiedlicher Wissenschaften in sein eigenes Denken; das transdisziplinäre Setting stellt die institutionalisierte Form dieses Austausches dar.

2.3 Grundlegende Untersuchungsdesigns der empirisch arbeitenden Religionspädagogik

In den letzten 20 Jahren hat es eine starke Entwicklung der empirischen Religionspädagogik gegeben und damit auch eine Entfaltung möglicher Untersuchungsmethoden. Die Methoden lassen sich verschiedenen Untersuchungsdesigns zuordnen. Grundsätzlich kann man zwischen quantitativen und qualitativen Untersuchungsdesigns unterscheiden; diese Unterscheidung bezieht sich in erster Instanz auf die Form der Daten, sie hat jedoch auch Konsequenzen für alle Aspekte der wissenschaftlichen Arbeit.

Quantitative Untersuchungen übersetzen soziale oder psychische Phänomene in Zahlen und beschreiben die Verhältnisse der Phänomene mit Hilfe von Zahlenverhältnissen. In der empirischen Religionspädagogik werden Handlungen gezählt (Gottesdienstbesuch, Gebet) und insbesondere Einstellungen erfasst, durch Zustimmung und Ablehnung vorgegebener Aussagen. Diese Übersetzung in Zahlen beinhaltet eine Standardisierung der Daten und damit die Möglichkeit statistischer Datenverarbeitung. Zahlen können miteinander verglichen werden, sie können durch mathematische Prozeduren miteinander in Beziehung gesetzt werden; die Ergebnisse lassen sich leicht visualisieren. Die Auswertung geschieht in quantitativen Untersuchungen nach Maßgabe von Hypothesen. Eine Hypothese wird so formuliert, dass sie durch die Auswertung der Daten verworfen werden kann; wenn sie nicht verworfen wird, dann gilt sie als bestätigt.

Die Verfahren quantitativer Untersuchungen bieten sich vor allem dann an, wenn große Untersuchungsgruppen in den Blick genommen werden, denn durch schriftliche oder netzbasierte Fragebögen können viele Menschen an solchen Untersuchungen teilnehmen. Gleichzeitig ist der Ausschnitt gesellschaftlicher Wirklichkeit recht schmal, der in quantitativen Untersuchungen in den Blick genommen wird: Die Frequenz des Gottesdienstbesuches sagt z. B. nichts aus über die Gründe dieses Besuches; die Zustimmung zu einer Aussage erfasst nicht das individuelle Verständnis dieser Aussage. So wird der Blick auf die Wirklichkeit eingeschränkt. Für die Interpretation der Ergebnisse ist es daher von Bedeutung, diese Grenzen der Befragung zu beachten, sonst besteht die Gefahr, die quantitativen Daten über die Grenzen ihrer Gültigkeit hinaus zu deuten.

Sind diese Grenzen der Aussagen im Blick, dann bieten quantitative Untersuchungen die Möglichkeit, die Ergebnisse über die eigene Stichprobe hinaus zu verallgemeinern – das Ziel sind Ergebnisse, die für die gesamte Gesellschaft repräsentativ sind (vgl. Kromrey 2009, 197). In der Religionspädagogik ist dieses Ziel der Repräsentativität für die ganze Gesellschaft nicht immer sinnvoll, denn religionspädagogische Studien beziehen sich mit wenigen Ausnahmen auf Teilgruppen der Gesellschaft: Schüler, Kinder, Jugendliche eines bestimmten Alters. Die Ergebnisse sind somit nicht repräsentativ für die gesamte Gesellschaft, sondern für die jeweilige Teilgruppe. Durch eine ausreichende Größe der Stichprobe und durch die Kontrolle äußerer Faktoren (geographische Herkunft der Stichprobe, Verteilung der Konfessionen, Bestimmung der Schularten) ist es auch im Rahmen dieser Untersuchungen möglich, über die Stichprobe hinaus die Deutungen zu extrapolieren.

Qualitative Untersuchungen sind dadurch gekennzeichnet, dass sie sprachliche oder sprachäquivalente Äußerungen erheben und in der Verarbeitung bzw. Deutung der Daten auf sprachlicher Ebene bleiben. Damit ist die Datenmenge pro Befragung sehr hoch und kann nicht durch eine Übertragung in Zahlen vereinfacht werden. Darüber hinaus wäre eine solche Übertragung auch eine Standardisierung der Daten, und genau diese Standardisierung soll vermieden werden.

Die Auswertung qualitativer Daten beruht auf der reflektierten Abstraktion einzelner Aussagen und auf dem Prinzip des ständigen Vergleichs. In der inhaltsanalytischen Auswertung werden gleiche oder ähnliche Aussagen von unterschiedlichen

Befragten miteinander in Beziehung gesetzt (vgl. dazu Kalbheim 2011, 267). Die Aussagen werden unter gemeinsame oder gegenteilige Kategorien gefasst. So entsteht ein Feld von möglichen, empirisch gesicherten Haltungen zum untersuchten Konzept. In der Grounded Theory und ähnlichen Auswertungsstrategien wird nach dem Prinzip des ständigen Vergleiches gearbeitet: Die Aussagen der Befragten werden immer wieder miteinander verglichen, und dadurch werden aus dem Datenmaterial selbst die Konzepte und ihre möglichen Ausprägungen entwickelt. Praktisch geht der Wissenschaftler immer wieder die Aussagen der Befragten durch und hält fest, was ihm auffällt. Aus solchen ,Memos' entwickeln sich Ergebnisse, die eine empirisch gesättigte Theorie ermöglichen. Die eigenen theoretischen Überlegungen stellen für diesen Prozess den Ausgangspunkt dar, sie werden aus den Daten heraus vertieft und neu geordnet (vgl. Strübing 2004, 18).

Theoretische Konzepte zum Untersuchungsgegenstand werden in qualitativen Designs nicht als Hypothesen gefasst und einer empirischen Prüfung unterworfen, sondern als Existenzaussagen. In der empirischen Religionspädagogik werden qualitative Untersuchungen genutzt, um Bereiche religiöser Bildung zu erkennen, die bisher noch nicht reflektiert worden sind. Es entsteht dabei ein Tableau empirisch gesicherter, möglicher Haltungen und Beziehungen zwischen den einzelnen Konzepten, es kann jedoch keine Aussage über die Verbreitung dieser Haltungen und Beziehungen getroffen werden. Durch die hohe Datenmenge bei jeder Befragung ist es kaum möglich, eine größere Stichprobe zu befragen, selten gibt es qualitative Untersuchungen mit mehr als 20 Befragungen. Daher spielt das theoretische Sampling eine entscheidende Rolle für qualitative Untersuchungen. Die Auswahl der Befragten erfolgt während der Feldforschung; es wird versucht, die Befragten nach theoretisch reflektierten Kriterien zu finden. Die Feldforschung ist in qualitativen Untersuchungen ein längerer Prozess und nach der Erhebung von Teilergebnissen kann die Stichprobe theoriegeleitet erweitert werden.

Neuere Untersuchungsdesigns durchkreuzen das Schema von quantitativen und qualitativen Designs. Im Rahmen einer „Triangulation" werden bei größeren Forschungsprojekten qualitative und quantitative Methoden eingesetzt; Forschungsdesigns wie die teilnehmende Beobachtung oder ethnografische Studien sind dadurch gekennzeichnet, dass der Wissenschaftler innerhalb der Untersuchung eine mehr als nur beobachtende Rolle einnimmt; er wird selbst Teil des Feldes. Damit wird auch die Unterscheidung von Beobachter und Beobachtetem aufgegeben, die Teilnehmer an der Untersuchung sind selbst Subjekte der Untersuchung: Sie nehmen Teil an der wissenschaftlichen Reflexion, zeigen ihre eigene Expertise und unterstützen selbstständig den Erkenntnisprozess. Das Datenmaterial liegt als sprachliche Äußerung vor oder als Zahl, daher können solche Untersuchungen mit qualitativen oder quantitativen Methoden durchgeführt werden (vgl. z.B. Merkens 2007, 32f.).

Alle Designs der empirisch-religionspädagogischen Forschung folgen einer Struktur von Frage und Antwort: Die Forschung erhebt nicht Gegenstände, die unabhängig von der Forschung wären, sie erhebt Antworten von Teilnehmenden auf

Fragen eines Wissenschaftlers. Die Daten können somit nicht vom Denken und Handeln des Wissenschaftlers abgelöst werden: Jede Aussage eines Befragten, ob in einem Fragebogen oder einem Interview, wird von einem Stimulus des Forschers bestimmt. Diese Struktur von Frage und Antwort, von der Initiative durch den Wissenschaftler und der Antwort des Befragten führt dazu, dass die Konzepte des Wissenschaftlers, seine Planung sowie seine persönlichen Fähigkeiten direkten Einfluss auf die Ergebnisse der Untersuchungen haben. Durch diese Struktur sind empirisch-theologische Untersuchungen dem alltäglichen Erfahrungsprozess sehr ähnlich (vgl. van der Ven 1994).

3. Konsequenzen für die normative Dimension der Religionspädagogik

Empirische Untersuchungen haben die Religionspädagogik stark verändert. In der gegenwärtigen Gesellschaft haben empirische Aussagen eine hohe gesellschaftliche Reputation, nicht nur Wissenschaftler interessieren sich dafür, sondern auch diejenigen, die in der religiösen Bildung tätig sind. Wer ein Schaubild oder eine Tabelle betrachtet, erhält neue Erkenntnisse über die Wirklichkeit – doch auch empirische Ergebnisse bieten keine Objektivität: Sie beruhen auf theoretischen Überlegungen, sind in ein gedankliches Modell eingebettet und beschreiben stets Ausschnitte der Wirklichkeit – von einer bestimmbaren Perspektive aus.

Die Sozialwissenschaft verortet sich selbst gewöhnlich auf der Grundlage des Kritischen Rationalismus (vgl. Kromrey 2009, 32f.). Der Kritische Rationalismus (siehe Popper 1974, 335) ist der Versuch, die Normativität aus der empirischen Wissenschaft zu lösen: Empirische Wissenschaft soll keine Wahrheit produzieren, sondern Theorien, die falsifiziert werden können. Damit sind alle Welterklärungen als ‚Metaphysik‘ aus der empirischen Wissenschaft ausgeschlossen. Popper selbst verstand die Unterscheidung von Empirie und Metaphysik nicht unbedingt wertend, doch in der Folge ist diese ‚Metaphysik‘ als nicht überprüfbar an den Rand gedrängt worden (vgl. Habermas 1988). Damit ist jedoch auch die Frage nach dem Verhältnis von Empirie und Normativität ungelöst geblieben. Für die Religionspädagogik ist dieses Verhältnis jedoch zentral, und es hat zwei Aspekte: Einerseits stellt sich die Frage nach der Bedeutung von Normen in der empirischen Religionspädagogik, andererseits stellt sich die Frage nach dem Status der empirischen Religionspädagogik innerhalb der Theologie.

3.1 Normativität in der empirischen Religionspädagogik

Empirische Wissenschaft beschreibt zunächst das Hier und Jetzt, doch das Ziel der religionspädagogischen Forschung ist die Veränderung religiöser Bildungsprozesse. Insofern stellt sich für die Religionspädagogik nicht nur die Frage „Was ist?", sondern ebenso die Frage „Was soll sein?" Diese zweite Frage ist eine normative Frage; sie ist zwar für die wissenschaftliche Reflexion zugänglich, lässt sich aber nicht direkt aus den empirischen Daten ableiten. Längere Zeit ging man von einer disziplinären Unterscheidung aus: Empirische Wissenschaften bestimmten, was ist, normative Wissenschaften bestimmten, was sein soll. Der Vorteil dieser Unterscheidung war eine einfache Verständlichkeit: Hier die objektive Empirie, dort die erwünschte Norm. Eine empirisch gewendete Religionspädagogik durchkreuzt jedoch diese Unterscheidung; als Kritik an bestehenden religiösen Bildungsprozessen kann sie sich nicht auf die Beschreibung einer Wirklichkeit zurückziehen.

Die empirische Sozialwissenschaft orientiert sich normativ an gesellschaftlich relevanten Diskursen der Gegenwart; Gerechtigkeitsforschung etwa beruht normativ auf den Aussagen von John Rawls oder Richard Rorty (vgl. Wegener 1995, 4 und 6). Für die empirische Religionspädagogik ist eine ähnliche Orientierung an außerreligionspädagogischen Diskursen nicht ausreichend. Hier besteht die Gefahr einer Übernahme von Normen – und für die Religionspädagogik wäre das ein Rückfall in das Konzept der Anwendungswissenschaft, nachdem die normativen Aspekte religiöser Bildung Thema anderer theologischer Disziplinen waren.

Vielmehr muss die empirische Religionspädagogik die Normen und Ziele religiöser Bildung selbst in den Blick nehmen und einer Kritik aussetzen. Diese Möglichkeit einer kritischen Normenreflexion durch die Religionspädagogik geht parallel mit der Veränderung im Verständnis religiöser Bildung: Wenn religiöse Bildung nicht einfache Übernahme des Glaubens ist, dann muss die Reflexion religiöser Bildung selbst deren Orientierung bestimmen. Dabei wäre es jedoch naiv, eine normative Reflexion direkt aus dem Erfolg religiöser Bildung abzuleiten – nicht alles, was erlernt wird, ist auch gut.

Die normative Dimension muss vielmehr als eine eigene Dimension der empirischen Religionspädagogik betrachtet werden: Die normative Frage „Was soll sein?" befragt sowohl die Entwicklung der theoretischen Konzepte als auch die Interpretation der Ergebnisse. Das hat verschiedene Konsequenzen: Erstens verlangt diese Frage eine kontinuierliche Reflexion der normativen Aspekte aller Schritte der empirischen Arbeit, nicht nur der Voraussetzungen oder der Ergebnisse. Zweitens verbindet diese Frage die empirische Religionspädagogik mit der Tätigkeit der religiösen Bildung selbst: Es ist die gleiche normative Frage, die eine wissenschaftliche Untersuchung und einen religiösen Bildungsprozess orientieren und kritisieren.

Die wichtigste Orientierung in der Religionspädagogik bietet das Menschenbild, das dem Erziehungs-, Bildungs- und Erkenntnisprozess zu Grunde liegt. Einerseits kritisiert dieses Menschenbild die Erhebung und Deutung der empirischen Daten, andererseits entwickelt sich dieses Menschenbild durch neue empirische Erkenntnisse. Dadurch nimmt die Religionspädagogik Teil an der Reflexion der Frage Kants „Was ist der Mensch?" – mit dem spezifischen Fokus auf den Menschen als Lernenden und Lehrenden. Auch diese anthropologischen Fragen leiten die religionspädagogische Wissenschaft und die religiöse Bildung parallel. Dies wird deutlich bei den empirischen Designs mit einer Teilnahme des Wissenschaftlers am Untersuchungsfeld: Hier erhebt die Untersuchung nicht nur die Tätigkeit oder

Einstellung der Befragten nach Maßgabe der wissenschaftlichen Frage, vielmehr wird die wissenschaftliche Frage selbst hinterfragt – durch die Lebenseinstellungen, Orientierungen und religiösen Auffassungen der Befragten selbst.

3.2 Die theologische Dimension der empirischen Religionspädagogik

Der Austausch der empirischen Religionspädagogik mit der empirischen Sozial-wissenschaft ist gegenwärtig fest etabliert, doch es stellt sich immer noch die grundsätzliche Frage: Gehört die empirische Forschung in den Bereich der Theo-logie? Dies ist eine Schlüsselfrage für das Selbstverständnis der empirischen Religionspädagogik. Die Religionspädagogik beschäftigt sich mit religiöser Bildung, einem Thema, das fraglos in der sozialen Wirklichkeit existiert. Von diesem Thema her hat sie einen Platz in der Wissenschaft, wenigstens als Fachdidaktik. Doch da-mit ist ihr Status als theologische Disziplin noch nicht geklärt. Diese Frage stellt sich im multidisziplinären, interdisziplinären und trans- bzw. intradisziplinären Austausch jeweils unterschiedlich.

Im multidisziplinären Setting stellt sich diese Frage nach dem theologischen Status der Religionspädagogik nicht direkt, da darin die Eigenständigkeit der Disziplinen vorausgesetzt wird. Die Religionspädagogik kann in einem multidiszi-plinären Austausch ihre Expertise über religiöse Bildungsprozesse einbringen, da sie einen spezifischen Ausschnitt der gesellschaftlichen Wirklichkeit betrachtet.

Im interdisziplinären Austausch wird ebenfalls die Eigenständigkeit der ein-zelnen Disziplinen vorausgesetzt; in diesem Kontext spielt nicht nur die Exper-tise für eine bestimmte Wirklichkeit eine Rolle, sondern auch die spezifische Sicht auf diese Wirklichkeit. So kann die Religionspädagogik als theologische Dis-ziplin kritische Rückfragen an die bewussten oder unbewussten normativen Vo-raussetzungen der sozialwissenschaftlichen Aussagen stellen. Im transdisziplinä-ren Setting wird die Eigenständigkeit der Disziplinen angesichts der Komplexität des Untersuchungsgegenstandes reflektiert überschritten, hier stellt sich eher die hochschulpolitische Frage nach der Anbindung einer transdisziplinären Institution an die theologische Fakultät.

Brisant ist die Frage nach der theologischen Signatur der empirischen Reli-gionspädagogik im intradisziplinären Ansatz: Gibt der empirisch arbeitende Religionspädagoge seine theologische Eigenständigkeit auf? Wechselt er zur Sozial-wissenschaft, wenn er deren Diskurse übernimmt? Eine positivistische Antwort auf diese Frage wäre der Hinweis, dass der empirische Religionspädagoge als Theologe ausgebildet ist und diese Ausbildung seine Zugehörigkeit zur Theologie sichert. Doch diese Antwort verschiebt die Frage nach der spezifisch theologischen Aufgabe der Religionspädagogik nur von der wissenschaftlichen Tätigkeit auf die wissen-schaftliche Ausbildung.

Im historischen Rückblick ist die Nutzung empirischer Methoden in der Religionspädagogik ein kritisches Korrektiv zur hermeneutischen Religions-pädagogik: Mit den empirisch erhobenen Daten konnte erkannt werden, wo die

Gesellschaftsanalyse von kirchlich Tätigen mangelhaft war und aus welchen Gründen religiöse Bildungsprozesse erfolglos blieben (vgl. van der Ven 1988, 12). Dieses Verständnis empirischer Beobachtungen als Korrektiv theologischer Konstrukte ist noch immer gültig. Empirische Daten sind zwar nicht „objektiv" im Sinne eines naiven Positivismus, sie bieten aber die Möglichkeit, theoretische Konzepte mit der sozialen Wirklichkeit zu kritisieren.

Doch diese Kritik der Empirie an den theologischen Konzepten stellt nur die eine Seite der Beziehung von Empirie und Theologie dar. Gerade weil die empirischen Daten selbst schon theoriegeleitet erhoben werden, bietet umgekehrt die theologische Reflexion eine Möglichkeit der Kritik an diesen Daten. Theologische Aussagen stehen im Kontext einer Weltanschauung: der Offenbarung Christi. Diese Offenbarung Jesu als wahrer Gott und wahrer Mensch hat normative Konsequenzen für das Verständnis vom Menschen, dies zeigt sich zum Beispiel in der theologischen Deutung der Würde aller Menschen (Mt 25,40), besonders der Marginalisierten (Mt 5,3); in der Überwindung von Grenzen zwischen Menschen (Gal 3,28, Jak 2,5), aber auch in der Reflexion über das individuelle Leben (Gal 4,7). So vertreten theologische Aussagen eine Position; diese Position ist offen, das heißt erkennbar und kritisierbar – und kann gleichzeitig andere Positionen offenlegen und hinterfragen. In der Diskussion um den sogenannten „PISA-Schock" zeigt sich exemplarisch die Notwendigkeit dieser Kritik an empirischen Daten: Die PISA-Studie zeigt Unterschiede in den Leistungen der Schülerinnen und Schüler einzelner Länder; eine theoretische Kritik daran kann die Eingeschränktheit dieser Ergebnisse in den Blick nehmen und die Reichweite dieser Daten diskutieren. Eine theologische Kritik könnte daran die Frage nach den „blinden Flecken" der Studie im Hinblick auf marginalisierte Schüler im Sinne der christlichen Offenbarung anschließen.

Die theologische Eigenständigkeit der empirischen Religionspädagogik ist somit durch zwei Elemente bestimmt: Durch den Gegenstand „religiöse Bildung" und durch die offene, weltanschauliche Position. Sie beschreibt nicht nur die religiöse Bildung als Geschehen zwischen Menschen, sondern auch im Hinblick auf den auffordernden Charakter des Wortes Gottes, in verschiedenen Dimensionen: In der Glaubens-, Lebens- und Denkgeschichte des Wissenschaftlers, im religiösen Leben und der religiösen Bildung in der Gegenwart, in der Offenheit der Forschung für das ultimativ Andere, das der Christ „Wort Gottes" nennt.

4. Der strukturelle Zirkel von Empirie und Norm in der Religionspädagogik

Wissenschaft reagiert auf gesellschaftliche Veränderungen, sie erhebt Fragen aus der Gesellschaft und bringt ihren eigenständigen Beitrag zur Lösung dieser Fragen ein. Das bedeutet für den wissenschaftlichen Prozess: Die Veränderungen gehen der Reflexion voraus. Die Wissenschaft eröffnet ein Thema nicht von ihrem ‚Elfenbeinturm' aus, sondern im Kontext gesellschaftlicher Diskurse. Das zeigt das religionspädagogische Beispiel „interreligiöses Lernen": Erst durch die sozialen Veränderungen wurde es bedeutsam; konkret kann man feststellen, dass mit der zweiten Generation muslimischer Einwanderer die Religionspädagogik dieses Feld erst betrachten konnte.

Damit schließt sich der strukturelle Kreis von Frage und Antwort, der in der Betrachtung der Datenerhebung geöffnet wurde. Die empirische Religionspädagogik erhebt die Daten als Antworten auf gestellte Fragen, umgekehrt entwickelt sie ihre Fragen in Auseinandersetzung mit der Gesellschaft. Der empirische Wissenschaftler nimmt in diesem Kreis die Stellung eines aufmerksamen Teilnehmers ein: Er findet soziale Fragen (Fragen der religiösen Bildung) vor, entwickelt daraus wissenschaftlich reflektierte Fragen und deutet die Antworten seiner Befragten. Der empirische Zyklus ist nicht nur Selbstreflexion, er ist gerichtet auf die Praxis, auf deren Deutung, Kritik und theologisch verantworteter Veränderung.

Die empirische Sozialwissenschaft erweitert das Methodenarsenal der Religionspädagogik; doch der Austausch zwischen den Wissenschaften geht über simple Methodenanwendung hinaus. Ob im interdisziplinären oder intradisziplinären Konzept: Die empirische Religionspädagogik ist eine Auseinandersetzung mit der bestehenden sozialen Wirklichkeit; gleichzeitig ist sie eine Auseinandersetzung mit den spezifisch soziologischen Perspektiven auf diese Wirklichkeit. Die Religionspädagogik hat damit einen neuen Platz im Kontext der Gesellschaftswissenschaften eingenommen. Es ist durchaus eine sinnvolle Perspektive, damit die Religionspädagogik und die gesamte Theologie einen neuen, anerkannten Platz in der Wissenschaft erhalten.

Literatur

Baus, K. (1985): Von der Urgemeinde zur frühchristlichen Großkirche. Handbuch der Kirchengeschichte 1. Freiburg u.a.: Herder.

Behringer, F. et al. (2004): Diskontinuierliche Erwerbsbiographien. Zur gesellschaftlichen Konstruktion und Bearbeitung eines normalen Phänomens. Baltmannsweiler: Schneider.

Bolle, R. (1988): Religionspädagogik und Ethik in Preußen. (Internationale Hochschulschriften 6), Münster u.a.: Waxmann.

Habermas, J. (1988): Nachmetaphysisches Denken. Frankfurt a.M.: Suhrkamp.

Helle, H. J. (1997): Einführung in die Soziologie. 2. Aufl., Wien u.a.: Oldenbourg.

Jungert, M. (2010), Was zwischen wem und warum eigentlich? Grundsätzliche Fragen der Interdisziplinarität. In: Jungert, M.; Romfeld, E.; Sukopp, T.; Voigt, U. (Hg.): Interdisziplinarität. Theorie, Praxis, Probleme. Darmstadt: WBG, S. 1-12.

Kalbheim, B. (2011): Grundlagen und Entwicklung empirischer Theologie. In: Ziebertz, H.-G.: Praktische Theologie – empirisch. Münster: LIT, S. 263-274.

Kalbheim, B.; Ziebertz, H.-G. (2013): Konfessionslosigkeit, Humanismus und religiöse Traditionen in Europa. Eine empirische Studie über konfessionslose Jugendliche. In: TheoWeb 12; H.1, S. 32-56.

Kreutzer, A.; Trawöger S. (2013): Distanziert oder involviert? Beobachter- und Teilnehmer-perspektive im Verhältnis von Theologie und Soziologie. In: Kreutzer, A.; Gruber, F. (Hg.): Im Dialog. Systematische Theologie und Religionssoziologie. Freiburg i.B. u.a..: Herder, S. 23-55.

Kromrey, H. (2009): Empirische Sozialforschung. Modelle und Methoden der standardisier-ten Datenerhebung und Datenauswertung. 12. Aufl., Stuttgart: Lucius & Lucius.

Leimgruber, S.; Ziebertz, H.-G. (2010): Religionsdidaktik als Wissenschaft. In: Hilger, G. et al. (Hg.): Religionsdidaktik. 6. Aufl., München: Kösel, S. 29-40.

Merkens, H. (2007): Teilnehmende Beobachtung: Grundlagen, Methoden, Anwendung. In: Wiegand, G. (Hg.): Teilnehmende Beobachtung in interkulturellen Situationen. Frankfurt a.M. u.a..: Campus, S. 23-38.

Mishra, P. (2013): Aus den Ruinen des Empires. Die Revolte gegen den Westen und der Wiederaufstieg Asiens. Darmstadt: Wissenschaftliche Buchgesellschaft.

Mittelstraß, J. (2003): Transdisziplinarität – wissenschaftliche Zukunft und institutionelle Wirklichkeit. Konstanz: UVK.

Popper, K. (1974): Objektive Erkenntnis. 2. Aufl., Hamburg: Hoffmann und Campe.

Scheunpflug, A. (2001): Biologische Grundlagen des Lernens. Berlin: Cornelsen.

Strübing, J. (2008): Grounded Theory. Zur sozialtheoretischen und epistemologischen Fun-dierung des Verfahrens der empirisch begründeten Theoriebildung. 2. Aufl., Wiesbaden: VS.

Sukopp, T. (2010): Interdisziplinarität. Definition und Konzepte. In: Jungert, M.; Romfeld, E.; Sukopp, T.; Voigt, U. (Hg.): Interdisziplinarität. Theorie, Praxis, Probleme. Darmstadt: Wissenschaftliche Buchgesellschaft, S. 13-29.

Tenorth, H.-E. (2008): Geschichte der Erziehung. Einführung in die Grundzüge ihrer neu-zeitlichen Entwicklung. 4. Aufl., Weinheim u.a..: Juventa.

Thonak, S. (2003): Religion in der Jugendforschung. Eine kritische Analyse der Shell-Jugend-studien in religionspädagogischer Absicht. (Junge Lebenswelt 2), Münster u.a..: LIT.

Wegener, B. (1995): Soziale Gerechtigkeitsforschung: Normativ oder deskriptiv? Berlin: Humboldt-Universität zu Berlin, Institut für Soziologie.

Ven, J. van der (1988): Practical Theology: from Applied to Emprical Theology. In: Journal of Empirical Theology 1; H.1, S. 7-27.

Ven, J. van der (1994), Entwurf einer empirischen Theologie. (Theologie & Empirie 1), 2. Aufl., Kampen: Kok.

Ziebertz, H.-G.; Kalbheim, B.; Riegel, U. (2003): Religiöse Signaturen heute. Ein religionspä-dagogischer Beitrag zur empirischen Jugendforschung. (Religionspädagogik in pluraler Gesellschaft 3), Freiburg i.B.: Herder.

Bildungsbereiche

Michael Domsgen

Religiöse Bildung in der Familie

Wer religiöse Bildung in der Familie bedenken will, begibt sich auf ein weites Feld. Mit dem Leitbegriff Bildung als „Fundamentalkategorie der Subjektivität" (Winkler 2010, 69) rückt der Einzelne in seiner Selbsttätigkeit und Selbstreflexivität in den Mittelpunkt, und das nicht nur in einem bestimmten, klar abgrenzbaren Lebensabschnitt, sondern mit seiner ganzen Lebensgeschichte. Denn Bildung umfasst „den lebenslangen, prinzipiell offenen Prozeß der Subjektwerdung des Menschen" (Biehl 1991, 549) und zielt auf den ganzen Menschen. Bildung in der Familie betrachtet die Einzelnen in einer speziellen Vergemeinschaftsform und nimmt damit Beziehungen in den Blick, die durch ein spezifisches Kooperations- und Solidaritätsverhältnis bestimmt sind (vgl. Nave-Herz 2008, 707f.).

Religiöse Bildung wiederum nimmt den Menschen in einer bestimmten Perspektive in den Blick. Der Religionsbegriff steht für eine spezifische Welt- und Lebensdeutung, in der Menschen sich selbst „im Ausgriff auf eine letzte unbedingte und das eigene Dasein tragende Dimension der Wirklichkeit zu verstehen versuchen" (Lauster 2005, 146). Religion gibt es nicht an sich, sondern nur in Gestalt von Religionen. Insofern ist im Religionsbegriff immer auch eine Vielfalt angelegt, die bei der hier zu bedenkenden Thematik Berücksichtigung zu finden hat. Dazu kommt, dass die Familienperspektive in eigener Weise die Notwendigkeit grundlegender Differenzierung einträgt, denn *die* Familie gibt es nicht. Es gibt nur Familien, die sich in vielfacher Hinsicht voneinander unterscheiden. Will man nun religiöse Bildung in der Familie untersuchen, ist ein Blick auf diejenigen Aspekte unerlässlich, die diese Unterschiede eintragen. Sie markieren in gewisser Weise den Rahmen, in der sich eine Theorie religiöser Bildung in der Familie zu bewegen hat.

1. Familientheoretische Perspektiven

Familien unterscheiden sich voneinander. Da ist zum einen ihre Struktur. Folgt man der Familiensoziologin Rosemarie Nave-Herz und berücksichtigt die unterschiedlichen Rollenzusammensetzungen (Elternfamilien mit bzw. ohne formale Eheschließung sowie Mutter- bzw. Vater-Familien) und Familienbildungsprozesse (durch Geburt, Adoption, Scheidung/Trennung, Verwitwung, Wiederheirat, Pflegschaft), lassen sich derzeit in Deutschland 16 verschiedene, rechtlich mögliche Familientypen benennen (vgl. Nave-Herz 2002, 16). Mit jeder dieser Familienformen sind unterschiedliche Herausforderungen verbunden, die nicht ohne weiteres egalisiert werden können. Von großer Bedeutung ist, dass die familialen Vernetzungen weit über die in einem Haushalt zusammenlebende Familie hinausgehen. Hans Bertram hat dafür den Begriff der multilokalen Mehrgenerationenfamilie geprägt (Bertram 2003). Auch wenn Familienmitglieder an unterschiedlichen Orten leben, fühlen sie sich in besonderer Weise miteinander verbunden und verstehen sich selbst als eine Familie. Dabei kommt den Großeltern eine besondere Bedeutung zu.

Außerdem ist zu bedenken, dass Familien einer Entwicklung unterliegen, weil sich die Rollen der Familienmitglieder im Laufe des Lebenszyklus verändern. Der Volksmund sagt: „An den Kindern sieht man, wie die Zeit vergeht." Das Alter der Kinder ist denn auch ein wichtiges Kriterium für die Unterscheidung verschiedener Stadien (bzw. Familienzyklen), wobei jedes Stadium eigene Aufgaben in sich birgt. In diesen Umbrüchen stellen sich für die einzelnen Familienmitglieder neue Herausforderungen, die sie zu bewältigen haben. Jede Phase hat also ihre eigene Prägung.

Beide genannten Punkte, die Struktur wie auch die Entwicklung innerhalb einer Familie, sind im Zusammenhang zu sehen. So gibt es nicht nur Entwicklungen innerhalb einer sich hindurchziehenden Familienstruktur. Vielmehr führen veränderte Strukturen (Scheidung, Tod des Partners) auch zu veränderten Familienentwicklungsaufgaben.

> „Wie auch immer die konkreten Familienformen und zugehörigen Entwicklungsaufgaben aussehen: Dadurch, daß sich Familien ihnen stellen, sie durch gemeinsames Handeln zu bewältigen versuchen, und zugleich im Handlungsvollzug bestehende Kompetenzen konsolidieren bzw. sich neu aneignen, entsteht eine besondere Beziehungsqualität zwischen den Mitgliedern des Personensystems ‚Familie'." (Schneewind 1995, 164)

Familie ist nicht einfach nur da, sondern muss immer wieder aufs Neue konstituiert werden, weil gesellschaftliche Rahmenbedingungen und Vorgaben im Zuge der Ausdifferenzierung und Enttraditionalisierung ihre allgemein gültige Prägekraft verloren haben. Das hat Auswirkungen auf die Beziehungen der Familienmitglieder untereinander sowie deren Verhältnis zur Umwelt. Sie sind neu auszuhandeln und zu schaffen. Familien müssen deshalb – anders als noch vor fünfzig Jahren – vielfältige Gestaltungsleistungen erbringen durch individuelle Praktiken, Routinen und Rituale. Begrifflich aufgenommen wird das im Gedanken des „Doing Family" (Deutsches Jugendinstitut 2009).

Rechtlich wird die Familie als Beistandsgemeinschaft bezeichnet. Der grundlegende Gedanke, der damit verbunden ist, wird sehr schön in einer Kinderäußerung eingefangen: „Familie ist, wo man nicht rausgeworfen wird." (Domsgen 2006b)

Diese besondere Verbundenheit der Familienmitglieder basiert auf einem immer neu auszuhandelnden Gleichgewicht zwischen individueller Autonomie der Familienmitglieder sowie ihrer Verbindung miteinander. Denn nicht nur die Familie als Ganze unterliegt einer Entwicklung, auch die einzelnen Familienmitglieder durchlaufen eine individuelle Entwicklung. Wer von der Familie spricht, hat also einerseits die Familie als Ganze in den Blick zu nehmen, in ihrer Verbundenheit miteinander. Andererseits sind aber auch die Einzelnen zu bedenken, die individuelle Entwicklungsaufgaben im Kontext des Beziehungssystems Familie zu bewältigen haben.

Die sich im Lebensgang einer Person entfaltenden Handlungsspielräume und Kompetenzmuster lassen sich unter dem Begriff der Autonomie zusammenfassen. Familie operiert also immer „im Kontext von Verbundenheit und zugestandener Autonomie" (Schneewind 1995, 165). Die Entwicklungspsychologie spricht hier von „Metaentwicklungsaufgaben, welche die im Familienlebenszyklus alters- und situationsspezifisch auftetenden Familienentwicklungsaufgaben überlagern" (Schneewind 1995, 165). Dabei ergänzen sich familiär-gemeinschaftliches und individuelles Handeln nicht immer problemlos. – Eine Phase, in der dieses besonders deutlich zu Trage tritt, ist die Adoleszenzzeit der Kinder. Aber vom Grundsatz her gilt das auch für die anderen Lebensaltersphasen der Kinder. – Die Folge ist, dass die sich im bisherigen Beziehungsprozess eingepegelte Balance von Verbundenheit und zugestandener Autonomie auf eine harte Probe gestellt wird und ein neues Austarieren dieser Variablen erforderlich ist. Mit Wynne kann man den dafür notwendigen Prozess als Gegenseitigkeit bezeichnen (vgl. Wynne 1985, hier zit. n. Schweewind 1995, 165).

Wer also Familie in den Blick nimmt, hat das Wechselspiel von Gemeinschaftlichkeit und Individualität immer mit zu bedenken. Die Familie als Ganze ist wichtig, aber eben auch der Einzelne, der sich in dieser Gemeinschaft entfalten soll. Insofern impliziert Familie eine doppelte Blickrichtung: auf das Ganze, das gestärkt werden soll, aber auch auf den Einzelnen, der – manchmal mit, aber auch manchmal ohne dieses Ganze – gestärkt werden soll.

Darüber hinaus gibt es noch einen weiteren wichtigen Punkt: Familie ist ein höchst dynamisches Gebilde. Das gilt mit Blick auf den familialen Binnenraum, wie es dargestellt wurde. Das gilt aber auch im Blick auf die Familie als Ganzes und ihre Einbettung in den sozialen Kontext. Familie ist nicht das Flaggschiff, das unbeirrt seine Bahnen durch die Zeiten zieht. Sie ist kein Gegenpol der Gesellschaft, in dem beispielsweise christlicher Glaube überdauern könnte, auch wenn sich die Gesellschaft tiefgreifend gewandelt hat. Vielmehr agiert sie *relativ* autonom, d.h. sie wird von ihrer Umgebung geprägt, setzt aber nicht alles eins zu eins um, sondern verarbeitet die Impulse aus dem sie umgebenden Kontext familienspezifisch. Deshalb ist von vornherein das familiale Umfeld mit zu bedenken. Die Kontexte bestimmen wesentlich den familialen Binnenraum. Das wiederum hat auch Einfluss auf Konturierung religiöser Bildung in der Familie.

2. Religionspädagogische Perspektiven

Im religionspädagogischen Diskurs ist die Familie lange Zeit vernachlässigt worden. Zum großen Teil lag es daran, dass sie einfach da zu sein schien und daher gesonderte Anstrengungen nicht als erforderlich erachtet wurden. Zwar wusste man vom Grundsatz her, dass die Familie auch für die Entwicklung von Religiosität wichtig ist, insofern selbst elementare Begriffe wie Gott vom Kind nicht allein gefunden werden können (Schweitzer 1999, 183) und ein Kind in der Familie seine Primärsozialisation erfährt. Trotzdem blieb die ausdrückliche Beschäftigung damit lange ein Nebenzweig religionspädagogischer Forschung.[1]

Seit den 1990er Jahren lässt sich eine verstärkte Auseinandersetzung mit der Familie als Lernort des Glaubens beobachten. Grundlegend dafür waren nicht zuletzt empirische Untersuchungen in sozialisationstheoretischer Perspektive, die belegen, dass in der Kindheit gemachte religiöse Erfahrungen von besonderer Bedeutung sind, weil sie langfristige Konsequenzen haben und in späteren Lebensabschnitten nicht einfach nachgeholt werden können (vgl. Tamminen 1993). Neuorientierungen sind durchaus möglich, scheinen sich aber nicht auf alle Bereiche religiöser Erfahrungen gleichermaßen zu beziehen (vgl. Hamberg 1991).[2] Vor allem hinsichtlich des Gottesbildes lässt sich die Bedeutung der frühkindlichen Prägungen kaum überschätzen. Denn, was „später unter ‚Gott' vorgestellt wird, wird vorstrukturiert durch die Abfolge der Subjekt-Objekt-Differenzierung und bleibt an die mehr oder weniger gut gelingende Ablösung gebunden. Damit sind die ersten Bezugspersonen, in der Regel also die Eltern, bestimmend für die spätere Gottesvorstellung" (Fraas 1993, 190). Die frühkindliche Prägung in der Familie bestimmt also zu großen Teilen das Profil der Religiosität im Lebenslauf. Sehr deutlich kommt das beispielsweise in den EKD-Mitgliedschaftsumfragen zum Ausdruck, die alle 10 Jahre durchgeführt werden.[3] Fast alle, die im Rahmen der dritten und vierten Umfrage interviewt worden sind, antworteten auf die bewusst offen gehaltene Erzählaufforderung unter den Stichworten Kirche, Glaube, Christentum und Religion mit einer Erinnerung an emotional bedeutsame Erfahrungen mit Kirche und Religion in ihrer Kindheit und Jugend. Sie klopften gleichsam ihre Biografie ab und suchten nach Erlebnissen, die sie damit in Verbindung bringen konnten. Religion wird dabei nicht inhaltsbezogen, sondern von der Lebensgeschichte her beschrieben. „Erst im lebensgeschichtlichen Rückbezug erlangen Fragen nach Kirche und Glauben, nach Christentum und Religion eine persönliche Relevanz." (Engelhardt/von Löwenich/Steinacker 1997, 145) Auffällig oft findet dabei die Familie Erwähnung, in der man aufgewachsen ist. Durch sie werden vor allem in der Kindheit religiöse Impulse aufgenommen, gefiltert und weitergegeben. So betont etwa Gisela (41 Jahre, verheiratet, ein Kind), dass ihr Glaube nicht durch die Kirche vermittelt worden sei: „Mein Glauben oder so, der ist im Grunde genommen auch nur durch die Erziehung gewachsen oder so, weil mir das von zu

---

1 Das gilt nicht nur für den evangelischen Bereich, sondern auch für den katholischen, wenngleich die Familie dort insgesamt stärker Beachtung findet. Grundlegend sind die Arbeiten von Norbert Mette (1983) auf katholischer Seite und von Hans-Jürgen Fraas (1993) auf evangelischer Seite.

2 Vorstellungen über die Existenz von Himmel und Hölle bilden hier eine Ausnahme.

3 Eine sekundäranalytische Auswertung der dritten und vierten Mitgliedschaftsuntersuchung unter der Familienperspektive findet sich bei Domsgen 2006a, 100-260. Auch bei der fünften EKD-Erhebung über Kirchenmitgliedschaft lässt sich die hohe Bedeutung der Familie aufzeigen (vgl. Evangelische Kirche in Deutschland 2014).

Hause aus mitgegeben worden ist. [...] Der ist aus 'ner ganz anderen Beziehung entstanden, eben aus dem Familienhaus, durch 'ne engere Beziehung." (Studien- und Planungsgruppe der EKD 1998, I/317)

Der Familie kommt also – nicht zuletzt auch mit Blick auf weitere religionspädagogische Aktivitäten in Schule und Gemeinde – eine fundamentale Bedeutung zu, weil hier Prägungen erfolgen, die im weiteren Lebenslauf nicht einfach abgelegt werden können. Eine religiöse Profilierung in der Familie ist geradezu unvermeidlich, denn letztlich ist es „unmöglich", in der Familie „nicht-religiös zu erziehen" (Mette 1983, 17). Aus Sicht einer am Christentum orientierten Religionspädagogik ist dabei von besonderer Bedeutung, dass es „eines entsprechenden Angebots" (Fraas 1993, 192) bedarf, um zu einer christlichen Gottesvorstellung zu gelangen. Grundsätzlich ist die Phase der frühen Kindheit eine religionsaffine Phase. Denn „kein Kind erfindet Gott, aber jedes ist bereit, an ihn zu glauben" (Fraas 1993, 192). Insofern ist es verständlich, dass sich eine handlungsorientierende Religionspädagogik in besonderer Weise auf diese Phase im Familienzyklus, also auf Familien mit kleinen Kindern, bezieht und entsprechende Impulse geben will. Besonders die katholische Religionspädagogik hat sich unter dem Stichwort der „Familienkatechese" damit befasst und mit Blick auf die Profilierung einer kirchlichen Religiosität Überlegungen dazu angestellt (vgl. Biesinger 2012a, 2012b; Biesinger/Gaus/Stroezel 2008). Dabei ist unmittelbar einsichtig, dass sich die Bemühungen zur Förderung familialer religiöser Erziehung nicht allein auf die Kinder konzentrieren dürfen, sondern immer auch die Eltern (und Großeltern) im Blick haben müssen. Das liegt zum einen daran, dass Kinder Fragen stellen, die Eltern neu ins Fragen bringen und verunsichern können. Zum anderen jedoch ist auch zu beachten, dass nicht nur die Phase als Kleinkind, sondern auch die Erfahrung des Elternseins – und zwar vor allem unmittelbar nach der Geburt des Kindes – transzendentes Potenzial in sich birgt.[4] Vor Augen führen lässt sich das anhand der Interviews, die im Rahmen der EKD-Mitgliedschaftsuntersuchungen geführt wurden. Deutlich wird das beispielsweise bei Malte, einem Arzt, der sich selbst als Atheist bezeichnet. Er war im Rahmen der vierten EKD-Mitgliedschaftsumfrage wiederholt interviewt worden. Seine Glaubenseinstellungen hatten sich im Vergleich zum Interview vor 10 Jahren kaum geändert. Allerdings führte die Erfahrung der Elternschaft zum Wiedereintritt seiner Frau in die Kirche und zur Taufe der Kinder. Im diesem Zusammenhang stellt auch Malte sich Fragen zum Leben und Glauben. Dabei führt die Erfahrung des Vaterseins zu einer vorsichtigen Öffnung der religiösen Dimension gegenüber. „Hätte Malte keine Tochter, die angesichts eines toten Spatzen das Problem der Endlichkeit des Lebens aufwirft, auf das er lieber mit dem Verweis auf einen Engel antwortet als mit der Erläuterung des biologischen Verfallsprozesses, hätte sich in seinem Leben vielleicht die ‚rationale' Perspektive gänzlich durchgesetzt." (Wohlrab-Sahr 2006, 333)

---

4 Albert Biesinger spricht hier davon, dass Familie ein Ort ist, „an dem wesentlich Religion generiert wird" (Biesinger 2012b, 101).

Religiöse Bildung in der Familie ist also nicht nur mit Blick auf die Herkunfts-familie, sondern ebenso hinsichtlich der eigenen Zielfamilie zu untersuchen. Dabei wäre auch verstärkt danach zu forschen, wie sich die Tatsache auswirkt, dass der Anteil der Bevölkerung, der in einem Haushalt mit Kindern lebt, seit Jahren rück-läufig ist (vgl. Peuckert 2004, 384f.). Ebenso von Interesse ist die Frage, wie sich die Großeltern-Enkel-Beziehung auf die religiöse Bildung auswirkt.

Eine dritte Phase, die unter der Familienperspektive für die Entwicklung von Religiosität bedeutsam ist, stellt sich ein, wenn die eigenen Eltern oder Großeltern krank werden oder sterben. Auch hier kann eine Interviewpassage aus den EKD-Mitgliedschaftsuntersuchungen erhellend sein. So erzählt Kathy (25 Jahre, lebt mit ihrem Freund zusammen, kinderlos):

> „... meine Oma war die letzte Zeit im Krankenhaus und ist da an einem Dickdarmkrebs operiert worden. Und dann so, so das Gefühl der Hilflosigkeit, und, oder Aussichtslosigkeit. Und dann diese, dieses Flehen, daß es weitergeht. Und auf der anderen Seite eben das, das Wissen, daß trotz allem das nicht in meiner Macht liegt, was passiert." (Studien- und Planungsgruppe 1998, I/507f.)

Aufgrund der gestiegenen Lebenserwartung ist die gemeinsam verbrachte Zeit von Eltern und Kindern so lang wie noch nie. Das Sterben und der Tod der eigenen Eltern treffen Menschen in der Mitte ihres Lebens oder auch erst danach. Gegenwärtig steht die Frage der Pflege der alt gewordenen Eltern bei vielen im Mittelpunkt. Sie ist – auch unter religionspädagogischer Perspektive – als Herausforderung zu be-greifen.

Die Beispiele von Gisela, Malte und Kathy verdeutlichen, wie wichtig Bezie-hungen im Nahbereich und dabei vor allem die familialen Beziehungen für die Profilierung von Religiosität sind. Des Weiteren zeigen sie, dass Impulse zur religi-ösen Entwicklung nicht nur – obwohl diese Phase in vielerlei Hinsicht grundlegend ist – auf die Kindheits- und Jugendphase beschränkt sind, sondern im gesamten Lebenslauf auftreten. Es lassen sich also Abschnitte im Lebenslauf markieren, in de-nen die Auseinandersetzung mit religiösen Fragen in besonderer Weise angestoßen wird oder werden könnte. Die Familie spielt dabei eine grundlegende Rolle.

Familie ist in besonderer Weise durch ein hohes Maß an Intimität gekennzeich-net. Die hier stattfindenden Lernprozesse sind vornehmlich nichtintentional ausge-richtet. Hier wird schnell deutlich, dass religiöse Bildung nicht auf die Tradierung von Glaubensinhalten beschränkt werden kann, sondern auf eine bestimmte Einstellung zur Welt und zum Leben insgesamt abzielt. Religiöse Bildung ist Teil der allgemeinen Persönlichkeitsentwicklung. Insofern umfasst religiöse Bildung immer auch eine implizite und eine explizite Seite (vgl. Domsgen 2006b, 279-283). Implizit ist religiöse Bildung dort, wo Menschen bedingungslose Liebe erfahren und elementare Erfahrungen von Vergebung, Geborgenheit und Versöhnung ma-chen können. Dies scheint in der Familie besonders gut möglich. Allerdings sind Menschen, auch im Erwachsenen- und nicht nur im Kindesalter, darauf angewie-sen, dass ihnen die religiöse Dimension explizit eröffnet wird bzw. sie Impulse empfangen, die ihnen helfen, ihr eigenes Leben und die Welt im Licht der Nähe

Gottes zu deuten und zu gestalten. Die Familie kann dabei in einzigartiger Weise die Verbindung von im Handeln spürbarer und erfahrbarer Annahme und einer Explizierung der religiösen Dimension im Reden und Tun ermöglichen. Christ-Werden und -Sein kann nicht vom Person-Sein und -Werden getrennt werden. Nirgends ist das besser zu realisieren als in der Familie.

3. Empirische Perspektiven

Die empirische religionspädagogische Familienforschung im deutschsprachigen Raum steckt weiterhin mehr oder weniger in den Kinderschuhen. Um sich hier einen Überblick verschaffen zu können, bietet es sich an, die eingangs getroffene Differenzierung aufzunehmen und zwischen Arbeiten, die sich auf die Familie als Ganze beziehen, und denjenigen, die einzelne Familienmitglieder in ihrer religiösen Entwicklung untersuchen, zu unterscheiden. Dabei wird kein Anspruch auf Vollständigkeit erhoben. Vielmehr geht es um eine zusammenfassende Übersicht, um auf deren Grundlage abschließend einen Ausblick auf Forschungsdesiderate wagen zu können.

3.1 Mit Blick auf die Familie als Ganzes

Bereits 1983 hatte Norbert Mette festgestellt, dass „die Familie viel stärker als bisher als Subjekt ernstgenommen werden" (Mette 1983, 340) müsse. Vor dem Hintergrund einer Reihe von Einzelbefunden – vorwiegend aus dem Feld quantitativer empirischer Forschung – war dies klar zu belegen (vgl. z.B. Zinnecker/Silbereisen 1996). Einen wichtigen Impuls auf dem Weg dahin gab Ulrich Schwab 1995 mit seiner qualitativen empirischen Untersuchung zur Tradierung von Religiosität im Generationenprozess. Dabei legt er mit dem Begriff der „Familienreligiosität" eine unverzichtbare terminologische Grundlage (Schwab 1995), mit der vor Augen geführt werden kann, dass Religiosität in der Familie einen deutlich pragmatischen Charakter hat. Sie profiliert sich auf der Grundlage der vorhandenen Familientradition und den Anforderungen des Alltags und steht oft stärker unter dem Vorzeichen von Kontinuität als dies den einzelnen Familienmitgliedern bewusst ist. Gleichzeitig wird deutlich, wie die unterschiedlichen sozialen Kontexte Auswirkungen auf die Profilierung von Religiosität in der Familie haben.

Unter diesem Vorzeichen verdient auch die kulturwissenschaftliche Untersuchung von Monika Wohlrab-Sahr, Uta Karstein und Thomas Schmidt-Lux (2009) Beachtung. Sie untersucht auf der Grundlage von Interviews mit drei Generationen den religiösen und weltanschaulichen Wandel bei ostdeutschen Familien und zeichnet einerseits nach, wie religiöse Positionen verändert, und andererseits, wie säkulare Traditionen geschaffen wurden. In beiden Untersuchungen wird deutlich, wie grundlegend familiale Überlieferungen und Transformationen sind. Den Wirkungen solcher intergenerationeller Tradierungsprozesse im Feld religiöser

Erziehung widmet sich eine interdisziplinäre Untersuchung an der Universität Tübingen, die in den Jahren 2000-2002 durchgeführt wurde (Biesinger/Kerner/ Klosinski/Schweitzer 2005). In religionspädagogischer, kinder- und jugendpsychiatrischer sowie kriminologischer Perspektive werden Ergebnisse qualitativer und quantitativer empirischer Forschung analysiert, wobei sich keine Beispiele fanden, „bei denen die religiöse Entwicklung ohne maßgeblichen Einfluss der Familie geblieben wäre" (Schweitzer 2005, 18). Zugleich wird deutlich, dass familiale Erziehung nie allein wirksam ist, sondern immer im Zusammenspiel mit Einflüssen anderer Sozialisationsinstanzen gesehen werden muss. Die Wirkung religiöser Erziehung in der Familie ist ambivalent. Sie kann förderlich sein für die Persönlichkeitsentwicklung, kann diese aber auch behindern. Grundlegend dafür ist die Gestaltung der familialen Interaktion. Religiöse Erziehung muss „sowohl von ihrer Inhaltsdimension als auch von ihrer Beziehungsdimension her gesehen werden" und ist „in die weiteren Zusammenhänge sowohl der Familienerziehung überhaupt als auch der Familienkonstellation" eingebunden, die sie „wiederum positiv oder negativ" (Schweitzer 2005, 19) mitbestimmen. Verdichtet in den Blick genommen werden können diese Faktoren in Ritualen, wie eine Studie von Christoph Morgenthaler und Roland Hauri zeigt (Morgenthaler/Hauri 2010a). Untersucht wurden bei deutschschweizer Familien drei Typen von Familienritualen: Taufen, Weihnachtsfeiern und Abendrituale, wobei die unterschiedlichen Rituale mithilfe verschiedener – vornehmlich qualitativer – Methoden dargestellt werden. Auch hier zeigt sich, dass sich Familien mit unterschiedlichen Lebensstilen ebenso hinsichtlich der Ritualgestaltung voneinander unterscheiden. Zugleich wird deutlich, dass Kinder nie nur Objekte religiöser Erziehung sind, sondern sich als „Partner in einem Prozess der intergenerationellen Ko-Konstruktion kultureller Praktiken" erweisen, wobei „die generationale Ordnung nicht nur dargestellt, sondern immer neu auch hergestellt" (Morgenthaler 2010, 183) wird. Insgesamt fällt auf, wie stark intergenerationelle Beziehungen rituell geprägt sind. Der größte Teil der Eltern praktiziert mit den eigenen Kindern Rituale, die er selbst in der Kindheit erlebt hat. „Religiosität und Ritualität sind durchgehend in einem schwachen bis mittleren Ausmaß positiv miteinander korreliert." (Zehnder/Morgenthaler 2010, 210) Allerdings ist der Zusammenhang nur „mäßig", wobei beide durchaus ihrer eigenen Logik folgen und nicht „weitgehend identisch" (ebd.) sind.

Maßgeblich dafür ist zu einem großen Teil der Grad religiöser Pluralität in der Familie. Nimmt er zu, führt das häufig zu „Unsicherheit", „da es den Beteiligten an angemessenen Bearbeitungsstrategien fehlt und über strittige oder Streit auslösende religiöse Fragen in der Familie lieber geschwiegen wird" (Schweitzer 2005, 19). Das zeigen nicht nur die Tübinger Untersuchungsergebnisse, sondern auch andere Studien. So rekonstruieren Friedrich Schweitzer und Albert Biesinger in evangelisch-katholischen Familien grundlegende Faktoren, die im Entscheidungsprozess zur religiösen Erziehung eine Rolle spielen (Schweitzer/Biesinger 2009). Diese müssen nicht immer zu einer konflikthaften Auseinandersetzung führen, wie bereits die Arbeit von Nils Logemann gezeigt hat (vgl. Logemann 2001, 210).

Das liegt vor allem an einem Umfeld, das immer weniger zu einer Festlegung auf eine Position drängt und die religiöse Frage unter dem Signum einer freien Entscheidungsfindung auf die nächste Generation überträgt. Zumindest lässt sich eine Tendenz dazu in den Arbeiten von Regine Froese und Heide Liebold aufzeigen. Erstere untersucht das Gottesverständnis und die religiöse Praxis von Kindern in christlich-muslimischen Familien, letztere die religiöse Erziehung in christlich-konfessionslosen Familien. In beiden Untersuchungen zeigt sich, dass das Thema „Familie und Religion" eng „verbunden ist mit Fragen der Rollenaufteilung, der Kommunikationskultur, der Entscheidungsfindungen und dem Alltagsleben des Paares" (Liebold 2005, 210). Faktoren wie Statusdenken und Durchsetzungskraft gegenüber dem anderen spielen eine wichtige Rolle, ebenso wie der „Aspekt der *freien Entscheidung*" (Froese 2005, 256). Das Kind soll selbst eine Entscheidung hinsichtlich seiner religiösen Orientierung treffen, allerdings ohne dabei auf explizit familiale Hilfestellungen zurückgreifen zu können, da sich auf Elternebene (noch) keine gemeinsame Religiosität herausgebildet hat. Der Kontext gewinnt hier eine große Bedeutung. Die Familie bleibt dahingehend wichtig, als dass sie auf der Mikroebene die Rahmenbedingungen vorgibt, innerhalb derer sich die Religiosität der Kinder entwickelt und ausformt (mit Blick auf die Kita vgl. z.B. Biesinger/Edelbrock/Schweitzer 2011). Eine aktive religiöse Erziehung findet allerdings nicht statt. Dies gilt auch für den Fall, dass beide Elternteile keiner Religionsgemeinschaft angehören und sich selbst als nicht religiös verstehen. In welcher Weise Familie hier dennoch religiös prägend ist, bleibt bisher mehr oder weniger im Ungewissen. Was passiert, wenn die Familie selbst zum „autonomen, sinnproduzierenden Lebenszusammenhang" geworden ist, „der keine anderen Sinnspender benötigt" (Ebertz 1988, 406)? Wie gehen Kinder und Jugendliche, die in solchen Familien aufwachsen, mit expliziten religiösen Impulsen um? Mit solchen Fragen wird der Blick von der Familie als Ganze auf die einzelnen Familienmitglieder gelenkt. Dass die Familie in der Kombination von Inhalts- und Beziehungsebene wichtig bleibt, steht außer Frage. Wie die einzelnen Familienmitglieder in ihrer Rolle davon bestimmt werden, ist jedoch nur ansatzweise untersucht. Auf einige wenige Ergebnisse dabei soll im Folgenden skizzenhaft hingewiesen werden.

3.2 Mit Blick auf die Religiosität der einzelnen Familienmitglieder

In aller Regel sind es einzelne inhaltliche Aspekte, die unter Hinzuziehung der Familienpersepktive untersucht werden. Ein größeres Forschungsprojekt dazu wurde von Anna-Katharina Szagun initiiert, die in einer Langzeitstudie das Gottesverständnis und die Gottesbeziehung von Kindern erforscht, die in mehrheitlich konfessionslosem Kontext aufwachsen (vgl. Szagun 2006). Interessant sind dabei vor allem die Einzelkindstudien, die Michael Fiedler vorgelegt hat, lassen sie doch klar die Bedeutung familialer Sozialisation erkennen, die auch dann, wenn nicht explizit religiös erzogen wurde, grundlegend ist (vgl. Fiedler 2010). Es sind nicht zuletzt solche Ergebnisse, die vor Augen führen, dass es kein religionspädagogisches Handlungsfeld gibt, das auf eine Analyse unter der Familienperspektive verzichten könnte. Für die Konfirmandenarbeit, den schulischen Religionsunterricht und eine familienorientierte Gemeindearbeit liegen erste Perspektivierungen vor.[5] Die Potenziale, die sich hier aufzeigen lassen, resultieren teilweise auch aus den familialen Rollen. Dass das Eltern- und Großelternsein religionsproduktiv sein kann, wurde bereits angedeutet. Dem nachzugehen erweist sich als sehr gewinnbringend, wie erste Überlegungen zeigen.[6] Allerdings handelt es hier lediglich um erste Problemanzeigen. Umfassende Untersuchungen dazu fehlen noch.

4. Ausblick

Zum gegenwärtigen Zeitpunkt ist die Religionspädagogik noch ein ganzes Stück von einer Ausarbeitung einer elaborierten religionspädagogischen Theorie der Familie entfernt. Das liegt zu einem großen Teil auch am Fehlen entsprechender empirischer Untersuchungen. So fehlt für Deutschland nicht nur eine groß angelegte Untersuchung zu Ritualen im Familienleben. Vielmehr ist insgesamt viel zu wenig darüber bekannt, wie Familien „mit einer größeren Distanz zum christlichen Glauben, Familien mit niedrigerem Einkommen und niedrigerem Bildungsstand der Eltern und Familien in anderer als klassischer Rollenbesetzung" (Morgenthaler, Hauri 2010b, 247) ihr Familienleben rituell gestalten sowie ob und wenn ja, in welcher Weise Religion dabei eine Rolle spielt. Ebenso wären verstärkt Familien mit einem durch Migration gekennzeichneten Hintergrund sowie Familien, die seit mehreren Generationen konfessionslos sind, zu untersuchen. Bisher steht in der Forschung die kirchliche Religiosität im Mittelpunkt. Vor diesem Hintergrund wäre dann auch die Erarbeitung einer Typologie denkbar, die „bislang erst in Ansätzen vorliegt" (Schweitzer 2005, 19). Notwendig dafür wären weitere qualitative Forschungen, die dazu verhelfen, die familiale Binnenlogik in der Profilierung der Familienreligiosität sowie der Religiosität der einzelnen Familienmitglieder zu verstehen und nachzuzeichnen. Darauf aufbauend könnten dann quantitative Forschungen die Situation religiöser Bildung in der Familie konturierend beschreiben.

---

5 Vgl. z.B. mit Hinweisen zu den entsprechenden empirischen Befunden: Domsgen/ Hinderer 2010; Domsgen 2006, 2007; Domsgen/Spenn 2012. Zum sog. KU-3-Projekt in der württembergischen Landeskirche vgl. Cramer/Ilg/Schweitzer 2009.

6 Vgl. z.B. zum Elternsein: Sommer 2009; zum Großelternsein (mit Hinweisen auf entsprechende empirische Befunde): Domsgen 2009 sowie zum Vatersein: Domsgen 2013.

Literatur

Bertram, H. (2003): Die multilokale Mehrgenerationenfamilie – Von der neolokalen Gattenfamilie zu multilokalen Mehrgenerationenfamilie. In: Feldhaus, M.; Logemann, N.; Schlegel, M. (Hg.): Blickrichtung Familie. Vielfalt eines Forschungsgegenstandes. Würzburg: Ergon, S. 15-32.

Biehl, P. (1991): Theologische Aspekte des Bildungsverständnisses. In: Der Evangelische Erzieher 43; H.6, S. 575-591.

Biesinger, A. (2012a): Kinder nicht um Gott betrügen. Anstiftungen für Mütter und Väter. 15. Aufl., Freiburg i. Br., Basel, Wien: Herder.

Biesinger, A. (2012b): Gotteskommunikation. Religionspädagogische Lehr- und Lernprozesse in Familie, Gemeinde und Schule. Ostfildern: Matthias Grünewald Verlag.

Biesinger, A.; Edelbrock, A.; Schweitzer, F. (Hg.) (2011): Auf die Eltern kommt es an! Interreligiöse und Interkulturelle Bildung in der Kita. Münster, New York, München, Berlin: Waxmann.

Biesinger, A.; Gaus, R.; Stoezel, H. (2008): Erstkommunion als Familienkatechese. Fundierungen, Konkretionen und empirische Ergebnisse. In: Kasper, W.; Biesinger, A.; Kothgasser, A.: Weil Sakramente Zukunft haben. Neue Wege der Initiation in Gemeinden. 2. Aufl., Ostfildern: Matthias Grünewald Verlag, S. 70-95.

Biesinger, A.; Kerner, H.-J.; Klosinski, G.; Schweitzer, F. (Hg.) (2005): Brauchen Kinder Religion? Neue Erkenntnisse – Praktische Perspektiven. Weinheim, Basel: Beltz.

Cramer, C.; Ilg, W.; Schweitzer, F. (2009): Reform von Konfirmandenarbeit – wissenschaftlich begleitet. Eine Studie in der Evangelischen Landeskirche in Württemberg. Gütersloh: Gütersloher Verlagshaus.

Deutsches Jugendinstitut (2009): Doing Family – Den Alltag von Familien ernst nehmen. http://www.dji.de/index.php?id=42144 [Zugriff: 20.05.2014]

Domsgen, M. (2006a): Familie und Religion. Grundlagen einer religionspädagogischen Theorie der Familie. 2. Aufl., Leipzig: Evangelische Verlagsanstalt.

Domsgen, M. (2006b): „Familie ist, wo man nicht rausgeworfen wird." Zur Bedeutung der Familie für die Theologie – Überlegungen aus religionspädagogischer Perspektive. In: Theologische Literaturzeitung 131; H.5, S. 467-486.

Domsgen, M. (2006c): Kaum gefragt, aber von grundlegender Bedeutung. Welchen Religionsunterricht finden Eltern eigentlich gut? (Jahrbuch der Religionspädagogik 22), Neukirchen-Vluyn: Neukirchener Verlag, S. 136-147.

Domsgen, Michael (2007): Welche Kirche braucht die Familie? Ansprüche und Bedürfnisse von Familien gegenüber Kirche. In: Pastoraltheologie 96; H.9, S. 350-365.

Domsgen, M. (2009): Generation: Familie und Lebenserwartungen. In: Klie, T.; Kumlehn, M.; Kunz, R. (Hg.): Praktische Theologie des Alterns. Berlin, New York: Walter de Gruyter, S. 259-283.

Domsgen, M. (2013): Väter in der Kirche: Glaube, Gemeinde, Gesellschaft. In: Pastoraltheologie 102; H.4, S. 1-15.

Domsgen, M.; Hinderer, M. (2010): Konfirmandenarbeit und Familie. In: Böhme-Lischewski, T.; Elsenbast, V.; Haeske, C.; Ilg, W.; Schweitzer, F. (Hg.): Konfirmandenarbeit gestalten. Perspektiven und Impulse für die Praxis aus der Bundesweiten Studie zur Konfirmandenarbeit in Deutschland. Gütersloh: Gütersloher Verlagshaus, S. 56-68.

Domsgen, M.; Spenn, M. (Hg.) (2012): Kirche und Familie. Perspektiven für die Evangelische Kirche in Mitteldeutschland. (Texte der Bildungskammer 2), Leipzig: Evangelische Verlagsanstalt.

Ebertz, M. N. (1988): Heilige Familie? Die Herausbildung einer anderen Familienreligiosität. In: Deutsches Jugendinstitut (Hg.): Wie geht's der Familie? Ein Handbuch zur Situation der Familien heute. München: Kösel, S. 403-413.

Engelhardt, K.; von Loewenich, H.; Steinacker, P. (1997): Fremde Heimat Kirche. Die dritte EKD-Erhebung über Kirchenmitgliedschaft. Gütersloh: Gütersloher Verlag.

Evangelische Kirche in Deutschland (Hg.) (2014): Engagement und Indifferenz. Kirchenmitgliedschaft als soziale Praxis V. EKD-Erhebung über Kirchenmitgliedschaft. Hannover.

Fiedler, M. (2010): Strukturen und Freiräume religiöser Sozialisation. Religiöse Sozialisation und Entwicklung von Gotteskonzepten bei Kindern aus Familien im konfessionslosen Kontext Ostdeutschlands. Jena: Verlag IKS Garamond.

Fraas, H.-J. (1993): Die Religiosität des Menschen. Ein Grundriß der Religionspsychologie. 2. Aufl., Göttingen: Vandenhoeck & Ruprecht.

Froese, R. (2005): Zwei Religionen – eine Familie. Das Gottesverständnis und die religiöse Praxis von Kindern in christlich-muslimischen Familien. Gütersloh, Freiburg i.B.: Herder.

Hamberg, E. M. (1991): Stability and Change in Religious Beliefs, Practice, and Attitudes: A. Schwedish Panel Study. In: Journal for the Scientific Study of Religion 30; H.1, S. 63-90.

Lauster, J. (2002): Religion als Lebensdeutung. Theologische Hermeneutik heute. Darmstadt: Wissenschaftliche Buchgesellschaft.

Liebold, H. (2005): „In dieser Hinsicht lassen wir uns eigentlich ziemlich in Ruhe". Religiöse Erziehung in christlich-konfessionslosen Familien. Ein Beitrag aus Ostdeutschland. In: Wege zum Menschen 57; H.3, S. 239-253.

Mette, N. (1983): Voraussetzungen christlicher Elementarerziehung. Vorbereitende Studien zu einer Religionspädagogik des Kleinkindalters, Düsseldorf: Patmos.

Morgenthaler, C. (2010): Abendrituale. Wenn Eltern und Kinder gemeinsam Rituale kreieren. In: Morgenthaler, C.; Hauri, R. (Hg.) (2010a):, Rituale im Familienleben. Inhalte, Formen und Funktionen im Verhältnis der Generationen. Weinheim, München: Juventa, S. 161-186.

Morgenthaler, C.; Hauri, R. (Hg.) (2010a): Rituale im Familienleben. Inhalte, Formen und Funktionen im Verhältnis der Generationen, Weinheim, München: Juventa.

Morgenthaler, C.; Hauri, R. (2010b): Schlussfolgerungen und offene Fragen. In: Morgenthaler, C.; Hauri, R. (Hg.) (2010a):, Rituale im Familienleben. Inhalte, Formen und Funktionen im Verhältnis der Generationen. Weinheim, München: Juventa, S. 235-249.

Nave-Herz, R. (2002): Familie heute. Wandel der Familienstrukturen und Folgen für die Erziehung. 2. Aufl., Darmstadt: Primus.

Nave-Herz, R. (2008): Ehe und Familie. In: Willems, H. (Hg.): Lehr(er)buch Soziologie. Für die pädagogischen und soziologischen Studiengänge, 2. Wiesbaden: VS Verlag für Sozialwissenschaften, S. 703-720.

Peuckert, R. (2004): Familienformen im sozialen Wandel. 5. Aufl., Wiesbaden: VS Verlag für Sozialwissenschaften.

Schneewind, K. A. (1995): Familienentwicklung. In: Oerter, R.; Montada, L. (Hg.): Entwicklungspsychologie. Ein Lehrbuch. 3. Aufl., Weinheim: Beltz, S. 128-166.

Schwab, U. (1995): Familienreligiosität. Religiöse Traditionen im Prozeß der Generationen. Stuttgart, Berlin, Köln: W. Kohlhammer.

Schweitzer, F. (1999): Lebensgeschichte und Religion. Religiöse Entwicklung und Erziehung im Kindes- und Jugendalter. 4. Aufl., Gütersloh: Gütersloher Verlagshaus.

Schweitzer, F. (2005): Wirkungszusammenhänge religiöser Familienerziehung. Ergebnisse der Tübinger Familienstudie und religionspädagogische Konsequenzen. In: Biesinger, A.; Kerner, H.-J.; Klosinski, G.; Schweitzer, F. (Hg.) (2005): Brauchen Kinder Religion? Neue Erkenntnisse – Praktische Perspektiven. Weinheim, Basel: Beltz, S. 11-21.

Schweitzer, F.; Biesinger, A. (2009): Religiöse Erziehung in evangelisch-katholischen Familien. Freiburg, Basel, Wien: Herder.

Sommer, R. (2009): Kindertaufe – Elternmotive und theologische Deutung. Stuttgart: Kohlhammer.

Studien- und Planungsgruppe der EKD (1998): Quellen religiöser Selbst- und Weltdeutung. Die themenorientierten Erzählinterviews der dritten EKD-Erhebung über Kirchenmitgliedschaft, I: Dokumentation. Hannover: I/307-I/334.

Szagun, A.-K. (2006): Dem Sprachlosen Sprache verleihen. Rostocker Langzeitstudie zu Gottesverständnis und Gottesbeziehung von Kindern, die in mehrheitlich konfessionslosem Kontext aufwachsen. Jena: Verlag IKS Garamond.

Tamminen, K. (1993): Religiöse Entwicklung in Kindheit und Jugend. Frankfurt a.M., Berlin, Bern, New-York, Paris, Wien: Peter Lang.

Winkler, Michael (2010): Erziehung. In: Krüger, H.-H.; Helsper, W. (Hg.): Einführung in Grundbegriffe und Grundfragen der Erziehungswissenschaft. 9. Aufl., Opladen, Farmington Hills: Verlag Barbach Budrich, S. 57-78.

Wohlrab-Sahr, M. (2006): Kulturelle Diversität und ein verbindendes Kontrastprinzip: Kirche in der Vielfalt der Lebensbezüge. In: Hermelink, J.; Grevel, J. P.; Kretzschmar, G. (Hg.): Kirche in der Vielfalt der Lebensbezüge Bd. 2. Analysen zu Gruppendiskussionen und Erzählinterviews. Gütersloh: Gütersloher Verlagshaus, S. 321-338.

Wohlrab-Sahr, M.; Karstein, U.; Schmidt-Lux, T. (2009): Forcierte Säkularität. Religiöser Wandel und Generationendynamik im Osten Deutschlands. Frankfurt a.M.: Campus.

Wynne, L. C. (1985): Die Epigenese von Erziehungssystemen. Ein Modell zum Verständnis familiärer Entwicklung. In: Familiendynamik 10; S. 112-146.

Zehnder, S.; Morgenthaler, C. (2010): Familienrituale und Religiosität im Vergleich der Generationen. In: Morgenthaler, C.; Hauri, R. (Hg.) (2010a): Rituale im Familienleben. Inhalte, Formen und Funktionen im Verhältnis der Generationen. Weinheim, München: Juventa, S. 187-211.

Zinnecker, J.; Silbereisen, R. K. (1996): Kindheit in Deutschland. Aktueller Survey über Kinder und ihre Eltern. Weinheim, München: Beltz Juventa.

Steffen Kleint

Empirische Perspektiven religiöser Familienbildung

> Familie und Religion in „Freiheit gegenüber
> den Geschöpfen und gegenüber sich selbst".
> (Comenius 1668, 13)

1. Zum Stand der Forschung

Das Verhältnis von Familienbildung und Religion empirisch zu erfassen ist ein voraussetzungsreiches Vorhaben. Insbesondere in der andragogischen Forschung ist die familienbezogene Erwachsenenbildung und vor allem die religiös konnotierte Bildungspraxis in Familien weitgehend ein blinder Fleck. In der religionspädagogischen Forschung wurde noch vor zehn Jahren festgestellt:

> „Bisher [...] war die Familie religionspädagogisch nur selten im Blick, obwohl sie ein herausragender Lernort des Glaubens ist und sich zumindest vom Grundsatz her alle darin einig sind, dass ihr eine besondere Bedeutung auch in diesem Bereich zukommt." (Domsgen 2004, 5)[1]

Selbst theoretische Orientierungen für die familienbezogene Bildungspraxis und -forschung sind nicht ohne Weiteres heranzuziehen, denn auch im Grundsatz wird auf evangelischer Seite gegenwärtig neu justiert. Das evangelische Familienbild soll sich nicht auf eine bestimmte Partnerschaftsform kaprizieren, sondern von bestehender Vielfalt ausgehen (vgl. EKD 2013). Einrichtungen der evangelischen Erwachsenenbildung begrüßen diese Entwicklung, und zwar im Sinne eines institutionellen „Nachhinkeffekts" (Exner et al. 1979, 41). Praktisch hat es sich bewährt, die familiäre Lebensführung pragmatisch zu verstehen: als ein „auf Dauer angelegter, intergenerationeller Fürsorgezusammenhang, der in der Regel haushaltsübergreifend angelegt ist" (Thiessen 2010, 9). Darüber hinaus wird gegenwärtig in der Erwachsenenbildung ausgelotet, welche fachlichen und organisatorischen Perspektiven sich mit der Einsicht verbinden, dass religiöse Bildung ein lebenslanger Prozess ist, ein Prozess, der nicht zuletzt durch (Groß-)Elternschaft initiiert wird. Aktuelle kirchliche Berufsausbildungs- und Weiterbildungsansätze etwa stehen dadurch sowohl theologisch als auch andragogisch in der Kritik – in einem „konsti-

---

[1] Religionspädagogisch wegweisend waren zuvor die Arbeiten von Norbert Mette, z.B.: Mette, N. (1983): Voraussetzungen christlicher Elementarerziehung. Düsseldorf) Aber noch mehr als für den Lernort Kindergarten bleibt für die familienbezogene Erwachsenenbildung zu konstatieren: „Das Themenfeld ‚Religion [...]' gestaltet sich [...] komplex und heterogen. Auffallend ist, dass die nicht religiös gebundene Erziehungswissenschaft [...] diesen Bereich [...] bisher überwiegend aussparen [...]. Veröffentlichungen gibt es [...] primär aus den Bereichen der Religionspädagogik, jedoch finden sich auch hier wenig empirische Studien." (Lischke-Eisinger 2012, 18f.)

tutiv seelsorglichen Focus" (Schirrmacher 2013, 209). Zugleich wird mit Luthers Kleinem Katechismus allen ausgreifenden subjektorientierten Bildungsansätzen die essenzielle Bedeutsamkeit eines intergenerativen und „sozialen Kontextes für religiöse Praxis" (Grethlein 2013, 22) entgegengehalten.

Die genannten theoretischen Dynamiken in der Erwachsenenbildung verändern auch die Vorzeichen familienbezogener Erwachsenenbildung und verstärken den Eindruck eines ausgeprägten Forschungsdesiderats. Allerdings muss empirische Forschung nicht nur vorgegebene Fragestellungen beantworten und Definitionen ausbuchstabieren, sie kann auch selbst Forschungsfragen und alternative Deutungsmuster anregen und entsprechende Kategorien dafür entwerfen.

Zumindest die Praxis religiöser Erziehung im Vorschulalter wird seit etwa zehn Jahren zunehmend empirisch erforscht, im Fokus stehen hier primär die Situation und der Weiterbildungsbedarf des Betreuungspersonals in Kindergärten (vgl. zuletzt: Lischke-Eisinger, 2012; Möller 2013; Schweitzer et al. 2011). Neuere Forschungen gehen von einer religiösen Rat- und Sprachlosigkeit der Eltern aus, einer aus elterlicher Verlegenheit erwachsenen Tendenz, die Behandlung religiöser Fragen von Kindern an Institutionen und dortige Spezialisten zu delegieren (vgl. Mette 2001, 542; Schweitzer 2000, 43). Auch Eltern und Kinder werden nach ihren religiösen Einstellungen befragt, aber insgesamt zielen diese Untersuchungen auf die institutionellen Entwicklungen ab und tragen bestenfalls indirekt zur Erhellung und Unterstützung von Familienreligiosität bei (vgl. Biesinger et al. 2011; Edelbrock et al. 2010). Allerdings gibt es einzelne Untersuchungen, die in eine andere Richtung weisen, indem sie von den Eltern und von den Familien ausgehen. Das gilt für die in dieser Hinsicht als Pionierleistung anzusprechenden Studie von Ulrich Schwab zur „Familienreligiosität" (1995), aber auch für kleinere Studien (vgl. Biesinger et al. 2005; Schweitzer/Biesinger 2009). Die im nächsten Abschnitt formulierten kritischen Anfragen werden durch solche Studien auch empirisch gestützt.

2. Kritik an vorliegenden Studien: Religiöse Erziehung im Kontext religiösen Familienlebens

In der professionellen Logik von Kindergärten, Gemeinden und Schulen werden (Enkel-)Kinder primär als Adressaten von religiöser Bildung angesehen und (Groß-)Eltern entsprechend als – tendenziell religiös verlegene – Privaterzieher. Es wird m.E. dabei ausgeblendet, dass ein Interesse an religiöser Bildung bei (Groß-)Eltern nicht primär aus einem pädagogischem Umgang mit (Enkel-)Kindern erwächst, sondern daher rührt, dass im Familienleben mehrere jeweils unterschiedlich ausgeprägte Glaubensüberzeugungen füreinander relevant werden und sich mit- oder gegeneinander entwickeln. Deshalb wäre hier besser von ‚religiöser Sozialisation' zu sprechen – im Unterschied eben zur ‚religiösen Erziehung und Bildung'. Es liegt in der Logik von pädagogischen Institutionen, dass sie Familienreligiosität vor allem auf pädagogische Situationen (in frühen Entwicklungsphasen) begrenzen, daneben aber muss eine andragogische Perspektive mindestens ebenso die religiöse Sozialisation beleuchten. Unter Familienmitgliedern ist die Vielfalt persönlicher Überzeugungen und Glaubensfragen sehr spürbar. In der Sozialform Familie und im familiären Alltag können etwa zusammenkommen: der bequeme Katholizismus des Vaters, der neu entdeckte Protestantismus der Mutter, die Esoterik der Nachbarschaftsfamilie, die Kirchenroutine der Großeltern, die Darth-Vader-Märchen des Schulfreundes, der Atheismus des Onkels, der Religionsunterricht der Schwester. Freilich, die bewusste und mehr oder weniger explizite Entwicklung kindlicher Religiosität ist durch Gespräche, Rituale, Feste und selbst durch Präferenzen des sozialen Umgangs ein wichtiger Teil der Familienreligiosität. Einerseits ist das religiöse Erziehungsgeschehen nicht allein ein – mehr oder weniger positiver – Faktor für die Entwicklung kindlicher Religiosität, sondern kann ebenso ein Anlass für die Weiterentwicklung (groß-)elterlicher Religiosität sein. Andererseits ist es der familiäre Alltag, geprägt von nicht pädagogisch intendiertem Miteinander, welcher zunächst und im Lebenslauf anhaltend Fragen aufwirft, die von religiöser Erwachsenenbildung aufzugreifen sind.

Die Engführung familiärer Glaubensfragen auf die (Klein-)Kinderziehung spiegelt eine kritische Tendenz des gesamten Bildungswesens und seiner wissenschaftlichen Reflexion wider: Angesichts repräsentativer herkunftsbedingter Niveauunterschiede von Schülerinnen und Schülern wird kurzerhand eine „Verunsicherung der Eltern im Hinblick auf Erziehungsfragen" (Bradna 2014, 2) konstatiert – ohne etwa die Bildungsvoraussetzungen und Bildungsinteressen von (Groß-)Eltern näher zu betrachten und auch ohne die durchaus positiven, etwa gewaltreduzierenden Effekte von pädagogischer Verunsicherung zu erwähnen. Wie aber können sich die angeblich ausschlaggebenden Erziehungskompetenzen der (Groß-)Eltern anders entwickeln als im Verein mit ihrer jeweiligen Lebensführung, ihren Wertevorstellung, ihrem Urteilsvermögen, ihrer Interessenslagen und ihrer Sensibilität für kindliche Eigenarten allgemein? Auf Rezept jedenfalls sind Erziehungskompetenzen lediglich oberflächlich oder im Fernsehen zu entwickeln. Ernst zu nehmende Ansätze sind entsprechend langfristig und komplex konzipiert, und eben auch andragogische Verständnisse von erziehungsbezogenen Lernprozessen in Familien führen hier weiter. In diesem Sinne lautet ein Axiom der Elementarpädagogik:

> „Kinder sind sehr sensibel dafür, ob es sich um authentische Formen der Gestaltung handelt, oder ob man den Kindern religiöse Inhalte vorsetzt, weil man sie bestenfalls für die Kinder, nicht aber für sich selbst als relevant einstuft. Man kann mit Kindern nicht überzeugend beten, wenn man selbst keinen Zugang zum Gebet mehr hat." (Schwab 2007, 515)

Eine erste Folgerung aus diesem Gedankengang besteht darin, vor den Erziehungsfragen zunächst einmal die Erwachsenen selbst in ihrer religiösen Entwicklung in den Blick zu nehmen. Auf ihren mehr oder weniger religiösen Lebensvollzügen, Überzeugungen, Erfahrungen, Ausdrucksweisen, Intuitionen und Sinnfragen gründet sich die zunehmende Vielfalt an Familienreligiosität. Die Religiosität von Kindern und Jugendlichen bleibt zwar ein wichtiger Anlass, eine wichtige Ergänzung und auch eine wichtige Brechung elterlicher Religiosität, doch im Kern und vor allem am Anfang sind es die (Groß-)Eltern, die den religiösen Stil in einer Familie prägen. Das, was (Groß-)Eltern jeweils heilig ist, stellt für die kommende Generation den ersten und nicht selten lebenslang wirkenden zentralen Orientierungs- und Reibepunkt in Glaubensfragen dar. Über solche andragogische Fragestellungen lässt sich derzeit aber nur spekulieren, denn es gibt kaum empirische Forschungen zum religiösen Familienleben aus Sicht der (Groß-)Eltern, und es bleibt sogar im Dunkeln, wie sich etwa die – in evangelischer Hinsicht bisher zentrale – Gebetspraxis in Familien (am Abend, zu Tisch oder anderswo) entwickelt.[2]

Die beiden dargestellten Forschungsneigungen – die Konzentration auf Institutionen, die Religiosität professionell vermitteln, sowie die Reduzierung von Familien auf Erziehungsorte – legen für andragogisch konzipierte Forschungsansätze, die erhellen wollen, wie (Groß-)Eltern bei der Entwicklung von Familienreligiosität adäquat unterstützt werden können, den Schluss nahe:

„Die Erforschung der familiären Religiosität sollte sich stärker auf die Selbsteinschätzung der Familienmitglieder konzentrieren, um erfassen zu können, wo Religiosität von Bedeutung ist und welche Rolle sie im familiären Alltag spielt." (Domsgen 2004, 301)[3] Zwar ist diese inzwischen zehn Jahre zurückliegende Formulierung heute zumindest ein Stück weit einzuschränken, doch vor diesem Hintergrund steht zumindest die Möglichkeit entsprechender empirischer Untersuchungen nicht mehr in Frage.

Der hier geforderte Perspektivenwechsel wirft für die Programmplanungen und die Weiterbildung von Familienbildnerinnen und -bildnern entscheidende Fragen auf, wobei im hochsensiblen Bereich der persönlichen und familiären Religiosität keinesfalls ohne oder gar gegen die Eltern agiert werden sollte. Empirische Studien sollten vielmehr traditionelle konfessionelle Deutungsmuster hinterfragen und he-

---

2 Kaum erforscht ist: „Wie interpretieren Väter und Mütter die Erfahrungen, die sie als Erziehende machen? Schreiben sie bestimmten Erfahrungen und Erlebnissen auch eine religiöse Dimension zu? Gibt es Grundhaltungen und Riten im Familienleben, die als Ausdruck von Spiritualität verstanden werden? Welche Ausdrucksformen haben Familien entwickelt für das Sich-Versöhnen, um Dank zu zeigen, um eine Bitte auszusprechen, um gegenseitige Unterstützung spüren zu lassen, für Situationen der gemeinsamen Trauer, um Solidarität mit Bedürftigen zu zeigen ...?" (Schomaker 2002, 314) Erste Schritte in diese Richtung unternimmt: Sommer, R. (2009): Kindertaufe – Elternmotive und theologische Deutung. Stuttgart. Wobei auch in Fragen der Religiosität andragogisch davon auszugehen ist: „Familienbezogene Lernanlässe sind [...] nicht nur Elternschaft, sondern auch Partnerschaft, Familienplanung, Geburt, Leben mit Kindern (in unterschiedlichen Lebensaltern und Lebensphasen). Darüber hinaus stellt die Frage der Vereinbarkeit von Familie und Beruf/Work-Life-Balance, die Situation des ‚Leeren Nestes', Trennung/Scheidung/Witwenschaft/Arbeitslosigkeit, aber auch Umgang mit Alter(n), Krankheit/Tod wichtige Themen der Familienbildung dar." (Hof 2010, 6)

3 Zudem wird in pädagogischer Hinsicht gewarnt: „Der Einfluss der Eltern auf ihre Kinder ist so bedeutsam, daß mit kompensatorischen Konzepten gegen den elterlichen Willen zentrale moralische Kategorien nicht vermittelt werden können." (Schomaker 2002, 125)

rausfinden, wie Väter und Mütter die Erfahrungen, die sie als Erziehende machen, selbst interpretieren.

3. Zur Weiterführung der Diskussion um christliche Erziehungswerte

Lässt man sich nun darauf ein, insbesondere nach christlichen Erziehungskompetenzen von (Groß-)Eltern zu fragen, so ist von einem spannungsreichen Verhältnis zwischen religiösen und pädagogischen Einstellungen der (Groß-)Eltern auszugehen. Pädagogisierte Privatsphären und florierende (Weiter-)Bildungsmärkte stehen heute instrumentell verkürzten Glaubensformeln und einem umfassenden „Transzendenzverlust" (Domsgen 2004, 217) gegenüber. Auch wenn es dazu bislang keine verlässlichen empirischen Befunde gibt, wird immer wieder folgender Eindruck formuliert (vgl. etwa EKD 2014): Langsamer zwar als kirchliche Religiosität, aber ebenfalls stetig, verliert familiäre Religiosität an Symbolkraft und bietet folglich immer weniger Deutungsanlässe. Die Kirchen und ihre Verbände sind in dieser Sicht einerseits damit konfrontiert, dass auch die persönliche Religiosität, also die Rolle von Religion in der familiären und individuellen Lebensführung, kontinuierlich im Abnehmen begriffen ist, auch bei Kirchenmitgliedern. Andererseits müssen christliche Gemeinden und Einrichtungen damit rechnen, dass dort, wo familiäre Lebensführung tatsächlich von Kirchlichkeit oder Christlichkeit beeinflusst wird, diese sogar als verlässliche Indikatoren für das Vorherrschen von konservativen Familien- und Erziehungswerten angesehen werden.[4] Bei solchen Deutungen spielt allerdings die Positionalität sozialwissenschaftlicher Analysen eine erhebliche Rolle. So neigen Anhänger der Säkularisierungstheorie zu anderen Folgerungen als diejenigen, die eher von religiösen Pluralisierungs- und Individualisierungstendenzen ausgehen. Ähnliches gilt für die Einschätzung christlicher Familien als „konservativ", da eine solche politisch anmutende Zuordnung bereits als Deutung anzusehen ist.

Auch theologische Deutungen können in diesem Zusammenhang eingebracht werden. Bringt man das Spektrum christlicher Erziehungsstile auf den Satz: „[...] Eltern legen ihre Fürsorge in die Hände Gottes und machen damit deutlich, dass auch sie auf etwas angewiesen sind, das sie nicht selbst setzen können" (Domsgen 2004, 148), so kann hier eine Korrelation zwischen der Abnahme familiärer Religiosität und der von (Groß-)Eltern im Zunehmen begriffenen Verantwortung für die Bildungskarrieren ihrer (Enkel-)Kinder angenommen werden – eine Hypothese, die bislang nicht empirisch geprüft wurde: Religiosität in der familiären

---

4 „So konnten empirische Studien nachweisen, dass religiöse Personen eher dazu tendieren, ‚traditionelles' Verhalten beizubehalten. Im Vergleich zu weniger Religiösen heiraten sie eher direkt, als vorher unehelich zusammenzuleben [...], haben eine höhere Kinderzahl [...] und bekommen Kinder eher im ehelichen Kontext als außerhalb desselben [...], zudem enden ihre Ehen seltener in Scheidung [...]." (Berghammer/Schuster 2010, 11).

Lebensführung bedeutet in jenem theologischen Sinne im Scheitern gleichmütig und im Erfolg bescheiden Abstand zu nehmen von Optimierungsstrategien und äußeren Zwecksetzungen. Besonders in pädagogischen Belangen ermöglicht familiäre Religiosität, mit Zuversicht und Hingabe zu erziehen, beziehungsweise – in andragogischer Perspektive – Erwachsene in ihrer Rolle als (Groß-)Eltern zu stärken und ihnen zu zeigen, wie die Entwicklungen ihrer (Enkel-)Kinder unterstützt werden können. Während Religiosität dabei helfen kann, die jeweilige familiäre Gegenwart nicht der Karriere zu opfern, beziehungsweise pädagogische Macht- und Ohnmachtsannahmen einzuklammern, wächst aber die Verantwortung, mit der sich (Groß-)Eltern für die Bildung ihrer (Enkel-)Kinder in der Pflicht sehen oder dafür in die Pflicht genommen werden. Diese hohe Verantwortung zeigt sich im Falle scheiternder (Enkel-)Kinder als Sorge und auch als Scheu der (Groß-)Eltern, die Schuld dafür in erste Linie bei sich suchen zu müssen. Und im Falle erfolgreicher (Enkel-)Kinder zeigt sich jene Einstellung als Überzeugung oder Hoffnung, sich die feinen und gröberen Distinktionsvorteile in erster Linie selbst zuschreiben zu dürfen. Zwischen solchen elterlichen Erziehungsansprüchen und -sorgen, zwischen den Karriereschüben und Schuldgefühlen, bleibt nur wenig Raum und Grund für eine religiös geprägte Beeinflussung des Erziehungsgeschehens. Was kann es im Sog einer positiven oder negativen Verantwortungsspirale für (Groß-)Eltern schon bedeuten, in „Freiheit gegenüber den Geschöpfen und gegenüber sich selbst" (Comenius 1668, 13) zu erziehen? Was heißt es tatsächlich, elterliche Erziehungskompetenzen „zwischen Autonomie und Angewiesenheit" (vgl. EKD 2013) zu bilden? Wie lässt sich das distanzierte Verhältnis christlicher Erziehungsstile zum pädagogischen Mainstream (selbst)bewusster gestalten? Wo genau können Forschungsvorhaben und Bildungsangebote ansetzen, wenn sie zwischen christlichen Werten und modernen Erziehungsansprüchen balancieren und so das religionspädagogische Vermögen von (Groß-)Eltern wirklich zwischen Autonomie und Angewiesenheit erhellen und fördern wollen?

Nach Möllers hat sich die empirische Werteforschung weitgehend eine dichotome Betrachtungsweise zu Eigen gemacht: Es scheint demnach plausibel, von einer fortschreitenden Polarisierung der modernen Erziehungswerte und der – hauptsächlich in Familien noch vertretenen – christlichen Erziehungsziele auszugehen. Seit Jahrzehnten konstatieren empirische Studien von dieser Seite einen „positiven Zusammenhang zwischen der Religiosität und dem Konservatismus" (Möllers 2013, 326).[5] So schätzen familiär aktive Erwachsene mit christlichem Hintergrund

---

[5] „Die Kirchlichkeit eines Individuums, gemessen an der Regelmäßigkeit des Kirchganges, zeigt sich als ein deutlicher Indikator der Erziehungswerte." (Möllers 2013, 131) Die Rede von ‚Konservatismus' wird für Deutschland historisch folgendermaßen verortet: „Bestimmten noch Anfang der 60er-Jahre die traditionellen Werte der Konvention (wie Pflichterfüllung, Disziplin und Gehorsam) das Erziehungsbild, so wird heute die Autonomie, die Selbstbestimmung und die Selbstentfaltung in der kindlichen Erziehung betont. Der entscheidende Punkt, an welchem der Wandel der Erziehungsziele in der Bundesrepublik Deutschland seinen Lauf genommen hat, ist [...] in der zweiten Hälfte der sechziger Jahre des letzten Jahrhunderts zu suchen." (Ebd., 119)

in erster Linie Werthaltungen der ‚Konformität' und ‚Selbstüberwindung' und pflegen Erziehungsstile, die sich selbst marginalisieren und insgesamt kaum noch kreative pädagogische Impulse beinhalten. Weiterhin wird festgestellt, dass die Relevanz von Familienreligiosität allgemein und das Bildungsinteresse in Fragen religiöser Erziehung speziell in Europa umso mehr abnimmt, je jünger und gebildeter die Befragten sind. Obwohl methodologisch mit immer abstrakteren Religions- und Familienbegriffen operiert wird (würde man nicht nur auf die weit engeren Religions- und Erziehungsverständnisse der 1960er Jahre blicken, sondern diese probeweise zur Maßgabe des Forschungsblicks nehmen, erschiene auch die gesellschaftliche Dynamik größer), zeigt der Überblick auf, dass die „Autonomie und die Selbstständigkeit in der Kindererziehung weniger Zuspruch finden" (Möllers 20013, 326).[6] Positiv formuliert: In pädagogischen Belangen liegt christlich sich bekennenden (Groß-)Eltern vor allem an einer „Förderung der Hilfsbereitschaft und des Gemeinschaftssinns" (ebd., 131) – oder in neuerer Terminologie: an einer „Förderung der Prosozialität" (ebd., 132). Negativ formuliert ist davon auszugehen, dass sich religiös gestimmte (Groß-)Eltern durch eine „Aufwertung der traditionellen Erziehungsziele der Konformität" (ebd., 132) auszeichnen. Zudem gibt es Hinweise, dass unter Religiösen nicht nur Erziehungspräferenzen zur Regelung, Konformität und Tradition tendieren, sondern auch die Religiosität selbst in Folge von Elternschaft und Erziehungsverantwortung zur Konformität neigt.[7] Möllers zweifelt aber an einer pauschalen Aufwertung regelkonformer Verhaltensweisen in christlichen Elternhäusern gegenüber den gesamtgesellschaftlichen Verschiebungen von Wertepräferenzen in Richtung ‚Autonomie' und den damit einhergehenden pädagogischen Liberalisierungen. Nicht berücksichtigt wird dabei alle durch Religiosität und theologisches Denken ermöglichte kritische Distanz zu sozialen Konventionen, Gesetzen und Wohlverhaltensnormen.[8] In der Tradition waren es im Übrigen gerade evangelische Protagonisten, die für eine Verschiebung pädagogischer Wertpräferenzen in Richtung Autonomie eintraten und die beklagten:

> „So werden die armen Seelen, die nach ganz etwas anderem dursten, mit moralischen Geschichten gelangweilt und lernen, wie schön und nützlich es ist, fein artig und verständig zu sein; sie bekommen Begriffe von gemeinen Dingen, und ohne Rücksicht

---

6   Im Blickpunkt ist dabei der „negative Zusammenhang zwischen der Religiosität und den Erziehungswerten der Selbstbestimmung" (ebd., 326).

7   Empirische Befunde zeigen deutlich: „Glaubensvorstellungen werden immer stärker privatisiert und möglichst offen formuliert. Auffällig ist, dass die Erfahrung des Eltern-Seins zu einem weniger offen gehaltenen Glaubensverständnis führt." (Domsgen 2004, 255)

8   So unterstreicht das Geleitwort eines Klassikers evangelischer Erwachsenenbildung: „Die biblische Überlieferung [...] geht über die viel berufene und auch wichtige Wertevermittlung weit hinaus" (Exner et al. 1979, II), und im Text wird hierzu ausgeführt: „Die theologisch-ekklesiologische Perspektive ermöglicht die offene und ideologiekritische Bearbeitung der Normenproblematik ebenso wie die Beschreibung des Stellenwerts von Eltern- und Familienbildung im Rahmen des kirchlichen Bildungshandelns." (Ebd., 15)

auf das zu nehmen, was ihnen fehlt, reicht man ihnen noch immer mehr von dem, wovon sie schon zu viel haben." (Schleiermacher 1799, 82)[9]

Eine der wenigen grundlagentheoretischen Schriften familienbezogener Erwachsenenbildung fasst das Phänomen zunehmend rückwärtsgewandter Erziehungswerte trefflich als „Familismus" (Exner et al. 1979, 58) zusammen, d.h. als Rückzug in eine private Scheinwelt, wo man sich gegenüber einer als feindlich erlebten Außenwelt als Festung organisiert. Diesem Muster folgend entwickeln religiös gestimmte Familien, dann immer mehr „anomische Zustände" (Exner et al. 1979, 89). In Absetzung von den liberalen und mehrheitlichen „Bemühungen um das Gemeinwohl" (Comenius 1668, 35), verharrend in einem Zustand, in dem Gutes und Wertvolles zum „Privateigentum einiger weniger geworden" ist (Comenius 1668, 34), interpretiert dieser familiäre Reaktionstyp die soziale Umwelt als gefährlich und bedrohend (vgl. Exner et al. 1979, 89f.). Mitunter wird sogar vermutet, dass bei christlich eingestellten Eltern weiterhin mit einer Aufwertung von disziplinierenden Werthaltungen zu rechnen ist, was freilich ebenfalls genauer empirisch untersucht werden müsste.[10]

Die mehrfach zitierte Studie von Möllers enthält nun die Forderung nach weiteren Differenzierungen. Sie weist in ihrer vergleichenden Perspektive (Deutschland und Tschechien) auf eine bemerkenswerte Modifikation hin: Eltern mit einer überdurchschnittlichen Religiosität, die sich aber durch eine „sehr markante Ablehnung des Gehorsams und der Konvention in den Wertemustern" (Möllers 2013, 294) auszeichnen und die die gesamtgesellschaftliche „Aufwertung der Selbstbestimmungswerte" (ebd.) nicht bloß teilen, sondern diesbezüglich sogar als Protagonisten in Erscheinung treten. Im Ergebnis heißt es:

„Die Werte der *Selbstbestimmung* erfahren bei allen [...] aus allen Untersuchungsgebieten eine hochsignifikante Aufwertung gegenüber der Grundgesamtheit: Ohne Unterschied der Herkunft schätzen sie die Kreativität, die Neugierde und die Unabhängigkeit im Denken und Handeln deutlich mehr als die Normalbevölkerung." (Ebd., 291) Und weiter wird dazu ausgeführt: „Hier deutet sich [...] eine fruchtbare

---

9 An anderer Stelle mahnt derselbe Autor: „Wie die Menschen auf dem Meer der Zeit angeschwommen kommen, klein und groß, werden sie langsam gedörrt an dem Feuer des pädagogischen Zwanges, eingerieben mit dem Salz alter Vorurteile, und wenn sie dann eng zusammengepreßt in dem großen Gefängnis einer Staatsform beisammen liegen, so entsteht aus diesem ängstlichen Druck eine pikante Brühe, die man den Geist der Zeit nennt. Mit den Heringen nimmt man dieselbe Prozedur vor, aber erst, wenn sie tot sind." (Schleiermacher 2000, 11)

10 Seit Jahrzehnten warnt man auch von religionspädagogischer Seite vor derartigen Konformitätstendenzen. Etwa erinnert man in Rückgriff auf ältere Literatur: „Wird Religiosität von Eltern nur als für Kinder wichtig erachtet, ohne ihr auch im eignen Leben eine für Kinder nachvollziehbare Bedeutung zuzubilligen, steht religiöse Erziehung in Gefahr, ‚zu einer bloßen Disziplinierungsinstitution' zu verkommen, ‚die die Eltern in Anspruch nehmen, weil man wünscht, dass man die Kinder [...] zu gesellschaftlichem Wohlverhalten anleitet'." (Domsgen 2004, 309)

Synthese dessen an, was im Allgemeinbild der Menschen und Medien stets als unversöhnlich galt: Individualismus und Religiosität." (Ebd., 306)[11]

Die Studie folgt zunächst dem Phänomen, dass intensive Religiosität oftmals mit sozialem Engagement gepaart ist, und sie kann diese Korrelation besonders für familiär aktive Erwachsene bestätigen. Der Befund lautet, dass Erwachsene, die zugleich familiär und bürgerschaftlich aktiv sind, eine besondere Affinität zur Religion aufweisen. Diese „ausgeprägte Religiosität der freiwillig Engagierten" (ebd., 328) geht erwartungsgemäß einher mit einer Erziehung, die in besonderem Maße auf „Prosozialität" (ebd., 301) zielt, dies aber vereinbart mit einer „Tendenz zur Opposition gegenüber konventionellen Ordnungs- und Pflichtwerten, welche bei den befragten Engagierten klar vorliegt" (ebd., 294). Offensichtlich sind unter sozial engagierten Eltern nicht allein die traditionellen Erziehungsziele der „Hilfsbereitschaft, der Toleranz und des gegenseitigen Verständnisses deutlich mehr vertreten" (ebd., 291), auch die modernen Werte des „Individualismus" (ebd., 306) werden von diese Eltern überdurchschnittlich geschätzt und mit christlichen Grundüberzeugungen in Verbindung gebracht. Solche Erziehungsstile taugen also nicht zur Polarisierung (christliche Selbstlosigkeit versus moderne Selbstbehauptung), sie sind keine Anomalie und auch kein Spezifikum, sondern geben – unabhängig von Alter und Bildungsgrad – erste „Anhaltspunkte für das Vorliegen eines kulturübergreifenden Wertemusters" (ebd., 289)[12]. Im Ergebnis wird festgehalten, dass den bürgerschaftlich engagierten Eltern in Europa a) mehr oder weniger kirchennahe Religionsbezüge, b) prosoziale Erziehungswerte und c) auch liberale Erziehungswerte zu Eigen sind. Sie scheinen überdurchschnittlich religiös affin zu sein und bislang in der Forschung nur gegeneinander diskutierte Erziehungsansätze zu verbinden. Durch die gleichzeitige Hervorhebung einer Erziehung zur Selbstbestimmung und einer Erziehung zur Selbstüberwindung bereiten diese Familien die kommende Generation offenbar auf eine höhere Intensität

---

11 Laut dem bisherigen Forschungsstand müsste in den christlichen Familien eine „[...] positive Relation zwischen der Religiosität der Befragten und der Befürwortung der Erziehungsziele der Konformität vorliegen. Das Gegenteil ist jedoch der Fall: das Bestehen einer Konfessionszugehörigkeit und die gegenwärtige Kirchenbindung verbindet sich bei den bürgerschaftlich Engagierten eben nicht mit einer Aufwertung der konformen Erziehungsziele." (Ebd., 327)

12 Der Befund lautet: „Trotz der ausgeprägten Unterschiede in den neueren geschichtlich-kulturellen Entwicklungen der Untersuchungsgebiete und der Differenzen in den vorherrschenden Werten zeichnet die sozial engagierten Bürger ein beinahe kongruentes Wertemuster aus." (Ebd., 338) Bemerkenswert ist an den untersuchten Eltern: „Die Ergebnisse zeigten [...] überraschenderweise keine Einflussnahme der Variable ‚Bildung' auf die Präferenz der Selbstbestimmungswerte [...]." (Ebd., 292) Und auch: „Das Alter [...] übt [...] gerade in den deutschen Stichproben keinen deutlichen Einfluss [...] aus." (Ebd., 306) – „Das verstärkte Aufkommen einer kirchlichen und außerkirchlichen Religiosität beschränkt sich folglich nicht nur auf ältere [...], sondern gilt für junge Befragte aus den ansonsten eher religionsfernen neuen Bundesländern in einem besonderen Maß. Dieser Befund ist angesichts eines allgemein anzunehmenden positiven Zusammenhangs zwischen Alter und Religiosität überraschend und bleibt nicht nur auf die neuen Länder begrenzt." (Ebd., 311)

von sowohl Autonomie- als auch Abhängigkeitserfahrungen vor. Bei ihnen sind ein hohes Potenzial an pädagogischer Kreativität und eine breite Anschlussfähigkeit ihrer Praxis für systematische Fragen der empirischen Forschung erkennbar.

Es bleibt eine spannende und weiterführende Forschungsfrage, wie sich solche alternativen Erziehungspfade, unterhalb von entfesselter Individualität und zugleich gelöst von christlicher Konformität, konkret gestalten lassen. Die Studie zeigt, dass in Familien mit bürgerschaftlich engagierten Eltern gerade jene Erziehungswerte, die ansonsten stark konfligieren, in einvernehmlicher Weise und besonders stark gewichtet werden. Möllers' Studie regt dazu an, die Religiosität als eine „außergewöhnliche Kraft- und Inspirationsquelle für die freiwillig praktizierte Wohltätigkeit" (ebd., 339) und besonders die „familiäre Überlieferung der religiösen Inhalte [...] als eine [...] ‚Keimzelle' der gelebten Solidarität" (ebd., 305) anzusehen. Sie weist nach, dass das soziale Engagement, die gelebte Solidarität, in der Regel eine „Initiierung der persönlichen Sinnsuche" (ebd., 317) nach sich zieht. Bemerkenswert aber ist, dass eine auf diese Weise initiierte Sinnsuche auch mehrheitlich in religiösen Fragen und Gefühlen zu münden scheint. Diesbezüglich wird angenommen:

> „Das Nachdenken über eigene Werte, welches durch die Erfahrungen im sozialen Bereich initiiert wurde, übt [...] einen Einfluss auf die Religiosität der Engagierten sowie auf deren Familienwerte aus. Die persönliche Religiosität und der Kirchgang der Befragten werden im positiven Sinne durch das Maß der Reflexion über die vorhandenen Wertorientierungen beeinflusst. [...] Dies trifft nicht nur für die Konfessionellen zu, sondern auch für die Konfessionslosen aus den religionsfernen Gebieten ‚neue Bundesländer' und ‚Tschechien'. Gerade sie weisen im Zusammenhang mit dem Bürgerschaftlichen Engagement im sozialen Bereich, im Gegensatz zum weitläufigen Trend in der Bevölkerung eine eindeutige Steigerung der persönlichen Religiosität und der Kirchenbindung auf." (Möllers 2013, 341 und 339)

Nicht weniger bemerkenswert ist demnach die Erkenntnis, dass die betont liberalen Erziehungsziele bürgerschaftlich engagierter Eltern auch in deren Religiosität begründet sind beziehungsweise sich die „[...] ausgeprägte Religiosität der freiwillig Engagierten nicht mit einer verstärkten Aufwertung der Konventionswerte in der Kindererziehung verbindet." (Möllers 2013, 328)

Abschließend kann festgehalten werden, dass eine Polarisierung von christlichen Erziehungsstilen und modernen Werthaltungen aktuell nur bedingt empirisch zu belegen ist. Bei weiteren Forschungen wäre zu beachten, dass bestimmte christliche Eltern in Erziehungsbelangen überdurchschnittlich auf Individualität und Selbstbestimmung wertlegen, ohne dass sie dies daran hindert, auch auf soziale Verantwortung und Toleranz überdurchschnittlich zu achten. Es lässt sich danach fragen, wie genau es diesen Eltern gelingt, eine Polarisierung jener Wertmuster zu vermeiden, und wie sie dies mit ihren religiösen Einstellungen zumindest vereinbaren. Die Erfahrungen sozialen Engagements scheinen nicht nur die Sensibilität für bestehende Abhängigkeitsverhältnisse und die Relativität positiver und negativer Verantwortungszuschreibungen zu bestärken, sie schärfen ebenso die Sensibilität für persönliche Sinnzusammenhänge, selbstbestimmtes Handeln und entsprechende Irritationen und Überschreitungen konformen Verhaltens. Es ist weiterhin aufschlussreich, konfessionell zu differenzieren, denn man kann im „gesamteuropäischen Kontext einen Unterschied zwischen den beiden christlichen Konfessionen in Hinsicht auf die Familienwerte feststellen" (Möllers 2013, 324)[13]. Insgesamt wird die familiäre Religiosität als Resultat und als Bedingung sowohl der Erfahrungen von Angewiesenheit, als auch der Erfahrungen von Autonomie erkennbar. Glaubensfragen und -überzeugen können in der familiären Erziehung offenbar beide Erfahrungsdimensionen befördern und auch aus beiden Erfahrungsdimensionen resultieren.

Abschließend ist anzumerken, dass alle diese das pädagogische Verhalten von (Groß-)Eltern neu fokussierenden Forschungsfragen sehr spezifisch sind. Sie verstärken unter der Hand die oben problematisierte Tendenz, familiäre Religiosität auf Erziehungsfelder zu beschränken, anstatt empirisch mit weiter gefassten Verständnissen von familiärer Religiosität zu operieren. Auf dem zuletzt eingeschlagenen Weg lässt sich nur partiell den zentralen Fragen evangelischer Familienbildung nachgehen. Erst in einer kritisch-theologischen Auseinandersetzung mit überzogenen pädagogischen Ansprüchen und Ängsten sowie ausgehend von dem, was (Groß-)Eltern im Familienleben heute tatsächlich heilig ist, ließe sich adäquat erforschen, welche positiven und negativen Wechselwirkungen zwischen familiärer Lebensführung und religiöser Entwicklung im Lebenslauf bestehen und welche entsprechenden Bildungsangeboten demnach heute für Familien von Interesse sind.

Literatur

Berghammer, C.; Schuster, J. (2010): Alles hat seine Stunde? Religiosität und die Zeitpunkte von Ereignissen im Familienverlauf. In: Mazal, W. (Hg.): Familie und Religion. Opladen & Farmington Hills, MI: Budrich UniPress, S. 11-38.

Bertelsmann-Stiftung (Hg.) (2009): Woran glaubt die Welt? Analysen und Kommentare zum Religionsmonitor 2008. Gütersloh: Bertelsmann Stiftung.

Biesinger, A.; Kerner, H.-J.; Klosinski, G.; Schweitzer, F. (Hg.) (2005): Brauchen Kinder Religion? Neue Erkenntnisse – praktische Perspektiven. Weinheim, Basel: Beltz (Beltz Pädagogik).

Biesinger, A.; Edelbrock, A.; Schweitzer, F. (Hg.) (2011): Auf die Eltern kommt es an! Interreligiöse und Interkulturelle Bildung in der Kita. Münster u.a.: Waxmann.

Comenius, J. A. (1668): Der Weg des Lichtes. Hamburg: Meiner 1997.

---

13 So heißt es: „Insgesamt zeigen sich [...] evangelische Religiöse in der Erhebung als tendenziell ‚moderner', indem sie der Erziehung zu den Selbstbestimmungswerten der Selbstständigkeit, der Ausdauer und Energie sowie der Verantwortung mehr Wichtigkeit zumessen." (Ebd., 323) – „Während in der katholisch dominierten tschechischen Stichprobe der Erziehung zur Selbstlosigkeit eine sehr hohe Bedeutung zugemessen wird, ist sie in der konfessionell gemischten Stichprobe ‚alte Bundesländer' und der evangelisch geprägten ‚neuen Bundesländer' ein kaum wünschenswertes Erziehungsziel. Somit kann eine eindeutige Determinierung der Erziehungsziele durch die bestehende Konfessionszugehörigkeit festgestellt werden [...]." (Ebd., 324)

Domsgen, M. (2004): Familie und Religion. Grundlagen einer religionspädagogischen Theorie der Familie. Leipzig: Evangelische Verlagsanstalt.

Edelbrock, A.; Schweitzer, F.; Biesinger, A. (Hg.) (2010): Wie viele Götter sind im Himmel? Münster u.a.: Waxmann.

EKD (2014): Engagement und Indifferenz – Kirchenmitgliedschaft als soziale Praxis. V. EKD-Erhebung über Kirchenmitgliedschaft. Hannover: Evangelische Kirche in Deutschland.

Kirchenamt der EKD (Hg.) (2013): Zwischen Autonomie und Angewiesenheit. Familie als verlässliche Gemeinschaft stärken. Eine Orientierungshilfe des Rates der Evangelischen Kirche in Deutschland. Gütersloh: Gütersloher Verlagshaus.

Exner, H.; Krapp, R.; Schmid, H,-J.; Strunk, G. (Hg.) (1979): Eltern- und Familienbildung in evangelischer Trägerschaft. Gelnhausen: DEAE.

Grethlein, C. (2013): „Reformation und Toleranz" – theologische Impulse für die evangelische Erwachsenenbildung. In: forum erwachsenenbildung 46; H.1, S. 18-24.

Hof, C. (2010): Das Konzept des Lebenslangen Lernens. In: forum Erwachsenenbildung 43; H.2, S. 4-7.

Lischke-Eisinger, L. (2012): Sinn, Werte und Religion in der Elementarpädagogik. Wiesbaden: Springer VS.

Mette, N. (1983): Voraussetzungen christlicher Elementarerziehung. Düsseldorf: Patmos.

Mette, N. (2001): Familie (Elternhaus). In: N. Mette; Rickers, F. (Hg.): Lexikon der Religionspädagogik Bd. I. Neukirchen-Vluyn: Neukirchener Verlag, S. 542-547.

Möller, R. (2013): Religiöse Bildung im Elementarbereich. In: Schröder, B.; Wermke, M. (Hg.): Religionsdidaktik zwischen Schulformspezifik und Inklusion. Berlin: Evangelische Verlagsanstalt, S. 17-44.

Möllers, M. (2013): Werte und Bürgerschaftliches Engagement – Perspektiven für Familie und Religion. New York: Peter Lang, S. 17-44.

Schirrmacher, F. (2013): Eigentlich bin ich ganz anders. Herausforderungen der Evangelischen Erwachsenenbildung. In: Seiverth, A. (Hg.): Jahrbuch Evangelische Erwachsenenbildung. Leipzig: Evangelische Verlagsanstalt, S. 203-218.

Schleiermacher, F. D. E. (1799): Über die Religion. Hamburg: Meiner.

Schleiermacher, F. D. E. (1796-99): Gedanken. In: Winkler, M.; Brachmann, J. (Hg.): Texte zur Pädagogik Bd. 1. Frankfurt a.M., S. 11-12; 52-53.

Schomaker, M.-F. (2002): Die Bedeutung der Familie in katechetischen Lernprozessen von Kindern. Münster et al.: LIT.

Schwab, U. (1995): Familienreligiosität. Religiöse Traditionen im Prozess der Generationen. (Praktische Theologie heute 23), Stuttgart: Kohlhammer.

Schwab, U. (2007): Religion. In: Ecarius, J. (Hg.): Handbuch Familie. Wiesbaden: VS Verlag für Sozialwissenschaften, S. 500-517.

Schweitzer, F. (2000): Das Recht des Kindes auf Religion. Gütersloh: Gütersloher Verlagshaus.

Schweitzer, F.; Biesinger, A. (2009): Religiöse Erziehung in evangelisch-katholischen Familien. Freiburg i.Br. u.a.: Herder.

Schweitzer, F.; Edelbrock, A., Biesinger, A. (Hg.) (2011): Interreligiöse und interkulturelle Bildung in der Kita. Münster u.a.: Waxmann.

Sommer, R. (2009): Kindertaufe – Elternverständnis und theologische Deutung. Stuttgart: Kohlhammer.

Thiessen, B. (2010): Lebenswirklichkeiten von Familien. In: forum Erwachsenenbildung 43; H.2, S. 8-15.

Anke Edelbrock

Empirische Forschung zur interreligiösen Bildung im Kindergarten

In Kindergärten findet wichtige und grundlegende Bildungsarbeit statt, die Teil eines komplexen Bildungswesens ist. Die Gestaltung der konkreten Bildungsarbeit wird auch durch gesellschafts-, bildungs- und familienpolitische Entscheidungen geprägt. Entsprechend komplex ist die Aufgabe der Bildungsforschung. Zur besseren Strukturierung wird deshalb zwischen Bildungsforschung im engeren und im weiteren Sinne unterschieden. Die Ebene der konkreten Bildungsarbeit wird vonseiten der Bildungsforschung im engeren Sinne untersucht, während die Bildungsforschung im weiteren Sinne die Systemebene erforscht (vgl. Merkens 2006, bes. 12).

Empirische Bildungsforschung der frühen Kindheit ist noch ein verhältnismäßig junger Forschungsbereich, wurde doch lange Zeit die Betreuung als Hauptaufgabe von Einrichtungen für unter sechsjährige Kinder gesehen. Besonders nach den PISA-Ergebnissen im Jahr 2000 kam ein vermehrtes Interesse für empirische Bildungsforschung der frühen Kindheit auf (vgl. Anders/Roßbach 2013). Gleichwohl sind Forschungsarbeiten zur interreligiösen Bildung im Kindergarten noch vergleichsweise selten. Ein Grund dafür ist, dass „das Phänomen einer multireligiösen Gesellschaft [...] in seiner Tragweite und in seinen Herausforderungen erst allmählich wahrgenommen und interpretiert" (Elsenbast 2009, 137) wird. Die vorhandenen empirischen Arbeiten widmen sich in erster Linie dem Bereich der Bildungsforschung im engeren Sinne. Der Fokus der Forschungsarbeiten ist dabei zunächst auf einzelne Beteiligungsgruppen der konkreten Bildungsarbeit ausgerichtet. Als eine der ersten untersucht Eva Hoffmann die Gruppe der Kinder, dabei geht sie der inhaltlichen Fragestellung von Tod und Sterben nach (vgl. Hoffmann 2009). Bei weiteren empirischen Untersuchungen stehen die pädagogischen Fachkräfte im Zentrum des Interesses. Lisa Lischke-Eisinger bedient sich qualitativer Methoden und zeigt für das im baden-württembergischen Orientierungsplan verankerte Bildungsfeld „Sinn, Werte und Religion" mithilfe von 13 Einzel- und zwei Gruppeninterviews u.a. auf, dass die interviewten Erzieherinnen den Umgang mit heterogenen Glaubens- und Wertvorstellungen in ihrer Arbeit nur wenig thematisieren (vgl. Lischke-Eisinger 2012, 118 und 376). Peter Müller arbeitet in der Region Bayerischer Untermain (Landkreis Miltenberg, Stadt Aschaffenburg und Landkreis Aschaffenburg) mit quantitativen Methoden. Von den hier vorhandenen 181 Kindertagesstätten beteiligten sich 83 Einrichtungen an der Befragung (vgl. Müller 2013, 180ff.). Neben den pädagogischen Fachkräften befragte Müller auch die Leitungen der Kitas. Aus der Leitungsperspektive – so Müller – ist in der Region Bayerischer Untermain der „Dialog der Religionen [...] in der Praxis der

Kindertageseinrichtungen wenig bis gar nicht angekommen" (ebd., 290). Diese auf geografische Teilgebiete Deutschlands bezogenen empirischen Erhebungen weisen für den Bereich der interreligiösen Bildung Handlungsbedarf in der frühpädagogischen Praxis auf.

Während diese Arbeiten Bildungsforschung im engeren Sinne betreiben, handelt es sich bei den Beiträgen der Evangelischen Bildungsberichterstattung um empirische Datengewinnung, die der Bildungsforschung im weiteren Sinne zuzuordnen ist, wird hier doch eine Gesamtschau des evangelischen Bildungswesens erhoben. Dieser komplexen, aber zugleich sehr notwendigen Aufgabe, widmen sich im Bereich der Elementarpädagogik die jüngst erschienen Ergebnisse zu „Evangelischen Tageseinrichtungen für Kinder" (vgl. Comenius-Institut 2014). Die „Frage nach religiöser Vielfalt angesichts pluraler Herkunftsbedingungen von Kindern" wird hier zunächst am Rande diskutiert (ebd., 38). Es ist zu wünschen, dass die Frage bei der geplanten empirischen Studie zu Profilmerkmalen der Praxis in evangelischen Tageseinrichtungen stärkere Berücksichtigung findet, denn ein eigenes Profil tritt doch besonders auch in der Beschäftigung mit anderen Religionen und im Dialog mit Menschen mit anderem religiösen Hintergrund hervor.

An Interaktionen religiöser und interreligiöser Bildung im Elementarbereich sind primär Kinder und pädagogische Fachkräfte beteiligt, des Weiteren – nicht zuletzt aufgrund des religiösen Erziehungsrechts der Eltern – auch die Eltern der Kinder. Das Tübinger Forschungsprojekts „Interreligiöse und interkulturelle Bildung in Kindertagesstätten", welches von der Stiftung Ravensburger Verlag unterstützt wurde, nimmt sich dieser drei zentralen Forschungsbereiche im Zusammenhang an. Es ist der Bereich der Bildungsforschung im engeren Sinne, auf dem mit je einem empirischen Teilprojekt zu Kindern (vgl. Edelbrock et al. 2010), Erzieherinnen (vgl. Schweitzer et al. 2011a) und Eltern (vgl. Biesinger et al. 2011) der Fokus liegt. Alle Erhebungen wurden deutschlandweit durchgeführt. Die Erzieherinnenbefragung ist repräsentativ. Im Folgenden werden zentrale Ergebnisse in Auszügen vorgestellt. Der Schwerpunkt liegt dabei auf der Kinderstudie, welche aufgrund der bisher fehlenden empirischen Befunde einen ausgeprägt innovativen Charakter aufweist. Um zumindest exemplarisch die Bedeutung der zusammenhängenden Forschung der drei Teilbereiche hervorzuheben, werden auch einzelne, zentrale Ergebnisse der Erzieherinnenbefragung dargelegt. Darüber hinaus werden die Ergebnisse mit Blick auf Aufgabe, Notwendigkeit, Chancen und Herausforderungen interreligiöser Bildungsforschung diskutiert.

1. Die Kinderstudie: Empirische Forschungen zur religiösen Differenzwahrnehmung im Kindesalter

In diesem Teilprojekt stehen die Wahrnehmungen und Orientierungsbedürfnisse der Kinder im Vordergrund. Kinder sind aufmerksame Beobachter, das wurde bereits im vorausgegangenen Pilotprojekt (Schweitzer et al. 2009) deutlich. Im Rahmen der dortigen qualitativen Forschungen berichtete in einem halboffenen Interview eine Kita-Leiterin, dass in ihrer integrativen Einrichtung auch ein muslimisches Kind mit Down-Syndrom sei, welches aufgrund seiner Religion kein Schweinefleisch esse. Den Kindern war dieser Sachverhalt nie erläutert worden. Eines Tages sei ein Kind auf sie zugekommen und habe gesagt: „Ja, Sultan ist ganz doll behindert, weil Sultan darf nämlich keine Würstchen essen!" (Edelbrock et al. 2009, 157). Sorgfältig hat dieses Kind Sultans Würstchenverzicht und seine Krankheit beobachtet und wahrgenommen. Orientierungs- und inhaltliche Strukturierungshilfen aber waren ihm nicht angeboten worden. Und so hatte das Kind selbstständig die beiden wahrgenommenen Kategorien, vielleicht in Analogie zu ihm bekannten Allergien, in einen kausalen Zusammenhang gestellt – eine beachtliche kognitive Leistung. So erhielten wir bereits im Pilotprojekt Hinweise dafür, dass Kinder von sich aus religiöse Differenzen wahrnehmen, auch wenn sie diese nicht immer als solche zu erkennen vermögen.

Auch vonseiten der Neuen Kindheitsforschung wird hervorgehoben, dass die subjektive Sicht der Kinder eine unerlässliche Ebene empirischer Forschung ist. Bereits Ende des letzten Jahrhunderts wurde betont, dass Kinder im Rahmen ihrer kindlichen Lebenswelt „Wissende" (Zinnecker 1999, 74) sind. Dieser Perspektive spürt die Neue Kindheitsforschung nach. Hierfür bedient man sich im Elementarbereich in der Regel qualitativer Methoden (vgl. Heinzel 2012a), wobei es jüngst auch zum Einsatz quantitativer Methoden, besonders in Form von standardisierten Befragungen und standardisierten Beobachtungen (vgl. Grunert/Krüger 2012, 37f.u. 41f.), kommt.

Unsere Vorgehensweise: In der Kinderstudie[1] haben wir auf qualitative Forschungsmethoden, insbesondere Gespräche, zurückgegriffen, da es aufgrund begrenzter sprachlicher Ausdrucksfähigkeiten jüngerer Kinder schwierig ist, zur interreligiösen Thematik mit Kindern unter fünf Jahren eine quantitative Erhebung durchzuführen. Beim methodologischen Vorgehen ist die Differenz zwischen Kind und Erwachsenen zu berücksichtigen: „Inwieweit ist es mir als Erwachsenem möglich, mittels ‚Empathie' und Rollenübernahme die Perspektive des Kindes zu übernehmen und im Hinblick auf Handlungsprobleme stellvertretend zu deuten?" (Honig 1999, 21). Dabei ist auch das „Verhältnis der Asymmetrie" (ebd.), welches im Gespräch zwischen Kindern und erwachsenen Forschern vorliegt, zu beachten. Das asymmetrische Verhältnis wird durch die von uns gewählte Form der Gruppengespräche abgemildert, in denen die Kinder als Experten der gestellten Themen gelten. Gruppengespräche bieten den Vorteil, dass die Kinder über ihre kollektiven Erfahrungen untereinander ins Gespräch kommen und sich gegenseitig zum Erinnern und Sprechen anregen. Die Kinderbefragung erfolgte über drei Erhebungszeitpunkte zu jeweils unterschiedlichen inhaltlichen Schwerpunkten mit Gesprächs- bzw. Befragungsmethoden, die an die Alltagswelt der Kinder anknüpfen.

---

[1] Die ausführliche Darlegung der Ergebnisse, auf die die folgende Darstellung zurückgreift, findet sich in Dubiski et al. (2010a und 2010b).

Unser Sample: Insgesamt nahmen an der Befragung 140 Kinder (M = 4.9 Jahre) zwischen vier und sechs Jahren teil, wobei 97 Kinder 5 Jahre alt waren. Die insgesamt 71 Mädchen und 69 Jungen besuchten insgesamt 15 Kitas unterschiedlicher Trägerschaft (christlich-konfessionell, städtisch und muslimisch) in den Großräumen Berlin, Frankfurt, Köln und Stuttgart.

Tabelle 1: Religion bzw. Konfession der Kinder

Religion	Konfession	n	N
christlich	evangelisch	12	
	katholisch	28	
	orthodox	12	
	freikirchlich	4	
	ohne angabe	9	
	gesamt christlich		65
nicht christlich	muslimische	49	
	andere	2	
	ohne Bekenntnis	20	
	gesamt nicht christlich		71
ohne Angabe			4
gesamt			140

Anmerkung: n = Anzahl an Kindern
N = über Gruppen aufsummierte Anzahl an Kindern

Die Gesamtgruppe bestand aus 65 christlichen, 49 muslimischen und 20 konfessionslosen Kindern (vgl. Tabelle 1). 44 Kinder hatten zwei deutsche Elternteile, 19 Kinder zwei türkische, bei 12 Kindern kamen beide Elternteile aus dem ehemaligen Jugoslawien. 14 Kinder hatten einen deutschen Elternteil. Insgesamt waren im Sample 34 „Nationalitäten"[2] vertreten. Die Größe der Einrichtungen variierte von 34 bis 195 Betreuungsplätzen. Der Anteil an betreuten Kindern anderer Muttersprache pro Einrichtung variierte von 20% bis 95%.

Alle Gespräche wurden digital aufgezeichnet. Die erfassten Audio-Aufnahmen wurden wörtlich in Schriftdeutsch transkribiert. Die Auswertung erfolgte unter Verwendung der Computersoftware MAXQ2 auf der Grundlage der Transkriptionen, die mit Hilfe der in der qualitativen Forschung üblichen inhaltsanalytischen Vorgehensweisen aspektbezogen (z.B. religiöse Feiern) bearbeitet wurden.

Unsere Ergebnisse: Ein entscheidender Befund der Kinderstudie ist, dass Kinder im Vorschulalter offenkundig religiöse Differenzen wahrnehmen. Bei den befragten Fünfjährigen ist dies besonders der Fall, wenn die religiösen Differenzen ganz konkret in ihrem Umfeld existieren. Um wahrgenommene Unterschiede zu

2 Wie von den Kindern selbst werden Begriffe wie „deutsch", „türkisch" etc. auch von uns nicht als Bezeichnung der Staatsangehörigkeit, sondern des kulturellen Hintergrunds verwendet.

deuten, greifen sie entweder auf vorgegebene Schemata zurück oder finden eigene Deutungsmuster. Schon in diesem jungen Alter nehmen die Kinder dabei Gruppenzuordnungen vor. So sagen manche Kinder, dass „Frauen aus der Türkei" Kopftuch tragen, andere, in diesem Falle muslimische Kinder, erklären ihren Verzicht auf Schweinefleisch damit, dass das „bei den Arabischen" so sei, oder sie wissen, dass nur „die Christen" Weihnachten feiern. Viele Kinder sind sich ihrer Zugehörigkeit zu einer Gruppe bewusst und können dies ausdrücken bzw. grenzen sich von der anderen Gruppe ab. Dabei wird deutlich, dass in der Vorstellung der Kinder nationale und religiöse Zugehörigkeiten nicht klar getrennte Dimensionen darstellen, sondern oft parallel gedacht bzw. miteinander verwechselt oder vermischt werden.

Das Weltbild einzelner befragter Kinder umfasst mehrere Gottheiten. So nimmt z.B. Serap (muslimisch) die Existenz mehrerer Gottheiten an, „weil im jeden, jeden Land muss ein Gott sein. Sonst können doch die Menschen nicht leben." (Dubiski, 2010a, 166) Clemens (ohne Konfession) und Lily (christlich) erweitern den Horizont der Frage:

> „C: Ich glaube ja nicht an Gott.
> L: Aber ich glaube an Gott.
> C: Weißt du was, in Thailand heißt der Gott Buddha. Und hier in Berlin heißt er Jesus Christus. [...]
> Interviewerin I: Und ihr könnt trotzdem befreundet sein, auch wenn ihr das unterschiedlich seht. Das ist ja toll.
> L: Ja, weißt du was? Ich habe eine Freundin, die heißt Rebekka. Und ist Jüdin. Sie glaubt genau anders an den Gott. Eigentlich gibt's nur einen Gott, aber die nennen ihn immer verschieden. Manche nennen ihn auch Allah. Und wir nennen ihn eben Gott." (Ebd.)

Mit Blick auf alle 140 teilnehmenden Kindern muss zugleich deutlich gesagt werden, dass nur wenige Kinder in der Studie überhaupt religiöses Wissen aufweisen, und im Blick auf interreligiöses Wissen sind es noch einmal deutlich weniger.

Die Auswertungen fanden auf mehreren Ebenen statt. Mit einer personenzentrierten Auswertung aller drei Untersuchungszeitpunkte wurden auch Einzelporträts von acht ausgewählten Kindern erstellt (vgl. ebd., 150-158). Die übergreifende Auswertung zeigt, dass besonders vier Aspekte für die interreligiöse Bildung im Elementarbereich wichtig sind: das *Wissen* der Kinder in diesem Bereich, die damit im engen Zusammenhang stehenden von den Kindern gemachten *Erlebnisse* und Erfahrungen, ferner die bei ihnen vorfindlichen *Einstellungen* und nicht zuletzt die auf interreligiöse Zusammenhänge bezogene *Sprachfähigkeit* der Kinder.

Exemplarisch wird hier das Wissen und Erleben der befragten Kinder zu religiösen Festen aufgezeigt: Alle Kinder geben an, Weihnachten in der Kindertagesstätte gefeiert zu haben, ein Bezug zur Geburt Jesu wird aber nur von wenigen Kindern hergestellt. Christliche Kinder gehen davon aus, dass alle Kinder Weihnachten feiern, muslimische Kinder geben entsprechend ihrer jeweiligen persönlichen Erfahrung die gleiche Antwort oder sagen, dass nicht alle Kinder Weihnachten feiern, wofür u.a. als Grund angegeben wird: „weil wir [...] Muslime sind". Bei Fragen nach Ostern beschreibt nur etwa die Hälfte der Kinder das Passions- bzw. Ostergeschehen oder nennt den Mann am Kreuz „Jesus". Ein Teil der nicht-muslimischen Kinder weiß, dass nicht alle Kinder Ostern feiern, wobei sie den Grund dafür vor allem in der Nationalität dieser Kinder sehen. Ein Teil der muslimischen Kinder berichtet, dass sie Ostern nicht feiern, erlebt diesen Unterschied zu anderen Kindern aber nicht als problematisch. Die Aussagen anderer muslimischer Kinder zeigen, dass sie die unterschiedlichen religiösen Lehren in christlich-konfessioneller Kindertagesstätte und Familie wahrnehmen und die daraus entstehenden Fragen und Herausforderungen auf verschiedene Art und Weise zu lösen versuchen. Das Ramadanfest bzw. Zuckerfest wird nur von wenigen Kindern angesprochen, ausschließlich muslimische Kinder berichten von eigenen Erfahrungen – allerdings durchweg ohne Herstellung eines religiösen Bezugs. Muslimische Kinder wissen, dass andere kein Ramadanfest feiern, ein Teil dieser Kinder begründet es mit dem Hinweis auf die Nationalität. Nur in einem Gespräch ordnen christliche Kinder dieses Fest der Gruppe „die Türken" zu. Als ebenso bekannt wie Weihnachten erweisen sich Laternenfeste. In keinem der Gespräche stellen die Kinder dabei einen Bezug zur christlichen Religion her. Die Erhebung zeigt insgesamt, dass Kinder besonders dort über Wissen und eigene Erklärungen bestimmter Sachverhalte verfügen, wo sie an eigene Erfahrungen und Erlebnisse anknüpfen können.

Unser Projekt hat auch den Versuch unternommen, *Einstellungen* zu erheben bzw. Zusammenhänge zwischen Wissen und Einstellungen in den Blick zu nehmen. Ein Zugang zu den Einstellungen der Kinder bestand in einer speziellen Gruppengesprächsmethode, die des Rollenspiels. Viele Kinder konnten sich gut in die geschilderten Situationen hineinversetzen und spontan antworten. Allerdings bleibt der interpretative Rückschluss auf die Einstellungen der Kinder schwierig. Deutlich ist, dass in den Interviews kaum explizit negative Äußerungen über die andere Gruppe zu finden sind. Das Rollenspiel konfrontierte die Kinder zum Beispiel mit der Entscheidung, ob sie das Gotteshaus einer anderen Religion besuchen wollen. Hier äußerte sich die Mehrheit der Kinder interessiert, andere aber auch zurückhaltend. Zusammenfassend lässt sich zu den Einstellungen der Kinder sagen: Es gibt bei den Kindern sowohl Offenheit und Interesse am Anderen als auch Zurückhaltung, Abwehr und Distanzierung. Äußerungen von Unverständnis oder Ablehnung fanden sich dabei eher bei Kindern, die mit der jeweils anderen Gruppe keine konkreten, ihnen bekannten Personen verbinden können. Im Hintergrund steht ein Phänomen, das wir als „(religiöse) Landkarten" der Kinder bezeichnen. Wie etwa schon an den von den Kindern verwendeten Pronomina abzulesen ist („wir" vs. „die" usw.), aber auch an den von den Kindern gebotenen Gruppenbildungen („Türken" vs. „Deutsche", aber auch „Deutsche" vs. „Muslime"), kommt es offenbar schon früh zu grundlegenden Ein- und Aufteilungen der sozialen Welt, an denen sich die Kinder ausrichten. Die mögliche Problematik solcher sozialen Weltbilder besteht darin, dass sie Grenzen ziehen, aus denen sich spannungsvolle Verhältnisse und letztlich auf Dauer wirksame Abgrenzungen ergeben können.

Beim Aspekt der religiösen *Sprachfähigkeit* geht es darum, dass Kinder ihren kindlichen Fähigkeiten entsprechend über religiöse Konkreta (Gegenstände,

Gebäude usw.) und Vollzüge (Feste, Rituale usw.) kommunizieren können. Manche Kinder beherrschen das für ihr Alter schon sehr gut, anderen fällt es schwer. So kann Latif (muslimisch) anhand eines Bildes, auf welchem ein betender Muslim zu erkennen ist, zwar zum Ausdruck bringen, dass seine Mutter dies auch tut („Meine Mama macht auch so, wie der hier"), bringt dies aber nicht mit dem Wort „beten" in Verbindung („Die betet nicht"; Dubiski et al. 2010b, 35). Auch gilt es zu beachten, dass die religiöse Sprachfähigkeit im engen Zusammenhang mit der allgemeinen Entwicklung von Sprachfähigkeit steht. Wenig ausgebildete allgemeine Sprachfähigkeit bedingt auch eine entsprechend gering entwickelte religiöse Sprachfähigkeit, aber umgekehrt erwächst die religiöse nicht einfach aus der allgemeinen Sprachfähigkeit. Die religiöse Sprachfähigkeit der befragten Kinder scheint wenig ausgeprägt zu sein. Auch wenn wir über keine Vergleichsmöglichkeiten verfügen, gilt dies zumindest insofern, als die Kinder nur bedingt miteinander über religiöse Themen kommunizieren können.

Chancen und Grenzen der empirischen Ergebnisse der Kinderstudie: Die Ergebnisse der Kinderstudie weisen Chancen auf, die empirische Ergebnisse für interreligiöse Bildungsprozesse bergen. Es konnte festgestellt werden, dass Kinder im Vorschulalter religiöse Differenzen wahrnehmen, sie auf ihrer Ebene Interesse an religiösen Unterschieden haben und sich kindgemäß damit auseinandersetzen. Das Ergebnis verdeutlicht die Relevanz interreligiöser Bildung im Elementarbereich und weist konkret auf vier den Kindern entsprechende und bildungsnotwendige inhaltliche Bereiche hin. Nur wenige Kinder verfügen offenbar über ein *Wissen*, das als zureichende Voraussetzung für das Zusammenleben in einer multireligiösen Gesellschaft, die den Kindern in den Einrichtungen ja direkt und alltäglich erfahrbar wird (vgl. Abschnitt 2: Ergebnisse Erzieherinnenbefragung), beurteilt werden kann. Da Kinder aber durchaus religiöse *Erfahrungen* mit in den Kindergarten bringen oder dort machen, ist es für eine kindgerechte Bildung wichtig, auch an diese anzuknüpfen und sie zu thematisieren. Dadurch wird die religiöse *Sprachfähigkeit* gefördert, wobei besonders zu beachten ist, wo Kindern, wie z.B. bei Latif, aufgrund ihres zweisprachigen Aufwachsens die entsprechenden Worte fehlen. Bei den *Einstellungen* der Kinder stießen wir kaum auf negative Stereotype, das muss als erfreulicher Befund eigens gewürdigt werden. In der Zurückhaltung und Distanzierung mancher Kinder spiegelten sich jedoch Vorbehalte gegenüber den Angehörigen anderer Religionen. Ein auch erlebnisbezogenes Kennenlernen des Anderen dürfte hier wichtige pädagogische Ansatzpunkte für die Bildungsarbeit bieten.

Die Ergebnisse der Kinderstudie weisen zugleich auf die Notwendigkeit weiterer empirischer Forschungen hin. Wir konnten zeigen, dass Kinder religiöse Differenzen wahrnehmen. Hilfreich wären nun empirische Forschungen, die nach förderlichen und hinderlichen Bedingungen für die religiöse Differenzwahrnehmung fragen. Auch die Frage, ob und wie in Kindergärten Konstruktionsprozesse religiöser Unterschiede ablaufen, konnten wir nicht berücksichtigen. Für weitere Forschungsdesigns hierzu sind Studien aus dem Bereich der ethnografischen Bildungsforschung anregend. So fragen die beiden skandinavischen Ethnografen Sirpa Lappalainen und Thomas Gitz-Johansen, wie ethnische Differenz in Vorschulen konstruiert wird, und machen es mit ihren Ergebnissen möglich, „exemplarisch nachzuvollziehen, wie Differenzkonstruktionen zustande kommen und dabei ein differenziertes Verstehen zu entwickeln, was diese für die beteiligten Akteure bedeuten" (Huf/Panagiotopoulou 2010, 75). Der amerikanische Religionspädagoge Burke Rochford hat bereits gezeigt, dass ethnografische Methoden auch zur Erforschung religiöser Bildungsprozesse geeignet sind (vgl. Rochford 2011). Schon anhand des hier nur exemplarisch genannten Bereiches der ethnografischen Forschung werden weitere Möglichkeiten und Notwendigkeiten in der interreligiösen Bildungsforschung sichtbar. Eine entsprechende und noch zu erforschende Fragestellung ist, wie im Elementarbereich mit und über christliche und muslimische Kinder gesprochen wird, um somit etwas über Konstruktionsprozesse religiöser Unterschiede zu erfahren.

2. Die Erzieherinnenbefragung: Wie steht es in deutschen Kindergärten mit interreligiöser Bildung?

Die Hauptuntersuchung in diesem Teil des Forschungsprojekts ist eine repräsentative Befragung von Erzieherinnen in ganz Deutschland. Im Folgenden werden einige ausgewählte Ergebnisse vorgestellt. Während Statistiken zeigen, dass in Deutschland im Durchschnitt rund ein Drittel der Kindergartenkinder über einen Migrationshintergrund verfügt, finden sich darin in der Regel keine Angaben zur Religionszugehörigkeit. Die Thematik der Multikulturalität findet Aufnahme in Kindersurveys (als Überblick vgl. Betz 2011), während auch hier die Thematik der Multireligiosität eher unbeleuchtet bleibt. Im Fragebogen baten wir die Erzieherinnen um entsprechende Schätzungen. Danach zeigt sich, dass die meisten Kinder in den Einrichtungen eine formelle Religionszugehörigkeit aufweisen (vgl. Schweitzer et al. 2011b, 37). Erwartungsgemäß ist der Anteil christlicher Kinder am höchsten. Der Anteil muslimischer Kinder liegt bei 13%, d.h., mehr als jedes zehnte Kind in einer Kindertagesstätte gehört demnach dem Islam an. Jüdische Kinder sind demgegenüber in weit kleinerer Zahl vertreten, was aber – auch angesichts der deutschen Geschichte – keineswegs dazu berechtigt, diese Kinder grundsätzlich zu vernachlässigen.

84% der Befragten geben an, dass es in ihrer Gruppe Kinder mit Migrationshintergrund gibt. Im Blick auf verschiedene Religionszugehörigkeiten sind es 77%. Demnach reicht die Multikulturalität etwas weiter als die Multireligiosität, aber es sind doch mehr als drei Viertel der Befragten, in deren pädagogischen Alltag unterschiedliche Religionen von den Kindern her präsent sind. Bereits diese Zahl verdeutlicht die Notwendigkeit, den Kindern Zusammenhänge und Hintergründe zu erklären – und damit auch die Notwendigkeit interreligiöser Bildung. Weitere Befragungen ergaben, dass 32% der Befragten mit den Kindern über die verschiedenen Religionen auf der Welt sprechen (nicht der Fall: 41%), ebenfalls 32% nehmen bei ihrer Arbeit Erzählungen aus anderen Religionen auf. 31% berichten, dass das Kennenlernen anderer Religionen auch Teil der Konzeption ihrer Einrichtung sei (nicht der Fall: 50%). Am weitesten reicht der Wunsch, dass Kinder mit Unterschieden und Gemeinsamkeiten der Weltreligionen vertraut werden sollen (53%, dagegen: 16%). Trotz einer deutlichen Offenheit für interreligiöse Fragen oder Themen, die bei solchen Angaben sichtbar wird, bleibt eine gezielte interreligiöse Bildung in den Einrichtungen also insgesamt doch randständig. Notwendiger praktischer Handlungsbedarf wird noch deutlicher, wenn explizit nach der Berücksichtigung von Festen und Riten verschiedener Religionen im Alltag gefragt wird (vgl. Blaicher et al. 2011, 183). Während z.B. das Weihnachtsfest in fast allen Einrichtungen in praktischen Vollzügen (96%; 77% mit religiösem Bezug) aufgenommen wird, geschieht das beim Ramadanfest in nur 4% der Einrichtungen. Zugleich gehen aber 79% der Befragten davon aus, dass das Wissen über andere Religionen zum Abbau von Vorurteilen beitragen kann. Über die Befragung der pädagogischen Vollzüge hinaus, war es uns auch wichtig, die Systemebene der religiösen Bildung mit anzusprechen. So weisen die Antworten der Erzieherinnen auf Fragen zu ihrer Ausbildung (vgl. ebd., 204), die an dieser Stelle exemplarisch herausgegriffen werden, auf deutlichen Nachholbedarf hin: Im Bereich der interreligiösen Bildung fühlen sich nur 16% der Erzieherinnen ausreichend ausgebildet, während 53% dies verneinen.

Insgesamt gesehen weisen die empirischen Ergebnisse der Erzieherinnenbefragung auf einen Handlungsbedarf in der Praxis hin. Da in den Kindergärten eine Pluralität auch in religiöser Hinsicht vorliegt und dies, wie gezeigt werden konnte, nicht unweigerlich zur Aufnahme von interreligiösen Lernzusammenhängen führt, ist es wichtig, dass interreligiöse Bildung in allen Einrichtungen verstärkt aufgenommen wird.

Wie eingangs erwähnt, beschäftigen sich unsere Forschungen in erster Linie mit Fragestellungen auf der Ebene der Bildungsforschung im engeren Sinne. Dabei wurden für eine gelingende interreligiöse Bildung in Kindergärten auch anhand der Erzieherinnenbefragung Notwendigkeiten deutlich, die im Bereich der Bildungsforschung im weiteren Sinne liegen, und die hier abschließend gebündelt genannt werden (vgl. Schweitzer et al. 2012, 28-36): Die Einrichtungen bedürfen von der *Trägerseite* eine Unterstützung ihrer interreligiösen Bildungsarbeit. In der *Aus- und Fortbildung* der pädagogischen Fachkräfte ist die interreligiöse Bildung fest zu verankern (vgl. Biesinger/Schweitzer 2013). Für die Entwicklungen tragfähiger Zukunftsperspektiven der interreligiösen Bildung bedarf es einer klaren Positionierung vonseiten der *Bildungspolitik*. Erfreulicherweise weisen viele der in den letzten Jahren entstandenen *Orientierungs- und Bildungspläne* für den Elementarbereich den Bereich etwa von „Sinn, Werte, Religion" eigens aus. Die Aufgaben einer interreligiösen Bildung werden dabei allerdings nicht immer in der notwendigen Klarheit beschrieben. Und last but not least wurde deutlich, dass – wie in den obigen Ausführungen anhand einiger exemplarisch genannter, unbearbeiteter Forschungsfragen gezeigt wurde – beim Thema der Multireligiosität in der

wissenschaftlichen Kindheitsforschung auf empirischer Ebene noch viele Forschungs-
desiderata vorhanden sind.

Literatur

Anders, Y.; Roßbach, H. G. (2013): Blick in die frühkindliche Bildungsforschung in Deutschland.
In: Stamm, M.; Edelmann, D. (Hg.). Handbuch Frühkindliche Bildungsforschung.
Wiesbaden: Springer, S. 183-195.

Betz, T. (2011): Multikulturelle Kindheit im Spiegel der Kindersurveys. In: Wittmann, S.;
Rauschenbach, T.; Leu H. R. (Hg): Kinder in Deutschland. Eine Bilanz empirischer
Studien. Weinheim und München: Juventa, S. 248-266.

Biesinger, A.; Edelbrock, A.; Schweitzer, F. (Hg.) (2011): Auf die Eltern kommt es an!
Interreligiöse und interkulturelle Bildung in der Kita. (Interreligiöse und Interkulturelle
Bildung im Kindesalter 2), Münster u.a..: Waxmann.

Biesinger, A.; Schweitzer, F. (2013): Religionspädagogische Kompetenzen. Zehn Zugänge für
pädagogische Fachkräfte in Kitas. Freiburg i.Br.: Herder.

Blaicher, H.-P.; Haußmann, A.; Wissner, G.; Ilg, W.; Kaplan, M.; Biesinger, A.; Edelbrock,
A.; Schweitzer, F. (2011): Interreligiöse Bildung in Kindertagesstätten in empirischer
Perspektive. Vertiefte Auswertung der Tübinger Studie. In: Schweitzer, F.; Edelbrock,
A.; Biesinger, A. (Hg.): Interreligiöse und interkulturelle Bildung in der Kita. Eine
Repräsentativbefragung von Erzieherinnen in Deutschland – interdisziplinäre, interre-
ligiöse und internationale Perspektiven. (Interreligiöse und Interkulturelle Bildung im
Kindesalter 3), Münster u.a..: Waxmann, S. 147-246.

Comenius-Institut (Hg.) (2014): Evangelische Tageseinrichtungen für Kinder. Daten –
Entwicklungen – Perspektiven. Evangelische Bildungsberichterstattung (EBiB). Münster:
Comenius-Institut. http://www.cimuenster.de/biblioinfothek/open_access_pdfs/
Evangelische_Tageseinrichtungen_fuer_Kinder_2014.pdf [Zugriff 24.05.2014]

Dubiski, K.; Essich, I.; Schweitzer, F.; Edelbrock, A.; Biesinger, A. (2010a): Religiöse Differenz-
wahrnehmung im Kindesalter. Eine qualitativ-empirische Untersuchung mit Kindern
im Alter zwischen 4 und 6 Jahren. In: Edelbrock, A.; Schweitzer, F.; Biesinger, A. (Hg.):
Wie viele Götter sind im Himmel? Religiöse Differenzwahrnehmung im Kindesalter.
(Interreligiöse und Interkulturelle Bildung im Kindesalter 1), Münster u.a..: Waxmann,
S. 121-199.

Dubiski, K.; Essich, I.; Schweitzer, F.; Edelbrock, A.; Biesinger, A. (2010b): Religiöse
Differenzwahrnehmung im Kindesalter. Befunde aus der empirischen Untersuchung im
Überblick. In: Edelbrock, A.; Schweitzer, F.; Biesinger, A. (Hg.): Wie viele Götter sind
im Himmel? Religiöse Differenzwahrnehmung im Kindesalter. (Interreligiöse und Interkulturelle Bildung im Kindesalter 1), Münster u.a..: Waxmann, S. 23-38.

Edelbrock, A.; Patak, M.; Schweitzer, F.; Biesinger, A. in Zusammenarbeit mit Viktoria Scherr
und Cornelia Frische (2009): Religion und Religionen in der Kindertagesstätte. Eine
empirische Untersuchung zu interreligiöser Bildung in der Praxis. In: Schweitzer, F.;
Biesinger, A.; Edelbrock, A. (Hg.): Mein Gott – Dein Gott. Interkulturelle und interreligiöse Bildung in Kindertagesstätten. 2. Aufl., Weinheim u.a..: Beltz, S. 149-277.

Edelbrock, A.; Schweitzer, F.; Biesinger, A. (Hg.) (2010): Wie viele Götter sind im Himmel?
Religiöse Differenzwahrnehmung im Kindesalter. (Interreligiöse und Interkulturelle
Bildung im Kindesalter 1), Münster u.a..: Waxmann.

Edelbrock, A.; Biesinger, A.; Schweitzer, F. (Hg.) (2012): Religiöse Vielfalt in der Kita. So gelingt interreligiöse und interkulturelle Bildung in der Praxis. Berlin: Cornelsen.

Elsenbast, V. (2009): Wissenschaftliche Untersuchungen zum interreligiösen Lernen. In: Schweitzer, F.; Biesinger, A.; Edelbrock, A. (Hg.): Mein Gott – Dein Gott. Interkulturelle und interreligiöse Bildung in Kindertagesstätten. 2. Aufl., Weinheim u.a..: Beltz, S. 137-141.

Grunert, C.; Krüger, H.-H. (2012): Qualitative Methoden der Kindheitsforschung. Ein Überblick. In: Heinzel, F. (Hg.): Methoden der Kindheitsforschung. Ein Überblick über Forschungszugänge zur kindlichen Perspektive. 2., überarbeitete Aufl., Weinheim und Basel: Beltz Juventa, S. 36-51.

Heinzel, F. (2012a): Qualitative Methoden der Kindheitsforschung. Ein Überblick. In: Heinzel, F. (Hg.): Methoden der Kindheitsforschung. Ein Überblick über Forschungszugänge zur kindlichen Perspektive. 2., überarbeitete Aufl., Weinheim und Basel: Beltz Juventa, S. 22-35.

Heinzel, F. (2012b): Gruppendiskussion und Kreisgespräch. In: Heinzel, F. (Hg.): Methoden der Kindheitsforschung. Ein Überblick über Forschungszugänge zur kindlichen Perspektive. 2., überarbeitete Aufl. Weinheim und Basel: Beltz Juventa, S. 104-115.

Hoffmann, E. (2009): Interreligiöses Lernen im Kindergarten? Eine empirische Studie zum Umgang mit religiöser Vielfalt in Diskussionen mit Kindern zum Thema Tod. Berlin u.a..: LIT.

Honig, M.-S.; Lange, A.; Leu, H. R. (1999): Eigenart und Fremdheit. Kindheitsforschung und das Problem der Differenz von Kindern und Erwachsenen. In: Honig, M.-S.; Lange, A.; Leu, H. R. (Hg.): Aus der Perspektive von Kindern? Zur Methodologie der Kindheitsforschung, Weinheim und München: Juventa, S. 9-32.

Huf, C.; Panagiotopoulou, A. (2010): Ethnographische Forschung im Elementar- und Primarbereich europäischer Bildungssysteme. In: Heinel, F.; Panagiotopoulou, A. (Hg.): Qualitative Bildungsforschung im Elementar- und Primarbereich. Bedingungen und Kontexte kindlicher Lern- und Entwicklungsprozesse. Baltmannsweiler: Schneider Verlag Hohengehren, S. 60-77.

Lischke-Eisinger, L. (2012): Sinn, Werte und Religion in der Elementarpädagogik. Religion, Interreligiosität und Religionsfreiheit im Kontext der Bildungs- und Orientierungspläne. Wiesbaden: Springer VS.

Merkens, H. (2006): Bildungsforschung und Erziehungswissenschaft. In: Merkens, H. (Hg.): Erziehungswissenschaft und Bildungsforschung. Wiesbaden: VS Verlag für Sozialwissenschaften, S. 9-20.

Müller, P. (2013): Religiöse Bildung am Bayerischen Untermain. Würzburg: Echter-Verlag.

Rochford, B. E. (2011): Boundary and Identity Work among Hare Krishna Children. In: Ridgely, S. B. (Hg.): A Methods Handbook. The Study of Children in Religions. New York and London: New York University Press, S. 95-107.

Schweitzer, F.; Biesinger, A.; Edelbrock, A. (Hg.) (2009): Mein Gott – Dein Gott. Interkulturelle und interreligiöse Bildung in Kindertagesstätten. 2. Aufl., Weinheim u.a..: Beltz.

Schweitzer, F.; Edelbrock, A.; Biesinger, A. (Hg.) (2011a): Interreligiöse und interkulturelle Bildung in der Kita. Eine Repräsentativbefragung von Erzieherinnen in Deutschland – interdisziplinäre, interreligiöse und internationale Perspektiven. (Interreligiöse und Interkulturelle Bildung im Kindesalter 3), Münster u.a..: Waxmann.

Schweitzer, F.; Biesinger, A.; Blaicher, H.-P.; Edelbrock, A.; Haußmann, A.; Ilg, W.; Kaplan, M.; Wissner, G. (2011b): Interreligiöse und interkulturelle Bildung in Kindertagesstätten – Befunde aus der Erzieherinnenbefragung. In: Schweitzer, F.; Edelbrock, A.; Biesinger, A.

(Hg.): Interreligiöse und interkulturelle Bildung in der Kita. Eine Repräsentativbefragung von Erzieherinnen in Deutschland – interdisziplinäre, interreligiöse und internationale Perspektiven. (Interreligiöse und Interkulturelle Bildung im Kindesalter 3), Münster u.a..: Waxmann, S. 29-54.

Schweitzer, F.; Biesinger, A.; Edelbrock, A. (2012): Empfehlungen. In: Edelbrock, A.; Biesinger, A.; Schweitzer, F. (Hg.): Religiöse Vielfalt in der Kita. So gelingt interreligiöse und interkulturelle Bildung in der Praxis. Berlin: Cornelsen, S. 18-36.

Zinnecker, J. (1999): Forschen für Kinder – Forschen mit Kindern – Kinderforschung. Über die Verbindung von Kindheits- und Methodendiskurs in der neuen Kindheitsforschung zu Beginn und am Ende des 20. Jahrhunderts. In: Honig, M.-S.; Lange. A.; Leu, H. R. (Hg.): Aus der Perspektive von Kindern? Zur Methodologie der Kindheitsforschung. Weinheim und München: Juventa, S. 69-80.

Wolfgang Ilg/Yvonne Kaiser

Empirische Zugänge zur evangelischen Jugendarbeit

Empirische Studien zur Kinder- und Jugendarbeit (im Folgenden kurz als „Jugendarbeit" bezeichnet) sind in der empirischen Bildungsforschung, wie die Empirie zur nonformalen Bildung überhaupt, noch immer ein Nischenbereich. Dies gilt auch für Studien zur evangelischen Jugendarbeit. In den letzten Jahren ist jedoch das Interesse an solchen Untersuchungen gestiegen, nicht zuletzt aufgrund von Wirksamkeitsfragen, die öffentliche Zuschussgeber zunehmend an Maßnahmen der Kinder- und Jugendhilfe stellen. Die Sammelbände „Kinder- und Jugendarbeit wirkt" (Lindner 2009) sowie „Internationale Jugendarbeit wirkt" (IJAB/Forscher-Praktiker-Dialog 2013) verstehen sich als eine erste Bilanz aktueller Forschungsergebnisse.

Der vorliegende Artikel gibt den aktuellen Stand empirischer Forschung zur evangelischen Jugendarbeit wieder, wobei die Auswahl der einzelnen Forschungsprojekte notwendigerweise selektiv erfolgt. Vorrangig sind Publikationen ab dem Jahr 2010 im Blick, dabei konzentriert sich der Artikel auf die Handlungsfelder der Jugendarbeit im engeren Sinne, auch wenn benachbarte Gebiete (Kindergottesdienst, Konfirmandenarbeit usw.) in der Praxis einen engen Bezug zur evangelischen Jugendarbeit aufweisen (vgl. insgesamt Kaiser et al. 2013).[1]

1. Daten zum Umfang evangelischer Jugendarbeit

1.1 Evangelische Jugendarbeit in der amtlichen Kinder- und Jugendhilfestatistik

Die amtliche Kinder- und Jugendhilfestatistik stellt die im Achten Sozialgesetzbuch (SGB VIII) vorgeschriebene Form der statistischen Dauerbeobachtung der Kinder- und Jugendhilfe dar. Sie umfasst in vier Teilen ein Bündel an Erhebungsinstrumenten zu den Arbeitsfeldern der Kinder- und Jugendhilfe und liefert auch Daten zum Personal und zu den Angeboten der Kinder- und Jugendarbeit. Die Kinder- und Jugendarbeit erweist sich aufgrund ihrer Vielgestaltigkeit als ein besonders schwierig zu erfassender Erhebungsbereich. Während sich das Instrument zur Zählung von Beschäftigten in der Kinder- und Jugendarbeit bewährt hat, wird die sogenannte Maßnahmenstatistik derzeit neu konzipiert. Der Gesetzgeber hatte diese turnusgemäße Teilerhebung für das Erfassungsjahr 2012 ausgesetzt, und „damit der Kinder- und Jugendhilfe sowie der amtlichen Statistik im Sinne eines Moratoriums

---

[1] Der Artikel übernimmt an einigen Stellen Abschnitte aus unserem früheren Beitrag zum selben Thema im Handbuch Jugend (Ilg/Kaiser 2013).

auch die Möglichkeit eröffnet, intensiv an einer grundsätzlichen Neukonzeption einer Erhebung zur Kinder- und Jugendarbeit im Rahmen der KJH-Statistik zu arbeiten" (von der Gathen-Huy et al. 2013, 390). Im Dialog mit der „Fachszene" der Kinder- und Jugendarbeit und unter wissenschaftlicher Begleitung der Arbeitsstelle für Kinder- und Jugendhilfestatistik (AKJStat) wird zurzeit von einer Projektstelle des Statistischen Bundesamtes ein neues Erhebungskonzept konzipiert und auf Praktikabilität der Datenerfassung in der Praxis getestet (vgl. Pothmann et al. 2013). Insbesondere die Offene Jugendarbeit und die Angebote der Jugendverbände sollen damit besser sichtbar gemacht werden. Im neuen Erfassungskonzept werden drei Angebotsformen unterschieden: gruppenbezogene Angebote, offene Angebote und Veranstaltungen/Projekte. Zudem sollen jeweils Art und Rechtsform des Trägers, die Art des Angebots, Teilnehmerzahlen, Kooperationen mit Schulen und tätige Personen (haupt- und nebenberuflich Tätige) erfasst werden.

Um Auskunftsgebende nicht zu überfordern, sollen nur Merkmale erfasst werden, „die erstens mit einem noch verhältnismäßigen Aufwand verfügbar sind und bei denen man zweitens mit Blick auf Praxis, Politik und Wissenschaft von einem ‚dauerhaften' Erkenntnisinteresse ausgehen kann" (Pothmann et al. 2013, 35). Geplant ist eine erste Durchführung der Angebotsstatistik für das Jahr 2015 und dann eine Erhebung im zweijährigen Turnus. Die Durchführung der Statistik obliegt den Statistischen Landesämtern. Veröffentlicht werden die Daten der Kinder- und Jugendstatistik vom Statistischen Bundesamt (www.destatis.de) und den statistischen Landesämtern. Die „Arbeitsstelle Kinder- und Jugendhilfestatistik" (AKJStat) an der Technischen Universität Dortmund (Forschungsverbund TU Dortmund/ Deutsches Jugendinstitut München) arbeitet die Daten für die Verwendung in Politik und Praxis auf und informiert hierüber regelmäßig im Rahmen ihrer dreimal jährlich erscheinenden Publikation: „KOMDat Jugendhilfe – Kommentierte Daten der Kinder- und Jugendhilfe" (www.akjstat.tu-dortmund.de).

Für die evangelische Jugendarbeit bietet die neue amtliche Statistik einerseits insofern eine große Chance, weil die Erhebung detaillierter als bislang erfolgt und somit sich auch jugendpolitisch zusätzliche Möglichkeiten eröffnen, das Feld der Kinder- und Jugendarbeit insgesamt besser sichtbar zu machen. Andererseits sind die organisatorischen Herausforderungen für die Statistischen Landesämter und die Organisationen der Kinder- und Jugendarbeit für die Durchführung der Erhebung in den heterogenen Handlungsfeldern enorm. Es steht zu befürchten, dass Rückläufe insbesondere von ehrenamtlich getragener Jugendarbeit nicht vollzählig sein werden. Angesichts dessen ist eine zahlenmäßige Unterschätzung der Jugendarbeit insbesondere seitens der freien Träger (und damit auch der kirchlichen Jugendarbeit) zu befürchten. Hier sind die Statistischen Landesämter, die Träger der Kinder- und Jugendarbeit und nicht zuletzt auch die tätigen Personen gemeinsam für die Datenqualität verantwortlich.

Die amtliche Statistik zu den Angeboten der Kinder- und Jugendarbeit wird eigene Erhebungen im Bereich der kirchlichen Jugendarbeit nicht ersetzen können. Sie bleiben allein deshalb unverzichtbar, weil die kirchliche Arbeit mit Jugendlichen auch Bereiche umfasst, die traditionell nicht als Jugendarbeit im Sinne des § 11 SGB VIII angesehen werden, so beispielsweise Jugendgottesdienste.

1.2 Statistik zur JULEICA: Daten zu ehrenamtlichen Mitarbeitenden

Die Jugendleiter/-in-Card (Juleica) ist der bundesweit einheitliche Ausweis für ehrenamtliche Mitarbeitende in der Jugendarbeit. Bei der Online-Beantragung der Juleica werden zugleich Daten über die Antragsstellerinnen und Antragssteller erfragt, insbesondere Alter und Geschlecht, Wohnort sowie der Träger, bei dem die Ehrenamtlichen tätig sind. Der Deutsche Bundesjugendring hat die Ergebnisse im so genannten „Juleica Report" veröffentlicht. Die Erhebung zeigt: „80% aller Antragsteller/-innen kommen aus dem jugendverbandlichen Spektrum (inkl. Jugendringe), davon etwa die Hälfte aus dem kirchlichen Umfeld einschließlich der konfessionellen Jugendverbände. Nur etwa 7% der hier erfassten Jugendleiterinnen und -leiter sind öffentlichen Trägern zuzuordnen." (Pothmann/Sass 2011, 5) Zudem wird deutlich, dass in der religiösen/kirchlichen Jugendarbeit vor allem junge Mitarbeitende tätig sind, und dass Frauen gegenüber Männern hier stärker repräsentiert sind.

1.3 Die evangelische Jugendarbeit in Erhebungen der EKD

Die Evangelische Kirche in Deutschland erhebt im Rahmen ihrer jährlich durchgeführten Statistik „Äußerungen des kirchlichen Lebens in den Gliedkirchen der EKD" neben den Zahlen zu Amtshandlungen oder Gottesdiensten auch Zahlen zur evangelischen Kinder- und Jugendarbeit in den einzelnen Landeskirchen der EKD (EKD 2014). Diese Erhebung unterscheidet für den Bereich Kinder- und Jugendarbeit fünf grobe Rubriken (in Klammern die Anzahl erfasster Teilnehmenden für das Jahr 2012 sowie die Veränderung gegenüber dem Vorjahr): Kindergruppen (186.741, minus 7%), Jugendgruppen (124.227, minus 1%), Eltern-Kind-Gruppen (117.336, minus 8%), Kinderbibelwochen/-kirchentage (291.746, minus 6%) und weitere Veranstaltungen der Kinder- und Jugendarbeit (641.725, plus 2%).

Der verhältnismäßig starke Rückgang, der in ähnlicher Weise im Vergleich von 2010 auf 2011 zu beobachten ist, verdeutlicht Veränderungsprozesse im Feld der Kinder- und Jugendarbeit, die an vielen Orten offensichtlich mit einem Rückgang der Teilnehmerzahlen in den regelmäßigen Gruppen verbunden sind.

Aufgrund der umfassenden Erhebung kirchlicher Aktivitäten nimmt die EKD-Statistik für die einzelnen Arbeitsbereiche keine differenziertere Abfrage vor. Ein weiteres Problem besteht darin, dass von den Pfarrämtern, über die die Zahlen zumeist abgefragt werden, vermutlich im Bereich der Kinder- und Jugendarbeit zu geringe Zahlen benannt werden, da manche Bereiche oft nicht im Blick sind sowie kirchliche Jugendverbände und übergemeindliche Angebote zumeist durch das Erhebungsraster fallen. Das wird z.B. durch den Vergleich mit den Daten der Statistik des Evangelischen Jugendwerks in Württemberg (EJW) deutlich (vgl. Frieß/Ilg 2008, 63). Hier zeigt sich, dass die offenen Angebote, Sport-, Musik- und sonstige Gruppen von der kirchlichen Statistik nicht erfasst werden, diese aber laut EJW-Statistik mehr als die Hälfte aller existierenden Jugendgruppen ausmachen.

In der fünften Kirchenmitgliedschaftsuntersuchung von 2012 (EKD 2014) wird auf Angebote kirchlicher Jugendarbeit überhaupt nicht explizit eingegangen – ein blinder Fleck, der möglicherweise zu den unbegründet düsteren Interpretationen in der Studie beiträgt: Obwohl die Jugendlichen in 2012 eine deutlich höhere Kirchenverbundenheit bekunden als in der vorigen Kirchenmitgliedschaftsuntersuchung von 2002, interpretiert die aktuelle Studie eine „steigende Distanz gegenüber der evangelischen Kirche" bei jugendlichen Kirchenmitgliedern (ebd., 61).

1.4 Reichweite-Erhebungen der evangelischen Jugendarbeit

Nicht zuletzt vor dem Hintergrund der unbefriedigenden Datenlage der EKD-Statistik und der Kirchenmitgliedschaftsuntersuchungen unternimmt die evangelische Jugendarbeit seit einigen Jahren vermehrt eigene Anstrengungen, um wissenschaftlich abgesicherte Erkenntnisse zu ihrer Reichweite zu gewinnen. Der wichtigste Beitrag, der allerdings auf eine einmalige Untersuchung beschränkt blieb, war das von 2002 bis 2006 durchgeführte Forschungsprojekt der Arbeitsgemeinschaft der Evangelischen Jugend in Deutschland (aej) zu „Realität und Reichweite der Jugendverbandsarbeit am Beispiel der Evangelischen Jugend". Die Untersuchung kommt zu dem Ergebnis, dass in Deutschland 10% der jungen Menschen zwischen 10 und 20 Jahren mit Angeboten und Einrichtungen der Evangelischen Jugend in Kontakt kommen (vgl. Fauser et al. 2006, 16). Die umfangreiche Studie konnte mit einem komplexen Methodenmix aus qualitativen und quantitativen Zugängen neben den Daten zur Reichweite auch vielfältige Einsichten in die Realität der Jugendarbeit gewinnen, die zur Zeit ihrer Veröffentlichung detaillierte Einsichten in die Jugendarbeit gewährten.

So hilfreich solche einmaligen Forschungsprojekte sind, so sehr ist ein Feld wie die Jugendarbeit auf methodisch gründliche Erhebungen angewiesen, die auch Aufschluss über Entwicklungen und Veränderungen im Zeitverlauf geben. Eine aufwändig angelegte Statistik der Jugendarbeit wurde 2014 von der Universität Tübingen in Zusammenarbeit mit den Evangelischen Landeskirchen Baden und Württemberg vorgelegt (Ilg/Heinzmann/Cares 2014): Mit einem Rücklauf von etwa 80% wurden dort von Kirchengemeinden, Jugendverbänden, Bezirksjugendwerken usw. Daten über die Anzahl von Teilnehmenden und Mitarbeitenden in den unterschiedlichsten Formen der Arbeit mit Kindern und Jugendlichen erhoben. Neben der Kinder- und Jugendarbeit wurden auch der Kindergottesdienst, die Konfirmandenarbeit sowie musikalische Angebote abgefragt. Der Vergleich mit der Vorgängerstatistik (Frieß/Ilg 2008) zeigt Tendenzen auf, so beispielsweise einen Rückgang klassischer Angebote wie Jungschar- oder Jugendgruppen, dem auf der anderen Seite ein deutlicher Anstieg schulbezogener Angebote gegenüber steht. Auch die evangelische Jugendarbeit auf Bundesebene beginnt ab 2014 eine Statistik ihrer Aktivitäten zu erstellen, um langfristig zu wissenschaftlich abgesicherten Daten zu gelangen (www.aej-statistik.de).

2. Allgemeine Studien zur Jugendarbeit

2.1 Kirchliche Jugendarbeit als Teilbereich von Überblicksstudien

In allgemeinen Darstellungen zur Kinder- und Jugendarbeit ist die kirchliche Arbeit als einer der größten Träger zwar zumeist vertreten, inhaltliche Gesichtspunkte und insbesondere die Frage der religiösen Bildung spielen dabei aber meist keine Rolle. Zumindest quantitativ wird jedoch deutlich, dass die kirchliche Jugendarbeit in Deutschland nach wie vor sehr präsent ist: Ein Überblick aus dem Forschungsprojekt „Jugendhilfe und sozialer Wandel" des Deutschen Jugendinstituts über die geförderten Träger im Bereich der Jugendarbeit zeigt, dass in Westdeutschland ein Viertel der Träger zu einer der beiden Kirchen gehört, in Ostdeutschland ist es jeder zehnte Träger (zusätzliche Anteile kirchlicher Trägerschaft gehen in der Statistik über die Kategorien Wohlfahrtsverbände bzw. Jugendverbände ein). In der Zeitreihe von 2000 über 2004 bis 2008 ist dabei ein deutliches Wachstum dieser kirchlichen Träger zu verzeichnen. Die Autorinnen und Autoren resümieren: „Da, wo die Jugendverbände an Boden verlieren, scheinen die Kirchen ihre Rolle zu übernehmen." (Gadow et al. 2013, 92f.)

Zur Jugendverbandsarbeit bietet der Sammelband „Empirie der Kinder- und Jugendverbandsarbeit" (Oechler/Schmidt 2014) einen hilfreichen Überblick über den Stand der Dinge, weist zugleich aber auf die Wissenschaftsferne der Jugendarbeitspraxis hin: „Von daher liegen empirische Studien zur Jugendverbandsarbeit überdurchschnittlich häufig nicht als veröffentlichte Literatur in Bibliotheken bereit, vielmehr entziehen sie sich dem Zugriff Uneingeweihter durch eine Veröffentlichungskultur, die als suboptimal bezeichnet werden kann. Vielmehr liegen die Daten/Materialien als verbandsinterne Papiere, als Datensammlungen oder als graue Literatur vor, die den wissenschaftlichen Bibliotheken gar nicht oder nur sehr eingeschränkt zur Verfügung stehen." (Ebd., 8) Der Sammelband enthält trotz dieser Problemhinweise etliche Verweise auf Studien aus der kirchlichen Jugendarbeit, allerdings wird die religiöse Bildung darin kaum thematisiert.

Auch in der Offenen Kinder- und Jugendarbeit spielen kirchliche Träger eine wichtige Rolle: Knapp ein Drittel aller Einrichtungen der Jugendarbeit sind in katholischer oder evangelischer Trägerschaft. Dennoch kommen Aspekte religiöser Bildung in den empirischen Studien zur offenen Jugendarbeit kaum vor. So fällt das Stichwort Religion im Sammelband „Empirie der Offenen Kinder- und Jugendarbeit" nur im Zusammenhang mit „religiös-fundamentalistischen Bestrebungen" einzelner „Ausländerorganisationen" (Schmidt 2011, 153; zu den o.g. Zahlenverhältnissen: 278).

Vergleichsweise selten wird die Jugendarbeit in einer Gesamtschau für ein Bundesland empirisch in den Blick genommen. Insofern stellt die vom Deutschen Jugendinstitut erstellte Expertise „Lage und Zukunft der Kinder- und Jugendarbeit in Baden-Württemberg" (Rauschenbach et al. 2010) ein Modell für die Potenziale eines integrierten Gesamtblicks dar. Die kirchliche Kinder- und Jugendarbeit wird, nach Konfessionen getrennt, auf knapp 20 Seiten darin ausführlich dargestellt (vgl. ebd. 176ff.). In einer solchen Expertise wird auch exemplarisch deutlich, wie sehr die Sichtbarkeit im wissenschaftlichen und politischen Feld davon abhängt, dass die Jugendarbeit wissenschaftlich abgesicherte Erkenntnisse über ihre Arbeit zur Verfügung stellen kann.

2.2 Erkenntnisse zu gesellschaftlichen Rahmenbedingungen

Durch die Kinder- und Jugendberichte (zuletzt BMFSFJ 2013), die Shell-Jugendstudien (zuletzt Deutsche Shell 2010) und den DJI-Survey „Aufwachsen in Deutschland: Alltagswelten" AID:A (Rauschenbach/Bien 2012), ist bekannt, dass sich das Aufwachsen von jungen Menschen in Deutschland gravierend verändert hat. Die Konstellationen des Aufwachsens haben sich pluralisiert, es sind neue jugendliche Lebenswelten entstanden und auch die Gestaltungsmöglichkeiten der Freizeit von Kindern und Jugendlichen sind vielfältig wie nie. Kinder und Jugendliche wachsen zunehmend mit digitaler Technik auf, digitale Medien für Kommunikation, Information und Unterhaltung sind als Gegenstand der Freizeitgestaltung von Heranwachsenden nicht mehr wegzudenken (vgl. JIM-Studie 2012). Auch die strukturellen Rahmenbedingungen des Aufwachsens haben sich gewandelt. Nicht zuletzt der Nationale Bildungsbericht (vgl. Autorengruppe Bildungsberichterstattung 2012) zeigt, dass die Reorganisation des Bildungssystems – die Vorverlagerung der Einschulung, die Verkürzung der Gymnasialzeit von neun auf acht Jahre (G 8) und die Umstellung auf Bachelor- und Masterstudiengänge an Hochschulen – zu einer Komprimierung der Bildungsverläufe geführt hat. Befunde dazu, dass sich neben den Motiven auch der zeitliche Aufwand für ehrenamtliches Engagement in der verbandlichen Jugendarbeit verändert hat, liefern z.B. der Freiwilligensurvey (BMFSFJ 2010) und die Studie „Jugend in der Zivilgesellschaft" (Picot 2011). So zeigt der Freiwilligensurvey, dass das ehrenamtliche Engagement bei Jugendlichen und jungen Erwachsenen zwischen 1999 und 2009 leicht rückläufig war, während in allen anderen Altersgruppen eine leichte Zunahme zu beobachten ist. Die knappe Zeit führt häufig auch dazu, dass ein bestehendes Engagement beendet wird. Allerdings ist auch zu beobachten, dass die beiden Bereiche „Religion und Kirche" sowie „Jugendarbeit und Erwachsenenbildung" im Längsschnittvergleich von 1999 bis 2009 leicht zunehmen konnten, während bei vielen anderen Bereichen eher ein Rückgang zu konstatieren ist (vgl. BMFSFJ 2010, 93f.).

2.3 Studie „Keine Zeit für Jugendarbeit!?"

Den Fragen, wie sich veränderte (zeitliche) Bedingungen des Aufwachsens Jugendlicher auf Jugendverbände in der Bundesrepublik auswirken und wie die Jugendverbände darauf reagieren, ist der Forschungsverbund DJI/TU Dortmund mit der Studie „Keine Zeit für Jugendarbeit!?" nachgegangen (Lange/Wehmeyer 2014). An der standardisierten Online-Befragung, die im Frühjahr 2012 stattfand, nahmen in zehn Bundesländern ca. 3.000 Ehrenamtliche, 146 nebenberufliche Mitarbeitende und über 500 Hauptberufliche aus Jugendverbänden auf lokaler Ebene teil. Befragte aus religiös/konfessionell geprägten Verbänden stellen mit einem Anteil von 40% die Gruppe dar, die sich am stärksten an der Befragung beteiligt hat.

Aus Sicht der Jugendverbände haben Jugendliche weniger zeitliche Ressourcen, die sie in ehrenamtliches Engagement investieren können. Die Jugendverbände nehmen einen Wandel der Strukturen von Ehrenamtlichkeit wahr und beobachten in den letzten Jahren einen früheren Ausstieg aus der Tätigkeit und einen Rückgang der Kontinuität, Langfristigkeit und Verbindlichkeit des ehrenamtlichen Engagements im Verband. Die zeitliche Verdichtung der Jugendphase machen die Verbände u.a. an Schwierigkeiten der Terminfindung, der Konzentration der Aktivitäten auf das Wochenende und die Abendstunden sowie einer Veränderung der Bedarfslage Jugendlicher fest. Die Ehrenamtlichen selbst sehen die zeitlichen Möglichkeiten für ihr Engagement weniger skeptisch. Aus ihrer Sicht engagieren sie sich in einem hohen zeitlichen Umfang und sie vertreten überwiegend die Sichtweise, dass ihre Verbandsaktivitäten grundsätzlich gut mit anderen Lebensbereichen zu vereinbaren sind. Aus Sicht der ehrenamtlich engagierten Ganztagsschülerinnen und -schüler z.B. wirkt sich der Besuch der Ganztagsschule nicht nachteilig auf den zeitlichen Umfang eines freiwilligen Engagements aus – die Verkürzung auf G 8 allerdings schon.

Aus den Ergebnissen dieser Studie können auch für die evangelische Jugendarbeit praxisrelevante Fragen abgeleitet werden. Die Autorinnen selbst geben Anstöße, sich mit der Problematik der zeitlichen Verdichtung der Jugendphase auseinanderzusetzen. So gilt es aus ihrer Sicht zunächst in den Verbänden vor Ort zu diskutieren, ob und welche Problemlagen durch die zeitliche Verdichtung entstanden sind. Sie schlagen vor, die Kooperationen mit anderen Organisationen auszubauen, um Konkurrenzsituationen um die Freizeit von Kindern und Jugendlichen zu vermeiden oder auch die Potenziale digitaler Medien für die Verbandsarbeit zu nutzen z.B. zur kurzfristigen (Um-)Organisation und flexiblen Gestaltung der Angebote.

3. Studien zur religiösen Bildung in der Jugendarbeit

3.1 Die (Nicht-)Thematisierung religiöser Aspekte in allgemeinen Studien

Nur selten finden sich Fragen nach religiöser Bildung auch in allgemeinen Jugend- bzw. Jugendarbeitsstudien. Insbesondere in den Shell-Studien der letzten Jahre wird das Thema zunehmend verkürzt behandelt. Ein erfreuliches Beispiel ist dagegen die nordrhein-westfälische Jugendstudie Jugend.Leben, die unter dem Titel „Appsolutely smart!" veröffentlicht wurde (Maschke et al. 2013). An einigen Stellen werden dort religiöse Aspekte explizit vorgestellt. Bei der Frage nach „wichtigen Menschen" nennen 9% der Befragten auch „Erwachsene aus der Religionsgemeinde" – damit liegt dieser Wert ungefähr auf dem Niveau von „Hausarzt", „Trainer im Verein" und deutlich vor „Eltern von Freund/in", „Klassenlehrer" oder „Schulsozialarbeiter/in" (ebd., 41-47). Bezeichnend für die Situation religiöser Kommunikation kann ein Ergebnis zu der Frage „Wie denken die Leute aus deiner Gruppe über folgende Dinge?" gelten (ebd., 57-64): Wenn man über religiöse Dinge redet, so schätzen die Jugendlichen es ein, finden mehr als die Hälfte ihrer Freunde das „nicht gut", eine Einschätzung, die sich ungefähr auf dem Niveau der Frage bewegt, wie es die Freunde finden, „wenn man in seiner Freizeit viele Bücher liest", während „wenn man viel lernt" auf deutlich größere Akzeptanz stößt. Ein Jugendarbeitsangebot, in dem auch religiöse Fragen thematisiert werden, stellt also für viele der befragten Jugendlichen einen eher wenig vorzeigbaren Peerkontext dar. Ausdrücklich werden in einem eigenen Kapitel (ebd., 124-131) auch die Orte der Kinder- und Jugendarbeit vorgestellt. 60% der befragten Kinder und Jugendlichen gehören einer Jugendorganisation oder einem Verein an, wobei die klassischen Jugendverbände wie CVJM oder die DLRG weit hinter den Sportgruppen rangieren. Ein weiteres Kapitel (ebd., 192-202) thematisiert Glaube und Religion. Gut zwei Drittel der Befragten gehören nach eigenen Angaben der christlichen Religion an, 19% der muslimischen Religion, weitere 14% keiner oder einer anderen Religion. 68% der Jugendlichen glauben an Gott oder ein höheres Wesen. 43% sagen, dass sie von ihren Eltern religiös erzogen worden seien, 41% wollen später eigene Kinder religiös erziehen. 59% der Befragten beten manchmal oder regelmäßig. Bei fast allen Religionsfragen nehmen die Zustimmungswerte mit steigendem Alter ab. Ein ebenso durchgängiger Effekt ist der Befund, dass Jugendliche mit muslimischer Religionszugehörigkeit eine deutlich stärkere Verbundenheit mit den genannten religiösen Werten aufweisen als dies bei christlichen Jugendlichen der Fall ist.

Inwieweit kirchliche Jugendarbeit einen Raum für die religiösen Fragen Jugendlicher bietet, wird in einigen Studien zu spezifischen Jugendarbeitssettings deutlich. Zwei Bereiche, Freizeiten und die schulbezogene Jugendarbeit, werden im Folgenden exemplarisch näher beleuchtet.

3.2 Freizeiten

Jugendfreizeiten als eine Kernform der Jugendarbeit ermöglichen es jungen Menschen, sich für einen längeren Zeitraum intensiv in einer Gemeinschaft einzubringen. Bei Freizeiten der kirchlichen Jugendarbeit erleben sie dabei auch Gemeinde auf Zeit. Im Zuge des Forschungsprojekts Freizeitenevaluation (www.freizeitenevaluation.de) wurden in verschiedenen Studien auch Fragen zur religiösen Bildung erhoben. Besonders interessant ist eine (zahlenmäßig mit 468 Befragten jedoch begrenzte) Erhebung, bei der Jugendliche Fragen zu ihrer Religiosität vor und nach einer evangelischen Jugendfreizeit beantworteten. Die Ergebnisse zeigen, dass bei den Jugendlichen sowohl die selbst eingeschätzte Religiosität steigt als auch das Infragestellen der „Sachen, die ich glaube" (Bedke/Ilg 2006). Demnach kann kirchliche Jugendarbeit sowohl eine Beheimatung im Glauben befördern als auch ein kritisches Nachdenken über Glaubensinhalte. Wie die Studie verdeutlicht, steigt der Wunsch zur Teilnahme an einer Jugendgruppe im heimatlichen Kontext während einer Freizeit an. Eine aktuelle Erhebung der Evangelischen Jugend in Nordrhein-Westfalen aus demselben Forschungskontext zeigt, dass sich evangelische Jugendfreizeiten schwerpunktmäßig aus evangelischen Jugendlichen (71,1%) und katholischen Jugendlichen (21,6%) zusammensetzen. Muslime (0,2%) und Jugendliche ohne Konfessionszugehörigkeit (1,2%) nehmen an diesen Freizeiten fast nicht teil (aej NRW 2013, 8 und 14).

3.3 Kirchliche Jugendarbeit und Ganztagsschule

Die Ausweitung der Ganztagsschulen hat auch Implikationen für Veränderungen religiöser Bildung im schulischen Kontext. Der Frage, wie Religion im Ganztagsschulbereich vorkommt, geht eine Studie nach, die an den theologischen Fakultäten der Universitäten Dortmund und Münster durchgeführt wurde. Mit einer quantitativen Fragebogenerhebung wurde der Ist-Stand religiöser und kirchlicher Angebote im Religionsunterricht und im außerschulischen Bereich in der Sekundarstufe I und II an allen offenen und gebundenen Ganztagsschulen in NRW untersucht. Der Rücklauf (Rücklaufquote 16,3%) verteilt sich dabei relativ gleichmäßig auf Haupt-, Real-, Gesamtschulen und Gymnasien. Gärtner und Könemann (2013) zeigen, dass Religion im Religionsunterricht nicht ausschließlich kognitiv vermittelt wird. In allen Schulformen sind liturgisch-meditative Angebote in den Religionsunterricht integriert. An 87,6% der Schulen werden religiöse Orte aufgesucht und drei Viertel der Schulen initiieren Begegnungen mit religiösen Personen. Aufschlussreich sind insbesondere die Daten zur Verbreitung und Vielfalt der außerunterrichtlichen religiösen Angebote. So führen 70% der befragten Schulen liturgisch-spirituelle Angebote durch (evangelische Gottesdienste, katholische Wortgottesdienste oder jahreskreisbezogene Angebote). Theologische oder katechetische Angebote werden etwas seltener durchgeführt (63,5%). Bibelkreise oder religiöse Diskussionsgruppen gibt es an 10% der Schulen. Die Studie zeigt, dass mit einem beachtlichen Anteil Ehrenamtliche aus Kirchengemeinden (31,4%) und aus Jugendverbänden (27,7%) als außerschulische Partner in der Ganztagsschule eine wichtige Rolle spielen. Sowohl die Pädagogik als auch die Struktur der Jugendverbandsarbeit wird von den befragten Lehrkräften wertgeschätzt. In der Studie werden aber auch die Grenzen der Kooperationen deutlich, wie z.B. problematische Rahmenbedingungen.

Nach Erkenntnissen der Studie zur Entwicklung von Ganztagsschulen („StEG-Studie") sind bei schulischen Kooperationen die Jugendverbände bislang (noch) wenig im Blick, die Kirchengemeinden werden jedoch sowohl im Primar- als auch im Sekundarbereich von fast jeder zweiten Ganztagsschule als Kooperationspartner genannt (vgl. zusammenfassend Oechler/Schmidt 2014, 159, 243f.). Eine besondere Herausforderung für kirchliche Angebote an der Schule stellt die religiöse Pluralität dar. Interreligiöse Projekte in Jugendarbeit und Schule zeigen das Potenzial des interreligiösen Dialogs, aber auch die Aufgabe, die insbesondere Jugendverbände hier noch vor sich haben (Bertels et al. 2013).

4. Weitere Studien

Verschiedene weitere, zumeist regional begrenzte Studien zur evangelischen Jugendarbeit aus dem ersten Jahrzehnt des 21. Jahrhunderts sind im Forschungsprojekt des Deutschen Jugendinstituts „Das Wissen zur Kinder- und Jugendarbeit" zusammengestellt. Auf diese soll hier nur verwiesen sein, so beispielsweise auf Studien zur Ausbildung von Hauptamtlichen oder der Schulung von ehrenamtlichen Mitarbeitenden (Arbeitskreis G5 2009/2010). Unter den neueren empirischen Studien im Kontext der Jugendarbeit sollen zwei weitere exemplarisch vorgestellt werden, die in methodischer Hinsicht jedoch auch Fragen aufwerfen.

Eine Studie des Forschungsinstituts „empirica" (2012) zielte darauf, mittels qualitativer und quantitativer Methoden die Sprachfähigkeit der Jugendlichen zum Themenkomplex „Glaube" zu untersuchen und der Frage nachzugehen, wie Selbstorganisation und Alltagsrelevanz des Glaubens bei Jugendlichen aussehen. In 20 Einzelinterviews, fünf Gruppeninterviews und einer Fragebogenuntersuchung wurden junge Menschen im Alter zwischen 14 und 19 Jahren befragt, die im Bereich der Evangelischen Kirche von Westfalen leben. 73% der über 1.000 Befragten sind Gymnasiasten, ein Repräsentativanspruch besteht nicht. Die Studie kommt zu dem Schluss, dass Jugendliche zwar in der Lage sind, ihre Spiritualität zu beschreiben, es aber eine große Zurückhaltung gibt, über Glaubensthemen zu reden und sie dafür einen sicheren Rahmen und einen Anstoß von außen brauchen. Ein zentraler Befund der Studie ist, „dass der eigene Glaube nicht von außen vorgegeben ist, sondern sich aus dem unmittelbaren Lebensumfeld der Jugendlichen, ihrem Alltagsgeschehen und Alltagserleben und oft nicht bewusst (reflektiert) konstruiert. (...) Dieser im Immanenten verortete Glaube, der in Form von sozialen Beziehungen und dem schulischen Umfeld fest im eigenen Leben verankert ist, in dem Erfolg und Leistung wichtig sind und der aus idealtypischen Vorstellungen wie bestimmten Werten, die das Leben prägen sollen, besteht, spielt für fast alle Jugendlichen eine zentrale Rolle." (empirica 2012, 31) Ähnliches zeichnet sich im Blick auf die Sinnfrage ab, die von den Heranwachsenden ebenfalls innerhalb der individuellen Lebenswelt beantwortet wird: „93,2% der befragten Jugendlichen glauben an Sinn durch soziale Beziehungen und 91,7% glauben an zwischenmenschliche Werte, die sich auf die Lebensweise in einer Gemeinschaft beziehen. (...) Explizit christlich-traditionell glauben 31,5% aller Teilnehmer der quantitativen Studie. Ca. ein Viertel glaubt sowohl an Übernatürliches als auch in christlicher Tradition." (Ebd., 31) In den Schlussfolgerungen für die Jugendarbeit empfehlen die Autoren, den Austausch über Glaubensfragen behutsam und unter guten Rahmenbedingungen anzustoßen. Jugendliche erwarteten von evangelischer Jugendarbeit vor allem Gemeinschaft und Beteiligung, aber auch Anknüpfungspunkte für Glaubensfragen, beispielsweise beim Thema Gebet, werden gesehen.

Unter den qualitativ orientierten Studien haben insbesondere die Befragungen aus dem Sinus-Institut einige Popularität gewonnen, so beispielsweise eine baden-württembergische Studie zu „Brücken und Barrieren" im Übergang von der Konfirmandenarbeit in die Jugendarbeit (Kopp et al. 2013). Aus Interviews mit 72 Jugendlichen wurden fünf Motivationstypen zum Jugendarbeitsengagement gebildet. Schlussfolgerungen für eine attraktivere Gestaltung der Jugendarbeit schließen sich an, so beispielsweise die Empfehlung, mehr Angebote für ein „Engagement als Teilnehmende" bereitzustellen, anstatt die Jugendlichen stets als Mitarbeitende in den Blick zu nehmen (ebd., 263ff.). Während die Einzelzitate aus solchen Studien einen durchaus hilfreichen Einblick in das Empfinden von Jugendlichen bieten, kann die Aussagekraft der Sinus-Studien aufgrund ihrer methodischen Intransparenz kaum beurteilt werden: Sowohl die Auswahl der Befragten als auch die Fragestellungen und Zuordnungsalgorithmen zu bestimmten Lebenswelten werden aufgrund der marktwirtschaftlichen Orientierung des Sinus-Instituts nicht veröffentlicht (vgl. Ilg 2014).

5. Ausblick

Im Kontext zunehmender empirischer Untersuchungen zur Jugendarbeit erfährt auch die evangelische Jugendarbeit in den letzten Jahren eine verstärkte Begleitforschung durch qualitativ und quantitativ orientierte Untersuchungen. Gerade der „Markenkern" evangelischer Jugendarbeit, die religiöse Bildung, erweist sich dabei jedoch als sperrig für die Empirie. Der Forschungsbedarf ist für die nächsten Jahre somit deutlich markiert: Was erleben Kinder und Jugendliche in evangelischen Gruppen- oder Freizeitangeboten? Inwieweit bringen sie Interesse an Glaubensfragen mit, welche neuen Fragen werden im Sinne religiöser Bildung geweckt? Welche Gemeinschaftsformen erscheinen geeignet, um das sensible Thema religiöser Orientierung mit jungen Menschen angemessen zu bearbeiten? Evangelische Jugendarbeit bedarf weiterer wissenschaftlich fundierter Antworten auf diese Fragen, nicht nur um ihre eigenen Konzeptionen kritisch zu überprüfen und weiterzuentwickeln, sondern auch um nach außen – gegenüber staatlichen Zuschussgebern, anderen Bildungspartnern und der Gesellschaft insgesamt – beschreiben zu können, welchen Bildungsbeitrag sie für das Aufwachsen junger Menschen leistet.

Literatur

aej NRW 2013 [= Arbeitsgemeinschaft Evangelische Jugend in NRW] (2013): Weil es nicht einfach vom Himmel fällt... Endlich Frei-Zeit. Evaluation der Freizeitenarbeit im Bereich der Evangelischen Jugend in NRW im Jahre 2012. Düsseldorf. http://www.aej-nrw.de [Zugriff: 16.06.2014]

Arbeitskreis G5 (Hg.) (2009): Das Wissen zur Kinder- und Jugendarbeit. Die empirische Forschung 1998-2008. Ein kommentierter Überblick für die Praxis. Neuss: LJR NRW. http://www.forschungsverbund.tu-dortmund.de/index.php?id=100 [Zugriff: 16.06.2014]

Arbeitskreis G5 (Hg.) (2010): Kapuzenpulli meets Nadelstreifen. Die Kinder- und Jugendarbeit im Fokus von Wissenschaft und Wirtschaft. Neuss: LJR NRW. http://www.forschungsverbund.tu-dortmund.de/index.php?id=100 [Zugriff: 16.06.2014]

Autorengruppe Bildungsberichterstattung (Hg.) (2012): Bildung in Deutschland 2012. Ein indikatorengestützter Bericht mit einer Analyse zur kulturellen Bildung im Lebensverlauf. Bielefeld: W. Bertelsmann Verlag. http://www.bildungsbericht.de/daten2012/bb_2012. pdf [Zugriff: 16.06.2014]

Bedke, A.; Ilg, W. (2006): Verknüpfungen schaffen – Ergebnisse einer empirischen Studie. In: Großer, A.; Schlenker-Gutbrod, K.: Verknüpfen. Jugend- und Konfirmandenarbeit, Freizeit- und Gruppenarbeit, Aktivgruppen gründen. Stuttgart: buch und musik, S. 182-202.

Bertels, G.; Hetzinger, M.; Laudage, R. (Hg.) (2013): Interreligiöser Dialog in Jugendarbeit und Schule. Weinheim: Beltz Juventa.

BMFSFJ 2010 [= Bundesministerium für Familie, Senioren, Frauen und Jugend] (Hg.) (2010): Hauptbericht des Freiwilligensurvey 2009. Zivilgesellschaft, soziales Kapital und freiwilliges Engagement in Deutschland 1999-2004-2009. München: BMFSFJ.

BMFSFJ 2013 [=Bundesministerium für Familie, Senioren, Frauen und Jugend] (Hg.) (2013): 14. Kinder- und Jugendbericht. Bericht über die Lebenssituation junger Menschen und die Leistungen der Kinder- und Jugendhilfe in Deutschland. Berlin: BMFSFJ.

Deutsche Shell (Hg.) (2010): Jugend 2010. Eine pragmatische Generation behauptet sich. 16. Shell Jugendstudie. Frankfurt a.M.: Fischer.

Empirica – Forschungsinstitut für Jugendkultur & Religion (Hg.) (2012): Spiritualität von Jugendlichen. Pilotstudie. Zusammenfassung der Ergebnisse. Im Auftrag des Amtes für Jugendarbeit der Evangelischen Kirche von Westfalen. Marburg.

EKD 2013 [= Evangelische Kirche in Deutschland] (2013): Evangelische Kirche in Deutschland. Statistik über die Äußerungen des kirchlichen Lebens in den Gliedkirchen der EKD im Jahr 2011. http://www.ekd.de/statistik [Zugriff: 16.04.2014]

EKD 2014 [= Evangelische Kirche in Deutschland] (2014): Engagement und Indifferenz. Kirchenmitgliedschaft als soziale Praxis. V. EKD-Erhebung über Kirchenmitgliedschaft. Hannover: EKD.

Fauser, K.; Fischer, A.; Münchmeier, R. (2006): Jugendliche als Akteure im Verband. Ergebnisse einer empirischen Untersuchung der Evangelischen Jugend. Opladen/Farmington Hills: Verlag Barbara Budrich.

Frieß, B.; Ilg, W. (2008): Evangelische Jugendarbeit in Zahlen. Die Statistik 2007 des Evangelischen Jugendwerks in Württemberg. Stuttgart: buch und musik.

Gadow, T.; Peucker, C.; Pluto, L.; Santen, E. van; Seckinger, M. (2013): Wie geht's der Kinder- und Jugendhilfe? Empirische Befunde und Analysen. Weinheim und Basel: Beltz Juventa.

Gärtner, C.; Könemann, J. (2013): Religion and All-Day Schools: Impact of All-Day Schools on the Systems of School and Religion. In: Journal of Empirical Theology 26; H.1, S. 63-86.

Gathen-Huy, J. von der; Pothmann, J.; Schramm, K. (2013): Ein Feld macht sich sichtbar(er). Vorschläge für die Neukonzeption eines Erhebungskonzeptes der amtlichen Statistik für die Kinder- und Jugendarbeit. In: deutsche jugend 61; S. 390-398.

IJAB/Forscher-Praktiker-Dialog (Hg.): (2013): Internationale Jugendarbeit wirkt. Forschungsergebnisse im Überblick. 2. Aufl., Bonn/Köln: IJAB.

Ilg, W. (2014): Sinus-Milieu-Studien: Viel genutzt, kaum hinterfragt. Anfragen an die Wissenschaftlichkeit am Beispiel von ‚Brücken und Barrieren'. In: Zeitschrift für Pädagogik und Theologie 66; H.1, S. 68-84.

Ilg, W.; Heinzmann, G.; Cares, M. (Hg.) (2014): Jugend zählt! Ergebnisse, Herausforderungen und Perspektiven aus der Statistik 2013 zur Arbeit mit Kindern und Jugendlichen in den Evangelischen Landeskirchen Baden und Württemberg. Stuttgart: buch und musik.

Ilg, W.; Kaiser, Y. (2013): Evangelische Jugendarbeit empirisch. In: Kaiser, Y.; Spenn, Matthias; Freitag, M.; Rauschenbach, T.; Corsa, M. (Hg.): Handbuch Jugend. Evangelische Perspektiven. Opladen u.a..: Verlag Barbara Budrich, S. 279-284.

JIM 2012 [=Medienpädagogischer Forschungsverbund Südwest] (Hg.): JIM 2012 – Jugend, Information, (Multi-)Media. http://www.mpfs.de [Zugriff: 16.06.2014]

Kaiser, Y.; Spenn, M.; Freitag, M.; Rauschenbach, T.; Corsa, M. (Hg.) (2013): Handbuch Jugend. Evangelische Perspektiven. Opladen u.a..: Verlag Barbara Budrich.

Kopp, H.; Hügin, S.; Kaupp, S.; Borchard, I.; Calmbach, M. (Hg.) (2013): Brücken und Barrieren. Jugendliche auf dem Weg in die Evangelische Jugendarbeit. Stuttgart: buch und musik.

Lange, M.; Wehmeyer, K. (2014): Jugendarbeit im Takt einer beschleunigten Gesellschaft. Veränderte Bedingungen des Heranwachsens als Herausforderung. Weinheim und Basel: Beltz Juventa.

Lindner, W. (Hg.) (2009): Kinder- und Jugendarbeit wirkt. Aktuelle und ausgewählte Evaluationsergebnisse der Kinder- und Jugendarbeit. 2. Aufl., Wiesbaden: VS Verlag für Sozialwissenschaften.

Maschke, S.; Stecher, L.; Coelen, T.; Ecarius, J.; Gusinde, F. (2013): Appsolutely smart! Ergebnisse der Studie Jugend.Leben. Bielefeld: Bertelsmann.

Oechler, M.; Schmidt, H. (Hg.) (2014): Empirie der Kinder- und Jugendverbandsarbeit: Forschungsergebnisse und ihre Relevanz für die Entwicklung von Theorie, Praxis und Forschungsmethodik. Wiesbaden: Springer.

Picot, S. (2011): Jugend in der Zivilgesellschaft. Freiwilliges Engagement Jugendlicher von 1999 bis 2009. Gütersloh: Bertelsmann.

Pothmann, J.; Sass, E. (2011): Lebenslagen und Engagement von Jugendleiterinnen und Jugendleitern. Juleica Report 2011. Berlin: Deutscher Bundesjugendring.

Pothmann, J.; Wehmeyer, K.; von der Gathen-Huy, J. (2013): Neue amtliche Statistik für die Kinder- und Jugendarbeit – Einblicke in die Entwicklung eines Erhebungsinstrumentes für die Kinder- und Jugendhilfestatistik. In: Forum Jugendhilfe 1; S. 34-37.

Rauschenbach, T.; Borrmann, S.; Düx, W.; Liebig, R.; Pothmann, J.; Züchner, I. (2010): Lage und Zukunft der Kinder- und Jugendarbeit in Baden-Württemberg. Eine Expertise. Dortmund u.a.

Rauschenbach, T.; Bien, W. (Hg.) (2012): Aufwachsen in Deutschland. AID:A – Der neue DJI-Survey. Weinheim und Basel: Beltz Juventa.

Schmidt, H. (Hg.) (2011): Empirie der Offenen Kinder- und Jugendarbeit. Wiesbaden: VS Verlag für Sozialwissenschaften.

Wolfgang Ilg/Friedrich Schweitzer

Untersuchungen zur Konfirmandenarbeit: Stand der Forschung – kirchliche Rezeption – Zukunftsperspektiven

Die Konfirmandenarbeit gehört zu den wichtigsten Feldern evangelischen Bildungshandelns. Kein anderes evangelisches Angebot erreicht so viele Jugendliche in diesem Alter. Jedes Jahr nehmen mehr als 90% der evangelischen Jugendlichen des entsprechenden Jahrgangs an der Konfirmandenarbeit teil. Damit erreicht die Konfirmandenarbeit eine Beteiligungsrate, die sich nur noch mit dem schulischen Religionsunterricht vergleichen lässt, während es etwa bei der evangelischen Jugendarbeit 10-15% sind, die erreicht werden.

Die quantitative Reichweite der Konfirmandenarbeit ist nicht nur im innerkirchlichen Vergleich überaus eindrücklich. Auch in der Gesellschaft insgesamt gehört die Konfirmandenarbeit zu den größten Angeboten non-formaler Bildung. Auch dies besitzt Implikationen für die Forschung sowie für das öffentliche Interesse an ihr.

Diese noch sehr äußerlichen Beobachtungen bedingen so gesehen bereits ein erstes Forschungsinteresse, für die Kirche wie für eine breitere Öffentlichkeit. Ein Angebot dieser Größe ist selbstverständlich auch ressourcenintensiv, so dass sich die Kirche als Träger fragen muss, wie es hier um den Erfolg bestellt ist. Dies gilt umso mehr, als die Konfirmandenarbeit – angesichts der immer wieder als prekär eingeschätzten Ansprechbarkeit Jugendlicher durch die Kirche – als einzigartige Chance erscheinen muss. Für die Gesellschaft hingegen stellt sich die Frage, an welcher Art von Bildungsangebot sich so viele Jugendliche beteiligen und welche Impulse oder auch Prägungen sie dort erhalten. Die Frage nach Effektivität und Transparenz markiert auf diese Weise einen Ausgangspunkt für die empirische Forschung.

Dazu kommt, dass die Konfirmandenarbeit in den letzten 50 Jahren einen grundlegenden Wandel durchlaufen hat, der einerseits auf krisenhafte Erfahrungen als Motiv für Wandel und Reform verweist und andererseits – so die vielfach geäußerte Wahrnehmung – zu neuen Chancen geführt hat, die dieses Handlungsfeld nunmehr besonders der kirchlichen Aufmerksamkeit empfehlen. Die Reform der Konfirmandenarbeit seit etwa Ende der 1960er Jahre stellt damit auch ein Beispiel dafür dar, wie kirchliche Reformvorhaben und empirische Untersuchungen ineinander greifen können.

Der Anlage des vorliegenden Bandes entsprechend zielt unser Beitrag vor allem auf eine Bestandsaufnahme zur empirischen Erforschung von Konfirmandenarbeit. Dabei schreiben wir als selbst an dieser Forschung Beteiligte: In vertiefender Weise wird nach einem Forschungsüberblick daher auf die an der Universität Tübingen in Kooperation mit verschiedenen Partnern, u.a. dem Comenius-Institut, durchgeführten Untersuchungen zur Konfirmandenarbeit in Deutschland und Europa eingegangen. Da ein paralleler Beitrag in diesem Band auf die internationale Forschung zur Konfirmandenarbeit in Europa bezogen ist (Simojoki), wird der Schwerpunkt bei den Untersuchungen in Deutschland liegen.

Diese Untersuchungen geben auch Anlass zu der Frage, wie es um die Rezeption von Forschungsergebnissen in der Kirche steht. Der Niederschlag empirischer Ergebnisse in kirchlicher Praxis wird anhand der Rezeption, insbesondere in aktuellen Rahmenordnungen für die Konfirmandenarbeit in den Blick genommen. Am Ende schließlich stehen Überlegungen zur weiteren Forschung, einschließlich der derzeit laufenden zweiten bundesweiten und internationalen Untersuchungen zur Konfirmandenarbeit.

1. Wichtige Fragestellungen: Annäherung anhand vorliegender Studien

Die Frage nach wichtigen Fragestellungen für empirische Untersuchungen zur Konfirmandenarbeit lässt sich kaum allgemein beantworten, jedenfalls nicht so, dass nicht immer auch andere Antworten gegeben werden könnten. Im Folgenden verfahren wir deshalb so, dass einige der in früheren Untersuchungen aufgenommenen Fragen erörtert werden.

Eine der ersten größeren Untersuchungen zur Konfirmandenarbeit fragte nach „Erfahrungen mit Kirche" (Feige 1982). Ihrer Herkunft nach war sie kirchensoziologisch bestimmt. Ähnlich wie die Kirchenmitgliedschaftsuntersuchungen, die von der EKD seit den 1970er Jahren durchgeführt werden (zuletzt: EKD 2014, die sich allerdings auf andere Themen bezieht), lag ein Schwerpunkt darauf, wie die Konfirmandenarbeit als ein Angebot der Kirche von den Jugendlichen wahrgenommen wird. Damit steht die Zufriedenheit mit diesem Angebot im Zentrum, die nicht nur aus kirchensoziologischer, sondern auch aus religions- oder gemeindepädagogischer Perspektive von Interesse ist. Denn in den 1980er Jahren, als Feiges Untersuchung veröffentlicht wurde, war die Umstellung vom Konfirmanden*unterricht* auf Konfirmanden*arbeit* seit etwa einer Dekade auf dem Weg und eine erste Evaluation anhand der Erfahrungen der Jugendlichen erschien angebracht. Das kirchensoziologische Interesse führt allerdings zu einer gewissen Konzentration auf die Frage nach der Wirksamkeit von Konfirmandenarbeit im Sinne der Kirchenbindung und damit zu einer Schwerpunktsetzung, die religionspädagogisch erweitert werden muss.

Zu den Erkenntnissen der Kirchenmitgliedschaftsuntersuchungen gehörte auch der Hinweis auf die Bedeutung der Pfarrerinnen und Pfarrer, die den Konfirmandenunterricht leiten. Auch dort, wo die Inhalte längst vergessen sind, wird demnach die Person des Pfarrers oder der Pfarrerin noch immer in lebendiger

Weise erinnert, zumeist in positiver Weise. So war es stimmig, dass sich eine weitere größere Untersuchung in Westfalen (Böhme-Lischewski/Lübking 1995) auf die Pfarrerinnen und Pfarrer als Schlüsselpersonen für die Konfirmandenarbeit bezog. Wenn die Person des Pfarrers oder der Pfarrerin in positiver Erinnerung bleibt, bedeutet dies ja nicht, dass hier keine weiteren Verbesserungsmöglichkeiten mehr zu finden wären. Tatsächlich machten die Befunde dieser Studie deutlich, dass bei den Befragten im Blick auf die Konfirmandenarbeit zwar großes „Engagement", aber eben auch verbreitet „Ratlosigkeit" zu finden ist.

Seit den 1990er Jahren wird in der Kirche vielfach von einem „Perspektivenwechsel" (von den Erwachsenen hin zu den Kindern und Jugendlichen) gesprochen, wie er in breit rezipierter Form erstmals bei der EKD-Synode in Halle 1994 gefordert wurde (vgl. Synode der EKD 1995). Im Blick auf Untersuchungen zur Konfirmandenarbeit unterstreicht diese Forderung die Bedeutung der Wahrnehmungen der beteiligten Jugendlichen als Subjekte, die wertgeschätzt und geachtet werden müssen.

Zugleich sind seit ungefähr derselben Zeit, u.a. durch die PISA-Studien sowie den Deutschen Bildungsbericht, die Ansprüche an empirische Untersuchungen zum Bildungsbereich deutlich gewachsen, sowohl im Blick auf Qualität als auch Repräsentativität. Aufmerksamkeits- und Überzeugungserfolge lassen sich seither mit kleinen empirischen Studien kaum mehr erreichen. Dies erklärt, warum dann ab etwa 2005 erstmals eine bundesweite repräsentative Befragung aller Beteiligten – der Jugendlichen ebenso wie der Haupt- und Ehrenamtlichen, aber auch der Eltern – auf den Weg gebracht werden konnte (vgl. Abschnitt 3).

Zu den neuen Fragestellungen, die mit der ersten bundesweiten Studie zur Konfirmandenarbeit in Deutschland deutlicher in den Blick rückten, gehört die enorme Bedeutung von Ehrenamtlichen, die vielfach selbst noch im Jugendalter sind. Im Erhebungsjahr kam auf vier Konfirmandinnen und Konfirmanden ein ehrenamtlich Mitarbeitender. Daraus ergibt sich, dass nicht nur der Einfluss dieser Ehrenamtlichen auf die Konfirmandenarbeit eine wichtige Frage bezeichnet, sondern auch umgekehrt die Bedeutung der Konfirmandenarbeit für die Ehrenamtlichen in ihrer pädagogischen Wirksamkeit in den Blick kommen muss. Mit dem Übergang vom Konfirmandenunterricht zur Konfirmandenarbeit traten zudem die nicht-unterrichtlichen Aspekte stärker in den Fokus der empirischen Forschung, beispielsweise Gottesdienste, Praktika sowie die mittlerweile fast durchweg praktizierten Konfirmandenfreizeiten und -camps.

Schließlich hat sich im Zuge der neuen Studien zur Konfirmandenarbeit auch die Bedeutung international-vergleichender Fragestellungen gezeigt. Solche Fragestellungen sind nicht nur aus allgemeinen ökumenischen Motiven bedeutsam (schon dies allein wiegt bereits schwer!), sondern sie führen auch zu Erkenntnissen, die bei einer Beschränkung auf das eigene Land oder auf die eigene Kirche nicht erreicht werden können.

Die genannten Fragestellungen können kaum sinnvoll gegeneinander ausgespielt oder im Rahmen eines Prozesses gedeutet werden, bei dem neuere Fragestellungen die älteren bedeutungslos werden lassen. Vielmehr ergänzen die verschiedenen Fragestellungen einander wechselseitig und sollten auch in Zukunft weiter verfolgt werden.

Auch wenn Desiderate für die Zukunft erst am Ende dieses Beitrags formuliert werden sollen, sei an dieser Stelle bereits darauf hingewiesen, dass es noch immer besonders an empirischen Untersuchungen zu den Lehr-Lern-Prozessen und damit zu den unterrichtlichen Anteilen der Konfirmandenarbeit fehlt.

Die zu untersuchenden Fragen sind jeweils nach dem Kriterium zu beurteilen, inwieweit sie einen Beitrag dazu leisten, den Prozess der Reform von Konfirmandenarbeit wissenschaftlich zu begleiten. Da dieser Prozess in die Zukunft hinein offen ist und die bislang vorliegenden Untersuchungen auch weitere Reformanforderungen identifizieren, bleibt diese Aufgabe der wissenschaftlichen Begleitung nach wie vor wichtig.

2. Zum Stand der Forschung

Zum Stand der Forschung im Bereich der Konfirmandenarbeit liegt ein eigener Band vor (Schweitzer/Elsenbast 2009). Darin werden Überblicksdarstellungen präsentiert sowie Forschungsansätze und exemplarische Untersuchungen diskutiert, auch mit Beiträgen aus anderen Ländern. Insofern kann sich die vorliegende Darstellung auf diesen Band stützen (dort finden sich auch weitere Literaturverweise auf kleinere Studien). Im Folgenden sollen besonders neuere Untersuchungen aufgenommen werden, die nach Erscheinen dieses Bandes, also vor allem in den letzten fünf Jahren, veröffentlicht worden sind.

Als Einzelbeitrag aus den vorliegenden Darstellungen besonders hervorzuheben ist der „Versuch einer Bilanz" zur Forschung in der Konfirmandenarbeit von Volker Elsenbast (2009). Besonders gewürdigt wird hier, neben der früheren Studie zu „Beteiligungserfahrungen und Beteiligungsmotivationen am Konfirmandenunterricht" von Gerd Traupe (1985), die oben erwähnte Studie von Böhme-Lischewski/Lübking (1995), in der die Erwartungen und Erfahrungen der Pfarrerinnen und Pfarrer in Westfalen erhoben wurden. Zusammen mit anderen Untersuchungen, wie etwa einer in Bremen durchgeführten Befragung von Pfarrerinnen und Pfarrern (Kunstmann 1993), stehen diese Studien für einen ersten Typ von Untersuchungen, die mit den Mitteln der *quantitativen Sozialforschung* ein möglichst repräsentatives Bild der Gruppe bieten wollen, aus der die Befragten kommen. Wie bereits die genannten Beispiele zeigen, handelt es sich bei solchen Studien häufig um Untersuchungen, die sich auf eine einzelne Landeskirche oder auch auf eine andere begrenzte, wenn auch (so bei Feige) vielleicht größere Region beziehen. Bis zu der 2007/2008 durchgeführten ersten bundesweiten Studie zur Konfirmandenarbeit boten die von der EKD in Zehnjahresabständen durchgeführten Kirchenmitgliedschaftsuntersuchungen die einzigen bundesweiten Befunde, allerdings mit der empfindlichen Einschränkung, dass sich bei diesen Untersuchungen nur wenige Fragen auf die Konfirmandenarbeit beziehen. Insofern kann die erste bundesweite Studie zur Konfirmandenarbeit in mehrfacher Hinsicht als ein wichtiger Schritt bezeichnet werden: Erstmals wurden hier umfangreiche Befunde zur Konfirmandenarbeit auf der Grundlage einer bundesweiten Repräsentativ-Befragung geboten. Auf die Ergebnisse dieser Studie soll deshalb im nächsten Teilkapitel eigens eingegangen werden.

Folgt man einer Einteilung nach methodischen Zugängen, so sind von den quantitativen die *qualitativen Studien* zu unterscheiden. Besonders zu nennen ist hier die umfangreiche Befragung Jugendlicher von Tilmann Gerstner (2006), bei der die Religiosität von Konfirmandinnen und Konfirmanden im Zentrum steht. Insgesamt sind jedoch qualitative Untersuchungen zur Konfirmandenarbeit erstaunlich selten geblieben.

Folgt man nicht einem methodischen, sondern einem *geografischen Einteilungsmuster*, so verdienen Untersuchungen zur Konfirmandenarbeit in *Ostdeutschland* besondere Beachtung. Eine Pionierfunktion übernahm hier die Studie von Hildrun Keßler und Albrecht Döhnert (2002), die allerdings nur eingeschränkt repräsentative Befunde bietet. Weitere Untersuchungen lassen sich von ihrer jeweils *speziellen Fragestellung* im Blick auf Einzelaspekte oder besondere Entwicklungen kennzeichnen:

– Das gilt für Untersuchungen zu der in den letzten Jahrzehnten neu entstandenen *Konfirmandenarbeit mit Kindern*. Hierzu bietet die Studie zu „Konfi 3" in Württemberg (Cramer/Ilg/Schweitzer 2009) sowohl einen Forschungsüberblick als auch eine umfangreiche vorwiegend qualitative Untersuchung.

– Auf eine mit dem Übergang vom Konfirmandenunterricht zur Konfirmandenarbeit seit den 1970er Jahre neu eingeführte Organisationsform – *Freizeiten* – bezieht sich die Studie von Marcel Saß (2005), allerdings auf der Grundlage von Interviewgesprächen mit lediglich drei Jugendlichen.

– Wie Konfirmandinnen und Konfirmanden den *Gottesdienst* wahrnehmen und wovon ihr jeweiliges – positives oder negatives – Erleben abhängig ist, wurde von Karlo Meyer (2012) in einer differenziert angelegten Studie für Niedersachsen untersucht. Die „Sicherheit in der Gruppe" erweist sich dabei als eine wichtige Komponente positiver Gottesdiensterfahrung der Jugendlichen.

– Das Verhältnis zwischen Konfirmandenarbeit oder Konfirmation und *Jugendweihe* war Thema weiterer Untersuchungen ebenfalls in Ostdeutschland (Überblick: Haeske/Keßler 2009).

– Noch wenig untersucht ist die *inklusive Konfirmandenarbeit* (Elsenbast/Runge 1996 sowie Schweiker 2006).

– Auch die *Feier der Konfirmation* selbst sowie deren Wahrnehmung durch die Beteiligten hat bislang erstaunlich wenig Aufmerksamkeit gefunden (Schweitzer/Weyel 2009).

– Obwohl entsprechende Erfahrungen in der Praxisberichten schon seit langem verfügbar sind, waren die Übergänge *nach der Konfirmation*, sei es in die Jugendarbeit oder in andere Bereiche, beispielsweise eine ehrenamtliche Tätigkeit, nicht Gegenstand empirischer Untersuchungen. Insofern ist es verdienstvoll, dass mit der Untersuchung „Brücken und Barrieren" (Kopp et al. 2013) dieses Thema in den Blick genommen wurde. Da das dafür zuständige Sinus-Institut weder seine Vorgehensweisen noch seine Daten offen legt, lässt sich die wissenschaftliche Qualität der Ergebnisse aus dieser Untersuchung allerdings nicht überprüfen (vgl. Ilg 2014).

3. Zentrale Erkenntnisse aus der ersten bundesweiten Studie

Im Konfirmandenjahrgang 2007/2008 wurde in einer repräsentativen Auswahl von etwa 5% aller Kirchengemeinden in der EKD (die von einem externen Institut nach repräsentativen Kriterien ausgewählt worden waren) insgesamt 11.000 Konfirmanden, 1.500 Mitarbeitende (darunter knapp die Hälfte Pfarrer/innen) sowie 5.700 Eltern zu zwei Zeitpunkten schriftlich befragt. Im Sinne einer Panoramastudie beziehen sich die Fragestellungen auf eine große Breite unterschiedlicher Themen rund um die Praxis der Konfirmandenarbeit. Die Ergebnisse sind in Ilg/Schweitzer/Elsenbast (2009) veröffentlicht. Einige zentrale Erkenntnisse sollen kurz vorgestellt werden:

Im Blick auf die Gestaltung der Konfirmandenzeit attestiert die Studie in der Breite einen erfolgten Übergang vom reinen Konfirmanden*unterricht* zur Konfirmanden*arbeit*. Ein Konfirmand erlebt (bei erheblichen Variationen innerhalb sowie zwischen den Landeskirchen) während seiner 1 bis 1,5-jährigen Konfi-Zeit etwa 45 Stunden Unterricht, drei Konfi-Samstage, einen Ausflug sowie ein oder zwei Wochenendfreizeiten bzw. Konfi-Camps. Weniger verbreitet sind Gemeindepraktika sowie Kooperationen mit der örtlichen Jugendarbeit.

Die Rückmeldungen der Jugendlichen zur Konfi-Zeit sind überwiegend positiv, so dass in der Studie von der Konfirmandenarbeit als einem „*Erfolgsmodell*" gesprochen wird, allerdings „*mit Optimierungsbedarf*". So zeigen sich die Konfirmandinnen und Konfirmanden mit den Inhalten und Erlebnissen im Rückblick zwar grundsätzlich zufrieden, allerdings fehlt es häufig an der erlebten Lebensrelevanz der behandelten Themen. Dies zeigt sich in den Differenzen im Blick auf Themenwünsche zwischen Konfirmanden und Pfarrern, beispielsweise bei Themen wie „Freundschaft" oder „andere Religionen".

Im Blick auf die zu beiden Messzeitpunkten erfragten Einstellungen zeigen sich durch die Konfirmandenzeit kaum deutliche Verschiebungen. Manche Items erhalten sogar zum Ende der Konfirmandenzeit eine negativere Bewertung als zu Beginn, so steigt beispielsweise der Zustimmungsanteil der Konfirmandinnen und Konfirmanden zur Aussage „Auf die Fragen, die mich wirklich bewegen, hat die Kirche keine Antwort" von 34% am Beginn der Konfi-Zeit auf 37% an deren Ende.

Eine ähnliche Einstellungsverschiebung in die negative Richtung verweist auf ein durchweg als problematisch empfundenes Thema, die Gottesdienste. Knapp die Hälfte der Konfirmandinnen und Konfirmanden ist bei t1 der Auffassung „Gottesdienste sind meistens langweilig" – und bei t2 sind es nicht etwa weniger, sondern nochmals fünf Prozentpunkte mehr! Sicherlich trägt zu dieser Wahrnehmung die Tatsache bei, dass Konfirmandinnen und Konfirmanden zumeist zum Besuch von 20 bis 25 Gottesdiensten während ihres Konfirmandenjahres verpflichtet und bei diesen nur selten partizipativ beteiligt sind.

Erfreulich stellt sich dagegen die Änderung der Einstellung zur evangelischen Jugendarbeit dar: Die Zustimmung zur Aussage „Ich hätte Interesse daran, nach der Konfirmation in eine kirchliche Jugendgruppe zu gehen" steigt von 18% bei t1 um fast die Hälfte auf 26% in t2 an. Hintergrund sind oftmals die positiven Erfahrungen bei Konfirmandenfreizeiten, die mittlerweile in fast allen Gemeinden durchgeführt werden und bei denen die Jugendarbeit und ihre Mitarbeitenden erlebbar werden.

Bei einem erstaunlich großen Anteil der Jugendlichen scheint die Konfirmandenzeit auch die Bereitschaft zu eigenem Engagement zu wecken: 23% der Jugendlichen bekommen nach eigener Aussage Lust, sich ehrenamtlich einzusetzen. Die Schulungsangebote hinken der Nachfrage nach Mitarbeitsmöglichkeiten allerdings noch hinterher: Nur jeder zweite aktive Ehrenamtliche in der Konfirmandenarbeit verfügt über eine systematische Ausbildung für sein Ehrenamt und nur jeder Fünfte hat diese speziell für die Konfirmandenarbeit durchlaufen. Viele weitere Erkenntnisse aus der ersten Studie können hier nicht ausgeführt werden, so insbesondere die Zielsetzungen und Erfahrungen der Pfarrerinnen und Pfarrer oder auch die Sicht der Eltern.

In methodischer Hinsicht ergeben sich aus der Anlage der bundesweiten Studie mit einer enormen Zahl von Befragten Chancen zu vertieften Analysen, wie sie im Bereich der non-formalen Bildung sonst kaum zu finden sind. So lassen sich durch Mehrebenenanalysen Effekte auf der Individual- und der Gruppenebene statistisch separieren, womit beispielsweise Zusammenhänge von Mitarbeiterzielen und dem Erleben der Teilnehmenden empirisch nachgewiesen werden können (Ilg/Lüdtke 2011).

4. Wissenschaft als Impuls für die Praxis: Implementierung und Rezeption der ersten bundesweiten Studie

Dass die 2009 veröffentlichte bundesweite Studie ein Forschungsvakuum füllte, wurde anhand ihrer Rezeption rasch deutlich. Fünf Jahre nach ihrer Veröffentlichung soll nun der Versuch einer kleinen Bilanz stehen, welche Wirkungen die Studie für die konzeptionelle Entwicklung und die kirchliche Praxis der Konfirmandenarbeit hervorgebracht hat. Das ist eine seltene Chance, weil in kaum einem anderen Arbeitsgebiet die Spuren einer einzelnen Studie so klar verfolgt werden können, wie dies für die Konfirmandenarbeit – auch in Ermangelung anderer großer Studien zu diesem Bereich – der Fall ist (vgl. zur Implementierung der Studie auch bereits Elsenbast/Ilg/Schweitzer 2010). In den Blick genommen wird zunächst der Widerhall in unterschiedlichen Publikationen, dann die Folgerungen für die

Konzeptionsentwicklung, wie sie sich in der Formulierung landeskirchlicher Rahmenordnungen für die Konfirmandenarbeit niederschlagen, und zuletzt einige Aspekte der kirchlichen Praxis. Der Abschnitt schließt mit Reflexionen über die Gelingensbedingungen eines solchen Wissenschafts-Praxis-Transfers.

4.1 Publikationen

Die wichtigste Dokumentation zu den Tübinger Konfirmandenstudien stellen zweifellos die fünf Bände der im Gütersloher Verlagshaus erschienenen Reihe „Konfirmandenarbeit erforschen und gestalten" dar. Eine besondere Funktion für die Rezeption der Studie nimmt dabei der fünfte Band „Konfirmandenarbeit gestalten" ein (Böhme-Lischewski et al. 2010). Er wurde von den Herausgebern der Studie gemeinsam mit Praxisverantwortlichen, zumeist landeskirchliche Beauftragte für die Konfirmandenarbeit, verfasst. Die Kapitel gehen dabei jeweils von den empirischen Befunden aus und leiten daraus Konsequenzen für die Konfirmandenarbeit ab, beispielsweise zu Fragen der Organisationsformen, der Camps oder auch der Zusammenarbeit mit der Schule. Neben der Buchreihe sorgten zahlreiche Zeitschriftenbeiträge für die Verbreitung der Erkenntnisse aus der Studie. Besonders hervorzuheben sind zwei Schwerpunkthefte von Zeitschriften: Das Deutsche Pfarrerblatt stellte seine Ausgabe 6/2009 ganz unter das Thema Konfirmandenarbeit mit verschiedenen Beiträgen aus dem Kontext der Studie. Und die für die Jugendarbeit wichtigste Zeitschrift in Deutschland, die „deutsche jugend", widmete ihre Ausgabe 9/2010 vollständig dem Übergang von der Konfirmanden- in die Jugendarbeit – für eine säkulare Zeitschrift eine ungewöhnliche Schwerpunktsetzung. Die Vielzahl weiterer Beiträge, Artikel, Radiobeiträge und Dokumentationen kann hier nicht dargestellt werden, eine kleine Presseschau der ersten Phase unter www.konfirmandenarbeit.eu gibt einen Einblick, wie auch in der Tagespresse über die Studie berichtet wurde.

4.2 Offizielle kirchliche Verlautbarungen

Anlässlich der Ergebnispräsentation im Frühjahr 2009 erstellte die EKD eine eigene Pressemitteilung, beim Evangelischen Pressedienst erschien zudem eine ausführliche Dokumentation. Im Rahmen einer großen Tagung zu den Ergebnissen gab der damalige EKD-Ratsvorsitzende Wolfgang Huber eine Pressekonferenz zur Konfirmandenarbeit, die auch in der Tagespresse aufgegriffen wurde. Wesentlich von den Ergebnissen der Studie geprägt sind die vom Rat der EKD im Jahr 2013 veröffentlichten 12 Thesen zur Konfirmandenarbeit.

Auf der Ebene der Landeskirchen kann als Nagelprobe für die „Wirksamkeit" der Studie ein Blick in die Rahmenordnungen bzw. Leitlinien für die Konfirmandenarbeit gelten: In diesen kirchenoffiziellen Dokumenten legen die Landeskirchen die Prinzipien ihrer Konfirmandenarbeit nieder. Seit der Veröffentlichung der bundesweiten Studie sind in sechs der zwanzig evangelischen Landeskirchen neue Rahmenordnungen erschienen. In allen sechs Rahmenordnungen (Evangelische

Kirche in Mitteldeutschland, Evangelische Kirche im Rheinland, Evangelische Kirche in Westfalen, Evangelisch-lutherische Landeskirche Hannovers, Evangelische Kirche Berlin-Brandenburg-schlesische Oberlausitz, Evangelische Kirche Kurhessen-Waldeck (EKKW) wird die bundesweite Studie als Ausgangspunkt für die konzeptionellen Überlegungen herangezogen. So heißt es beispielsweise im Vorwort der EKKW: „Eine wichtige Hilfe für die Erarbeitung der vorliegenden Konzeption stellt die differenzierte empirische ‚Bundesweite Studie zur Konfirmandenarbeit' dar, mit der erstmals EKD-weit empirisch gesicherte Daten zur Situation der Konfirmandenarbeit vorliegen. Dankbar werden diese Ergebnisse in den vorliegenden Überlegungen genutzt."

4.3 Implementierung in der Praxis

Inwieweit die Studie auch die Praxis vor Ort verändert hat, lässt sich naturgemäß kaum erfassen (es sei denn, man nimmt die Ergebnisse der derzeit laufenden zweiten Studie als Indikator für solche Veränderungen). Ein Zeichen für solche thematischen Impulse sind einerseits zahlreiche Fortbildungen, die sich schon in der Ausschreibung auf die von der Studie benannten Herausforderungen beziehen. Vom Übergang in die Praxis zeugen auch vielfältige Fachbeiträge und Schwerpunkthefte einschlägiger Praxispublikationen für die Konfirmandenarbeit, die oftmals über Jahre hinweg einzelne Anregungen aus der Studie in die Praxis umzusetzen versuchten. So nehmen beispielsweise die Hefte der Zeitschrift „ku-praxis" zu den Themen Taufe (2010), Gottesdienst (2011) oder Freundschaft (2014) ausdrücklich die Ergebnisse der Studie zum Anlass für neue Praxismodelle, ähnlich verhält es sich mit der Reihe „Anknüpfen – update". In der Evangelisch-methodistischen Kirche in Deutschland (EmK) wurde aus den Impulsen der EKD-Studie heraus 2012 sogar eine neue Zeitschrift „ku Impulse" gegründet, die zugleich den Startschuss für eine Kooperation der EmK mit der zweiten bundesweiten Studie markierte.

4.4 Gelingensbedingungen für die Rezeption

Im Rückblick auf die fünf Jahre seit Veröffentlichung der Ergebnisse aus der ersten bundesweiten Studie zur Konfirmandenarbeit werden einige Bedingungen deutlich, die zum Gelingen des breiten Rezeptionsprozesses beitrugen. Dazu gehört neben einer fundierten und detailliert ausgewerteten Studie insbesondere, dass auch die relevanten Verantwortungsträger mit den Ergebnissen der Studie bekannt gemacht werden und zugleich in die Lage versetzt werden, selbst mit den vorliegenden Daten weiterzuarbeiten. Allein im ersten halben Jahr nach der Auftakttagung wurden die Ergebnisse bei diversen Regionaltagungen mit mehr als 1000 Experten und Multiplikatoren aus dem Arbeitsfeld diskutiert. Entscheidend für das große Interesse der Landeskirchen war die Tatsache, dass neben allgemeinen EKD-Ergebnissen jede Landeskirche auch einen individuellen Datenbericht erhielt, der direkt mit den EKD-Daten vergleichbar war. Diese detaillierte Form der regionalen Auswertung wurde vielerorts zugleich als Wertschätzung empfunden, weil man sich nicht nur als Datenlieferant von der Wissenschaft „benutzt" fühlte, sondern auch ein direktes Feedback erhielt. Dies galt bis hinein in jede der über 600 beteiligten Gemeinden, die eine individuelle Rückmeldung zu ihren Ergebnissen erhielten.

Ein gerne genutztes Instrument ist auch der bereitgestellte Fragebogen zur eigenständigen Auswertung der Konfi-Zeit, der unter www.konfirmandenarbeit.eu/selbst-auswerten heruntergeladen und mit einer kostenfreien Software ausgewertet werden kann. Für wissenschaftlich Interessierte sind die Rohdaten des Projekts im „GESIS-Datenarchiv für Sozialwissenschaften" bereitgestellt, was zugleich für eine maximale Transparenz der Auswertungen sorgt.

Im Blick auf das Verhältnis von religionspädagogischer Wissenschaft und Kirche(nleitung) hat die Studie einen Weg beschritten, der auch für ähnliche Studien hilfreich erscheint: Das Forschungsprojekt war in seiner wissenschaftlichen Durchführung und Auswertung selbstverständlich unabhängig von kirchlichen Vorgaben. Dennoch war die Kirche nicht nur als Finanzier, sondern auch über einen begleitenden Beirat intensiv in den Prozess der gesamten Studie eingebunden, was schon alleine für den Feldzugang und die Fragebogenerstellung (bis hin zu terminologischen Fragen, welche Begriffe die Konfirmandinnen und Konfirmanden in den einzelnen Landeskirchen kennen) eine unverzichtbare Stütze der Studie darstellte. Mit dem Comenius-Institut Münster und dessen Direktor Volker Elsenbast war der Anschluss an weitere religionspädagogische Handlungsfelder und an die pädagogischen Institute gewährleistet. Erst durch diese Einbettung gelang es, um in einem Bild zu sprechen, dass die Forschung zwar autonom „im Elfenbeinturm" ihre empirische Ergebnisse errechnete, den Elfenbeinturm aber für deren Interpretation schon bald verließ, um gemeinsam mit kirchlichen Verantwortungsträgern den Dialog mit der konkreten Praxis zu suchen. Die erstaunliche Tatsache, dass alle seither erarbeiteten Rahmenordnungen die Impulse aus der Studie ausdrücklich aufnehmen, spricht jedenfalls für eine gelungene Einbettung der Studie in die kirchliche Praxis.

5. Zukunftsperspektiven und Forschungsdesiderate

Seit 2012 läuft, wiederum unter Federführung der Universität Tübingen und in enger Kooperation mit dem Comenius-Institut Münster sowie dem Kirchenamt der EKD, die zweite bundesweite Studie zur Konfirmandenarbeit, eingebettet in eine internationale Studie, dieses Mal mit neun europäischen Ländern sowie einer Paralleluntersuchung in den USA. Diese zweite Studie nimmt einige Desiderate aus der ersten bundesweiten Studie auf, insbesondere durch einen genaueren Blick auf das Erleben des Gottesdienstes sowie auf Übergänge in das ehrenamtliche Engagement. Ganz neu wird ein dritter Befragungszeitpunkt t3 zwei Jahre nach der Konfirmation (also 2015) in das Erhebungsdesign aufgenommen. Auch die qualitativen Forschungsanteile, die in der ersten Studie weitgehend auf Württemberg beschränkt blieben, werden in der zweiten Studie mit Gruppendiskussionen an verschiedenen Standorten in Deutschland ausgebaut.

Das große Feld der Konfirmandenarbeit ist aber trotz dieser sich etablierenden Wiederholungsuntersuchungen längst nicht umfassend empirisch untersucht. Bleibende Forschungsdesiderate beziehen sich beispielsweise auf die unterrichtlichen Anteile, zu denen bislang keine eigene Untersuchung vorliegt, auf die Frage der Inklusion in der Konfirmandenarbeit, aber auch auf Fragen der Wahrnehmung und Begleitung von Konfirmandinnen und Konfirmanden in ihren Familien und Freundeskreisen. Von besonderem Interesse wären darüber hinaus Studien, mit denen die Einstellung von solchen Jugendlichen erkundet wird, die zwar evangelisch sind, sich aber nicht zur Konfirmandenzeit anmelden. Angesichts der Größe des Handlungsfeldes liegt in der Konfirmandenarbeit noch ein weites Feld für weitere Forschungsvorhaben.

Literatur

Böhme-Lischewski, T.; Elsenbast, V.; Haeske, C.; Ilg, W., Schweitzer, F. (Hg.) (2010): Konfirmandenarbeit gestalten. Perspektiven und Impulse für die Praxis aus der Bundesweiten Studie zur Konfirmandenarbeit in Deutschland (Konfirmandenarbeit erforschen und gestalten 5), Gütersloh: Gütersloher Verlagshaus.

Böhme-Lischewski, T.; Lübking, H.-M. (1995): Engagement und Ratlosigkeit: Konfirmandenunterricht heute. Ergebnisse einer empirischen Untersuchung. Bielefeld: Luther-Verlag.

Cramer, C.; Ilg, W.; Schweitzer, F. (2009): Reform von Konfirmandenarbeit – wissenschaftlich begleitet. Eine Studie in der Evangelischen Landeskirche in Württemberg (Konfirmandenarbeit erforschen und gestalten 2), Gütersloh: Gütersloher Verlagshaus.

Elsenbast, V. (2009): Forschung in der Konfirmandenarbeit. Versuch einer Bilanz – Perspektiven für die Weiterarbeit. In: Schweitzer, F.; Elsenbast, V. (Hg.): Konfirmandenarbeit erforschen. Ziele – Erfahrungen – Perspektiven (Konfirmandenarbeit erforschen und gestalten 1), Gütersloh: Gütersloher Verlagshaus, S. 31-39.

Elsenbast, V.; Ilg, W.; Schweitzer, F. (2010): Zwischen Wissenschaft und Kirche. Zur Rezeption und Implementation der Studie „Konfirmandenarbeit in Deutschland". In: Praktische Theologie 45; H.3, S. 166-171.

Elsenbast, V.; Runge, F. (1996): Jugendliche mit und ohne Behinderung in der Konfirmandenarbeit. Eine Befragung in der Evangelisch-Lutherischen Landeskirche in Braunschweig. In: „Blickwechsel"/Würzburger Religionspädagogisches Symposium. Münster: Comenius-Institut, S. 213-230.

EKD [= Evangelische Kirche in Deutschland] (2013): Konfirmandenarbeit. 12 Thesen des Rates der Evangelischen Kirche in Deutschland. Hannover: EKD.

EKD [= Evangelische Kirche in Deutschland] (2014): Engagement und Indifferenz – Kirchenmitgliedschaft als soziale Praxis. V. EKD-Erhebung über Kirchenmitgliedschaft. Hannover: EKD.

Evangelischer Pressedienst (2009): Konfirmandenzeit auf dem Prüfstand. Neue Befunde zur Bildung im Jugendalter. Dokumentation der Tagung am 02.03.2009 in Berlin.

Feige, A. (1982): Erfahrungen mit Kirche: Daten und Analysen einer empirischen Untersuchung über Beziehungen und Einstellungen junger Erwachsener zur Kirche. Ein Beitrag zur Soziologie und Theologie der Volkskirchenmitgliedschaft in der BRD. Hannover.

Gerstner, T. (2006): Wie religiös sind Konfirmandinnen und Konfirmanden? Eine empirische Untersuchung mit 958 Fragebögen. Norderstedt.

Haeske, C.; Keßler, H. (2009): Forschungsprojekte aus Ostdeutschland. In: Schweitzer, F.; Elsenbast, V. (Hg.): Konfirmandenarbeit erforschen. Ziele – Erfahrungen – Perspektiven (Konfirmandenarbeit erforschen und gestalten 1), Gütersloh: Gütersloher Verlagshaus, S. 7-95.

Ilg, W. (2014): Sinus-Milieu-Studien: Viel genutzt, kaum hinterfragt. Anfragen an die Wissenschaftlichkeit am Beispiel von ‚Brücken und Barrieren‘. In: Zeitschrift für Pädagogik und Theologie 66; H.1, S. 68-84.

Ilg, W.; Lüdtke, O. (2011): Prädiktoren von Bildungsprozessen in der Konfirmandenarbeit. Eine mehrebenenanalytische Untersuchung non-formaler Jugendbildung. In: Zeitschrift für Erziehungswissenschaft 14; H.2, S. 309-328.

Ilg, W.; Schweitzer, F.; Elsenbast, V., in Verbindung mit M. Otte (2009): Konfirmandenarbeit in Deutschland. Empirische Einblicke – Herausforderungen – Perspektiven (Konfirmandenarbeit erforschen und gestalten 3), Gütersloh: Gütersloher Verlagshaus.

Keßler, H.; Döhnert, A. (2002): Konfirmandenarbeit – eine vertane Chance? Auszüge aus einer Befragung unter Konfirmandinnen und Konfirmanden sowie der für die Konfirmandenarbeit Verantwortlichen. In: Christenlehre – Religionsunterricht – Praktisch 55; H.4, S. 59-63.

Kopp, H.; Hügin, S.; Kaupp, S.; Borchard, I.; Calmbach, M. (Hg.) (2013): Brücken und Barrieren. Jugendliche auf dem Weg in die Evangelische Jugendarbeit. Stuttgart: buch und musik.

Kunstmann, R. (1993): Konfirmandenarbeit 93 – ein Fragebogen zur Situation des Konfirmandenunterrichtes in der Bremischen Evangelischen Kirche (rpa Bremen). Bremen.

Meyer, K. (2012): Gottesdienst in der Konfirmandenarbeit. Eine triangulative Studie. Göttingen: V&R unipress.

Saß, M. (2005): Frei-Zeiten mit Konfirmandinnen und Konfirmanden. Praktisch-theologische Perspektiven. Leipzig: Evangelische Verlagsanstalt.

Schweiker, W. (2006): Auf dem Weg zu einer inklusiven Konfirmandenarbeit. Empirische Untersuchungen und religionspädagogische Reflexionen. In: Zeitschrift für Pädagogik und Theologie 58; H.4, S. 362-376.

Schweitzer, F.; Elsenbast, V. (Hg.) (2009): Konfirmandenarbeit erforschen. Ziele – Erfahrungen – Perspektiven (Konfirmandenarbeit erforschen und gestalten 1), Gütersloh: Gütersloher Verlagshaus.

Schweitzer, F.; Weyel, B. (2009): Konfirmation erforschen. In: Schweitzer, F.; Elsenbast, V. (Hg.): Konfirmandenarbeit erforschen. Ziele – Erfahrungen – Perspektiven (Konfirmandenarbeit erforschen und gestalten 1), Gütersloh: Gütersloher Verlagshaus, S. 182-194.

Synode der EKD (1995): Aufwachsen in schwieriger Zeit – Kinder in Gemeinde und Gesellschaft. Gütersloh: Gütersloher Verlagshaus.

Traupe, G. (1985): Beteiligungserfahrungen und Beteiligungsmotivationen am Konfirmandenunterricht – Ergebnisse einer empirischen Untersuchung. In: Fähndrich, G.; Traupe, G. (Hg.): Bedingungen des Lernens im Konfirmandenunterricht. Hannover: Gütersloher Verlagshaus, S. 27-69.

Hinweis: Die zitierten Rahmenordnungen für Konfirmandenarbeit sind hier nicht einzeln bibliografiert, sie lassen sich im Internet leicht auffinden.

Kirsti Greier

Kinder in der Kirche –
empirische Zugänge und Befunde

„Ich weiß auch noch, wir waren so 40, 50 Kinder, saßen unten im Kirchenschiff in
den Kirchenbänken, oben hat jemand an der Orgel gesessen und hat dann die Kinder
begleitet. Wir haben also Gesangbuchlieder gesungen und für uns Kinder war das schon
ein sehr mächtiges und lautes Instrument. Heut hat sich das ja alles weiterentwickelt."
(Evangelische Landeskirche in Baden 2012a)

Die zitierte Mittfünfzigerin arbeitet seit Jahren ehrenamtlich im Kindergottesdienst
mit. Das Wissen über die Arbeit mit Kindern in der Kirche verknüpft sich in besonderem Maß mit der subjektiven Wahrnehmung. Biografische Erfahrungen mit
gelebter Religion in der Kindheit erweisen sich als prägend für das ganze weitere
Leben. Der sechzehnjährige Michael stellt fest:

„Das schönste Erlebnis während meiner Kindergottesdienstzeit bis jetzt war die Über-
nachtung in der Kirche bei uns. Da haben wir übernachtet, gegessen, zusammen Musik
gemacht. Aber das Erlebnis, das mir dabei am meisten im Gedächtnis geblieben ist, ist
die Turmbetrachtung, weil wir da mit den Kindern nur mit Taschenlampen diesen alten
dunklen Turm hochgeklettert sind und es 'ne richtig tolle Atmosphäre war." (Evangelische
Landeskirche in Baden 2012b)

1. Kinder im Zentrum der Kommunikation des Evangeliums

Diese O-Töne aus einer Präsentation des badischen Landesverbands für Kindergottesdienst deuten an, wie vielfältig das Feld Kinder in der Kirche ist und wie stark
im Wandel begriffen. Beides hängt eng mit der Vielfalt der Beteiligten zusammen.
Die teilnehmenden Mädchen und Jungen bilden ebenso wie die haupt- und häufig
ehrenamtlichen Akteure in der kirchlichen Arbeit mit Kindern eine sehr heterogene Gruppe. Dementsprechend groß ist auch die Bandbreite dieses kirchlichen
Handlungsfeldes.

Seit Jesus ein Kind in die Mitte der Jünger stellte (Mk 9,33-37), kommt Kindern in der Kirche ein hoher Stellenwert zu. Ein Grundsatz, der durch die Kirchengeschichte hindurch immer wieder neu ausgelegt und gelebt wurde. Sei es durch
Einsatz für den Kinderschutz schon in den Anfängen der Kirche, wie in der Antike
im Festhalten am bedingungslosen Verbot der Kindstötung im Gegenüber zu
herrschenden Rechtsvorstellungen, oder durch christliche Bildungsoffensiven
in Mittelalter und Reformation (Lutterbach 2010). Immer wieder diente Jesu
Positionierung der Kinder im Zentrum als Korrektiv, um die Jungen und Mädchen
als Subjekte wahr- und mit ihren Fähigkeiten und Bedürfnissen ernst zu nehmen.

In dieser Linie lässt sich auch der in den neunziger Jahren vollzogene Perspektivenwechsel in der Kirche verstehen. Mit der EKD-Synode 1994 unter der Frage „Welche Kirche braucht das Kind?" (EKD 1995) kam es zu einem neuen Wahrnehmen der Kinder in ihrer Eigenständigkeit als Subjekte auch ihrer religiösen Bildung, der Lebenssituation von Kindern und damit verbunden zu einer neuen Verständigung über den Auftrag der Kirche.

Für evangelisches Bildungshandeln steht dabei immer die spezifische Frage nach der Kommunikation des Evangeliums im Fokus. Dabei geht es nicht um „möglichst störungsfreie Weitergabe bestimmter Heilsinformationen" (Engemann 2007), sondern um ein Mitteilungs- und Partizipationsgeschehen des und aufgrund des Evangeliums von Jesus Christus. „Mit der Kommunikation des Evangeliums eröffnet kirchliches Bildungshandeln vielfältige, auf die jeweilige Lebenssituation eingestellte Zugänge für Kinder, Jugendliche und Erwachsene zu dem, was diesem Handeln als Ursprung und Motiv vorausliegt" (EKD 2009), auch wenn der Glaube unverfügbar bleibt.

In Verbindung mit der empirischen Wende in Pädagogik und Sozialwissenschaften entwickelte sich empirische Forschung auch in Theologie und Religionspädagogik zu einem wichtigen Instrument der Wahrnehmung und Erschließung gelebter Religion. Die Kinder rückten mit allen ihren Lebensdimensionen neu und systematischer in den Blick. Unterstützt durch Weiterentwicklungen der statistischen Methoden sind mittlerweile verschiedene Bereiche dieses Kommunikationsprozesses, wie etwa der personale Aspekt (Teilnehmende und Akteure), die Botschaft (Inhalt, Form, Funktion) und die Kommunikationssituation (räumlich-soziale Voraussetzungen), in methodologisch entsprechend unterschiedlich gestalteten Projekten empirisch untersucht worden. Exemplarisch werden im Folgenden einige Ergebnisse dargestellt.

2. Personale Aspekte: Ein Blick auf Teilnehmende und Akteure in der kirchlichen Arbeit mit Kindern am Beispiel Kindergottesdienst

2.1 Die Teilnehmenden

Auf gesamtkirchlicher Ebene bietet die allgemeine EKD-Statistik (2004ff.) zunächst eine grobe Orientierung: Jedes Jahr werden ca. 225.000 Kindergottesdienste gefeiert. Je nach Schätzung werden damit 15-25% der evangelischen Kinder erreicht.

Abb. 1: Gottesdienste mit Kindern in der EKD im Zeitvergleich

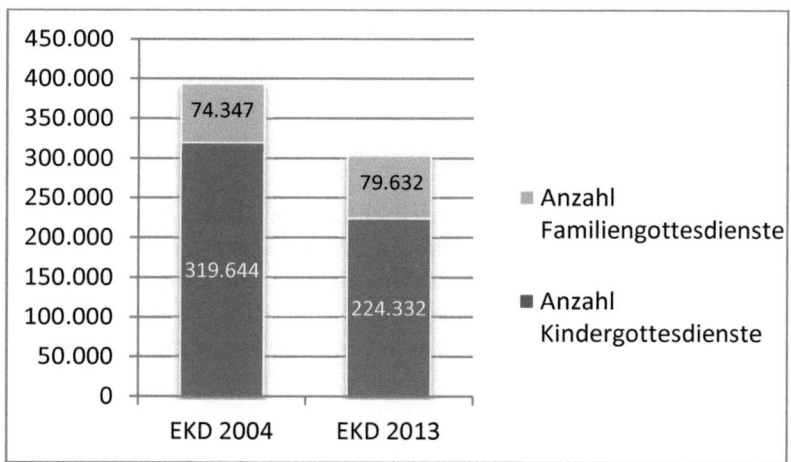

Ins Auge fällt in der Übersicht zunächst, was die meisten aus eigener Anschauung wissen: Die Gesamtzahl der Kindergottesdienste sinkt, seit 2002 lässt sich ein Rückgang um 30% feststellen. Ein zweiter Blick macht allerdings deutlich, dass der rückläufige Trend sich nicht gleichförmig vollzieht. So ist die Zahl der Familiengottesdienste gestiegen, besonders in den östlichen Gliedkirchen ist der Anteil an Gottesdiensten für Kinder und ihre Familien hoch. Im Jahr 2012 lag der Anteil der Familiengottesdienste in den östlichen Landeskirchen bei 8,7%, in den westlichen bei 6,6% der insgesamt gehaltenen Gottesdienste (EKD Statistik 2012) – eine Beobachtung, die zu vertiefenden Untersuchungen herausfordert.

Interessant ist auch, dass punktuelle Angebote wie Kinderbibelwochen in ihrer Anzahl verhältnismäßig konstant bleiben, möglicherweise weil sie regelmäßige Kindergottesdienstangebote abgelöst haben. Auch das wäre genauer zu untersuchen.

Nicht erfasst sind die zahlreichen Gottesdienste in Kindertagesstätten und Schulen, welche ebenfalls Teil der gottesdienstlichen Arbeit mit Kindern sind.[1] Das ist ein erhebliches Defizit, zeigt doch ein Blick in landeskirchliche Zahlenwerke, dass dort besonders viele Jungen und Mädchen erreicht werden. So weist der statistische Jahresbericht der Evangelischen Kirche von Westfalen für das Jahr 2012 neben 13.357 Kindergottesdiensten 13.834 Schul- und Schülergottesdienste an Werktagen auf (Evangelische Kirche von Westfalen 2012). Das sind ca. 5.000 solcher Gottesdienste mehr, als es sie dort vor fünf Jahren gab. Eine Größe, die unterstreicht, dass die Datenlage im Feld Kindergottesdienst noch eher unzureichend ist.

---

[1] Ebenso werden Kinder in Kasualgottesdiensten nicht erfasst.

Detailliertere Daten erschließen sich in den Abfragen der einzelnen Landeskirchen, bzw. Landesverbänden (Evangelische Kirche im Rheinland 2012; Wauer-Höflich 2013; Arbeitsstelle Kindergottesdienst Nordelbien 2008; Württembergischer Evangelischer Landesverband für Kindergottesdienst e.V. 2012). Daraus lassen sich einige Durchschnittswerte ermitteln:

Teilnehmerzahlen im Kindergottesdienst

Aus den Erhebungen ergibt sich eine durchschnittliche Teilnehmerzahl von 15 Kindern pro Kindergottesdienst. Im Vergleich zu den eingangs erwähnten Groß-gruppen von 40-50 Kindern scheinen die Zahlen klein, im Blick auf die insgesamt rückläufigen Kinderzahlen zeigen sie eine erstaunliche Stabilität. So hat sich die Zahl der evangelischen Kirchenmitglieder unter 15 Jahre von 2004 bis 2012 um 732.000 verringert.[2]

Das Alter der Kindergottesdienstkinder

In den letzten Jahren ist neben der traditionellen Kerngruppe im Grundschulalter ein weiterer Schwerpunkt bei der Altersgruppe der Kindergartenkinder entstan-den. So wurden beispielsweise noch im Jahr 2005 in über 90% der Gemeinden der Rheinischen Kirche Kinder erst ab fünf Jahren zum Kindergottesdienst eingela-den (Evangelische Kirche im Rheinland 2005), ähnlich war der Altersausschnitt für Einladungen zum Kindergottesdienst in der bayrischen Landeskirche. Dort stellte man aber schon in der Auswertung zur Erhebung 2006 fest: „Es kommen mehr 4-Jährige als eingeladen" (Landesverband für Ev. Kindergottesdienstarbeit in Bayern 2005).

Angesichts dieser Zahlen verwundert es nicht, dass Fortbildungsangebote spezi-ell für diesen Bereich schnell ausgebucht sind. Auch im Blick auf religionspädagogi-sche Grundlagenarbeiten hinkt die Forschung zumeist hinterher.

Die Geschlechterfrage im Kindergottesdienst

Jungen sind im Kindergottesdienst in der Minderheit. Diese Tatsache überrascht wohl kaum jemanden, sie deckt sich mit dem, was viele vor Ort erleben. Die Details zeigen außerdem, dass umso weniger Jungen dabei sind, je älter die Kinder werden. Dieses Phänomen ist nicht neu. Eine Erhebung aus der Kurhessischen Landeskirche von 2006 (Arbeitsstelle Kindergottesdienst in Kurhessen-Waldeck 2007) bezieht zum Vergleich die Zahlen der vorangegangenen Erhebung von 1997 ein: Es zeigt sich, dass der Anteil von Jungen mit ca. 35% schon damals auf niedrigem Niveau lag.

Obwohl die Verantwortlichen im Kindergottesdienst mit Veröffentlichungen wie „Wo bleiben denn die Jungs?" (Reschke-Rank 2008) und Fortbildungsangeboten reagierten, sind die Zahlen im Wesentlichen unverändert geblieben. Gerade vor

---

2 Auskunft der Statistik-Abteilung des EKD-Kirchenamtes vom 10.07.2014.

dem Desiderat genderbewusster Religionspädagogik wäre hier ein Ansatzpunkt für vertiefende Studien zu geschlechtsbezogenen Aspekten religiöser Bildungs-und Vermittlungsprozesse.

2.2 Die Akteure

Auf gesamtkirchlicher Ebene lässt sich hinsichtlich der Akteure auf Basis der 2013 veröffentlichten Zahlen feststellen: Es gibt knapp 60.000 Mitarbeitende im Kindergottesdienst, über 90% dieser Mitarbeitenden bereiten die Kindergottesdienste in regelmäßigen Teamtreffen vor.

Die durchschnittliche Teamgröße liegt bei fünf bis sechs Personen, auffallend ist die häufige Generationen- und Milieumischung, die in anderen Bereichen selten zu finden ist (Maschwitz 2010, 129).

Wie zu erwarten, ist die Zahl der Männer in den Teams gering, ihr Anteil liegt bei knapp 15%. Inwieweit der in einigen Landeskirchen beobachtbare Trend zu mehr Vätern, die im Rahmen ihrer Elternzeit mit ihren Kindern die Kindergottesdienste besuchen, auch zu einer verstärkten Mitwirkung in Teams führt, bleibt abzuwarten.

Im Zeitvergleich wird sichtbar, dass die Zahl der Vorbereitungskreise und Kindergottesdienstmitarbeitenden nicht in gleichem Maße sinkt, wie die rückläufigen Teilnehmerzahlen das nahelegen könnten. Sank die Gesamtteilnehmendenzahl um 21 Prozent, ging die Zahl der Mitarbeitenden lediglich um 10 Prozent zurück.

Selbst wenn man einrechnet, dass nicht alle Teammitglieder an jedem Gottesdienst teilnehmen, ergibt sich ein beachtlicher Betreuungsschlüssel von etwa 1:4, zum Vergleich: der Standard für Krippenbetreuung liegt bei 1:4,5.

Hauptamtliche im Kindergottesdienst

Eine Frage, die in letzter Zeit verstärkt in den Fokus gerückt ist, ist die Rolle von Hauptamtlichen in diesem traditionell vom Ehrenamt geprägten Feld.

Hier gibt es regional große Unterschiede. Das spiegelt nicht nur das Selbstverständnis des Ehrenamts im Kindergottesdienst wider, sondern hängt auch mit dem Volumen der verfügbaren Ressourcen zusammen und wird sowohl für zukünftige Konzeptionsentwicklungsfragen im Feld Kindergottesdienst als auch für Diskussionen um kirchliche Berufsbilder ein wichtiges Thema sein.

Über diese grundlegenden Aussagen hinaus sind nur wenige gemeinsame Merkmale aus den Einzeluntersuchungen zu ermitteln. Die Disparatheit der Daten erschwert eine fundierte Betrachtung des Feldes, eine Problematik, die auch auf andere Bereiche kirchlicher Arbeit mit Kindern zutrifft. Vor diesem Hintergrund ist innerhalb der zweiten Phase der Evangelischen Bildungsberichterstattung (Elsenbast et al. 2008) eine empirische Untersuchung zum Bildungsbereich Kindergottesdienst geplant, die neben Daten zu Teilnehmenden und Akteuren auch Rahmenbedingungen, Strukturdaten und Unterstützungsstrukturen einbeziehen wird.

121

Wünschenswert wäre in der Folge eine Studie zur Nachhaltigkeit der kirchlichen Arbeit mit Kindern.[3]

3. Inhaltliche Aspekte

Während es in diesem Bereich eine Fülle von Praxisbänden mit Anregungen und religionspädagogischen Hinweisen gibt, sind empirische Studien vor allem im non-formalen Bereich der kirchlichen Arbeit mit Kindern eher die Ausnahme. Exemplarisch seien hier zwei Projekte beschrieben, die zwar nicht aus dem Bereich Kindergottesdienst stammen, aber klassische Kindergottesdienstinhalte aufgreifen.

3.1 Rostocker „Langzeitstudie zu den Gotteskonzepten von Kindern, die in mehrheitlich konfessionslosem Kontext aufwachsen"

Eine Studie, die die religiöse Entwicklung von Kindern unter den Bedingungen einer religiös pluralen Gesellschaft empirisch erhebt, wurde an der Universität Rostock von Anna-Katharina Szagun vorgelegt. In der „Langzeitstudie Rostock zu den Gotteskonzepten von Kindern, die in mehrheitlich konfessionslosem Kontext aufwachsen" (Szagun 2006) wurden über einen Zeitraum von bis zu elf Jahren knapp 60 Kinder begleitet.

Ausgehend von einem mehrdimensionalen Verständnis von Gotteskonzepten, das sowohl die kognitive Ebene im Sinne von Gottesverständnis, als auch die affektive und motivationale Ebene, d.h. die Gottesbeziehung umfasst, wurden vor dem Hintergrund biografischer und sozialer Bedingungen im Kontext schulischen Religionsunterrichts die Grunddaten erhoben. Jährlich wiederkehrend wertete ein interdisziplinäres Team die Ergebnisse der mit einer großen Vielfalt an Methoden erhobenen Annäherungen an die Gotteskonzepte der Kinder aus.

Dabei liegt eine grundlegende Schwierigkeit dieser Studie in der notwendigen Gratwanderung der Autorin zwischen ihrer Rolle als pädagogisch involvierter Lehrerin und dokumentierender Wissenschaftlerin. Diese hängt sicher auch mit der Entscheidung für eine an Intersubjektivität orientierte induktive Vorgehensweise zusammen und kann meines Erachtens durch die Einbettung in ein multiprofessionelles Team aufgefangen werden.

Die Ergebnisse der Studie lassen innerhalb einer Altersstufe gravierende Unterschiede im Gotteskonzept erkennen. Individuelle Merkmale und Sozialisationseinflüsse bestimmen kindliche Gotteskonzepte demnach stärker als altersbedingte Entwicklung. Grundlegende Lebensthemen bzw. eine Kernproblematik der

---

3 Hierzu finden sich grundlegende Hinweise in der triangulativen Studie zum Gottesdienst in der Konfirmandenarbeit. Dort wird konstatiert: „Bei dieser Prüfung setzten sich fast in allen Skalen diejenigen Befragten ab, die vormals regelmäßig an Kindergottesdiensten oder Kindergruppen teilgenommen haben. Sie wissen mehr, sind zu mehr Hilfen im Gottesdienst bereit und stimmen deutlicher emotionalen und spirituellen Aussagen zu." (Meyer 2012, 266)

Kinder spielen eine zentrale Rolle in der Entfaltung einer Gottesbeziehung. Auch wenn die als Fazit dieser Studie formulierten Zweifel an der Gültigkeit klassischer Stufentheorien zur religiösen Entwicklung strittig sind (Bucher/Szagun 2009), unterstreicht die Varianz der gezeigten Gotteskonzepte erneut die Notwendigkeit der Orientierung am individuellen Kind.

Auffallend ist darüber hinaus der hohe Grad an theologischer Komplexität und Mehrperspektivischkeit, den die Kinder in visualisierter Form zum Ausdruck bringen. Auch wenn hinsichtlich der Materialabhängigkeit der Ergebnisse eine differenziertere Analyse der Korrelation von angebotenem Material und gewählter Metapher wünschenswert gewesen wäre, ist dies doch eine Einsicht, die vor Unterschätzung und Unterforderung schützt, die leicht zu Trivialisierung und Marginalisierung der Kinder führt. Zugleich unterstreicht dieser Befund die Fruchtbarkeit theologischen Austausches zwischen Kindern und Erwachsenen. In einem als Konsequenz aus der Studie vorgelegten Praxisband (Szagun 2013) macht die Autorin deutlich, wie die Verzahnung empirischer Forschungsergebnisse und konzeptioneller religionspädagogischer Arbeit aussehen kann.

3.2 „Empirische Erkundung zum Verständnis von Weltentstehung und Schöpfung bei Kindern"

In den letzten Jahren sind zudem zahlreiche empirische Einzeluntersuchungen veröffentlicht worden, etliche dieser Studien entstanden im Kontext der Kindertheologie und finden sich in den Jahrbüchern für Kindertheologie vorgestellt und analysiert.

Exemplarisch genannt sei hier die „Empirische Erkundung zum Verständnis von Weltentstehung und Schöpfung bei Kindern" von Ulrich Kropac und Christine Mohr (Kropac/Mohr 2012).

In einer kleinen qualitativen Studie mit Kindern zwischen zehn und zwölf Jahren untersuchten die Autoren die Vorstellungen der Kinder einer fünften Gymnasialklasse über die Entstehung der Welt. Ausgehend vom Ansatz der Grounded Theory, werteten sie 24 bewusst im Deutsch- und nicht im Religionsunterricht entstandene Texte der Schüler und Schülerinnen aus. An dieser zentralen Einbruchstelle für den Glauben werden Herausforderungen für die theologische und religionspädagogische Arbeit der Akteure in Kindergottesdienst und Schule deutlich herausgestellt. Zugleich werden sie durch diese Einsichten davor bewahrt, über die Köpfe der Mädchen und Jungen hinweg theologische Richtigkeiten einzutrichten.[4]

Ein Desiderat wäre in diesem Bereich eine Studie zur Rezeptionsanalyse, die den Prozess der Auseinandersetzung mit und Aneignung von religiösen Inhalten auch mit Blick auf die Wechselbeziehung von medialer Lebenswirklichkeit, innerem Bildrepertoire und religiöser Kommunikation untersucht.

---

4 Vergleichbar sind dazu auch die Ausführungen zum Gleichnis von den Arbeitern im Weinberg (Mt 20,1-16) von Friedrich Schweitzer (2013, 21f.).

4. Die Kommunikationssituation

Hinsichtlich der zahlreichen Räume, in denen sich Kommunikation des Evangeliums vollzieht, gibt es eine Reihe von Forschungsarbeiten, wie zum Beispiel die Untersuchungen von Michael Domsgen zur kirchlichen Sozialisation (Domsgen 2008). Generell wird es immer wichtiger, die Vielfalt der Lebensorte und -kontexte der Kinder in den Blick zu nehmen.

4.1 Forschungsprojekt „Interkulturelle und interreligiöse Erziehung in Kindertagesstätten"

Beispielhaft ist hier das Forschungsprojekt „Interkulturelle und interreligiöse Erziehung in Kindertagesstätten" der evangelischen und katholischen Lehrstühle für Religionspädagogik an der Universität Tübingen. Dabei wurden in einer Pilotstudie und mehreren Teilprojekten Kinder, Eltern und Erzieherinnen im Blick auf die Wahrnehmung von und den Umgang mit religiösen Differenzen befragt. Quantitativ und qualitativ werden religiöse Vielfalt und die Möglichkeiten der Verständigung untersucht. Die Ergebnisse dieser bundesweiten Repräsentativuntersuchung wurden in mehreren Teilbänden einer breiten Öffentlichkeit zugänglich gemacht (Edelbrock 2010; Biesinger/Edelbrock 2011; Schweitzer et al. 2011).

> „Ein wichtiges Ergebnis, ist, dass Multikulturalität und -religiosität sowohl für konfessionelle als auch für nichtkonfessionelle Einrichtungen zu einer Selbstverständlichkeit geworden ist, denn im Durchschnitt betreuen 84% der befragten Kitas Kinder mit Migrationshintergrund und 77% solche mit unterschiedlicher Religionszugehörigkeit. Und selbst falls die betreuten Kinder eine große Homogenität aufweisen, gilt zu bedenken, dass sie für das Zusammenleben in einer vielfältigen Gesellschaft mit den dazu notwendigen Kompetenzen ausgerüstet werden sollten." (Eser Davolio 2013)

Auch bei dieser Studie wird die empirische Forschung eng an die Praxis gekoppelt. So beschreibt ein viertes Teilprojekt (Edelbrock et al. 2012) ausgewählte Einrichtungen, die als „Best Practice"-Ansätze Einblicke in ihre Arbeitsweise, ihre Leitbilder und konkrete Gestaltung interreligiösen Austauschs und Begegnung geben. Ergänzt wird diese Darstellung durch Checklisten und Empfehlungen.

Wegweisend wird hier Lebenswirklichkeit von Kindern empirisch beschrieben, und werden daraus religionspädagogische Konsequenzen gezogen. Es wäre zu wünschen, dass dies auch für andere Bereiche geschieht, wie es etwa auch in Milieustudien oder Studien zu Bildungsgerechtigkeit an anderen Orten versucht wird.

4.2 „Ich will kein Engel sein, ich will Rennfahrer werden …"

Ergänzt werden soll der Hinweis auf die genannte grundsätzliche Studie durch ein eher spezielles Projekt aus der pädiatrischen Klinikseelsorge, das Projekt *„Ich will kein Engel sein, ich will Rennfahrer werden…". Spiritual Care im Kontext pädiatrischer Palliativmedizin*, durchgeführt von einem interdisziplinären Team (Stiehl et al. 2012).

In einer retrospektiven Studie wurden 143 Krankenakten mit Blick auf den Arbeitsbereich Spiritual Care ausgewertet. Ausgehend von Mk 10,13-16 ging es um die Reflexion einer Anthropologie des Kindes in aktuellen Seelsorgekonzeptionen und in der pädiatrischen Palliativmedizin, sowie um eine Beschreibung der Aufgabenbereiche in diesem Arbeitsfeld.

Die dabei ermittelten Ergebnisse beziehen sich sowohl auf theologische Einsichten als auch auf Arbeitsbereiche, wie Sterbebegleitung, Unterstützung des Teams, seelsorgliche Begleitung der Patienten und der (Groß-)Familie sowie Arbeitsformen. Was hier in einem speziellen Bereich sorgfältig erhoben und in ein vernetztes Arbeitsfeld eingebracht wird, zeigt, wie empirische Forschung als Instrument der Wahrnehmung und Weiterentwicklung in der konzeptionellen und praktischen Arbeit genutzt werden kann. Insbesondere in der Arbeit mit Kindern entscheidet sich das Gelingen von Kommunikation mit dem Bezug zur Alltagswelt. Religiöse Angebote, die an den Kindern vorbeilaufen und ihren Alltag verkennen, werden nicht zu echter Kommunikation führen. Zunehmend von Bedeutung wird es sein, Alltagsorte einzubeziehen, da die eingangs zitierte Situation der 40, 50 Kinder in der Kirchenbank, die zwischen Tremendum und Faszinosum den Orgelklängen lauschen, eher ein Stück Kirchengeschichte repräsentiert.

5. Fazit

Für alle Bereiche des Kommunikationsprozesses in der kirchlichen Arbeit mit Kindern gilt: Empirische Forschung dient der Kommunikation des Evangeliums, indem sie hilft,

> „vor dem inneren Auge eine Art Kartierung vorzunehmen, die Alltagszusammenhänge, Kommunikationswege, menschliche Begegnungen und deren raumzeitliche Verortung mit allen Sinnen wahrnimmt und beschreibt. Damit wird man der Phänomene gewahr, die leicht übersehen werden können und die Folgen für die Praxis haben. Die Praxis kreist nicht um sich selbst, sie ist von Subjekten getragen, die sie in konkreten Bezügen mit konkreten Menschen als Gegenüber gestalten." (Söderblom 2007)

Das Wissen über die Kinder in der Kirche und über die Arbeit der Kirche mit Kindern schafft nicht Glauben, das bleibt ein unverfügbares Geschehen, es kann aber Zugangshindernisse beseitigen und Türen zu christlichen Lebensvollzügen und religiösen Bildungsmöglichkeiten öffnen. Das sollte nicht zuletzt auf dem Hintergrund der Erkenntnisse aus der Kirchenmitgliedschaftsuntersuchung Grund genug sein, Forschung in diesem Bereich zu intensivieren.

Literatur

Arbeitsstelle für Kindergottesdienst in Kurhessen-Waldeck (Hg.) (2007): Kindergottesdienst in der Evangelischen Kirche von Kurhessen-Waldeck. Wetter.

Arbeitsstelle Kindergottesdienst Nordelbien (Hg.) (2008): Kindergottesdienst in Nordelbien. Auswertung einer Umfrage aus dem Jahr 2008. Sonderheft AHOI. Hamburg.

Biesinger, A.; Edelbrock, A. (Hg.) (2011): Auf die Eltern kommt es an! Interreligiöse und interkulturelle Bildung in der Kita. (Interreligiöse und interkulturelle Bildung im Kindesalter 2), Münster u.a.: Waxmann.

Bucher, A.; Szagun, A.-K. (2009). Wie „misst" man Gotteskonzepte von Kindern?. In: Katechetische Blätter 134; H.5, S. 368-378.

Domsgen, M. (2008): Kirchliche Sozialisation: Familie, Kindergarten, Gemeinde. In: Hermelink, J.; Latzel, Th. (Hg.): Kirche empirisch. Gütersloh: Gütersloher Verlagshaus, S. 73-94.

Edelbrock, A. (Hg.) (2010): Wie viele Götter sind im Himmel? Religiöse Differenzwahrnehmung im Kindesalter. (Interreligiöse und interkulturelle Bildung im Kindesalter 1), Münster u.a.: Waxmann.

Edelbrock, A.; Biesinger, A.; Schweitzer, F. (Hg.)(2012): Religiöse Vielfalt in der Kita: So gelingt interreligiöse und interkulturelle Bildung in der Praxis. Berlin: Cornelsen.

Elsenbast, V.; Fischer, D.; Schöll, A.; Spenn, M. (Hg.) (2008): Evangelische Bildungsberichterstattung. Studie zur Machbarkeit. Münster: Comenius-Institut.

Engemann, W. (2007): Kommunikation des Evangeliums – ein interdisziplinäres Projekt?. http://egora.uni-muenster.de/fb1/pubdata/Engemann_02a_PT_interdisziplinaer.pdf. [Zugriff: 29.04.2014]

Eser Davolio, M. (2013): Rezension zu Edelbrock, A.; Biesinger, A.; Schweitzer, F. (Hg.): Religiöse Vielfalt in der Kita. So gelingt interreligiöse und interkulturelle Bildung in der Praxis. Berlin: Cornelsen 2012. http://www.socialnet.de/rezensionen/13133.php. [Zugriff: 29.04.2014]

Evangelische Kirche im Rheinland (Hg.) (2005): Zur Situation der Kindergottesdienstarbeit in der Evangelischen Kirche im Rheinland. Fragebogenauswertung. Wuppertal.

Evangelische Kirche im Rheinland: Zahlenspiegel 2012. http://www.ekir.de/www/ueber-uns/kirchliches-leben-gottesdienst-und-abendmahl-1959.php. [Zugriff: 22.04.2014].

Evangelische Kirche von Westfalen (2012): Statistischer Jahresbericht. http://www.evangelisch-in-westfalen.de/fileadmin/ekvw/dokumente/wir_ueber_uns/statistik/jahrbuch_2012.pdf. [Zugriff: 29.04.2014]

Evangelische Landeskirche in Baden (2012a): Mein schönstes Kindergottesdiensterlebnis. Ekibatv. http://www.youtube.com/watch?v=UKJpiK82XLM. [Zugriff: 29.04.2014].

Evangelische Landeskirche in Baden (2012b): Mein schönstes Kindergottesdiensterlebnis. Ekibatv. http://www.youtube.com/watch?v=DtitKZwKtDc. [Zugriff: 29.04.2014].

EKD [= Kirchenamt der Evangelischen Kirche in Deutschland] (Hg.) (1995): Aufwachsen in schwieriger Zeit. Gütersloh: Gütersloher Verlagshaus.

EKD [= Kirchenamt der Evangelischen Kirche in Deutschland] (Hg.) (2004ff.): Zahlen und Fakten zum kirchlichen Leben. http://www.ekd.de/statistik/downloads.html. [Zugriff: 29.04.2014].

EKD [= Kirchenamt der Evangelischen Kirche in Deutschland] (Hg.) (2009): Kirche und Bildung. Gütersloh: Gütersloher Verlagshaus.

Kropac, U.; Mohr, C. (2012): Empirische Erkundung zum Verständnis von Weltentstehung und Schöpfung bei Kindern. In: Kalloch, C.; Schreiner, M. (Hg.): „Gott hat das in Auftrag gegeben." (Jahrbuch für Kindertheologie 11), Stuttgart: Calwer, S.75-91.

Landesverband für Evangelische Kindergottesdienstarbeit in Bayern (Hg.) (2005): Evaluation. „Kirche mit Kindern/Gottesdienste mit Kindern" in der Ev.-Luth. Kirche in Bayern. Nürnberg.

Lutterbach, H. (2010): Kinder und Christentum. Stuttgart: Kohlhammer.

Maschwitz, R. (2010): Nutella, Müsli und „laudato si". In: Schulz,C.; Hauschildt, E.; Kohler, E. (Hg.):Milieus praktisch II. Göttingen: Vandenhoeck & Ruprecht, S. 119-133.

Meyer, K. (2012): Gottesdienst in der Konfirmandenarbeit. Eine triangulative Studie. Göttingen: Vandenhoeck & Ruprecht.

Reschke-Rank, E. (Hg.) (2008): Wo bleiben denn die Jungs? Neukirchen-Vluyn: Neukirchener Verlag.

Schweitzer, F. (2013): Welche Theologie brauchen Kinder? In: Bucher, A.; Schwarz, E. (Hg.): „Darüber denkt man ja nicht von alleine nach...". (Jahrbuch für Kindertheologie 12), Stuttgart: Calwer, S. 12-26.

Schweitzer, F.; Edelbrock, A.; Biesinger, A. (Hg.) (2011): Interreligiöse und interkulturelle Bildung in der Kita. Eine Repräsentativbefragung von Erzieherinnen in Deutschland – interdisziplinäre, interreligiöse und internationale Perspektiven. (Interreligiöse und interkulturelle Bildung im Kindesalter 3), Münster u.a.: Waxmann.

Söderblom, K. (2007): Wahrnehmung als pastorale Kompetenz. In: Dinter, A.; Heimbrock, H.-G.; Söderblom, K. (Hg.), Einführung in die empirische Theologie. Gelebte Religion erforschen. Göttingen: Vandenhoeck & Ruprecht.

Stiehl, T.; Führer, M.; Schmidt, A. et al. (2012): „Ich will kein Engel sein, ich will Rennfahrer werden..." – Angemessener Umgang mit Spiritualität in der Kinderpalliativmedizin: Eine Ontologie der Spiritualität. In: Zeitschrift für Palliativmedizin 13; H.5, FV 18.

Szagun, A.-K. (2006): Dem Sprachlosen Sprache verleihen. Rostocker Langzeitstudie zu Gottesverständnis und Gottesbeziehung von Kindern, die in mehrheitlich konfessionslosem Kontext aufwachsen. KET 1. Jena: Edition Paideia.

Szagun, A.-K. (2013): Glaubenswege begleiten. Neue Praxis religiösen Lernens. Hannover: Lutherisches Verlagshaus.

Wauer-Höflich, A. (2013): Auswertung: 5. Umfrage Kindergottesdienst in der Ev.-luth. Landeskirche Hannovers 2013. In: KIMMIK o.Jg.; H.2, S. 2-10.

Württembergischer Evangelischer Landesverband für Kindergottesdienst e.V. (2012): Statistik 2012. Kirche mit Kindern. Stuttgart.

Matthias Spenn

Kirchlich-gemeindliche Arbeit mit Kindern in der Evangelischen Kirche Berlin-Brandenburg-schlesische Oberlausitz (EKBO)
Projekt zur Erhebung von Angeboten und zu den Mitarbeitenden 2012–2014

Ausgangslage und Zielstellung

„Die evangelische Kirche versteht die Arbeit mit Kindern als eine ihrer zentralen Aufgaben." So hat es die Kirchenleitung der Evangelischen Kirche Berlin-Brandenburg-schlesische Oberlausitz im Jahr 2013 mit der Verabschiedung von „Leitsätzen für die Arbeit mit Kindern" beschlossen. Vermutlich besteht in den Landeskirchen in programmatischer Hinsicht relative Einigkeit über den Wert und die Bedeutung der kirchlichen bzw. evangelischen Arbeit mit Kindern. Sie wird als wichtig erachtet für die Kinder, die Gemeinden wie für die Gesellschaft. Und die Praxis ist durchaus vielfältig: Die Spannbreite reicht von kirchlich-gemeindlichen gruppenbezogenen Angeboten für Kinder in der frühen Kindheit und im Schulalter, Arbeit mit Familien und Kindergottesdienst über evangelische Tageseinrichtungen für Kinder, Schulen und schulischen Religionsunterricht bis hin zu diakonischen bzw. sozialpädagogischen Hilfe- und Beratungsangeboten. Allerdings sehen sich insbesondere Akteure in kirchlich-gemeindlicher Arbeit mit Kindern auch vor große Herausforderungen gestellt. Tiefgreifende Wandlungen in den gesellschaftlichen und kirchlichen Kontexten wie aktuelle pädagogische und soziale Entwicklungen führen zu neuen konzeptionellen Aufgabenstellungen und Ideen. Um aber Entwicklungsperspektiven für die Praxis zu entwickeln, sind programmatische, theologische und pädagogische Zielformulierungen zwar wichtige Bezugsgrößen, allein aber nicht ausreichend. Ebenso wichtig ist datengestütztes, empirisch valides Wissen über die Situation, aktuelle Entwicklungen, über die Qualität und Wirkung der Arbeit. Dies ist nicht zuletzt von zunehmender Bedeutung für den Erweis von Legitimität und Relevanz der Arbeit. Denn wenn die Kinder- und Jugendarbeit ihre politische Akzeptanz sichern oder gar erhöhen will, muss sie ihre Angebote und Strukturen besser sichtbar machen. Die Instrumente dafür sind jedoch derzeit keineswegs ausreichend.

Das ist auch den Akteuren in der Arbeit mit Kindern in der EKBO deutlich geworden. Bereits seit den 1990er Jahren gab es wiederholt Bemühungen um eine Verbesserung der Datenlage, ergänzend zu der allgemeinen EKD-weiten Statistik „Zahlen und Fakten zum kirchlichen Leben"[1]. Allerdings zeigen sich dabei viele offe-

---

1 Vgl. www.ekd.de/statistik/zahlen_fakten.html.

ne konzeptionelle und forschungstheoretische Fragen nach den Möglichkeiten empirischer Erfassung und Messung informellen Lernens und non-formaler Bildung. Erschwerend sind auch die spezifischen institutionellen Grundbedingungen kirchlicher Arbeit in dem Wechselspiel von theologischen und pädagogischen, institutionellen und individuellen, gesellschaftlichen und kirchlichen Strukturen und Interessenslagen.

Konkret geht es um im Grunde einfache, aber schwer zu klärende Fragen nach der Grundgesamtheit der zu erhebenden Praxis, nach Möglichkeiten der Kategorisierung und Erfassung von Angeboten sowie nach der Erhebung der Reichweite.

Allein schon die Vielfalt von Trägern und Trägerstrukturen erfordert eine Klärung, worauf sich die Erhebung institutionell bezieht? Was sind „evangelische" oder „kirchliche" Träger? Und werden nur organisierte Angebote erfasst? Was ist mit den vielen anderen Aktivitäten in der Arbeit mit Kindern, den sozialen, politischen, seelsorglichen, helfenden und unterstützenden in unterschiedlichen gemeindlichen bzw. zivilgesellschaftlichen Bezügen?

Im Wissen um diese und andere Fragestellungen hat sich die Konferenz Arbeit mit Kindern in der EKBO unter Federführung des Arbeitsbereichs „Arbeit mit Kindern und Jugendlichen" im Amt für kirchliche Dienste im Frühjahr 2012 dazu entschlossen, sozialwissenschaftliche Unterstützung einzuholen. Als Ergebnis entstand das (studentische) Forschungsprojekt zur quantitativen Erhebung der kirchlichen Arbeit mit Kindern in der EKBO am Institut für Soziologie der Technischen Universität Berlin, Fachgebiet Methoden der empirischen Sozialforschung in Kooperation mit dem Amt für kirchliche Dienste in der EKBO.[2]

Ziel war eine Vollerhebung aller kirchlich-gemeindlichen Angebote für Kinder innerhalb der EKBO im Zeitraum vom 01. Juni 2012 bis 31. Mai 2013. Zugleich sollten alle ehrenamtlichen und beruflichen Mitarbeiterinnen und Mitarbeiter in der Arbeit mit Kindern befragt werden.

Vorklärungen

In Vorbereitung der Erhebung war eine Reihe von Recherchen zur Klärung des Gegenstands der Erhebung, des Verständnisses über die Grundgesamtheit und über das Vorgehen erforderlich:

– Bei den *Angeboten* wurden in Anlehnung an die verbreitete Praxis Angebote für Kinder im Alter bis 12 Jahren in den Blick genommen. Erfasst werden sollten alle Angebote, die in gemeindlicher bzw. kreiskirchlicher Trägerschaft oder in der Trägerschaft von Vereinen oder Verbänden stattfinden. Im Wesentlichen handelt es sich um non-formale Bildungsangebote einschließlich Kindergottesdienst. Unberücksichtigt blieben genuin einrichtungsbezo-

---

2   Die wissenschaftliche Leitung seitens des Instituts für Soziologie der TU Berlin liegt bei Dr. Leila Akremi, die Projektleitung im Amt für kirchliche Dienste bei Simone Merkel, Studienleiterin für die Arbeit mit Kindern. Das Gesamtprojekt war für die Zeit von September 2012 bis Juli 2014 konzipiert.

gene Angebote und Aktivitäten von evangelischen Tageseinrichtungen für Kinder, schulischer Religionsunterricht und evangelische Schulen.

– Es war davon auszugehen, dass eine Reihe von Angeboten gemeinsam von mehreren Trägern/Organisationen in Kooperation verantwortet wird, etwa von mehreren Kirchengemeinden in einer Region oder in einem Kirchenkreis oder darüber hinaus. Um auszuschließen, dass in solchen Fällen dasselbe Angebot mehrfach erhoben wird, wurde festgelegt, die Angebotsbefragung nicht über die Trägerinstitutionen/-organisationen, sondern über die/den für das Angebot leitend verantwortlichen Mitarbeiter(in) durchzuführen. Dazu war es erforderlich, ein Verfahren zur Identifizierung der für ein Angebot federführend Verantwortlichen zu entwickeln. Dies geschah im Vorfeld über die fachlichen Unterstützungssysteme in den Kirchenkreisen (Kreisbeauftragte für Arbeit mit Kindern).

– In Bezug auf die *Mitarbeitenden* war von vornherein zu berücksichtigen, dass sowohl bei beruflichen als auch ehrenamtlichen *Mitarbeitenden* eine eindeutige oder gar ausschließliche Zuordnung zum Handlungsfeld Arbeit mit Kindern kaum gegeben sein würde, weil viele in mehreren Handlungsfeldern tätig bzw. engagiert sind. Denn insbesondere berufliche Mitarbeitende wie Pfarrer(innen), Gemeindepädagogen(innen), Kirchenmusiker(innen) usw. arbeiten oft *auch*, jedoch kaum *nur* mit Kindern. Und auch bei den ehrenamtlich Engagierten ist eine Zuordnung nicht immer eindeutig. Viele sind in ehrenamtlich besetzten Leitungsgremien wie Gemeindekirchenräte bzw. Kirchenvorstände, in Vereinsgremien oder Synoden für ein breiteres Spektrum kirchlicher Arbeit zuständig; in der pädagogischen Praxis ehrenamtlich Engagierte tun dies ebenfalls zugleich in der Jugend- oder Familienarbeit usw. Und manche Eltern würden sich selbst mit ihren Unterstützungsleistungen nicht als Mitarbeitende einordnen und so laut Eigendefinition gar nicht als Mitarbeitende erfasst werden.

Vorgehen bei der Erhebung

Als Ergebnis der Vorklärungen wurde die Entscheidung getroffen, die Erhebung auf drei Ebenen durchzuführen:

Mit einem *Angebotsfragebogen* sollte jedes regelmäßige, einmalige oder projektartige Angebot erfasst werden. Bei Angeboten, die für mehrere feste Gruppen in gleicher Weise veranstaltet werden (z.B. Christenlehre mit mehreren Gruppen in einer Gemeinde), sollte jede dieser Teilnehmergruppen als eigenes Projekt abgefragt werden. Neben Kerninformationen wie Dauer, Rhythmus und Teilnehmendenzahlen wurden auch konzeptionelle Ausrichtung und Rahmenbedingungen des Angebots abgefragt.

Einen eigenen *Mitarbeiterfragebogen*, der das Engagement der Mitarbeitenden in den Blick nimmt, sollten alle ausfüllen, die im Erhebungszeitraum Zeit und Energie in die Ausrichtung mindestens eines Angebots für Kinder investierten. Das Konzept des Mitarbeiterfragebogens wurde parallel zum Angebotsfragebogen erarbeitet. Die Mitarbeitenden wurden nach den materiellen und ideellen Rahmenbedingungen der Arbeit befragt sowie nach Themenbereichen wie Erziehung, Religion und Freizeitgestaltung.

Zusätzlich zur Fragebogenerhebung wurden qualitative *Interviews* mit ausgewählten Mitarbeiterinnen und Mitarbeitern geführt, die ihre Erfahrungen zu Christenlehre, Religionsunterricht und Kindergottesdienst ausführlich äußern konnten. Die Interviews bieten eine interessante Ergänzung zum Zahlenmaterial.

Praktische Realisierung

Kontinuierliche Absprachen und eine enge Kooperation im Projektteam waren Teil des gemeinsamen Arbeitsprozesses. Neben den regelmäßigen Besprechungen zum Stand der Fragebogenentwicklung wurden die Fragebögen vor der Veröffentlichung mit Hilfe von jeweils drei Pretests erprobt und entsprechend angepasst.

Eine einfache und unkomplizierte Art der Beteiligung der Befragten an der Befragung war eine wesentliche Voraussetzung für die Durchführung. Technisch wurde als Grundform eine Online-Befragung über die Plattform Unipark verabredet. Außerdem wurde die Möglichkeit eines Papierfragebogens eröffnet, die auch von einigen genutzt wurde.

Die gesamte Vorbereitung und Durchführung der Erhebung wurde begleitet durch umfangreiche Informationen und eine intensive Kommunikation mit Einzelnen, Konventen, Beiräten, Konferenzen und Gremien. Neben großer Zustimmung zum Projekt gab es natürlich auch starke Vorbehalte. Vielfach wurde die Erhebung als Instrument der Kontrolle angesehen und in direkten Zusammenhang mit anstehenden Strukturveränderungen gestellt. Außerdem wurden bereits im Vorfeld aufgrund von Erfahrungen mit anderen Erhebungen Aufwand und Nutzen kritisch bewertet.

Rücklaufquoten

Angebotsfragebogen

Insgesamt waren aufgrund der Recherchen 4.289 Angebote für den Zeitraum zwischen 1. Juni 2012 und 31. Mai 2013 gemeldet worden. Davon wurden 1.837 durch die Befragung erfasst. Dies entspricht einer Rücklaufquote von 43%. Von diesen 1.837 erfassten Angeboten werden etwa 90% von beruflichen Mitarbeiterinnen und Mitarbeitern geleitet, während für die restlichen 10% Ehrenamtliche verantwortlich sind. Für die Gesamtanzahl von 4.289 vorangemeldeten Angeboten waren insgesamt 897 Angebotsleiterinnen und -leiter vermerkt, von denen sich 377, also rund 42%, an der Angebotsbefragung beteiligten. Betrachtet man hierbei das Verhältnis zwischen Beruflichen und Ehrenamtlichen, so ist festzustellen, dass der Rücklauf bei beruflichen Angebotsleiterinnen und -leitern etwas mehr als die Hälfte beträgt, während die Beteiligung in der Gruppe der Ehrenamtlichen mit 30% deutlich geringer ausfällt.

Bei einer regionalen Aufschlüsselung der Rückmeldungen nach Kirchenkreisen ergeben sich allerdings markante Unterschiede in der Beteiligung der einzelnen Kirchenkreise. Dies erschwert eine mögliche Auswertung nach regionalen Gesichtspunkten, impliziert aber auch die Frage nach den Gründen für das unterschiedliche Beteiligungsverhalten.

Mitarbeiterfragebogen

Die Befragung der Mitarbeitenden fand zwischen dem 15. August und dem 9. September 2013 statt. Insgesamt enthielt die Kontaktliste 1.685 Personen, 538 berufliche und 1.147 ehrenamtliche Mitarbeitenden. Bei den Beruflichen beteiligte sich mit 53% etwas mehr als die Hälfte, bei den Ehrenamtlichen waren es ca. 40%. Insgesamt umfasst der Mitarbeiterdatensatz 745 Fälle, was einer Gesamtrücklaufquote von 44% entspricht. Auch hier ist die Beteiligung nach Kirchenkreisen sehr unterschiedlich.

Angebote

In diesem Beitrag kann und soll zunächst nur auf einige exemplarische Ergebnisse der Befragung zu den Angeboten eingegangen werden.

Arten und Bezeichnung der Angebote

Aufgrund der Vielfältigkeit der Angebote für Kinder erschien es nicht sinnvoll, für die Abfrage nach der Art der Angebote nur feste Kategorien vorzugeben. So bestand die Möglichkeit, den Namen des Angebots, die zentralen Aktivitäten und die zentralen Ziele offen anzugeben. Diese offenen Angaben sollten dann in der Auswertung inhaltlich zusammengefasst werden. Dabei stellte sich heraus: Probleme der Kategorisierung zeigen sich bereits in der Bezeichnung. Der Titel eines Angebots lässt nicht unbedingt erkennen, was genau im Rahmen des Angebotes gemacht wird. Gleiche Titel bedeuten nicht gleiche Inhalte. Zugleich können sich gleiche Inhalte hinter unterschiedlichen Angebots-Bezeichnungen verbergen. Und trotz der In-Beziehungsetzung von Titel und Inhaltsbeschreibung in der Auswertung ergab sich keine eindeutig überschneidungsfreie Kategorisierung. Gleich, welche Systematisierung man wählt: Immer beinhalten bestimmte Angebote mehrere Aspekte zugleich. Relativ eindeutig war die Kategorie Christenlehre, die in den meisten Fällen auch direkt so bezeichnet wurde und mit rund 27% das deutlich häufigste Angebot darstellt. Kindergottesdienste (12%) und Familiengottesdienste (8%), die aus den Beschreibungen nicht immer sauber zu trennen waren, stellen mit dem Krippenspiel (7%) zu Weihnachten die nächstgrößeren Angebotskategorien dar. Mit diesen vier Kategorien sind bereits über 50% der Angebote zugeordnet. Die restlichen Angebote verteilen sich auf weitere 23 Kategorien mit Anteilen zwischen 5% (Kinderbibeltag/ -nacht/ -wochenende/ -woche) und 1% (Kreuzweg für Kinder). 60 Angebote („Sonstiges") passten zu keiner der Kategorien und bei 21 Angeboten wurden keine Angaben zum Angebotsnamen und zu den Inhalten gemacht.

Inhalte

Die Inhalte der Angebote wurden ebenfalls standardisiert und offen abgefragt. Der standardisierte Fragenblock enthielt 14 verschiedene Items, bei denen jeweils angegeben werden sollte, ob diese „sehr häufig", „häufig", „selten" oder „nie" im Rahmen des Angebots ausgeübt werden (Mehrfachnennungen möglich). Die folgenden Nennungen sind die am häufigsten genannten Aktivitäten, die Zahlenangaben stellen eine Summe der Prozente von „sehr häufig" und „häufig" dar: „Christlichen Glauben leben" (90,5%), „Musizieren/Singen" (90,2%), „Kreatives Basteln/ Spielen" (77,9%), „Regionales Brauchtum und Traditionen pflegen" (64,1%), „Theater" (52,1%), „freies Spielen/Toben" (44,2%), Musik hören (34,8%).

Bereits hier zeigt sich ein erkennbares Gefälle: „Christlichen Glauben leben" und „Musizieren/Singen" sowie „Basteln/Spielen" sind eindeutig die Hauptinhalte, wobei „Christlichen Glauben leben" am wenigsten erkennen lässt, was damit spezifisch gemeint sein könnte. Es legt sich der Eindruck einer kirchlichen Binnenzentrierung nahe, der noch einmal verstärkt wird durch die Angaben zu den Inhalten, die offenbar am wenigsten vorkommen (Prozentangaben Summe aus „selten" und „nie"): „Sport" (80,1%), „Umweltschutz" (85,5%), „Auseinandersetzung mit aktuellem Zeitgeschehen (Politik, Nachrichten)" (68,6%), „Interreligiöser Dialog" (78,7%), „Außerschulische Förderung (z.B. Sprachenkurs, Instrumentenunterricht)" (95,9%), „Computer und Internet" (95,2%), „Schulische Förderung (z.B. Hausaufgabenbetreuung" (98,9%).

Auffällig ist, dass außerschulische und schulische Förderung nach Angaben der Befragten so gut wie nicht stattfinden. Schlüsselt man diese Kategorien nach den Angebotstypen auf, dann ändert sich dieses Bild nicht wesentlich. Dies würde den Schluss nahe legen, dass der Bildungsförderung der Kinder in den Angeboten kein großer Stellenwert beigemessen wird. Allerdings ist das im Zuge der weiteren Auswertung noch einmal zu überprüfen, weil sich aus den offenen Angaben ein anderer Eindruck ergibt.

Rhythmus und Dauer der Angebote

Bei Betrachtung der zeitlichen Intervalle, in denen die Angebote stattfinden, gibt es zwei Rhythmen, die in der Arbeit mit Kindern von besonderer Bedeutung scheinen. Der Turnus „einmal in der Woche" wurde mit 36%, der Turnus „jährlich" für 35%

der Angebote angegeben. Zusammengenommen finden etwa 70% der Angebote entweder einmal in der Woche oder einmal jährlich statt. Nennenswert erscheint noch die Form „einmal im Monat" mit fast 10%. Alle anderen Rhythmen spielen eher eine untergeordnete Rolle.

Auch bei der Dauer der Angebote zeigen sich bestimmte Häufungen. Etwa 40% der Angebote weisen eine Dauer bis zu einer Stunde und 27% zwischen einer und zwei Stunden auf. Damit sind bereits zwei Drittel der Angebote erfasst. 14% der Angebote dauern drei Stunden und mehr, während sich die restlichen Prozente auf länger angelegte Angebote wie Ausflüge, Frei- oder Rüstzeiten von mindestens einem Tag verteilen.

Teilnehmerzahlen

Die Teilnehmerzahlen zu den Angeboten konnten von den Mitarbeiterinnen und Mitarbeitern in der Arbeit mit Kindern offen angegeben werden. Aufgrund der Bandbreite an unterschiedlichen Aktivitäten schwanken sie in einem sehr großen Wertebereich. Dennoch zeigen die Zahlen, dass es sich bei der Mehrheit der Angebote hinsichtlich der Teilnehmerzahlen um Größenordnungen gängiger Gruppenarbeit handelt. So hat etwas mehr als die Hälfte der erhobenen Angebote maximal 15 Teilnehmer. Größere Veranstaltungen mit mehr als 100 Teilnehmern sind vergleichsweise eher selten. Kleinstgruppen bis maximal fünf Teilnehmer machen einen Anteil von 7% aus.

Altersstruktur der Teilnehmenden

Hinsichtlich der Altersstruktur wurde in der Befragung unterschieden zwischen der Altersstruktur, für die das Angebot konzipiert ist, und der tatsächlichen Altersstruktur. Von den 1748 Angeboten, bei denen Altersgruppen angegeben wurden, sind etwas mehr als ein Viertel (26,5%) altersunspezifisch geplant worden. Jeweils 16 bzw. 12% der hier erfassten Angebote sind für 6- bis 11- bzw. 6- bis 12-Jährige. Einen geringen Anteil von nur 3% weisen die Angebote für Kinder zwischen 0 und 5 Jahren auf.

Soziodemografische Informationen über die Teilnehmenden

Die Beantwortung der Frage, welche Kinder erreicht werden, ist zugleich mit am interessantesten wie auch am schwierigsten im Rahmen einer solchen Erhebung. Umfassende soziodemographische Informationen zu den teilnehmenden Kindern in absoluten Zahlen sind nicht zu erzielen. Deshalb wurden die Mitarbeitenden über den Weg von Gegensatzpaaren zu Kategorien wie Geschlechterzusammensetzung, Muttersprache sowie Verhältnis getaufte/nichtgetaufte Kinder um Einschätzungen gebeten, die einen ungefähren Eindruck über die Teilnehmerzusammensetzung vermitteln. Beim Geschlechterverhältnis zeigt sich, dass fast zwei Drittel der Angebote Jungen und Mädchen im ausgeglichenen Verhältnis als Teilnehmende haben.

Es gibt kaum geschlechtsspezifische Angebote. 3% der Angebote hatten ausschließlich weibliche Teilnehmerinnen, während 26% überwiegend Mädchen aufweisen.

Die Beantwortung der Frage, ob die Teilnehmerinnen und Teilnehmer getauft sind oder nicht, zeigt im Wesentlichen, dass bei 41% der Angebote getaufte und nicht getaufte Kinder gleichermaßen teilnehmen, während bei 40% die Kinder überwiegend getauft sind. Hinsichtlich der Muttersprache ergibt sich aus den Einschätzungen der Befragten, dass bei 70% der Angebote die Muttersprache der Kinder ausschließlich, in weiteren 21% überwiegend deutsch ist. Immerhin für 4% der Angebote gilt, dass die Muttersprache der Kinder ausschließlich nicht deutsch ist.

Einzugsbereich der Angebote

Beim Einzugsbereich sollten die Befragten zwischen angedachter und tatsächlicher geografischer Reichweite der Angebote unterscheiden. Die einzelnen Kategorien Nachbarschaft/Kirchengemeinde", „Region", „Kirchenkreis" und „außerhalb des Kirchenkreises" wurden dabei auf einer fünfstufigen Skala von „ausschließlich" bis „gar nicht" abgefragt.

Den Angaben ist zu entnehmen, dass die direkte Nachbarschaft/Kirchengemeinde den bedeutsamsten räumlichen Bezugspunkt für die Angebote darstellt. 38% von 1.611 Angeboten richten sich ausschließlich an die „Nachbarschaft/ Kirchengemeinde", weitere 58% überwiegend. Aber auch die Region scheint nicht unbedeutend. Über 500 Projekte sind ausschließlich bis überwiegend für die gesamte Region gedacht. Der Begriff Region wurde für und durch die Befragten allerdings nicht näher spezifiziert, so dass nicht davon auszugehen ist, dass es sich hierbei um homogene räumliche Größenordnungen handelt. Daneben gibt es Angebote, die den gesamten Kirchenkreis oder einen noch größeren Einzugsbereich zumindest nicht ausschließen.

Die Einschätzung hinsichtlich des tatsächlichen Einzugsbereichs ergibt im Prinzip dasselbe Bild: Die Teilnehmer stammen in erster Linie ausschließlich oder überwiegend aus der Nachbarschaft/Kirchengemeinde. Region, Kirchenkreis und darüber hinaus sind in absteigender Rangfolge von untergeordneter Bedeutung.

Reichweite der Angebote

Über die tatsächliche Reichweite der Angebote in Bezug auf den absoluten bzw. relativen Anteil der Teilnehmenden im Verhältnis zur Anzahl der Gesamtbevölkerung in einer bestimmten Altersgruppe und in einem geografischen Einzugsbereich sagen die Teilnehmendenzahlen allerdings nichts aus. Der Grund dafür liegt darin, dass vermutlich ein erheblicher Teil der angegebenen Teilnehmenden mehrere erfasste Angebote parallel besucht, etwa den Kindergottesdienst, die Christenlehre, die Kinderbibelwoche und die Sommerfreizeit in derselben Kirchengemeinde/ Region. Teilnehmende werden als Personen also mitunter mehrfach gezählt, allerdings ohne dass dies kenntlich gemacht wird. Um dies zu bereinigen, müssten die Mitarbeitenden personenbezogene Daten zu den Teilnehmenden erheben, was jedoch aus forschungspraktischen und datenrechtlichen Gründen im Rahmen solcher kirchlicher Erhebungen kaum möglich ist.

Ausblick

Aus den wenigen hier vorgestellten Ergebnissen ergibt sich bereits eine Reihe von Anregungen für Interpretationen, für die Weiterentwicklung der Praxis und für die Entwicklung von Erhebungskonzepten:

Binnenkirchliche Orientierung und Außenwirkung

Die Aktivitäten und Inhalte scheinen stark binnenkirchlich ausgerichtet zu sein. Auch die Angaben zu Kooperationen bestätigen dies. Ebenso deuten die Angaben zur Teilnehmendenzahl in den Angeboten, die in der Mehrheit ca. 15 Personen nicht übersteigt, auf eine stark auf persönlicher Überschaubarkeit in den Beziehungen zwischen pädagogisch Handelnden und Teilnehmern basierenden Arbeitsweise hin. Allerdings zeigen die Einschätzungen über die teilnehmenden Kinder auch, dass bei immerhin fast der Hälfte der Angebote nicht nur getaufte, sondern genauso viele ungetaufte Kinder teilnehmen. Das heißt: Die Angebote haben offenbar eine nennenswerte Außenwirkung über den Kreis kirchlich hoch Verbundener hinaus.

Bildungsverständnis und Kooperation

Aus den Angaben zu Inhalten, Angebotsformen und Teilnehmenden ergibt sich außerdem die Frage nach dem Bildungsverständnis in der kirchlich-gemeindlichen Arbeit mit Kindern und nach dem Verhältnis zu anderen Bildungsbereichen und -aktivitäten im kirchlichen und gesellschaftlichen Kontext, insbesondere zur Schule und zum Religionsunterricht. Weiterhin ist der Frage nachzugehen, inwiefern die Arbeit mit Kindern auch Eltern und Familien im Blick hat.

Engagement in der Arbeit mit Kindern

Eine andere wichtige Perspektive ist die auf die Mitarbeitenden. Die Angaben in der Mitarbeiterbefragung ergeben einige interessante Erkenntnisse zum Verhältnis von Erfahrungen in der eigenen Kindheit und Jugend zu der Motivation zur Mitarbeit in späteren Lebensphasen sowie zur eigenen religiösen Prägung und dem religiösen Profil der Arbeit. Die Arbeit mit Kindern steht hier vor der Herausforderung, dies auch konzeptionell zu reflektieren: Welche Rolle spielt die Arbeit mit Kindern für das ehrenamtliche Engagement von Jugendlichen und Erwachsenen? Welche Voraussetzungen sind erforderlich für ein Engagement in der Arbeit mit Kindern, und was bewirkt bzw. fördert solches Engagement?

Regionale und sozialstrukturelle Kontexte

Konzeptionell von erheblicher Bedeutung ist die stärkere Beachtung regionaler bzw. sozialstruktureller Unterschiede bei den Bedingungen für die Arbeit, etwa zwischen ländlichen Bereichen und Städten, im Umfeld der Großstadt und in den unterschiedlichen Situationen in der Großstadt Berlin. Wie kann insbesondere der ländliche Raum gestärkt werden?

Erhebung und Organisationsentwicklung

Neben diesen auf die eigentliche Praxis bezogenen Deutungen und Anregungen ergibt sich auch auf der strukturellen Ebene der Erhebung selbst eine wichtige Erkenntnis: Eine statistische Erhebung und Erfassung kirchlicher Praxis hat unmittelbar Auswirkungen auf die Organisationsentwicklung der Trägerstruktur. Allein schon der Ansatz, die Praxis kategorial zu systematisieren und zu beschreiben sowie Kommunikationswege zur Erfassung zu bestimmen, wirkt sich auf die Organisation aus und sensibilisiert die Akteure für ihre eigene Praxis und die Kommunikationskultur. Dazu gehört auch die Einsicht, dass eine statistische Erhebung nur erfolgreich sein kann und zum Ziel führt, wenn sie von Beginn an die Perspektive der Nutzer mit einbezieht und eine intensive, transparente Kommunikation zwischen Forschern, Multiplikatoren und Praktikern erfolgt.

Weiterarbeit

Die erhobenen Daten liegen in einem kommentierten Tabellenband vor, der ab Sommer 2014 allen Interessierten für die Weiterarbeit zugänglich sein wird. Die Ergebnisse werden in den Netzwerken der Arbeit mit Kindern und darüber hinaus in der Landeskirche präsentiert und eine Grundlage bieten für Prozesse der konzeptionellen und strukturellen Weiterentwicklung der Arbeit mit Kindern auf den unterschiedlichen Ebenen.

Ergänzend zum Tabellenband gibt es eine Veröffentlichung mit ausgewählten kommentierten Ergebnissen der Erhebung. Sie richtet sich an Mitarbeiterinnen und Mitarbeiter in der Arbeit mit Kindern und Verantwortliche in Kirchengemeinden und Kirchenkreisen. Die 2013 von der Kirchenleitung verabschiedeten Leitsätze für die Arbeit mit Kindern werden zeitgleich veröffentlicht. So wird es möglich sein, die Situation und Zielstellungen aufeinander zu beziehen und daraus notwendige Entwicklungsschritte abzuleiten.

Eine Verbesserung der statistischen Erfassung kirchlicher Praxis und eine Verständigung über ein übergreifendes Bildungsverständnis ist zudem ein Anliegen des landeskirchlichen Reformprozesses in der EKBO (http://www.reformprozess.ekbo.de/). Auch auf diesem Hintergrund ist zu klären, wie, mit welchen Instrumenten, welchen Fragestellungen und unter welchen Rahmenbedingungen eine langfristige Erhebungsstruktur in der EKBO aufgebaut werden kann.

Martin Steinhäuser

Gemeindepädagogische Ethnographie
Methodologische Überlegungen in systemischer Perspektive

1. Aufbau der leitenden Fragestellung

In der Gemeindepädagogik wird seit ca. 25 Jahren zwischen einer sektoralen und einer dimensionalen Betrachtung unterschieden. In der ersten Perspektive kommen die diversen pädagogischen Handlungsfelder in der Gemeinde in den Blick, in der zweiten das Pädagogische in der Gemeinde als Prozess. Diese Unterscheidung hat sich auch für Forschungsfragen als hilfreich erwiesen (Steinhäuser 2004). Inzwischen ist hinter der dimensionalen Betrachtung ein weiterer Bereich sichtbar geworden. Dort werden gemeindepädagogische mit kybernetischen Fragestellungen verbunden, und zwar speziell bezüglich *kirchgemeindlicher Veränderungsprozesse*.

Mehrere Gründe können geltend gemacht werden, weshalb die Gemeindepädagogik hier mitzuständig ist:

Zum ersten, weil sie von Anbeginn ihrer jungen Disziplingeschichte Reformbedarfe in den Kirchen diagnostizierte und ja selbst aus einem katechetischen Reformstau und einer religionspädagogischen und kybernetischen Mängelanzeige heraus erwachsen ist.

Zum zweiten, weil sie mit pädagogischer Kompetenz individuelle und soziale Lernvorgänge durchleuchten kann, wie sie in organisationellen Veränderungsprozessen wirksam sind.

Zum dritten – und hier kommt zum konzeptionellen das forschende Interesse –, weil ihr die empirische Analyse solcher Veränderungsprozesse dabei hilft, an ihrem eigenen Begriff von „Gemeinde" sowie am Bezug auf „Pädagogik" zu arbeiten.

Dieser Bereich kann mithilfe des Begriffs „Gemeindebildung" wie folgt beschrieben werden: „‚Gemeindebildung' bezeichnet den Prozess, in dem sich Menschen ihres Glaubens in strukturbildenden Ausdrücken denkend gewiss werden sowie die Begleitung, Reflexion und Unterstützung dieses Prozesses mit fachlichen Mitteln." Die Dynamik solcher Prozesse entsteht häufig aus konkreten strukturellen, projektförmigen Veränderungsbedarfen. Um diese zu reflektieren, legt sich eine systemische Perspektive nahe (Steinhäuser 2010, 64).[1]

---

[1] Mit der Formulierung „in systemischer Perspektive" knüpfe ich an Domsgen (2009) an. Domsgen betont damit v.a. den Zusammenhangscharakter zwischen den Lernorten („Systemen") Familie, Schule und Gemeinde für religiöse Bildung. Mir kommt es darauf an, Veränderungsprozesse von vornherein in einer Multiperspektivität von Beteiligten mit jeweiligen Eigenlogiken zu betrachten.

Der Sache nach geht es nicht nur um Veränderungsprozesse auf der Ebene von *(Orts-)* *Gemeinden*. Die Frage nach pädagogischen Relevanzen gewinnt an Dringlichkeit durch die derzeit forcierten Reformprozesse auf *regionaler* und *überregionaler* kirchlicher Ebene.[2] Allerdings fällt an den einschlägigen Veröffentlichungen auf, dass diese Prozesse nur selten als *Bildungs*herausforderung reflektiert werden.

Außerdem ist ein deutliches Übergewicht programmatischer und konzeptioneller Erörterungen gegenüber empirischen Untersuchungen zu registrieren, wo es um die Beschreibung der *Bedingungen der Möglichkeit ganz konkreter Reformprozesse* geht (Projektgruppe 2004, Karle 2009, Kirchenamt EKD 2012). Aus den Theorien zur „Lernenden Organisation" (Argyris/Schön 1999) ist bekannt, dass im Zentrum von Veränderung Personen stehen, aber das eigentliche Problem im Verhältnis der Person zur Organisation liegt. Lässt sich dieses Verhältnis pädagogisch fassen?

Diese Beobachtungen möchte ich mit empirisch-methodologischem Interesse reflektieren. Daher stelle ich folgende Frage: *Mit welchen Forschungskonzepten, Fragen und Schritten lassen sich welche empirisch fundierten Erkenntnisse über die pädagogische Relevanz der Initiation und des Verlaufs von konkreten Veränderungsprozessen in Kirchgemeinden gewinnen?* Dies ist die Leitfrage für den vorliegenden Beitrag.

2. Entwicklung eines Forschungsdesigns an einem Beispiel

2.1 Bestimmung eines theoretischen und empirischen Forschungsrahmens

Zunächst werden die allgemeinen inhaltlichen *Bereiche* der Fragestellung (Gemeinde, Bildung und der konkrete Veränderungsgegenstand) nach ersten, noch ganz unsortierten *Merkmalen* der genannten Bereiche abgesucht (etwa Subjektivität, Wachstum, neue Erfahrungen, Kommunikation). Solche Merkmale sind zwar theoretisch oder auch in der allgemeinen Vorerfahrung der Forschenden begründet. Dennoch wird ihnen nicht mehr als ein *hypothetischer* Charakter zugestanden. Sie werden während des gesamten Prozesses der Datenerhebung und -auswertung ergänzt, korrigiert, neu sortiert und inhaltlich konkretisiert (Scholz 2012, 121: „Denkwerkzeuge"). So eine grundsätzliche Offenheit, so darf man annehmen, entspricht der Vielschichtigkeit von Veränderungsprozessen in Kirchgemeinden.

Setzt man diese Ausgangslage ins Verhältnis zu den sozialwissenschaftlichen Forschungsparadigmen, so ergibt sich eine klare Präferenz qualitativer Methodik. Weiterhin legt es die Vielschichtigkeit von Veränderungsprozessen nahe, Gemeinde im sozialwissenschaftlichen Sinn als ein Feld anzusehen, mit den beteiligten Subjekten im Fokus der Aufmerksamkeit. Welchen Sinn, welche Bedeutung messen

---

2 Interessanterweise weist Hermelink (2011, 102) darauf hin, dass auch regionale und überregionale Reformanstrengungen sich dann doch wieder auf die Ebene der Ortsgemeinde rückbeziehen oder von dorther Legitimation suchen. Zur projektförmigen Selbstorganisation von Veränderungsprozessen vgl. ebd., 282ff.

sie selbst Veränderungsprozessen bei und mit welchen Strategien nehmen sie Einfluss? So eine Fragestellung scheint pädagogisch interessant. Ein ethnographischer Ansatz könnte gute Möglichkeit bieten, sie zu verfolgen. Der Forscher, besser ein Forscher-Team,3 begibt sich „ins Feld" und nimmt die Beteiligten innerhalb ihrer alltäglichen Lebensumstände wahr, um, mit Geertz gesprochen, „zu erhellen [...], was sich an derartigen Orten ereignet, und die Rätsel zu lösen – was für Leute sind das? –, die befremdliche Handlungen in unbegriffenen Zusammenhängen zwangsläufig hervorrufen" (Geertz 1997, 24). Erforscht wird also nicht „Gemeinde an sich", sondern die „Bedeutung von Handlungen zwischen den handelnden Personen für diese Personen" (Scholz 2012, 117). Den Aushandlungsprozess solcher Bedeutungen nennt Geertz „Kultur". Sie drückt sich in Texten, Interaktionen, Symbolen oder Gefühlsäußerungen aus. In der erziehungswissenschaftlichen Forschung hat sich der ethnographische Ansatz als ausgezeichnet geeignet erwiesen, um z.B. Unterrichtswirklichkeiten oder Schulleben als kulturelle Praxis verstehen zu lernen (Friebertshäuser/Panagiotopoulou 2013).

2.2 Gegenstandswahl und Forscher-Bias

Um die methodologischen Überlegungen dieses Beitrages an einem Stück Forschungspraxis zu überprüfen und zugleich anschaulicher darstellen zu können, wurde der Implementationsprozess eines neuen Konzeptes für den Kindergottesdienst in einer Dorfgemeinde untersucht. Für die Auswahl eines scheinbar so kleinen Beispiels können zum einen forschungspragmatische Gründe angeführt werden (Zugänglichkeit des Feldes, terminliche Passung, Komplexitätsbegrenzung). Hinzu kommt – zum anderen – die für ethnographische Studien, auch in der Pädagogik, typische Bejahung von „Fallstudien" mit „mikroskopischer" Ausschnitthaftigkeit (Friebertshäuser/Panagiotopoulou 2013, 301, Geertz 1997, 30f.; zur Verallgemeinerbarkeit der Ergebnisse vgl. Lamnek 2010, 161ff.). Wenn in diesem Beitrag punktuell auf dieses Forschungsbeispiel Bezug genommen wird, dann nicht mit selbstständig-thematischem Anspruch, sondern in methodologischem Interesse.

Vor dem ersten Besuch „im Feld" muss der Forscher sein Ethos im Allgemeinen und seine Wahrnehmungsfilter im Besonderen reflektieren (Klärung des „Bias"). Denn so etwas wie Objektivität kann es unter ethnografischen Vorzeichen nicht geben: „das, was wir als unsere Daten bezeichnen, [sind] in Wirklichkeit unsere Auslegungen davon [...], wie andere Menschen ihr eigenes Tun und das ihrer Mitmenschen auslegen [...]." (Geertz 1997, 14, vgl. zur Ko-Konstruktion von Forscher und Erforschten auch Scholz 2012, 131).

Im Beispiel: Das Forschungsprojekt kam durch „Selbsteinladung" des Forschers in methodologischem Interesse zustande. Die Information, dass da gerade ein Veränderungsprozess

---

3 Die in diesem Beitrag meist verwendete maskuline Form Singular ist lediglich formal zu verstehen. Sie bezieht sich inhaltlich ebenso auf eine Forscherin wie auf Forscherteams.

laufe, erreiche mich[4] zufällig über die Frau des Pfarrers. Sie ist mir als einzige Person im Feld im Vorhinein bekannt gewesen, auf einer kollegial-fachlichen Ebene und war bereit, die Funktion einer „Schlüsselperson" zu übernehmen (Friebertshäuser/Panagiotopoulou 2013, 308). Hinzu kommt fachwissenschaftlich beeinflussendes Hintergrundwissen bezüglich des dort neu einzuführenden Konzeptes („Godly Play") sowie generell zur Gemeindepädagogik. Ebenfalls zum Bias rechne ich meine pädagogisch und theologisch fundierte Option für die Perspektive der Kinder: Meine Wahrnehmung und Deutung ist geprägt von den kinderpolitischen und kindertheologischen Entwicklungen seit ca. 1990 und von dem Interesse am bildsamen Eigenwert kindlicher Erlebnisweisen.

Solche „Biases" (die erweiterbar wären, z.B. bzgl. geschlechtsgeprägter Sichtweisen) kulminieren in der Gefahr einer *ethnozentrischen Sicht* auf das Feld. Das heißt: Der Forscher schiebt dem Beforschten sein eigenes Sinnverstehen unter. Eine gegensätzliche Gefahr wäre ein *going native*. Hier übernimmt der Forscher, ggf. unbemerkt, Perspektiven des Feldes. Beide Gefahren sind erkenntnistheoretisch wirksam und im Grundsatz nicht auflösbar. Immerhin kann ihnen begegnet werden durch (A) beständige, strukturierte Selbstreflexion, welche (B) noch wirksamer ist bei teamgestütztem Vorgehen und (C) methodisch kontrollierten Abstraktionen in der theoretischen Verarbeitung der Daten.

Die folgende Situationsskizze kann also nicht „objektiv" sein. Sie führt mitten hinein in den Prozess der Datenerhebung und -auswertung.

Im Dorf X leben 2013 ca. 3.700 Erwachsene, 37% davon evangelisch. Von knapp 450 Kindern unter 15 Jahren ist ein Drittel evangelisch getauft. Eine nahegelegene Großstadt diktiert die meisten Arbeits-, Schul- und Freizeitmöglichkeiten. Zwar liegen Kirche, Gemeindehaus und kirchlicher Kindergarten in der Mitte des langgestreckten Ortes mit seiner stark frequentierten Durchfahrtsstraße, aber insgesamt macht die Kommunal- ebenso wie die Kirchgemeinde auf mich einen unübersichtlichen, wenig kompakten Eindruck mit alltagsprägenden Bezugsfaktoren außerhalb ihrer selbst.

Der Gemeinde stellt sich im Spätsommer 2013 ein neuer Pfarrer vor. Bei der Gesprächsrunde wird seine berufstätige Frau vom Gemeindekirchenrat (GKR) gefragt, ob sie bereit wäre, ehrenamtlich die Leitung des Frauenkreises zu übernehmen. Dies verneint sie indirekt, indem sie anbietet, mit ihren Vorerfahrungen „Godly Play" als Konzept für den Kindergottesdienst einzubringen. Der GKR begrüßt dies. Die zu 50% angestellte Mitarbeiterin für Arbeit mit Kindern wird in absehbarer Zeit in den Ruhestand gehen. Ihre fachliche Arbeitsweise wird von manchen als pädagogisch und theologisch veraltet angesehen und ihre Kindergruppen und -gottesdienste sind meist nur spärlich besucht. Von näheren Absprachen untereinander berichten die Beteiligten nicht. Ab Januar 2014 entsteht eine Situation, in der die verschiedenen Beteiligten ganz unterschiedliche Vorstellungen darüber entwickeln, ob der neue nun den alten Kindergottesdienst *ersetzen* oder *ergänzen* solle und wie eine Entscheidung darüber zustande kommen könnte. Die unklare Situation lädt sich emotional auf, da die Mitarbeiterin seit über 20 Jahren in der Gemeinde hochidentifiziert und unermüdlich tätig ist. Sie ist in diverse Familiengeschichten hinein verflochten, bis hin zu mehreren Taufpatenschaften zu Kindern, die inzwischen – also jetzt – ihre Gruppen besuchen. Manche der bisher teilnehmenden Kinder reagieren aversiv auf den neuen Kindergottesdienst. Ihre Eltern geraten in Loyalitätskonflikte. Eine andere Gruppe von 5-10 Kindern wird erst durch das neue Konzept angelockt – sie kommen nur, wenn Godly Play auf dem Plan steht. Der neue Pfarrer unterstützt das ehrenamtliche Engagement seiner Frau nach Kräften; das Verhältnis zur

---

4   Die persönliche Komponente ethnografischer Feldforschung soll in diesem Beitrag auch sprachlich nicht verborgen werden. Daher nutze ich für die spezifischen Umstände die erste Person Singular.

Mitarbeiterin wirkt, von beiden Seiten, nicht frei von Spannungen. Einer mit relativ hohem Aufwand kommunizierten Einladung für Eltern, Godly Play an einem Samstag Vormittag Anfang März 2014 kennenzulernen, folgen nur drei Personen – alle kamen von außerhalb und nur wegen Godly Play in diese Gemeinde.

Diese Skizze beruht auf gedeuteten Wahrnehmungen des Forschers sechs Monate nach dem Erstkontakt und nach drei Aufenthalten im Feld. Sie erfüllt noch nicht die Anforderungen einer „dichten Beschreibung" (Geertz 1997) oder einer „Grounded Theory" (Strauss/Corbin 1996, s.u.). Welche Schritte der Datenerhebung sind der Skizze vorausgegangen?

2.3 Datenerhebung: multimodal, multiperspektivisch, iterativ

Methodologisch gesehen haben der ethnographische Ansatz und die „teilnehmen-de Beobachtung" viele Überschneidungen (Friebertshäuser/Panagiotopoulou 2013, Lamnek 2010, 516). Beide werden durch eine Vielzahl qualitativer Erhebungsmodi, wie Einzel- und Gruppen-Interview, ermittelnde Gruppendiskussion, Medienana-lysen, Studien zu den räumlichen Gegebenheiten usw. realisiert. Angesichts der Fülle von Aspekten, Daten und Eindrücken in kurzer Zeit sind Memos und ein Forschungstagebuch wichtige Hilfsmittel *(Multimodalität)*.

Hinzu kommt die *Multiperspektivität*: Das Forschungsfeld wird aus unterschied-lichster Sicht wahrgenommen. Die Gewinnung eines Spektrums von Beteiligten wirkt sich stark auf die Aussagekraft der Ergebnisse aus und sollte *iterativ* angelegt sein in dem Sinn, dass sich hinsichtlich zu befragender Personen oder zu beob-achtender Vorgänge während eines (ersten) Feldaufenthaltes weitere, zuvor nicht geplante Erhebungsschritte nahelegen, die unter Umständen erst in einem zwei-ten Feldaufenthalt realisiert werden können. In diesem Prozess wird der Forscher zugleich zunehmend unabhängig von seinen Schlüsselpersonen und deren selek-tierenden Vorentscheidungen; das bezieht sich vor allem auf solche Vorgänge oder Personen, die kritische Positionen einnehmen oder ihm ganz allgemein vom System als „schwierige Personen" präsentiert werden. Häufig passt ihr Veränderungswissen irgendwie nicht zum Mainstream. Außerdem sollten die Beteiligten möglichst in unterschiedlichen Situationen beobachtet/interviewt werden; denn es könnte sein, dass sich z.B. Mitglieder des Gemeindekirchenrats innerhalb ihres Gremiums an-ders äußern als in der häuslichen Umgebung.

Der beständige Wechsel von Datenerhebung und -auswertung versetzt den Forscher in die Lage, den Moment einer hinlänglichen Sättigung von Unterschied-lichkeit an Personen und Situationen zu bestimmen. Dieser Moment ist dadurch gekennzeichnet, dass bestimmte Merkmale wiederholt auftauchen und gleichzeitig neue Merkmale kaum noch hinzukommen.

Die Dauer des Aufenthaltes des Forschers im Feld hängt natürlich von der Kom-plexität des Gegenstandes ab. Während sich eine teilnehmende Beobachtung in der klassischen Ethnographie zumeist über mehrere Monate erstreckt, werden in jüngster Zeit auch *kurze Feldaufenthalte mit thematischem Fokus* für möglich gehalten, und zwar für den Bereich angewandter problemorientierter Forschungen (vgl. Friebertshäuser/Panagiotopoulou 2013, 308).

Ein *reflektiert vertrauensförderliches* Verhalten des Forschers scheint selbstverständlich, soll aber gerade im Blick auf Kirchgemeinden unterstrichen werden, insofern sich diese – vielleicht besonders auf dem Dorf – aufgrund ihrer lebensgeschichtlich bezogenen, beziehungsdichten und auch kommunikativ recht engmaschigen Struktur als sensible Felder darstellen. Weniger bei Kindern, aber bei Erwachsenen lösen Feldforschungen erfahrungsgemäß oft Verunsicherungen, ja Ängste aus. Deshalb erweisen sich verbindliche Beziehungssignale, zurückhaltende Neugierde und die Bereitschaft zum aktiven Zuhören bis hin zu punktueller Teilhabe an geistlicher Praxis als wichtig, damit sich die Beforschten dem Anliegen des Forschers öffnen.

Das Praxisbeispiel umfasste zwei mehrtägige Feldphasen im Abstand von 4 Wochen sowie einen weiteren Besuch nach 2 Monaten zur kommunikativen Validierung. Damit bewegt es sich wohl an der Untergrenze dessen, was methodisch als „kurzer Feldaufenthalt" (s.o.) akzeptabel erscheint. In dieser Zeit führte ich allgemeine Sozialraumwahrnehmungen und eine Analyse der kirchgemeindlichen Kommunikationsmedien durch. Mit einem Teil des Gemeindekirchenrates fand ein erstes, zweistündiges Gespräch statt („ermittelnde Gruppen-Diskussion", Lamnek 2010, 379). Den Pfarrer, seine Frau, die Mitarbeiterin und den Kirchenmusiker interviewte ich einzeln. Gleiches gilt für insgesamt fünf Mütter von Kindern unterschiedlichen Alters, von denen zwei der Veränderung skeptisch gegenüberstanden und drei die Veränderung befürworteten. Die Dynamik während der Interviews hatte in mehreren Fällen einen energetisierenden Effekt, sodass die Beteiligten nach einer Weiterarbeit mit den Ergebnissen fragten. Für alle Interviews hatte ich halbstrukturierte Leitfäden vorbereitet mit überwiegend offenen Impulsen. Außer einem wurden alle Interviews audiovisuell aufgezeichnet zur späteren auszugsweisen Transkription. Allen Befragten (insgesamt 15 Erwachsene und zehn Kinder) legte ich in pointierender Absicht nach ca. zwei Drittel des Gespräches folgenden Stimulus vor: „Sollen Kinder darüber mitentscheiden, wenn eine neue Art von Kindergottesdienst eingeführt wird?" Ich beobachtete eine Einführungsveranstaltung zum Godly Play-Konzept für Eltern mit anschließendem Gruppen-Interview und einen Kindergottesdienst (nach dem Godly Play-Konzept), an den ich eine mehrstufige Exploration (verbale und kreativ-nonverbale Methoden) der Kindersichten bezüglich ihrer Beteiligungsmotivationen und Wahrnehmungen zur Veranstaltungscharakteristik anschloss. Ein konventioneller Kindergottesdienst, von der Mitarbeiterin geleitet, passte nicht in die Terminplanung – was später von ihr als Zurücksetzung interpretiert und gerügt wurde (eine kritische Anfrage zum Forscher-Ethos, s.o.).

2.4 Datenauswertung mit dem Ziel „gegenstandbezogener Theoriebildung"

Im Zusammenhang unserer Leitfrage zeigt speziell das Verfahren der „Grounded Theory" (Strauss/Corbin 1996, z.B. Lamnek 2010, 90-105, für eine religionsunterrichtliche Rezeption vgl. Rothgangel/Saup 2002) folgende Vorzüge:

(A) Das Verfahren wurde eigens dafür entwickelt, Klüfte wie die die oben kritisierte zwischen theoretischen Konstrukten (von Veränderung) und subjektiver, oft genug widersprüchlicher (Veränderungs-)Praxis zu verringern. Dazu wechselt seine mehrstufige, differenzierte, rekursive Schrittfolge zwischen analytischem und synthetischem Denken hin und her. Theorie wird generiert, nicht vorausgesetzt.

(B) Die Entwicklung einer „gegenstandsbezogenen Theorie" beginnt bereits in der Datenerhebung. Weil vielfältige Erhebungsmethoden (auch quantitative) dynamisch kombiniert werden können, wird der Prozess immer wieder (iterativ) durch (neu erhobene) Daten angereichert und kann dadurch variabel auf schwer fassliche, biografisch verflochtene Zusammenhänge im kulturellen Feld „Gemeinde" reagieren. Sogenannte „Prozessaspekte", d.h. die Beweglichkeit der Daten, werden nicht als Störfaktoren, sondern als Anlass zum flexiblen Verknüpfen von Bedeutungen und Interaktionsstrategien angesehen – unerwartete Wendungen gehören dazu. Das Verfahren denkt von Grund auf systemisch. Es ist weniger eine Methode als vielmehr ein „Forschungsstil" (Hülst 2013, 281).

(C) Obwohl das Verfahren letztlich über gegenstandsbezogene Theorien hinaus auf die Entwicklung *formaler* Theorien zielt, gestehen Strauss/Corbin die Möglichkeit zu, je nach Zielstellung auch nur mit verkürzenden Teilschritten zu arbeiten, z.B. nachdem durch strukturierte Befragung der beobachteten Phänomene im „offenen Kodieren" inhaltliche Themen herausgeschält worden sind. Dies ist für die gemeindepädagogische Forschung realitätsgerecht und entlastend, weil sie häufig mit begrenzten Ressourcen und daher mit Teilergebnissen auskommen muss.

(D) Wer allerdings dabei nicht stehenbleibt, dem bieten Strauss/Corbin bestimmte Arbeitsschritte wie die vergleichend-kontrastive Analyse sichtbar werdender subjektiver Konzepte und abstrakterer Kategorien, Prüfung von Eigenschaften und Dimensionen der Kategorien, theoretische Sensibilisierung des Forschers, ein sog. „Kodier-Paradigma" u.v.m., sodass letztlich eine „Kernkategorie" hervortritt als die Sache, um die es bei dem Phänomen eigentlich geht und auf die hin dann eine „Grounded Theory" entwickelt wird.

Im Forschungsbeispiel scheint sich *Beteiligungsachtsamkeit* als „Kernkategorie" herauszuschälen. Sie ist in der Lage, sämtliche Phänomene, Konzepte und Kategorien rund um den Veränderungsprozess „Implementation eines neuen Konzeptes im Kindergottesdienst" zu ordnen. Mithilfe dieser Kategorie kann man die ganze „story" an einem „roten Faden" erzählen. Eine Skizze kann die Richtung verdeutlichen:

Auf den ersten Blick fühlen sich Menschen eingeladen und gewertschätzt, wenn ihnen eine Kirchgemeinde Spielräume für persönlich motivierte Beteiligung bietet – sie können für sich selbst biografisch und religiös bedeutsame Bedürfnisse mit andern teilen, auf kreative Weise befriedigen und neue Erfahrungen sammeln. Dafür nehmen sie weite Wege in Kauf und lassen sich sogar „umpfarreien". Dies gilt besonders, wenn der Bereich der Beteiligung in sich selbst viel Offenheit beinhaltet, wie dies beim Konzept „Godly Play" religionsdidaktisch der Fall ist. Flache Hierarchien scheinen die Motivation, sich zu beteiligen, zu begünstigen. Im Gegenzug beeinträchtigt eine überwiegend hierarchische Orientierung die Achtsamkeit für die Bedürfnisse der anderen Beteiligten. *Beteiligungsachtsamkeit* bezieht sich also sowohl auf die Personen als auch auf die Struktur.

Auffällig ist, dass sich die Menschen im Feld Kirchgemeinde in Bezug auf Beteiligung als unterschiedlich frei bzw. abhängig ansehen – Kinder anders als Eltern, Hauptamtliche anders als Ehrenamtliche, Vorgesetzte anders als Angestellte, neu Zugezogene anders als Alteingesessene. Die Vermutung tauchte auf, dass die innere Bereitschaft, sich zu beteiligen, von solchen unterschiedlichen Freiheits- oder Abhängigkeitsgraden abhängt.

Doch dies stellte sich als eine nachrangige Kategorie heraus gegenüber der je und je erlebbaren Beziehungsqualität in der Gemeinde. Mangelnde Achtsamkeit im persönlichen Umgang miteinander kann auf der persönlichen Ebene Verwirrung, Verletzung bis hin zu Frustration, Rückzug u.a. auslösen. Auffällig auch, dass die Beforschten einem klaren und sichtbaren Leitungshandeln wenig Bedeutung zuzumessen scheinen, außer wenn es um das Bedürfnis geht, für geleistetes Engagement Anerkennung zu erhalten. Kriterien wie „Geschwindigkeit der Veränderung", „Zuständigkeiten" und „Zielgelenktheit" erlangen v.a. dann Bedeutung, wenn sie als ungeklärt entdeckt werden.

„Beteiligung" an sich ist keine neue Kategorie, sondern kybernetisch und gemeindepädagogisch längst als eine wesentliche Bedingung der Möglichkeit von Veränderungsprozessen bekannt. Im Forschungsbeispiel legen es aber die empirischen Befunde nahe, dass Beteiligung erst im Zusammenhang des Beziehungsmerkmals „Achtsamkeit" auf ein Ergebnis von Veränderung hoffen kann, welches von den Subjekten im Feld, den Gemeindegliedern, bejaht wird. Aus fachwissenschaftlicher Sicht ist weiterhin wichtig, dass sich die aufgetauchte Kernkategorie sowohl theologisch als auch pädagogisch reflektieren lässt. Dies scheint, wenngleich im vorliegenden Beitrag nicht ausgeführt, doch prinzipiell bei *Beteiligungsachtsamkeit* sehr gut möglich zu sein.

2.5 Überprüfbarkeit der Ergebnisse

Wie kann eine gemeindepädagogische Ethnographie die wissenschaftliche Korrektheit ihrer Ergebnisse und die Nachvollziehbarkeit ihrer Verfahrenswege sichern? Dem Verfahren der Grounded Theory ist entgegengehalten worden, dass sich die intersubjektive Gültigkeit der so entwickelten Theorien kaum überprüfen lasse, weil „verschiedene Forscher unter sonst gleichen Bedingungen wahrscheinlich zu unterschiedlichen Theorien gelangen" (Lamnek 2010, 103). Allerdings rechnet solche Kritik m.E. zu wenig mit dem korrigierenden Einfluss sozialwissenschaftlichkollegialer Teamarbeit.[5]

Außerdem hat das Praxisbeispiel ein „Nachspiel" gehabt, das ich für ein – vielleicht wissenschaftlich unkonventionelles – Element einer „kommunikativen Validierung der Ergebnisse" halte (zu den forschungsethischen Risiken einer kommunikativen Validierung vgl. Lamnek 2010, 139). Schon im Laufe der Feldforschung zeigten sich mehrere erwachsene Befragte energetisiert durch die Befragung und äußerten außerdem Interesse, zu erfahren, „was denn nun herausgekommen" sei. Zu Beginn eines Treffens, das zwei Monate nach Abschluss der Datenerhebung stattfand, präsentierte ich kurz und visualisiert einige Ergebnisse des „offenen Kodierens" in Form von 14 spannungshaltigen Begriffen (in Strauss/Corbins Begrifflichkeit „Konzepte" genannt), schematisiert in „Ressourcen und Herausforderungen". Die Befragten konnten dann ergänzen, korrigieren, umsortieren (sie bestätigten dabei die von mir intern herausgearbeiteten „Konzepte"). Gänzlich unerwartet war aber, dass die Beteiligten plötzlich begannen, ein anderes Phänomen kontrovers zu diskutieren: Sollte die Mitarbeiterin für die Arbeit mit Kindern ihre Kinderstunden für die multireligiösen und kulturell herausfordernden Kinder des nahen Asylbewerberheimes öffnen, die seit neuestem an die Tür klopfen? Was würde sich dann verändern? Spontan fragte ich die Anwesenden, ob sie die von mir

---

5   Ich danke an dieser Stelle Anne Piezunka vom Wissenschaftszentrum Berlin (WZB) für die beratende Unterstützung im Auswertungsprozess der Daten zum Praxisbeispiel dieses Beitrages.

zuvor präsentierten und von ihnen diskutierten „spannungshaltigen Begriffe" auf das neue Thema übertragen und daraus eine Liste „vordringlich zu bearbeitender Fragen bezüglich des neuen Themas" zusammentragen könnten. Dies führte zu einer kurzen, konzentrierten, ergebnisreichen Sammlung unter der Leitfrage, inwiefern diese neue Herausforderung die Identität der Gemeinde berühre (Unterthemen wie: „christliche Botschaft praktisch leben: teilen"; „einen beidseitigen Prozess beginnen"; „wir brauchen eine neue, kurzfristigere Art von Planung"). M.E. dokumentiert die Qualität dieser Fragen einen *Bildungsvorgang* im Vergleich zu der von Unklarheiten verwirrten Implementation einer neuen Kindergottesdienst-Form wenige Monate zuvor: Diesmal sitzen die Beteiligten *zusammen, verständigen sich* über die Herausforderung, *verabreden* eine Schrittfolge und tun dies mit Bezug auf ihr *Grundverständnis* von Gemeinde.

3. Gemeinde, Bildung, Veränderung – Ergebnisse

Der Gegenstand von „Gemeindebildung" (s.o.) wird inhaltlich qualifiziert durch die Frage nach den *Bedeutungen,* die Menschen Veränderungsimpulsen, die sie aussenden oder die an sie herangetragen werden, geben. Es spricht einiges dafür, dass sie anhand der Inhalte dieser Bedeutungen über ihre Beteiligung entscheiden. Dies vertieft das grundsätzlich subjektorientierte Interesse der Gemeindepädagogik.

Wenn Veränderungsprozesse in Kirchgemeinden durch engagierte Einzelne oder Initiativgruppen angestoßen werden, hängt ihre längerfristige Wirksamkeit davon ab, ob die Beteiligten die individuell zugewiesene Bedeutung mit der sozialen Struktur von Gemeinde verflechten können. Ein zentrales Kriterium dafür scheint *Beteiligungsachtsamkeit* zu sein.

Diese Ergebnisse unterstreichen die Wichtigkeit einer systemischen Wahrnehmung von Gemeinde bezüglich ihrer biografischen und strukturellen Verflechtungen und Kollusionen. Dann wird Gemeinde als ein durch viele Menschen *multiperspektivisch verschränkter Prozess* sichtbar, statt nur als eine organisationale Hülse individueller Glaubenspraxis und Lebensgeschichte.

Die an einem Veränderungsprozess Beteiligten erscheinen unter Umständen nicht (mehr) als kompetente Beurteiler von sie selbst betreffenden Veränderungsprozessen. Häufig agieren sie in guter Absicht, erzeugen aber Konflikte, die die angestrebte Veränderung behindern. Ursachen dafür dürfen nicht auf individuelle Wahrnehmungsfilter beschränkt werden. Sie sind auch in der für Kirchgemeinden eigentümlichen, sozialwissenschaftlich klar aufweisbaren Mixtur von schwacher Vorstrukturierung, Angewiesenheit auf beteiligendes Engagement und emotional-biografisch starker Aufladung zu sehen. Gemeindepädagogik kann nicht nur hermeneutisch, sondern auch didaktisch dazu beitragen, damit Gemeindeglieder selbst in solchen Situationen reflexiv werden und daraus Ziele und Strategien zur Erreichung entwickeln.

Literatur

Argyris, C.; Schön, D. A. (1999): Die Lernende Organisation. Grundlagen, Methode, Praxis. Stuttgart: Klett-Cotta.

Domsgen, M. (Hg.) (2009): Religionspädagogik in systemischer Perspektive. Chancen und Grenzen. Leipzig: Evangelische Verlagsanstalt.

Friebertshäuser, B.; Panagiotopoulou, A. (2013): Ethnographische Feldforschung. In: Friebertshäuser, B. (Hg.): Handbuch qualitative Forschungsmethoden in der Erziehungs-wissenschaft. 4., durchges. Aufl., Weinheim: Beltz Juventa, S. 301-322.

Geertz, C. (1997): Dichte Beschreibung. Beiträge zum Verstehen kultureller Systeme. 5. Aufl., Frankfurt a.M.: Suhrkamp.

Hauschildt, E.; Pohl-Patalong, U. (2013): Kirche. (Lehrbuch Praktische Theologie 4), Gütersloh: Gütersloher Verlagshaus.

Hermelink, J. (2011): Kirchliche Organisation und das Jenseits des Glaubens: Eine praktisch-theologische Theorie der evangelischen Kirche. Gütersloh: Gütersloher Verlagshaus.

Hülst, D. (2013): Grounded Theory. In: Friebertshäuser, B. (Hg.): Handbuch qualitative Forschungsmethoden in der Erziehungswissenschaft. 4., durchges. Aufl., Weinheim: Beltz Juventa, S. 281-300.

Kirchenamt der EKD (Hg.) (2012): Kirche im Aufbruch. Schlüsseltexte zum Reformprozess. Leipzig: Evangelische Verlagsanstalt.

Karle, I. (Hg.) (2009): Kirchenreform. Interdisziplinäre Perspektiven. Leipzig: Evangelische Verlagsanstalt.

Lamnek, S. (2010): Qualitative Sozialforschung. 5., überarb. Aufl., Weinheim, Basel: Beltz.

Projektgruppe „Lernende Organisation Kirche" (Hg.) (2004): Lernende Organisation Kirche. Erkundungen zu Kirchenkreis-Reformen. Leipzig: Evangelische Verlagsanstalt.

Rothgangel, M.; Saup, J. (2002): Eine Religionsunterrichts-Stunde – nach der Grounded Theory untersucht. In: Fischer, D. et al. (Hg.): Religionsunterricht erforschen. Beiträge zur empirischen Erkundung von religionsunterrichtlicher Praxis. Münster u.a.: Waxmann, S. 85-102.

Scholz, G. (2012): Teilnehmende Beobachtung. In: Heinzel, F. (Hg.): Methoden der Kindheitsforschung. Ein Überblick über Forschungszugänge zur kindlichen Perspektive. 2., überarb. Aufl., Weinheim: Beltz Juventa, S. 116-133.

Steinhäuser, M. (2004): Welche Forschung braucht die Gemeindepädagogik? In: Elsenbast, V. et al. (Hg.): Wissen klären – Bildung stärken. 50 Jahre Comenius-Institut. Münster u.a.: Waxmann, S. 398-403.

Steinhäuser, M. (2010): Was heißt „Gemeindebildung"? Eine grundlegende Fragestellung im Kontext gemeindepädagogischer Ausbildung. In: Keßler, H.; Doyé, G. (Hg.): Den Glauben denken, feiern und erproben. Erfolgreiche Wege der Gemeindepädagogik. Leipzig: Evangelische Verlagsanstalt, S. 53-75.

Strauss, A.; Corbin, J. (1996): Grounded Theory. Grundlagen Qualitativer Sozialforschung. Weinheim: Beltz.

Miriam Beier/Thomas Heller/Michael Wermke

Religionsunterricht erforschen – Stand und Perspektiven

1. Einleitung

Bereits ein erster Blick in die vom Comenius-Institut herausgegebenen „Religionspädagogischen Jahresbibliografien" sowie in die für die Religionspädagogik relevanten Rezensionsorgane offenbart die derzeitige Fülle von Forschungsarbeiten, die sich dem Religionsunterricht widmen. Das war nicht immer so:

> „Solange der Religionsunterricht als ein Anwendungsfeld der Theologie, als ein Ort der Mission und Verkündigung von Gottes Wort galt, in dem das Geschenk des Glaubens sich ereignen, aber keineswegs durch Lehrprozesse erwirkt werden könne, wurde [...] kaum die Notwendigkeit gesehen, die Konstitutionsbedingungen religiöser Lernprozesse zu erforschen. Erst seitdem auch der Religionsunterricht als ein regelgeleitetes Lehr-Lern-Geschehen verstanden wird, bei dessen Wirksamkeit die Beteiligten eine aktive Rolle spielen, ist auch die Frage empirisch zu klären, was im Klassenzimmer geschieht und in welcher Weise der Unterricht wirksam wird" (Fischer et al. 2003, 5).

Das hier angesprochene Verhältnis von Forschung und der Praxis religiöser Bildung lässt sich dabei unterschiedlich bestimmen. Friedrich Schweitzer arbeitet mit Blick auf den Religionsunterricht fünf spezifisch an die religionspädagogische Forschung gerichtete Wünsche heraus: So soll diese einerseits im Sinne einer evidenzbasierten Religionsdidaktik dazu beitragen, Unterricht „unmittelbar forschungsbasiert" (Schweitzer 2012, 30) zu gestalten, so dass „in allen Entscheidungssituationen genau diejenige didaktische Strategie gewählt wird, die sich [...] als die wirksamste erwiesen hat" (ebd.) – während sie andererseits als „fremder und verfremdende[r] Blick" (ebd., 31) zu gänzlich neuen und damit auch wiederum praxisrelevanten Einsichten verhelfen soll, so wenn beispielsweise ausgehend von Michel Foucault der Religionsunterricht als Ort einer „Kontinuierung von Machtverhältnissen" (ebd., 30) wahrgenommen wird. Damit sind „die beiden Extreme einer unmittelbaren Forschungsbasierung von Unterricht einerseits und einer bleibenden, gleichsam maximalen Differenz von Forschung und Praxis andererseits genannt" (ebd., 31), zwischen denen sich unter den Stichworten „Lehrerinnen und Lehrer erforschen ihren Unterricht" (u.a. mit dem Ziel, Routinen immer wieder zu überprüfen), „Ausbildung von Interpretationsfähigkeit mittels Forschung" (u.a. mit dem Ziel, Aussagen von Kindern und Jugendlichen besser deuten zu können) und „Erforschung von Best-Practice-Beispielen" (u.a. mit dem Ziel, diese auch an anderen Orten zu verwirklichen) nochmals drei weitere Verhältnisbestimmungen verorten lassen (vgl. ebd., 31f.). Gemeinsam ist allen fünf Erwartungen damit ein Verhältnis von religionspädagogischer Forschung und der Praxis religiöser Bildung, bei der Forschung „nicht nur" Praxis wahrnehmen, sondern wiederum positiv auf diese rückwirken soll – im Falle des Religionsunterrichts mit dem Ziel eines „guten" Religionsunterrichts[1] (wobei sich diese Qualifizierung trefflich diskutieren lässt, vgl. Bizer et al. 2008).

Trotz der damit verbundenen (und u.U. immer wieder neu, gerade vor dem Hintergrund entsprechender Forschungsarbeiten zu klärenden, vgl. weiterführend Fischer et al. 2003, 6) semantischen Unschärfe soll dies im Folgenden als Prämisse gesetzt und als Kriterium religionspädagogischer Forschung festgehalten werden: Um eine solche würde es sich eben nur dann handeln, wenn sie ein Interesse an der positiven Gestaltung religiöser Bildungsprozesse aufweist. Anders formuliert: Dass es sich um religionspädagogische Forschung handelt, konstituiert sich dementsprechend nicht über einen Gegenstand (so kann beispielsweise der Religionsunterricht auch zum Gegenstand soziologischer, pädagogischer oder religionswissenschaftlicher Forschung werden, vgl. exemplarisch Frank 2010) und auch nicht über eine spezifische Methode (beispielsweise indem der Religionsunterricht mittels quantitativer und/oder qualitativer Verfahren untersucht wird), sondern erst aufgrund einer bestimmten Perspektive bzw. Zielstellung, die an einen Gegenstand (beispielsweise den Religionsunterricht, der mit dem Ziel eines „guten" Religionsunterrichts erforscht werden soll) herangetragen wird.[2] Zumindest in einem weiten Sinne ist religionspädagogische Forschung damit immer zugleich „klärend[e] Begleitung religionspädagogischer Praxis, verbunden mit der Absicht, zur Verbesserung dieser Praxis beizutragen" (Schweitzer 2008, 127).[3] Auf den ersten Blick scheint dies einem verbreiteten Alltagsverständnis von Forschung zuwider zu laufen, demzufolge sich diese „gänzlich zweckfrei" und „ganz objektiv" einem Gegenstand zuzuwenden habe – gleichwohl erscheint fraglich, wie wiederum ein solch „objektiver" Zugriff verwirklicht werden kann: „Forschung bleibt bei allen Verheißungen von Objektivität eine Konstruktion von Wirklichkeit, die nicht mit der Wirklichkeit selbst zu verwechseln ist" (Kumlehn 2007, 65). Eher bleibt anzumerken, dass die hier genutzte Bestimmung religionspädagogischer Forschung dem Grundverständnis evangelischer Theologie nach Martin Luther oder Friedrich Daniel Ernst Schleiermacher als *scientia practica* bzw. „positiver Wissenschaft" entspricht und damit einer Wissenschaft, die erst durch eine praxisbezogene Aufgabe konstituiert wird (vgl. Grethlein 2013, 35-38).

---

1   Vgl. analog auch Fischer et al. 2003, wo religionspädagogische Forschung – hier ist u.a. die Rede von „fachdidaktischer Unterrichtsforschung" (Fischer et al. 2003, 6) – ebenfalls mit dem Ziel eines „guten" (und „wirksamen") Religionsunterrichts eng verknüpft wird (vgl. ebd., 5-8).

2   Vgl. analog Schweitzer 2012, 24: „Forschung konstituiert sich [...] nicht einfach über bestimmte Gegenstände, sondern erst über eine spezifische Perspektive, die an bestimmte Gegenstände angelegt wird. So wird etwa der Gegenstand ‚Mensch' von zahlreichen wissenschaftlichen Disziplinen untersucht, aber der Beitrag der verschiedenen Disziplinen ergibt sich erst durch eine bestimmte Fragerichtung."

3   Schweitzer nimmt hier allerdings die gesamte Religionspädagogik in den Blick und unterscheidet nicht nochmals zwischen Forschungs- und beispielsweise konzeptioneller Literatur.

Für einen Beitrag zum Thema „Religionsunterricht erforschen – Stand und Perspektiven" sind solche Überlegungen wichtig, eröffnen sie doch eine auch dem Selbstverständnis religionspädagogischer Forschungsarbeiten entsprechende (vgl. exemplarisch Hanisch/Pollack 1997, 8) Unterscheidung zwischen religionspädagogischer und nicht religionspädagogischer Forschung zum Religionsunterricht und derart eine erste Möglichkeit, die angesprochene Fülle der vorhandenen (allerdings, wird der hier vorgestellten Unterscheidung gefolgt, mehrheitlich religionspädagogischen) Forschungsarbeiten zu ordnen. Unter Forschung, und speziell unter empirischer Forschung, die in diesem Beitrag im Fokus steht, soll dabei im Weiteren ein die genutzten Methoden reflektierendes und damit intersubjektiv nachvollziehbares Verfahren verstanden werden, das zur Klärung einer oder mehrerer bislang noch nicht geklärter Fragestellungen auf der Grundlage von u.a. mittels Interviews, Fragebogenerhebungen oder Beobachtungen gewonnenen Daten Phänomene der gegenwärtigen Welt (vgl. gr. εμπειρία = Erfahrung) in den Blick nimmt – so dass im Gegenüber u.a. konzeptionelle religionspädagogische Literatur zu verorten wäre (die aber wiederum ggf. Impulse empirisch-religionspädagogischer Forschung aufnehmen kann).

Aufbauend auf diesen einleitenden begrifflichen Klärungen werden im Folgenden in Kapitel 2 mit spezifischem Blick auf empirisch-religionspädagogische Forschungsarbeiten weitere Ordnungsversuche angeboten, die drei aktuellen Schwerpunktsetzungen dieser Forschung entsprechen. Damit soll das Ziel verfolgt werden, die vorhandene empirisch-religionspädagogische Forschungsliteratur zum Religionsunterricht zumindest ausschnitthaft zu erschließen, zum jeweiligen Schwerpunkt einen kurzen Überblick zu geben sowie in diesem Rahmen einzelne, im Diskurs des jeweiligen Schwerpunkts wichtige Forschungsarbeiten (ohne Anspruch auf Vollständigkeit) zu benennen. Der vorliegenden Publikation entsprechend soll dabei der Fokus auf empirisch-religionspädagogischen Forschungsarbeiten liegen, so dass die in einzelnen Schwerpunkten zahlreich vorhandene historisch-religionspädagogische Forschungsliteratur oder aber beispielsweise nahe stehende konzeptionelle Arbeiten nur am Rande mit in den Blick geraten sollen. Zugleich wurden nur deutschsprachige Studien mit in die Betrachtung einbezogen. Ein Fazit in Kapitel 3 wird dann die derart erlangten Einsichten bündeln und Auffälligkeiten, Fragen und Desiderate ausführen.

2. Drei Schwerpunktsetzungen aktueller empirisch-religionspädagogischer Forschung zum Religionsunterricht

Unter den Überschriften „Interreligiöser, konfessionell-kooperativer und mit konfessionslosen Schülerinnen und Schülern stattfindender konfessioneller Religionsunterricht", „Islamischer Religionsunterricht" und „Religionsunterricht an beruflichen Schulen" werden in diesem Kapitel drei aktuelle Schwerpunkte empirisch-religionspädagogischer Forschung zum Religionsunterricht in den Blick genommen. Weitere Schwerpunktsetzungen wie „Gottesvorstellungen von Religionsschülerinnen und -schülern", „Inklusion im Religionsunterricht" oder „Teilnahmemotive am Religionsunterricht" wären möglich. Sie können im Rahmen dieses Beitrages nicht explizit in den Blick genommen werden, aber es gibt verschiedene Überschneidungen zu den drei in den Blick genommenen Schwerpunkten und einzelne Aspekte werden in anderen Beiträgen dieses Bandes aufgenommen (vgl. Möller und Möller et al.).

2.1 Interreligiöser, konfessionell-kooperativer und mit konfessionslosen Schülerinnen und Schülern stattfindender konfessioneller Religionsunterricht

Dieser Forschungsschwerpunkt ist vor dem Hintergrund einer sich seit den 1960er Jahren zunehmend religiös pluralisierenden, aber auch säkularisierenden gesellschaftlichen Wirklichkeit entstanden. Geringe Kirchenmitgliedschaftszahlen in Ost- sowie sinkende Kirchenmitgliedschaftszahlen in Westdeutschland, ein zunehmendes Angebot nicht christlicher als auch nicht institutionalisierter Religion, die Auflösung christlich-konfessioneller Milieus, wachsende islamische Bevölkerungsanteile, aber auch Zuwanderungen von Menschen mit unterschiedlicher ethnischer und religiöser Herkunft (über den Islam hinaus) werfen seit den 1990er Jahren Fragen nach den Möglichkeiten eines Religionsunterrichts mit Schülerinnen und Schülern unterschiedlicher religiöser/konfessioneller Zugehörigkeit sowie solchen, die keiner Religionsgemeinschaft angehören, auf. Zwischen Ost- und Westdeutschland lassen sich dabei deutliche Unterschiede erkennen: So wurde 1995 in Hamburg das Modell eines interreligiösen „Religionsunterrichts für alle" in evangelischer Verantwortung" etabliert sowie 1998 in Niedersachsen und 2005 in Baden-Württemberg ein konfessionell-kooperativer Religionsunterricht (KRU) eingeführt. Der ab 1990 in Thüringen, Sachsen, Sachsen-Anhalt und Mecklenburg-Vorpommern eingeführte konfessionelle Religionsunterricht sah sich wiederum mit einer weitreichenden Säkularität konfrontiert, während Berlin und Brandenburg unter Berufung auf Artikel 141 GG mit der Einführung eines „nicht-ordentlichen" konfessionellen Religionsunterrichts (in Berlin und Brandenburg) sowie des Faches „Lebensgestaltung-Ethik-Religionskunde" (in Brandenburg) eigene Wege gingen (vgl. zur Situation in den einzelnen Bundesländern Rothgangel/Schröder 2009). Entsprechend ist auch die empirisch-religionspädagogische Forschung zu diesem Schwerpunkt im Rahmen unterschiedlich verfasster Formen des Religionsunterrichts entstanden. So finden sich einerseits Evaluationen zum KRU in Baden-Württemberg (vgl. Schweitzer/ Biesinger 2002; Schweitzer et al. 2006; Kuld et al. 2009). Als gut beforscht darf andererseits der Hamburger „Religionsunterricht für alle" gelten: Neben Studien, die sich spezifisch den Problemen und Chancen dieses Modells widmen (vgl. Asbrand 2000; Knoblauch 2011; Hassanein 2013), wird dieser Unterricht seit geraumer Zeit von einer Forschung begleitet, die u.a. Erwartungen der Schülerinnen und Schüler an religiöse Bildungsprozesse untersucht (vgl. exemplarisch Knauth et al. 2000). Darüber hinaus ist hier das von der Europäischen Kommission geförderte Forschungsvorhaben „Religion in Education" (REDCo) zu nennen, bei dem „die Möglichkeiten und Grenzen von Religion im Bildungsbereich europäischer Länder" (Weiße 2010, 226) im Fokus standen, wobei im Spiegel der Ergebnisse ein Religionsunterricht gefordert wird, „der die Schülerinnen und Schüler nicht nach Religionen spaltet, sondern gemeinsames Lernen ermöglicht, so wie es in einigen Regionen Europas und auch in Hamburg vorliegt" (ebd., 239).[4] Schließlich ist der Religionsunterricht mit konfessionslosen Schülerinnen und Schülern ein wichtiges Gebiet der Forschung in Ostdeutschland (vgl. Hanisch/Pollack 1997; Petzold 2003; Wermke 2006; Domsgen/Lütze 2010). In den letzten Jahren konnte sich ausgehend von diesen Studien ein auch international und u.a. mit der Religionssoziologie und der Systematischen Theologie interdisziplinär geführter Diskurs zu den Herausforderungen religiöser Bildung im Kontext von Säkularität (bzw. Konfessionslosigkeit, religiöser Unbestimmtheit, Postsäkularität etc.) etablieren, der sich auf die religionspädagogische Konzeptionsdebatte befruchtend auswirkt (vgl. Domsgen 2005; Domsgen et al. 2012; Domsgen/Lütze 2013; Rose/Wermke 2014; Käbisch 2014).

2.2 Islamischer Religionsunterricht

Vor dem Hintergrund der in den 1960er Jahren einsetzenden Arbeitsmigration u.a. aus der Türkei, aus Marokko oder Tunesien und der maßgeblich dadurch bedingten steigenden Zahl von muslimischen Schülerinnen und Schülern wird seit den 1980er Jahren die Einführung eines islamischen Religionsunterrichts an öffentlichen Schulen intensiv diskutiert (vgl. exemplarisch Kiesel et al. 1986). Die heterogene Verfasstheit des Islam in Deutschland (vgl. Darwisch 2013, 41-58) stellt dabei eine besondere Herausforderung dar; so existiert kein alle Musliminnen und Muslime repräsentierender Dachverband, der für die Kultusministerien als Ansprechpartner zur Umsetzung von Artikel 7.3 GG agieren könnte (vgl. beispielsweise zur Berliner Situation und den dort zur Jahrtausendwende hinsichtlich des islamischen Religionsunterrichts aktiven Verbänden Mohr 2000, 19). Derzeit leben mit großen regionalen Unterschieden ca. vier Millionen Musliminnen und Muslime in Deutschland (vgl. Darwisch 2013, 35); islamischer Religionsunterricht wird in unterschiedlichen Formen, teilweise als Modellversuch (vgl. zu den didaktischen

---

4   Vgl. zu einem dialogisch orientierten, interreligiösen Religionsunterricht in Europa auch die Schriftenreihen „Religious Diversity and Education in Europe" sowie „Religionen im Dialog" (beide Münster et al.: Waxmann). Weiterhin ist zum Modell eines interreligiösen Religionsunterrichts vor allem auf die vielfältigen Arbeiten von Johannes Lähnemann (vgl. u.a. dessen Reihe „Pädagogische Beiträge zur Kulturbegegnung", Berlin: EB-Verlag), auf verschiedene Einzelstudien (vgl. u.a. Zonne 2006 und Biesinger et al. 2011) sowie die Aktivitäten des europäischen Netzwerks „Teaching Religion in a multicultural European Society" (TRES) zu verweisen (vgl. u.a. Ziebertz/Riegel 2009).

Herausforderungen u.a. Kiefer 2009, 19-30), in neun Bundesländern angeboten (vgl. Deutsche Islam Konferenz 2014). Gegenwärtig etabliert sich auch eine auf Erteilung islamischen Religionsunterrichts hinführende universitäre Lehrerinnen- und Lehrerbildung: In Erlangen, Münster, Osnabrück und Tübingen wurden entsprechende Lehramtsstudiengänge eingerichtet (vgl. grundlegend Kiefer 2009, 30-33). Weiterhin sind in den letzten Jahren zahlreiche konzeptionelle Überlegungen entstanden (vgl. exemplarisch Uçar 2010 oder mit Blick auf Europa Veinguer et al. 2009), ebenso eine ausgeprägte empirisch-religionspädagogische Forschung. Bei dieser liegt der Fokus zum einen auf einer Evaluation des in Nordrhein-Westfalen angebotenen islamischen Religionsunterrichts (vgl. Kiefer 2001; Kiefer 2005). Zum anderen finden sich Studien, die sich u.a. mittels Interviews mit Vertreterinnen und Vertretern islamischer Organisationen (beispielsweise der „Türkisch-islamischen Union der Anstalt für Religion e.V.") den Problemen und Chancen bei der Einführung des islamischen Religionsunterrichts widmen und ganz Deutschland in den Blick nehmen (vgl. Hanifzadeh 2010; Darwisch 2013). Hinzu tritt eine Reihe an Einzelstudien, die sich u.a. dem Vergleich des islamischen Religionsunterrichts an einer Berliner Schule und zwei Vereinen (vgl. Mohr 2000), der Behandlung des Islams im islamischen Religionsunterricht (vgl. Mohr 2009) oder den Einstellungen islamischer Religionslehrkräfte zum islamischen Religionsunterricht (vgl. Khorchide 2009) widmen.

2.3 Religionsunterricht an beruflichen Schulen

Der Religionsunterricht an beruflichen Schulen bzw. der Berufsschulreligionsunterricht (BRU) ist durch besondere Vorbedingungen gekennzeichnet: Er wird an höchst verschiedenen Schulformen mit ausgesprochen unterschiedlichen Bildungsgängen und -abschlüssen unterrichtet, er muss sich in besonderem Maße hinsichtlich der Berufs- und Lebenssituation der Schülerinnen und Schüler bewähren (vgl. Meyer-Blanck/Obermann 2013, 27-29) und steht vor spezifischen organisatorischen Herausforderungen (wie der Zusammenlegung unterschiedlicher Berufsgruppen aufgrund geringer Teilnehmerinnen- und Teilnehmerzahlen in einzelnen Gruppen). In quantitativer Hinsicht kann er kaum überschätzt werden, auch wenn sich dies nicht unbedingt im kirchlichen und insgesamt öffentlichen Bewusstsein widerspiegeln dürfte. Hinsichtlich Ostdeutschlands muss hier allerdings einschränkend festgehalten werden, dass nur für einen verschwindend geringen Teil der Berufsschulschülerschaft BRU angeboten wird, so dass die Teilnahmezahlen in manchen Bundesländern weniger als 3% betragen (vgl. Völker et al. 2011, 40), und auch in Westdeutschland fallen die Zahlen u.a. bedingt durch häufigen Unterrichtsausfall regional ausgesprochen unterschiedlich aus (vgl. Bucher 2001, 107). Derzeit widmen sich drei Institute für berufsorientierte Religionspädagogik – das Tübinger „Katholische Institut für berufsorientierte Religionspädagogik" (KIBOR), das Tübinger „Evangelische Institut für Berufsorientierte Religionspädagogik" (EIBOR) und das „Bonner evangelische

Institut für berufsorientierte Religionspädagogik" (bibor) – in vielfältiger Weise dem BRU (vgl. einleitend Biesinger et al. 2013), wobei beispielsweise das bibor seine Zielstellungen unter den Stichworten „profilieren", „sichern" und „entwickeln" umreißt (vgl. bibor 2014) und sich u.a. der Aufgabe stellt, „die religiösen Aspekte der Berufs- und Arbeitswelt zu analysieren [...] und im Blick auf die Lernprozesse beruflicher Bildung zu konkretisieren" (ebd.). Die im Kontext dieser Institute, aber auch an anderen Orten stattfindende empirisch-religionspädagogische Erforschung des BRU kann dabei auf eine Tradition zurückgreifen, die bis in 1960er Jahre reicht und bei der Themen wie die Einstellungen der Schülerinnen und Schüler zum BRU, ihre Religiosität oder Inhalte, Methoden, Effizienz und Lebensrelevanz des BRU im Zentrum standen und stehen (vgl. mit einem ausführlichen Forschungsüberblick Sautermeister 2006, 48-144, insbesondere 142, sowie aktuell Sautermeister 2006; Breitmaier 2010). Zwei weitere aktuelle Studien legen einen Schwerpunkt auf Lebens-/Wertorientierungen von am BRU teilnehmenden Schülerinnen und Schülern und die im BRU stattfindende Wertebildung (vgl. Feige/Gennerich 2008; Schweitzer et al. 2012), während eine Studie auf die Anbahnung interreligiöser Kompetenz fokussiert (vgl. Biesinger et al. 2011). Bislang kaum erforscht ist der BRU in Ostdeutschland; hier läuft derzeit eine den BRU in Sachsen-Anhalt und Thüringen in den Blick nehmende Studie (vgl. Völker 2015, i.V.).

3. Schlusswort

Kapitel 2 hat eine Auswahl von drei aktuellen Schwerpunktsetzungen der empirisch-religionspädagogischen Forschung zum Religionsunterricht in den Fokus gerückt. Vor diesem Hintergrund lassen sich verschiedene Auffälligkeiten, Fragen und Desiderate erkennen, die in sechs Schlussbemerkungen gebündelt seien:

a) Zunächst ist festzuhalten, dass der Religionsunterricht offensichtlich insbesondere dort erforscht wird, wo neue Modelle eingeführt wurden und/oder wo er bildungspolitisch, kirchlich oder gesellschaftlich umstritten ist (so beim islamischen Religionsunterricht, beim KRU, beim BRU, beim „Religionsunterricht für alle" oder beim Religionsunterricht in Ostdeutschland). Religionspädagogische Forschung agiert hier ganz im Sinne der in Kapitel 1 vorgelegten Bestimmung als „klärend[e] Begleitung religionspädagogischer Praxis, verbunden mit der Absicht, zur Verbesserung dieser Praxis beizutragen" (Schweitzer 2008, 127). Zwar erscheint dies im Gegensatz zu einer „religionspädagogischen ‚Behauptungskultur' als mühselig und es wird nicht selten das ungünstige Verhältnis von Aufwand und Ertrag an empirischen Studien kritisiert" (Rothgangel 2007, 1). Werden allerdings die von den einzelnen Studien vorgelegten Befunde, die von der empirisch-religionspädagogischen Forschung ausgehenden Impulse für die religionspädagogische Konzeptionsdebatte (vgl. u.a. Kapitel 2.1) oder die Tatsache bedacht, dass u.a. eine problem-, subjekt-, lebenswelt- oder erfahrungsorientierte Religionspädagogik

„nicht alleine bei begründeten ‚Behauptungen' stehen bleiben [kann], was z.B. für Schüler/innen relevant sei" (Rothgangel 2007, 2), wird zu betonen sein, dass sich der Aufwand lohnt.

b) Weiterhin fällt auf, dass die Formel „Religionsunterricht wird dort erforscht, wo neue Modelle eingeführt wurden und/oder wo er umstritten ist" nicht überall bestätigt werden kann. So existieren weder namhafte Studien zum Fach „Biblische Geschichte" (ab der 10. Klasse „Religionskunde") in Bremen, noch zum freiwilligen Religionsunterricht in Berlin und Brandenburg; und dies, obwohl alle drei Fächer in den vergangenen Jahren stark umstritten waren. Und obwohl das Thema „Religion" auch hier vielfältig vorkommt, gibt es ebenfalls keine religionspädagogischen Studien zum heftig diskutierten Brandenburger Fach „Lebensgestaltung-Ethik-Religionskunde". Bei näherem Hinsehen wird schnell deutlich, dass alle diese Fächer dadurch geeint werden, dass es sich (im Gegensatz zu den unter Punkt a genannten Modellen) nicht um Religionsunterricht nach Artikel 7.3 GG handelt. Kann es sein, dass die empirisch-religionspädagogische Forschung implizit genau diesen Religionsunterricht als ihren Gegenstand betrachtet? Eine mögliche Erklärung wäre u.U. in der Berufsbiografie der religionspädagogischen Forscherinnen und Forscher zu finden, die mehrheitlich einen konfessionell gebundenen, „ordentlichen" Religionsunterricht erlebt haben dürften und häufig selbst für eine entsprechende Lehrerinnen- und Lehrerbildung zuständig sind. Bislang fehlen allerdings Studien zu den (eventuell berufsbiografischen, aber auch theologischen, bildungspolitischen etc.) Motiven religionspädagogischer Forschungsfragen (wobei die von Rainer Lachmann und/oder Horst F. Rupp herausgegebenen Bände zum Thema „Religionspädagogik als Autobiografie" eine mögliche Grundlage bieten, vgl. exemplarisch Rupp 2013).

c) Darüber hinaus ist zu betonen, dass das Thema „Religion" nicht nur im Religionsunterricht, sondern neben dem Schulleben (vgl. Schröder 2006; Koerrenz/Wermke 2008) auch in vielen weiteren Fächern zur Sprache kommt (insbesondere im Ethik- bzw. Philosophieunterricht, aber auch in Fächern wie „Geschichte", „Deutsch" oder „Musik"). Diese sollten derart von der empirisch-religionspädagogischen Forschung mit bedacht werden – zumindest insofern das Verständnis geteilt wird, dass sich religionspädagogische Forschung schwerlich über einen Gegenstand oder eine Methode konstituieren lässt, sondern eher hinsichtlich eines Interesses an der positiven Gestaltung religiöser Bildungsprozesse bestimmt werden sollte (vgl. oben, 1). Mit Blick auf den Ethikunterricht haben dies Michael Domsgen und Frank M. Lütze bereits ähnlich gefordert: „Wenn religionspädagogische Theoriebildung an der grundlegenden Bedeutung religiöser Bildung [...] festhalten [...] will, wird sie [...] alle Schülerinnen und Schüler in den Blick zu nehmen haben. Dabei geht es nicht um ein Überschreiten religionspädagogischer Zuständigkeitsbereiche, sondern um ein Ernstnehmen der Fächergruppe. Um auch im Ethikunterricht Religion angemessen thematisieren zu können, bedarf es genauerer Analysen" (Domsgen/Lütze 2010, 179f.).

d) Hinzu tritt der Eindruck, dass sich empirisch-religionspädagogische Forschung an verschiedenen Orten (wie u.a. Halle/Jena/Leipzig, Hamburg, Siegen/Würzburg oder Tübingen) lokal verdichtet, wobei häufig insbesondere der Religionsunterricht „vor Ort" im jeweiligen Bundesland im Blick ist und auch jeweils unterschiedliche (implizite) inhaltliche und methodische Paradigmen zum Tragen kommen dürften. So ist in methodischer Hinsicht auffällig, dass beispielsweise zur Erforschung des Religionsunterrichts in Ostdeutschland maßgeblich Fragebogenuntersuchungen unter Schülerinnen und Schülern zum Einsatz kommen, während wiederum bei allen drei Evaluationen zum KRU ähnliche multimethodische Verfahren (Unterrichtsbeobachtungen, Fragebogenerhebungen und Interviews mit verschiedenen Beteiligten) vorherrschen. Und auch in inhaltlicher Hinsicht lassen sich unterschiedliche (implizite) Paradigmen erkennen: So stehen beispielsweise bei den ostdeutschen Untersuchungen maßgeblich Fragen nach den Teilnahmemotiven am Religionsunterricht und dessen Akzeptanz bei den befragten Schülerinnen und Schülern im Zentrum, während bei den Hamburger Untersuchungen u.a. Fragen nach interreligiösem Dialog im Religionsunterricht dominieren. Kann hier noch mehr voneinander gelernt werden? So sind doch beispielsweise die Hamburger Forschungsfragen in modifizierter Form auch für die Erforschung des Religionsunterrichts in Ostdeutschland von ausgesprochen hohem Interesse, könnte doch danach gefragt werden, ob und inwiefern die im Religionsunterricht zahlreich vorhandenen konfessionslosen Schülerinnen und Schüler nun zwar nicht als „ExpertInnen ihrer Religion" (Asbrand 2000, 181), aber eben als Expertinnen und Experten einer agnostischen, religiös unbestimmten oder atheistischen Perspektive etc. ihren Religionsunterricht bereichern. Unter Nutzung der von Eberhard Tiefensee vorgelegten Unterscheidung (vgl. Tiefensee 2011, insbesondere 96-98) zwischen einer sog. Ökumene der ersten Art (zwischen verschiedenen Konfessionen, vgl. den KRU), der zweiten Art (zwischen verschiedenen Religionen, vgl. den „Religionsunterricht für alle") und der dritten Art (zwischen konfessionslosen und -gebundenen Menschen, vgl. den Religionsunterricht in Ostdeutschland) könnten so mittelfristig neue, in einem gemeinsamen Theorierahmen existierende und so unmittelbar miteinander gesprächsfähige empirisch-religionspädagogische Forschungsarbeiten entwickelt werden und weitere Impulse für eine differenzfähige Religionspädagogik generieren.

Fraglich bleibt dabei allerdings, ob diese Differenzen nicht häufig schon in den einzelnen Individuen zusammentreffen. Dies lässt sich in Anknüpfung an den von Jürgen Habermas geprägten Begriff der „postsäkularen Gesellschaft" entfalten. Habermas versteht darunter eine Gesellschaft, die „sich auf das Fortbestehen religiöser Gemeinschaften in einer sich fortwährend säkularisierenden Umgebung einstellt" (Habermas 2001, 13), und fokussiert damit auf die Gleichzeitigkeit von institutionalisierten Religionen und Säkularität/Säkularisierung als Phänomen gegenwärtiger, freiheitlich-pluralistischer Gesellschaften. Doch wäre seine Wahrnehmung nicht dahingehend zu erweitern, dass aufgrund der „Orientierungsprobleme, Unsicherheiten und Spannungen, die der moderne Mensch nach der ‚Entzauberung der Welt' (Max Weber) [...] verspür[t, die] Säkularität selbst produktiv wird" (Wermke 2014, i.V.) und nun u.a. im Kino temporäre „Wiederverzauberung" sucht (vgl. Berger 1994, 35 sowie zu dieser Funktion des Kinos u.a. Kirsner 2014, 11f.)? In der Konsequenz würde dann hier gelten, dass säkulare und religiöse Sinnkonstruktionen keinesfalls nur „in einem sich gegenseitig ausschließenden Widerspruchsverhältnis stehen, sondern vielfältige, v.a. eklektische Wahlverwandtschaften eingehe[n bzw.] abhängig von bestimmten Anlässen und beschränkter zeitlicher Gültigkeit [...] in Anspruch genommen und zu neuen, je individuellen Sinnkonstruktionen zusammengefügt werden" (Wermke 2014, i.V.). Wird einem derartigen Theorierahmen gefolgt, wäre eine entsprechende empirisch-religionspädagogische Forschung dann nochmals anders auszurichten, insofern dann – im KRU, im „Religionsunterricht für alle", im Religionsunterricht in Ostdeutschland, aber auch im islamischen Religionsunterricht oder im BRU – geprüft werden könnte, ob und inwiefern die im jeweiligen Religionsunterricht vorkommenden religiösen Impulse zur je individuellen Sinnkonstruktion beitragen, wobei dann auch diese empirisch-religionspädagogischen Forschungsarbeiten unmittelbar miteinander gesprächsfähig wären. In summa: Ganz unabhängig, welchem Theorierahmen gefolgt wird – es bleibt als spannende und für die Religionspädagogik ertragreiche Aufgabe festzuhalten, sich um derartige, sowohl empirische Forschungsarbeiten generierende als auch zugleich empirisch zu prüfende Theorierahmen zu bemühen und derart die verschiedenen empirisch-religionspädagogischen Forschungsarbeiten noch stärker miteinander ins Gespräch zu bringen.

e) Anzumerken bleibt dabei, dass in Deutschland u.a. mit der „Arbeitsgemeinschaft Katholische Religionspädagogik und Katechetik" (AKRK) oder der „Gesellschaft für wissenschaftliche Religionspädagogik" (GwR) gute institutionelle Voraussetzungen für eine weitreichende, bereits durchaus gut vorhandene Vernetzung der empirisch-religionspädagogischen Forschung gegeben sind (vgl. dazu u.a. die Jahrestagung der GwR-Vorgängerinstitution „Arbeitskreis für Religionspädagogik" von 2007 und die Dokumentation dieser Tagung in Jahrgang 6, Heft 2, von „Theo-Web. Zeitschrift für Religionspädagogik"), aber diese Vernetzung eben noch weiter auszubauen wäre. Neben wissenschaftlichen Netzwerken und Berufsverbänden wie der AKRK oder der GwR können dabei als Brennpunkte die verschiedenen religionspädagogischen Organisationen mit Forschungsauftrag agieren, die in den letzten Jahren an verschiedenen Universitäten gegründet worden – so KIBOR, EIBOR und bibor in Tübingen und Bonn (vgl. Kapitel 2.3), die Forschungsstelle „Religiöse Kommunikations- und Lernprozesse" in Halle und das „Zentrum für Religionspädagogische Bildungsforschung" in Jena – und die in der Anregung, Begleitung und Durchführung wissenschaftlicher Forschungsarbeiten wichtige Vernetzungsfunktionen bereits übernommen haben. Die gute, gleichwohl noch ausbaufähige innerdeutsche Vernetzung darf jedoch auch nicht darüber hinwegtäuschen, dass u.a. die europaweite Vernetzung der deutschen empirisch-religionspädagogischen Forschung noch optimierbar erscheint (wobei hier gewichtige

Ausnahmen festzuhalten sind, so u.a. im Blick auf REDCo, vgl. Kapitel 2.1, oder im Blick auf das Forschungsprojekt „How Teachers in Europe Teach Religion", vgl. Ziebertz/Riegel 2009). Europaweite wissenschaftliche Netzwerke wie TRES (vgl. erneut Kapitel 2.1 und Schreiner im vorliegenden Band) dürften hier zahlreiche geeignete Möglichkeiten bereitstellen.

f) Abschließend sei festgehalten, dass Kapitel 2 aufzeigt, dass die drei genauer in den Blick genommenen Schwerpunkte induktiv auf Grundlage der hier jeweils besonders zahlreich vorhandenen Studien gewonnen sind. Ebenso ließen sich allerdings, was zu weiteren Erkenntnissen führen dürfte, auch deduktiv gewonnene Gliederungen anlegen – wie bei Heil 2003, wo die deduktiv gewonnenen Kategorien „Unterrichtsgeschehen", „-rezeption" und „-kontexte" genutzt werden (vgl. Heil 2003, 13f.). Auch aus dem geläufigen Verständnis von Religionspädagogik als Verbundwissenschaft ließe sich eine u.U. ertragreiche Kategorisierung entwickeln, könnte doch danach gefragt werden, inwiefern sich die vorhandenen Forschungsarbeiten in Studien unterteilen lassen, welche sich speziell exegetischen, kirchengeschichtlichen, systematisch-theologischen, praktisch-theologischen, religionswissenschaftlichen, pädagogischen, psychologischen, soziologischen oder juristischen Aspekten widmen. Schließlich bleibt hier die u.a. in der Pädagogik oder Psychologie gebräuchliche Unterscheidung zwischen qualitativen und quantitativen Forschungsarbeiten zu erwähnen, die im Blick auf die empirisch-religionspädagogische Forschung kurz weiter ausgeführt sei.

Zunächst: Wie lässt sich diese Unterscheidung genauer fassen? Einen weithin beachteten Vorschlag haben Jürgen Bortz und Nicola Döring vorgelegt: „In der qualitativen Forschung werden verbale bzw. nichtnumerische Daten interpretativ verarbeitet. In der quantitativen Forschung werden Messwerte statistisch analysiert. Viele Forschungsprojekte kombinieren beide Herangehensweisen" (Bortz/Döring 2006, 298). Wird dieser Bestimmung gefolgt, dann ist eine weitere Möglichkeit gewonnen, die empirisch-religionspädagogische Forschung zum Religionsunterricht zu ordnen. Mit Blick auf die in Kapitel 2 benannten Forschungsarbeiten seien einige Beispiele genannt: So wählen u.a. Zonne 2006, Breitmaier 2010 oder Darwisch 2013 qualitative Zugänge, während hingegen die in den Blick genommenen Studien zum Religionsunterricht in Ostdeutschland sämtlich als Beispiele quantitativer Forschung verstanden werden können.

Sowohl im Bereich qualitativer wie quantitativer Methodik scheinen empirisch-religionspädagogische Forschungsarbeiten zum Religionsunterricht damit gut aufgestellt zu sein. Gleichwohl lässt sich hier bei genauerem Hinsehen eine gewisse methodische Monokultur erkennen – im qualitativen Bereich wird vorrangig mit Interviews (sowie bereits deutlich weniger mit Beobachtungen und Textanalysen), im quantitativen Bereich vorrangig mit Fragebogenerhebungen gearbeitet –, die zumindest insofern problematisch erscheint, als dass bislang nicht oder nur selten genutzte Methoden wie die Analyse von Gruppendiskussionen oder von Fotos, Bildern und Filmen (in denen jeweils sowohl verbale bzw. nichtnumerische Daten wie auch

Messwerte generiert werden können) zur Klärung verschiedenster Fragestellungen durchaus vielversprechend sein dürften. Sind nicht beispielsweise gruppendynamische Prozesse im Verlauf eines Unterrichtsprojekts „Wir planen und feiern eine Andacht" viel besser im Rahmen einer anschließenden Gruppendiskussion zu erheben, bei der unterschiedliche Perspektiven direkt miteinander ins Gespräch kommen können? Kritisch bleibt hier zur fragen, ob im Verlauf empirisch-religionspädagogischer Forschungsarbeiten nicht mitunter die jeweils bereits ausführlich bekannte und beherrschte Forschungsmethode den Gegenstand und die Fragestellung generiert, anstatt dass von einer gewichtigen Forschungsfrage aus Methodik und Gegenstand je neu konturiert würden (wie mustergültig bei Schweitzer et al. 2012, wo im Blick auf die Wertebildung im BRU mit einleuchtenden Gründen auf das selten genutzte Verfahren der Unterrichtsvideografie zurückgegriffen wird, vgl. ebd., 32-37). Hinzu tritt, dass auch bei den bereits intensiv genutzten Methoden u.U. eine weiter differenzierte Nutzung wünschenswert wäre. So unterscheiden beispielsweise Jürgen Bortz und Nicola Döring allein 19 verschiedene Varianten qualitativer Einzelbefragungen – neben dem gängigen Leitfadeninterview u.a. Feldgespräche, assoziative, biografische, fokussierte und narrative Interviews sowie Dilemma- oder Tiefeninterviews (vgl. Bortz/Döring 2006, 315) –, die, zumindest insofern sie zur Klärung entsprechender Fragestellungen geeignet sind, auch in empirisch-religionspädagogischen Arbeiten zum Religionsunterricht verstärkt in den Blick zu nehmen wären. Letztlich dürfen diese Anmerkungen zu einer gewissen methodischen Monokultur allerdings auch nicht überbewertet werden; insgesamt gilt hier: „Empirische [genauso wie historische und systematische] Untersuchungen sollten nicht nach der Art der verwendeten Untersuchungsmethoden, sondern nach ihren Ergebnissen, ihrer Funktion und ihrem Stellenwert für den Wissenschaftsprozess beurteilt werden" (ebd., 303).

Literatur

Asbrand, B. (2000): Zusammen leben und lernen im Religionsunterricht. Eine empirische Studie zur grundschulpädagogischen Konzeption eines interreligiösen Religionsunterrichts im Klassenverband der Grundschule. Frankfurt a.M.: IKO-Verl. für Interkulturelle Kommunikation.

Berger, P. L. (1994): Sehnsucht nach Sinn. Glauben in einer Zeit der Leichtgläubigkeit. Frankfurt a.M. u.a.: Campus.

bibor [= Bonner evangelisches Institut für berufsorientierte Religionspädagogik] (2014): Startseite. http://www.bibor.uni-bonn.de/ [Zugriff: 24.04.2014]

Biesinger, A.; Kießling, K.; Jakobi, J.; Schmidt, J. (Hg.) (2011): Interreligiöse Kompetenz in der beruflichen Bildung. Pilotstudie zur Unterrichtsforschung. (Religion und berufliche Bildung 6), Berlin u.a.: LIT.

Biesinger, A.; Gronover, M.; Meyer-Blanck, M.; Obermann, A.; Ruopp, J.; Schweitzer, F. (Hg.) (2013): Gott – Bildung – Arbeit. Zukunft des Berufsschulreligionsunterrichts. Glaube – Wertebildung – Interreligiosität. (Berufsorientierte Religionspädagogik 4), Münster u.a.: Waxmann.

Bizer, C.; Degen, R.; Englert, R.; Kohler-Spiegel, H.; Mette, N.; Rickers, F.; Schweitzer, F. (Hg.) (2008): Was ist guter Religionsunterricht? (Jahrbuch der Religionspädagogik 22), 2. Aufl., Neukirchen-Vluyn: Neukirchener Verlag.

Bortz, J.; Döring, N. (2006): Forschungsmethoden und Evaluation für Human- und Sozialwissenschaftler. 4. Aufl., Berlin u.a.: Springer.

Breitmaier, I. (2010): Religionsunterricht an der Berufsschule aus der Perspektive von Ausbilderinnen und Ausbildern. (Religion und berufliche Bildung 5), Berlin u.a.: LIT.

Bucher, A. (2001): Religionsunterricht zwischen Lernfach und Lebenshilfe. Eine empirische Untersuchung zum katholischen Religionsunterricht in der Bundesrepublik Deutschland. 3. Aufl., Stuttgart: Kohlhammer.

Darwisch, K. (2013): Islamischer Religionsunterricht in Deutschland. Darstellung und Analyse der islamischen Unterrichtsprojekte. (Religionen aktuell 11), Marburg: Tectum.

Deutsche Islam Konferenz (2014): Islamischer Religionsunterricht im Schulversuch. http://www.deutsche-islam-konferenz.de/DIK/DE/DIK/StandpunkteErgebnisse/UnterrichtSchule/ReligionBildung/Schulversuche/schulversuche-node.html [Zugriff: 24.04.2014]

Domsgen, M. (Hg.) (2005): Konfessionslos – eine religionspädagogische Herausforderung. Studien am Beispiel Ostdeutschlands. Leipzig: Evangelische Verlagsanstalt.

Domsgen, M.; Lütze, F. M. (2010): Schülerperspektiven zum Religionsunterricht. Eine empirische Studie in Sachsen-Anhalt. Leipzig: Evangelische Verlagsanstalt.

Domsgen, M.; Lütze, F. M. (Hg.) (2013): Religionserschließung im säkularen Kontext. Fragen, Impulse, Perspektiven. Leipzig: Evangelische Verlagsanstalt.

Domsgen, M.; Schluß, H.; Spenn, M. (Hg.) (2012): Was gehen uns „die anderen" an? Schule und Religion in der Säkularität. Göttingen: Vandenhoeck und Ruprecht.

Feige, A.; Gennerich, C. (2008): Lebensorientierungen Jugendlicher. Alltagsethik, Moral und Religion in der Wahrnehmung von Berufsschülerinnen und -schülern in Deutschland. Eine Umfrage unter 8.000 Christen, Nicht-Christen und Muslimen. Münster u.a.: Waxmann.

Fischer, D.; Elsenbast, V.; Schöll, A. (2003): Zur Einführung: Wie kann man Religionsunterricht erforschen? In: Fischer, D.; Elsenbast, V.; Schöll, A. (Hg.): Religionsunterricht erforschen. Beiträge zur empirischen Erkundung von religionsunterrichtlicher Praxis. Münster u.a.: Waxmann, S. 5-10.

Frank, K. (2010): Schulischer Religionsunterricht. Eine religionswissenschaftlich-soziologische Untersuchung. (Religionswissenschaft heute 7), Stuttgart: Kohlhammer.

Grethlein, C. (2013): Universitäre Religionslehrerbildung zwischen Berufsfeld- und Wissenschaftsbezug. In: Heller, T.; Wermke, M. (Hg.): Universitäre Religionslehrerbildung zwischen Berufsfeld- und Wissenschaftsbezug. (Studien zur Religiösen Bildung 1), Leipzig: Evangelische Verlagsanstalt, S. 29-44.

Habermas, J. (2001): Glauben und Wissen. Friedenspreis des Deutschen Buchhandels 2001. Frankfurt a.M.: Suhrkamp.

Hanifzadeh, M. (2010): Islamischer Religionsunterricht in Deutschland. Möglichkeiten und Grenzen. Marburg: Tectum.

Hanisch, H.; Pollack, D. (1997): Religion – ein neues Schulfach. Eine empirische Studie zum religiösen Umfeld und zur Akzeptanz des Religionsunterrichts aus der Sicht von Schülerinnen und Schülern in den neuen Bundesländern. (Arbeiten zur Pädagogik 28), Stuttgart/Leipzig: Calwer/Evangelische Verlagsanstalt.

Hassanein, D. E. (2013): Der Hamburger Weg des Religionsunterrichts. Eine empirische Studie zum Dialog im Klassenzimmer. (Religionspädagogik in Forschung und Praxis 3), Hamburg: Kovac.

Heil, S. (2003): Empirische Unterrichtsforschung zum Religionsunterricht – Stand und Entwicklungsgeschichte. In: Fischer, D.; Elsenbast, V.; Schöll, A. (Hg.): Religionsunterricht erforschen. Beiträge zur empirischen Erkundung von religionsunterrichtlicher Praxis. Münster u.a.: Waxmann, S. 13-35.

Käbisch, D. (2014): Religionsunterricht und Konfessionslosigkeit. Eine fachdidaktische Grundlegung. (Praktische Theologie in Geschichte und Gegenwart 14), Tübingen: Mohr Siebeck.

Khorchide, M. (2009): Der islamische Religionsunterricht zwischen Integration und Parallelgesellschaft. Einstellungen der islamischen ReligionslehrerInnen an öffentlichen Schulen. Wiesbaden: VS Verlag für Sozialwissenschaften.

Kiefer, M. (2001): Der Islam in der Schule. *Islamische Unterweisung* in Nordrhein-Westfalen. Erste Ergebnisse zur Akzeptanz des Schulversuchs. In: Gottwald, E.; Siedler, D. C. (Hg.): „Islamische Unterweisung" in deutscher Sprache. Berichte, Stellungnahmen und Perspektiven zum Schulversuch in Nordrhein-Westfalen. Neukirchen-Vluyn: Neukirchener Verlag, S. 40-53.

Kiefer, M. (2005): Islamkunde in deutscher Sprache in Nordrhein-Westfalen. Kontext, Geschichte, Verlauf und Akzeptanz eines Unterrichtsversuchs. (Islam in der Lebenswelt Europa 2), Münster: LIT.

Kiefer, Michael (2009): Islamische Religionspädagogik und -didaktik – Offene Fragen zu den Gegenständen einer neuen wissenschaftlichen Fachrichtung. In: Mohr, I.-C.; Kiefer, M. (Hg.): Islamunterricht – Islamischer Unterricht – Islamkunde. Viele Titel – ein Fach? Bielefeld: transcript, S. 19-33.

Kiesel, D.; Seif, K. P.; Sievering, U. O. (Hg.) (1986): Islamunterricht an deutschen Schulen? Frankfurt a.M.: Haag und Herchen.

Kirsner, I. (2014): Religion und Kino, Mythos und Wirklichkeit. In: Kirsner, I.; Wermke, M. (Hg.): Religion im Kino. Religionspädagogisches Arbeiten mit Filmen. Nachdruck der 2. Auflage von 2005. Jena: Garamond, S. 11-42.

Knauth, T.; Leutner-Ramme, S.; Weiße, W. (2000): Religionsunterricht aus Schülerperspektive. (Jugend – Religion – Unterricht 5), Münster u.a.: Waxmann.

Knoblauch, C. (2011): Interreligiöser Dialog beginnt an den Wurzeln. Religionsunterricht und Religious Studies auf der Suche nach interreligiösem Verständnis. Eine Analyse und empirisch explorative Vergleichsstudie beider Konzeptionen. (Zeitzeichen 27), Ostfildern: Schwabenverlag.

Koerrenz, R.; Wermke, M. (Hg.) (2008): Schulseelsorge – Ein Handbuch. Göttingen: Vandenhoeck & Ruprecht.

Kuld, L.; Schweitzer, F.; Tzscheetzsch, W.; Weinhardt, J. (Hg.) (2009): Im Religionsunterricht zusammenarbeiten. Evaluation des konfessionell-kooperativen Religionsunterrichts in Baden-Württemberg. Stuttgart: Kohlhammer.

Kumlehn, M. (2007): Unterrichtsforschung Religion – Hermeneutische Annäherungen im Spannungsfeld von Verheißung und Versuchung. Rückblick zur AfR-Tagung 2007. In: Theo-Web. Zeitschrift für Religionspädagogik 6; H.2, S. 62-66.

Meyer-Blanck, M.; Obermann, A. (2013): Gott – Bildung – Arbeit. Die Religion des BRU. In: Biesinger, A.; Gronover, M.; Meyer-Blanck, M.; Obermann, A.; Ruopp, J.; Schweitzer, F. (Hg.): Gott – Bildung – Arbeit. Zukunft des Berufsschulreligionsunterrichts. Glaube – Wertebildung – Interreligiosität. (Berufsorientierte Religionspädagogik 4), Münster u.a.: Waxmann, S. 21-32.

Mohr, I.-C. (2000): Muslime zwischen Herkunft und Zukunft. Islamischer Unterricht in Berlin. (Studien zum modernen islamischen Orient 9), Berlin: Das arabische Buch Berlin.

Mohr, I.-C. (2009): Eine Didaktik für den islamischen Religionsunterricht in Berlin. Ergebnisse aus Unterrichtsbesuchen und Gesprächen mit Lehrerinnen und Lehrern. In: Mohr, I.-C.; Kiefer, M. (Hg.): Islamunterricht – Islamischer Religionsunterricht – Islamkunde. Viele Titel – ein Fach? Bielefeld: transcript, S. 143-158.

Petzold, K. (2003): Religion und Ethik hoch im Kurs. Repräsentative Befragung und innovative Didaktik. Leipzig: Evangelische Verlagsanstalt.

Rose, M.; Wermke, M. (Hg.) (2014): Konfessionslosigkeit heute. Zwischen Religiosität und Säkularität. (Studien zur Religiösen Bildung 5), Leipzig: Evangelische Verlagsanstalt.

Rothgangel, M. (2007): Editorial Unterrichtsforschung Religion. In: Theo-Web. Zeitschrift für Religionspädagogik 6; H.2, S. 1f.

Rothgangel, M.; Schröder, B. (Hg.) (2009): Evangelischer Religionsunterricht in den Ländern der Bundesrepublik Deutschland. Empirische Daten – Kontexte – Entwicklungen. Leipzig: Evangelische Verlagsanstalt.

Rupp, H. F. (Hg.) (2013): Lebensweg, religiöse Erziehung und Bildung. (Religionspädagogik als Autobiografie 5), Würzburg: Königshausen und Neumann.

Sautermeister, J. (2006): Religionsunterricht an der berufsbildenden Schule. Eine exemplarische Studie zur Wahrnehmung und Einschätzung des Faches Religion durch Schülerinnen und Schüler. gott-leben-beruf. (Schriften des Instituts für berufsorientierte Religionspädagogik 5), Norderstedt: Books on Demand.

Schröder, B. (Hg.) (2006): Religion im Schulleben. Christliche Präsenz nicht allein im Religionsunterricht. Neukirchen-Vluyn: Neukirchener Verlag.

Schweitzer, F.; Biesinger, A., Boschki, R.; Conrad, J. (2002): Gemeinsamkeiten stärken – Unterschieden gerecht werden. Erfahrungen und Perspektiven zum konfessionell-kooperativen Religionsunterricht. Freiburg i.Br. u.a./Gütersloh: Herder/Gütersloher.

Schweitzer, F.; Biesinger, A. et al. (2006): Dialogischer Religionsunterricht. Analyse und Praxis konfessionell-kooperativen Religionsunterrichts im Jugendalter. Freiburg i.Br. u.a.: Herder.

Schweitzer, F. (2008): Wissenschaftliche Begleitforschung als Aufgabe der Religionspädagogik. In: Gramzow, C.; Liebold, H.; Sander-Gaiser, M. (Hg.): Lernen wäre eine schöne Alternative. Religionsunterricht in theologischer und erziehungswissenschaftlicher Verantwortung. Leipzig: Evangelische Verlagsanstalt, S. 125-136.

Schweitzer, F. (2012): Zur Bedeutung religionspädagogischer Forschung für die Praxis religiöser Bildung. In: Koerrenz, R.; Mettele, G.; Wermke, M. (Hg.): Bildung und Religion. Dokumentation der Gründungsveranstaltung des „Zentrums für Religionspädagogische Bildungsforschung". (Religionspädagogik im Diskurs 11), Jena: IKS Garamond, S. 17-34.

Schweitzer, F.; Ruopp, J.; Wagensommer, G. (2012): Wertebildung im Religionsunterricht. Eine empirische Untersuchung im berufsbildenden Bereich. Glaube – Wertebildung – Interreligiosität. (Berufsorientierte Religionspädagogik 2), Münster u.a.: Waxmann.

Tiefensee, E. (2011): Religiöse Indifferenz als interdisziplinäre Herausforderung. In: Pickel, G.; Sammet, K. (Hg.): Religion und Religiosität im vereinigten Deutschland. Zwanzig Jahre nach dem Umbruch. (Veröffentlichungen der Sektion Religionssoziologie der Deutschen Gesellschaft für Soziologie 10), Wiesbaden: VS Verlag für Sozialwissenschaften, S. 79-101.

Uçar, B. (Hg.) (2010): Islamische Religionspädagogik zwischen authentischer Selbstverortung und dialogischer Öffnung. Perspektiven aus der Wissenschaft und dem Schulalltag der Lehrkräfte. (Reihe für Osnabrücker Islamstudien 3), Frankfurt a.M.: Peter Lang.

Veinguer, A. Alvarez; Dietz, G.; Jozsa, D.-P.; Knauth, T. (Hg.) (2009): Islam in Education in European Countries. Pedagogical Concepts and Empirical Findings. (Religious Diversity and Education in Europe 18), Münster u.a.: Waxmann.

Völker, S.; Heller, T.; Wermke, M. (2011): Weniger als 3 Prozent. BRU in Thüringen und Sachsen-Anhalt. In: BRU. Magazin für den Religionsunterricht an berufsbildenden Schulen 28; H.55, S. 40f.

Völker, S. (2015): Berufsschulreligionsunterricht in Sachsen-Anhalt und Thüringen. Eine empirische Studie. (Studien zur Religiösen Bildung, voraussichtlich Bd. 8), Leipzig: Evangelische Verlagsanstalt [i.V.].

Weiße, W. (2010): Religiöse Differenz aus der Sicht von Jugendlichen in Europa und Prioritäten für den Religionsunterricht. Ergebnisse des europäischen Forschungsprojekts REDCo. In: Weiße, W.; Gutmann, H.-M. (Hg.): Religiöse Differenz als Chance? Positionen, Kontroversen, Perspektiven. (Religionen im Dialog 3), Münster u.a.: Waxmann, S. 225-242.

Wermke, M. (2006): Evangelischer Religionsunterricht in Ostdeutschland. Empirische Befunde zur Teilnahme thüringischer Schülerinnen und Schüler. (Religionspädagogik im Diskurs 2), Jena: IKS Garamond.

Wermke, M. (2014): Religiöse Bildung in der postsäkularen Gesellschaft? Eine bildungstheoretische Auseinandersetzung mit Jürgen Habermas. In: Lutz, R. (Hg.): Religion und Politik. Münster u.a.: Waxmann [i.V.].

Ziebertz, H.-G.; Riegel, U. (Hg.) (2009): How Teachers in Europe Teach Religion. An International Empirical Study in 16 Countries. (International practical theology 12), Berlin u.a.: LIT.

Zonne, E. (2006): Interreligiöses und interkulturelles Lernen an Grundschulen in Rotterdam-Rijnmond. Eine interdisziplinäre religionspädagogische Studie des Umgangs mit der Pluralität der Weltanschauungen. (Religious Diversity and Education in Europe 1), Münster u.a.: Waxmann.

Martin Rothgangel

Empirische Befunde zu Religionslehrkräften

Religionslehrkräfte bilden schon seit längerer Zeit in theoretischer wie empirischer Hinsicht einen wesentlichen Fokus religionspädagogischer Forschung: Hans-Georg Ziebertz stellt in seiner Bilanzierung empirischer Studien zu Religionslehrkräften eine „annähernde ‚Totalerfassung'" (Ziebertz 1995, 73) fest. Umfassende Überblicke über frühere Studien finden sich in tabellarischer Form bei Ziebertz (1995, 48) und Christhard Lück (2002, 202f.). Der vorliegende Beitrag beschränkt sich auf ausgewählte empirische Studien der letzten 15 Jahre. Diese geben bestimmte Schwerpunkte und Forschungstendenzen zu erkennen, die sich in der Untergliederung widerspiegeln.

1. Studien zur Berufsausbildung von Religionslehrkräften

In jüngster Zeit werden vermehrt empirische Untersuchungen vorgenommen, die sich auf die Berufsausbildung von zukünftigen Religionslehrerinnen und -lehrern konzentrieren. Dabei existieren nicht nur interessante lokale Untersuchungen (vgl. überblickshaft Lück 2012, 11-13), sondern auch eine Vielzahl von Studien, die eine breitere Aufmerksamkeit erhalten haben (z.B. Feige/Friedrichs/Köllmann 2007; Heller 2011; Riegel/Mendl 2011; Riegel/Mendl 2013). Ungeachtet dessen muss im vorliegenden Rahmen eine Beschränkung auf die bundesweite Erhebung zum Studium von Religionslehrerinnen und -lehrern (Lück 2012) und eine der wenigen Erhebungen zum Referendariat (Englert et al. 2006) erfolgen.

1.1 Religion studieren

Im Jahr 2009 führte Christhard Lück bundesweit an 16 Universitäten eine konfessions- und schulformübergreifende Studie durch, bei der insgesamt 1603 Studierende den 312 Items umfassenden Fragebogen ausfüllten (Lück 2012, 26f.). In methodischer Hinsicht operiert diese quantitative Studie u.a. mit Faktorenanalysen, bivariaten Korrelationsberechnungen sowie multiplen Regressionsanalysen.

Aus der Fülle der Ergebnisse seien hervorgehoben: Die Studierendenzufriedenheit ist hoch (ebd., 201), die „Studierenden sind besonders mit der sozial-kommunikativen Dimension und der Inhaltsdimension im Theologiestudium zufrieden" (ebd.), Optimierungsbedarf wird „vor allem bei der organisatorischen Struktur des Studiums, der methodisch-didaktischen Gestaltung der Lehrveranstaltungen und bei den Prüfungsanforderungen gesehen" (ebd., 203), der selbst erfahrene Religionsunterricht wird sehr ambivalent beurteilt (ebd., 208) und „Theologiestudierende unterscheiden sich in ihrer familiären und gemeindlichen religiösen Sozialisation sowie eigenen religiösen Praxis zum Teil erheblich" (ebd., 209).

1.2 Innenansichten des Referendariats

Den Fokus dieser Längsschnittstudie (Englert et al. 2006) bilden Referendarinnen und Referendare für das Lehramt katholische Religion an Grundschulen in Nordrhein-Westfalen. An drei Studienseminaren wurden je drei Probanden bzw. Probandinnen zu insgesamt vier verschiedenen Zeitpunkten ihres Referendariats befragt, woraus insgesamt 36 Interviews resultieren. Darüber hinaus wurden zu den vier Messzeitpunkten insgesamt 473 Fragebögen für die quantitative Analyse erhoben. Im Anschluss an den zusammenfassenden Beitrag von Porzelt seien folgende Ergebnisse stichpunktartig hervorgehoben: Den Hintergrund der Referendarinnen und Referendare bilden eine „kirchliche Sozialisation und intrinsische Motivation" (ebd., 456), das universitäre Lehramtsstudium erhält schlechte Noten (ebd., 457), religionsdidaktische Konzepte besitzen eine geringe Plausiblität (ebd., 461), die Unterrichtspraxis fungiert „als ‚Energiezentrum' der Zweiten Ausbildungsphase" (ebd., 462), die Mentorinnen und Mentoren sind die „wichtigste Wegbegleitung in die Berufswirklichkeit" (ebd., 464) und Religion stellt ein „schwieriges, aber erfüllendes Unterrichtsfach" (ebd., 473) dar.

2. Personale und berufsbiografische Aspekte von Religionslehrkräften

Mehr oder weniger in allen Fragebogenuntersuchungen werden personale Aspekte wie Alter, Geschlecht etc. als Hintergrundvariablen erhoben. Dies kann im Einzelnen zu bemerkenswerten Ergebnissen führen. Beispielsweise lässt sich in der unten näher dargelegten Studie von Britta Klose zur Diagnosekompetenz von Religionslehrerinnen und -lehrern folgender Alterseffekt beobachten: Ältere Lehrkräfte können die Werthaltungen von Schülerinnen und Schülern besser diagnostizieren als jüngere Lehrkräfte, genau umgekehrt verhält sich dies jedoch im Themenbereich „Naturwissenschaft und Theologie" (Klose 2014, 165f.).

Darüber hinaus widmen sich Studien auch eingehender dem beruflichen Selbstverständnis von Religionslehrkräften (Lück 2003; Liebold 2004). Anhand der qualitativen Studie von Liebold zu Religions- und Ethiklehrkräften in Ostdeutschland wird deutlich, dass dabei auch stets regionale Faktoren zu bedenken sind (vgl. auch Hahn 2003; Münch 2008).

2.1 Berufszufriedenheit

In der österreichischen Studie von Anton Bucher und Helene Miklas (2005) standen vier abhängige Variablen im Vordergrund: Berufszufriedenheit, Burnout, Berufswiederwahl sowie die im Religionsunterricht verfolgten Ziele (Bucher/ Miklas 2005, 27). Dabei konnten insgesamt 757 Fragebögen von katholischen Religionslehrkräften aus den Diözesen Linz und Salzburg (ebd., 31) sowie von 171 evangelischen Religionslehrkräften aus ganz Österreich (ebd., 125) u.a. mit Hilfe von Mittelwert-, Korrelations-, Regressions- und Faktorenanalysen ausgewertet werden (ebd., 28f.).

Ungeachtet von Differenzen im Detail zeigt die Studie eine hohe Berufszufriedenheit: „Das offensichtliche Wohlbefinden der katholischen *und* evangelischen ReligionslehrerInnen, ihre Problemfelder, Zielsetzungen und Optionen für die Zukunft werden fast durchwegs kontinuierlich mit gleichen Mittelwerten belegt. Signifikanzen sind kaum erkennbar." (Ebd., 208f.) Dieser Befund überrascht einerseits in Anbetracht der generellen Verbreitung von Burnout im Lehrerberuf, andererseits aber auch im Blick auf die evangelischen Kolleginnen und Kollegen, die in der Minderheitensituation Österreichs erschwerte Arbeitsbedingungen vorfinden, indem sie in der Regel an mehreren Schulen tätig sind (ebd., 209). Obwohl die Berufszufriedenheit im Kontext Deutschlands nicht derart ausführlich untersucht wurde wie in der vorliegenden Studie, geben auch die entsprechenden Items u.a. in den Studien von Englert/Güth (1999) sowie Lück (2003) eine vergleichbare Berufszufriedenheit zu erkennen (Bucher/Miklas 2005, 219).

2.2 Gelebte und gelehrte Religion

Große religionspädagogische Aufmerksamkeit fanden die von Feige et al. durchgeführten Befragungen von evangelischen Religionslehrkräften in Niedersachsen (Feige et al. 2000) und evangelischen wie katholischen Religionslehrkräften in Baden-Württemberg (Feige/Tzscheetzsch 2005; Feige/Dressler/Tzscheetzsch 2006). Grundlage dieser Studien waren jeweils eine qualitative und quantitative Befragung. Für die qualitative Untersuchung wurden 23 Interviews in Niedersachen und 15 in Baden-Württemberg durchgeführt und mit der Objektiven Hermeneutik sowie der Erzählanalyse ausgewertet (Feige et al. 2000, 47-52; Feige/Dressler/Tzscheetzsch 2006, 20-24). Bei der quantitativen Erhebung in Niedersachsen wurden 2109 und in Baden-Württemberg 4.196 Fragebögen zurückgesandt (Feige et al. 2000, 210; Feige/Tzscheetzsch 2005, 7). Diese wurden insbesondere mit Mittelwertvergleichen und Faktorenanalyse ausgewertet, die wiederum mit multiplen Präferenz-Skalierungen (MDPREF-Analyse) aufeinander bezogen wurden (ebd., 137ff.).

Ein wesentliches Ergebnis des qualitativen Teils der niedersächsischen Religionslehrkräftestudie besteht in der Feststellung einer *reflexiven Distanz* zwischen der gelebten und der gelehrten Religion von Religionslehrkräften (Feige 2004, 10-16, bes. 13). Damit wird die religionspädagogische These in Frage gestellt, dass Lehrende als Vorbilder möglichst authentisch ihre gelebte Religion im Unterricht präsentieren sollen. Gerade die mehr oder weniger ausgeprägte Distanz zwischen gelebter und gelehrter Religion stellt eine für religiöse Bildungsprozesse fruchtbare Spannung dar. Eine wichtige Rolle kommt dabei dem Unterrichts-Habitus zu, unter dem „die didaktische Reflexion der reflektierten Religion der ReligionslehrerInnen" (Feige/Dressler/Tzscheetzsch 2006, 378) verstanden wird.

Auch bestätigt die niedersächsische Studie nicht das Bild „vom zumindest ‚ent-konfessionalisierten', wenn nicht gar fast ‚unchristlich' gewordenen Religionsunterricht" (Feige/Tzscheetzsch 2005, 83)[1]. Detaillierter nachgefragt ergab sich in Baden-Württemberg folgendes Resultat: „Die für die kath. und ev. RL ausgewiesene unterrichtliche Ziele-Struktur ist in zwar nicht ausschließlicher, aber doch in dominanter Form von der Betonung allererst *allgemein*-christlicher Grundaussagen und zugleich von weit überwiegender Negation *bestimmter* konfessions-institutioneller Spezifika getragen." (Ebd., 88) Wenn speziell die personale Identität der Religionslehrerinnen und -lehrer betrachtet wird, „dann zeigen sich *konfessionelle Verwurzelungen*, die im Hintergrund bleiben, wenn man sich allein auf die professionelle Selbstkonturierung der Lehrenden konzentriert" (ebd., 20).

3. Organisationsform und Praxis des Religionsunterrichts

Aus dem quantitativen Teil der obigen Studie von Feige et al. geht hervor, dass die Mehrheit der Religionslehrkräfte entschieden und differenziert für eine Öffnung des konfessionellen RU plädiert, „*ohne* damit zugleich den Religionsunterricht von allen seinen kirchlichen (und damit konfessionellen) Bindungen abschneiden zu wollen" (Feige et al. 2000, 461). Dieser Befund lässt sich auf ähnliche Weise in weiteren Studien beobachten (z.B. Englert/Güth 1999, Liebold 2004).

3.1 „Gemeinsamkeiten stärken – Unterschieden gerecht werden"

Ein besonderes Potenzial der Studie von Friedrich Schweitzer und Albert Biesinger (2002) liegt in ihrem multiperspektivischen Ansatz: Zur Erforschung der Möglichkeiten eines konfessionell-kooperativen RU wurden 35 solcher Unterrichtsstunden an Grundschulen beobachtet und Schülerinnen und Schüler, Religionslehrkräfte, Eltern, Schulleiterinnen und -leiter sowie Klassenlehrerinnen und lehrer befragt (Schweitzer/Biesinger 2002, 225-235). Die Befragungen der Lehrkräfte fanden unmittelbar im Anschluss an die hospitierten Unterrichtsstunden statt. Des Weiteren wurden zu Beginn und am Ende des Unterrichtsversuchs jeweils 14 semistrukturierte Interviews durchgeführt. Ohne die Ergebnisse im Detail anführen zu können, ist bereits das Resümee der Befragung der Lehrerinnen und Lehrer aufschlussreich: „Zusammenfassend ist von den Lehrerbefragungen her eindeutig festzuhalten, dass konfessionelle Kooperation eine gewinnbringende Herausforderung ist. Wenn sich Lehrerinnen und Lehrer auf die konfessionelle

---

[1]   Dieser Befund richtet sich gegen die Hamburger Studie von Langer 1989.

Kooperation einlassen, entstehen Wahrnehmungs- und Diskursebenen, die auch für die eigene Identität und Kompetenz wirksam werden." (Ebd., 194)

3.2 Im Religionsunterricht zusammenarbeiten (Kuld et al. 2009)

Diese Studie schließt insofern an die vorhergehende Studie an, als es sich dabei um die Evaluation von konfessionell-kooperativem Religionsunterricht (KRU) in Baden-Württemberg handelt, der zum Schuljahr 2005/2006, bei Erfüllung bestimmter Qualitätserfordernisse, eingeführt wurde (Kuld et al. 2009, 16f.). Auch in methodischer Hinsicht wurde wiederum ein vergleichbarer multiperspektivischer Ansatz realisiert (ebd., 17-22), wobei bei dieser Untersuchung die konfessionelle Kooperation nicht nur an der Grundschule, sondern auch in der Sekundarstufe I (Haupt- und Realschulen, Gymnasien) untersucht wurde. Des Weiteren wurden am Ende der 2. und 6. Klasse Vergleichstests durchgeführt, an denen auch Schülerinnen und Schüler aus konfessionell getrenntem Religionsunterricht teilnahmen. Speziell mit den Religionslehrerinnen und -lehrern wurden insgesamt 83 Interviews und 77 Unterrichtsnachgespräche durchgeführt, transkribiert und mit Hilfe des Textanalysesystems MAXQDA ausgewertet (ebd., 134f.). Als Gesamtresümee kann festgehalten werden: Viele Religionslehrerinnen und -lehrer

> „verstehen KRU als religionspädagogische Realisation ,versöhnter Verschiedenheit' (Rahner/Fries). Die Zusammenarbeit im Team wird trotz Mehraufwand praktisch von allen als Bereicherung und Gewinn erlebt; sie vermag zum Vorbild kollegialer Zusammenarbeit an Schulen, bisweilen sogar zum Motor von Schulentwicklung zu werden. Die Zusammenarbeit sowie der weitgehende Erhalt des ,Klassenverbandes' stärkt – aus Sicht der Religionslehrerinnen und Religionslehrer – die Stellung von Religion(slehrkräften) an den Schulen" (ebd., 167f.).

3.3 „Religion im Klassenverband unterrichten"

In dieser qualitativen Studie (Hütte/Mette 2003) wird anhand von Leitfadeninterviews die inoffizielle Praxis, dass Religion im Klassenverband erteilt und Lerngruppen nicht nach konfessioneller Zugehörigkeit geteilt werden, an Schulen in Nordrhein-Westfalen untersucht. Die mündlichen Interviews wurden als Einzel- sowie als Gruppeninterviews in ganz verschiedenen Schulformen (von Grundschulen bis Kollegs) durchgeführt und mit der Qualitativen Inhaltsanalyse ausgewertet (Hütte/Mette 2003, 6-11). Als Ergebnisse dieser Studie seien hervorgehoben, dass sich die befragten Religionslehrerinnen und -lehrer gut im Lehrerkollegium integriert fühlen (ebd., 229), kaum Kooperationen mit Kirchengemeinden zu bestehen scheinen (ebd., 230) und die Erteilung des Religionsunterrichts im Klassenverband „keine Einzelfälle mehr sind" (ebd., 230). Für diese ,illegale' Praxis werden eher pädagogische und religionspädagogische Gründe angeführt, weniger die organisatorische Erleichterung für die Stundenplanerstellung (ebd., 230f.).

3.4 Religionslehrkräfte an Grundschulen in Nordrhein-Westfalen

Die quantitative Befragung von 749 Grundschullehrkräften in Nordrhein-Westfalen durch Christhard Lück (2003) dokumentiert wie die oben stehende Studie von Hütte/Mette, dass in der Praxis des Grundschulunterrichts, entgegen offizieller Verlautbarungen, v.a. im 1. und 2. Schuljahr ein konfessionsübergreifender RU durchgeführt wird (vgl. Lück 2003, 41ff., 390ff.). Nur etwas mehr als ein Viertel der Befragten kann von einem nach Konfessionen getrennten RU von der 1. bis zur 4. Klasse berichten (vgl. ebd., 42). Höchste Zustimmung erfährt ein „Religionsunterricht in ‚ökumenischer Gesinnung und Offenheit' und in ‚interreligiöser Begegnung'" (ebd., 69). Dementsprechend plädieren 30,7 % der Befragten für einen ökumenischen RU sowie 43,5 % für eine Mischform, d.h. ökumenischen RU in den Klassen 1 und 2 sowie konfessionellen RU in den Klassen 3 und 4. Ohne weitere Ergebnisse dieser quantitativen Studie hier vorstellen zu können, ist in methodischer Hinsicht positiv hervorzuheben, dass sie sich keineswegs nur auf deskriptive Analysen beschränkt, vielmehr u.a. mit Faktorenanalysen sowie multivariaten logistischen Regressionsanalysen operiert.

4. Studien zu Kompetenzen von Religionslehrkräften

Ungeachtet der Notwendigkeit empirischer Studien dominiert in der Religionspädagogik primär der theoretische Diskurs über Kompetenzorientierung (vgl. Möller in diesem Band). Gleichwohl können im Blick auf die Kompetenzen von Religionslehrkräfte zumindest die beiden empirischen Qualifikationsarbeiten von Hofmann und Klose vorgestellt werden.

4.1 Religionspädagogische Kompetenz

Die explorative Habilitationsstudie von Renate Hofmann (2008) könnte gleichermaßen im vorangehenden Abschnitt behandelt werden, da fünf Berufsanfänger(innen) hinsichtlich ihrer religionspädagogischen Kompetenz evaluiert werden, die sie während der ersten und zweiten Phase ihrer Berufsausbildung erworben haben (Hofmann 2008, 186f.). Im Anschluss an Ewald Terhart erfolgt die Verwendung von drei Instrumenten zur Erhebung der Daten: narrative Leitfadeninterviews, diagnostische Testverfahren sowie Religionsunterrichtshospitationen mit Videoaufzeichnungen (ebd., 172). Als Auswertungsmethoden werden die Qualitative Inhaltsanalyse und die Grounded Theory verwendet (ebd., 173). Inhaltlich betrachtet liegt der Schwerpunkt dieser Studie auf der Operationalisierung des religionspädagogischen Kompetenzmodells der EKD von 1997 (in einem späteren Stadium auch des EKD-Kompetenzmodells von 2007). Die Triangulation der drei Erhebungsschritte (Interview, Testverfahren, Videoanalyse) stellt gewissermaßen das Herzstück dieser Arbeit dar (ebd., 346-364). Als ein zentrales Resümee dieser Studie ist festzuhalten, dass Selbsteinschätzungen der Probandinnen und Probanden durch Interviews wenig geeignet erscheinen, um Kompetenzausprägungen zu bestimmen. Auch legt sich die begründete Vermutung nahe, dass „Testverfahren eine gute Prognosekraft für die Kompetenzwerte der Videoanalysen und damit der gezeigten Unterrichtsstunden" besitzen (ebd., 363).

4.2 Diagnosekompetenz

Klose (2014) untersucht im Rahmen einer quantitativen Studie, in der u.a. multivariate Analysen und Regressionsanalysen angewendet werden, die diagnostische Wahrnehmungskompetenz von Religionslehrkräften, indem sie anhand von zwei ausgewählten inhaltlichen Bereichen (Werthaltung Jugendlicher; Einstellungen im Bereich Naturwissenschaft und Theologie) einen Vergleich zwischen den empirisch erhobenen Merkmalsausprägungen der Schülerinnen und Schüler sowie den gleichfalls empirisch erhobenen Lehrkräfte-Einschätzungen vornimmt. Für die Ermittlung der Werthaltung Jugendlicher stellt der Werthaltungsfragebogen von Feige/Gennerich (2008) einen entscheidenden Bezugspunkt für Klose dar (Klose 2014, 65-67, 123 u.ö.). Neben zwei Pilotstudien zur Erprobung des methodischen Instrumentariums führte Klose zwei Hauptstudien durch. An der ersten Hauptstudie nahmen 225 Schülerinnen und Schüler der 7. und 10.-12. Klasse sowie sechs Religionslehrkräften teil, an der zweiten Hauptstudie 808 Schülerinnen und Schüler der 10.-12. Klasse und 41 Religionslehrerinnen und -lehrer (ebd., 110f., 128-131).

Der Mittelwertvergleich zwischen Schüler(innen)einstellung und Lehrkräfte-Einschätzung zeigt sowohl im Bereich der „Werthaltung Jugendlicher" als auch im Themenbereich „Naturwissenschaft und Theologie", dass „die gewählte Methodik und Operationalisierung der Studie eine differenzierte Erfassung diagnostischer Wahrnehmungskompetenzen im Bereich des schulischen Religionsunterrichts ermöglicht" (ebd., 116).

Ein zentrales Ergebnis dieser Studie hinsichtlich der kategorialen diagnostischen Wahrnehmungskompetenzen ist, „dass die Passungsmaße im Bereich der Werthaltung unabhängig sind von den Passungsmaßen im Bereich der Einstellungsdiagnostik zum Thema ‚Naturwissenschaft und Theologie'" (ebd., 157). Das heißt, dass die Diagnosekompetenz von Lehrkräften domänenspezifisch ist und von daher nicht nur allgemein etwa mit Methoden Pädagogischer Psychologie gefördert werden kann, sondern auch eine *themenspezifische* Schulung der Wahrnehmungskompetenzen von Religionslehrkräften erfordert (ebd., 213).

5. International ausgerichtete Vergleichsstudien

In den letzten zehn Jahren lässt sich auch in der Religionspädagogik eine zunehmende Tendenz an internationalen Kooperationen und Forschungsprojekten feststellen. In deren Zusammenhang wurden auch empirische Studien zu Religionslehrkräften durchgeführt (vgl. Schreiner in diesem Band).

5.1 TRES

Im Rahmen des von der Europäischen Kommission geförderten Netzwerks TRES („Teaching Religion in a multicultural European Society") wurde das quantitativ ausgerichtete empirische Projekt PeTeR („Perspectives on Teaching Religion") durchgeführt. Insgesamt beteiligten sich 16 Länder sowie 3409 Religionslehrkräfte an dieser Studie. Die Daten von 3094 Religionslehrkräften wurden mit Häufigkeits- und Korrelationsanalysen sowie mit Kreuztabellen (Kontingenzkoeffizient: Cramérs V) ausgewertet, wobei zahlenmäßige Differenzen der Ländersamples in der Auswertung zu berücksichtigen sind (Riegel/Ziebertz 2009, 10f.; Schweitzer/Riegel/ Ziebertz 2009, 247). Als abhängige Variabeln wurden Erziehungsziele (Teaching in Religion, about Religion, from Religion) und Methoden (kognitive, affektive, expressive), als unabhängige Variablen religiöse Orientierung, Wertorientierung, politische Orientierung sowie Wahrnehmung der Schulsituation operationalisiert, des Weiteren wurden auch Hintergrundvariablen (u.a. Geschlecht, Alter, religiöse Zugehörigkeit, Berufserfahrung) erhoben (Riegel/Ziebertz 2009, 13-19).

Die Ergebnisse dieser empirischen Vergleichsstudie sind bemerkenswert und vielschichtig.[2] So unterscheiden sich die Zielvorstellungen der Religionslehrkräfte bzgl. Teaching in Religion, about Religion und from Religion keineswegs auf die Weise, wie man es aufgrund der Theoriediskussion erwarten könnte. Diese Zielvorstellungen werden von der Mehrheit keineswegs als einander ausschließende Alternativen betrachtet, so dass ungeachtet bestimmter Länderdifferenzen gilt: „the results clearly speak for the assumption that such goals tend to form a characteristic mix rather than forcing the teachers to make a choice." (Schweitzer/Riegel/ Ziebertz 2009, 255)

5.2 REDCo

Bei REDCo („Religion in Education. A Contribution to Dialogue or a Factor of Conflict in Transforming Societies of European Countries") handelt es sich um ein von der Europäischen Kommission gefördertes Projekt, das von 2006 bis 2009 in insgesamt acht Ländern durchgeführt wurde (Jozsa/Knauth/Weiße 2009). Die empirische Studie zu den Lehrkräften stellt einen Teilaspekt von REDCo dar und wurde in sechs Ländern (Deutschland, England, Estland, Frankreich, Niederlande, Norwegen) durchgeführt (Want et al. 2009). In methodischer Hinsicht wurden pro Land nach bestimmten Kriterien sechs Lehrkräfte ausgewählt, wobei die empirischen Daten mit semistrukturierten Interviews erhoben und mit *close reading* ausgewertet wurden (Avest/Bakker 2009, 25-26).

Ein an verschiedenen Stellen hervorgehobenes Resultat dieser Studie ist es, dass die Lehrkräfte ihre Ziele und Strategien auf eine sehr persönliche Weise formulieren (Avest/Bakker/Want 2009, 123; Avest 2009, 399; Kerrutt/Müller 2009, 415). Des Weiteren spielt in vielen Ländern die persönliche Biografie eine größere

---

2 Dies unterstreicht auch die vertiefende empirische Studie zur deutschsprachigen Schweiz (Jakobs et al. 2009).

Rolle als die professionelle Ausbildung, was die Bedeutung der eigenen religiösen Haltung nahelegt (Avest/Bakker/Want 2009, 114, 126). Neben Unterschieden, die hier nicht näher vorgestellt werden können, erweist sich als eine Gemeinsamkeit zwischen allen untersuchten Ländern die Zielvorstellung, „das Wissen über, das Verstehen von und den Respekt vor Religionen zu fördern" (ebd., 415).

6. Rückblick und Ausblick

Im Vergleich zu der Bilanz von Ziebertz (1995) geben allein die empirischen Studien der letzten 15 Jahre eine quantitative Zunahme wie qualitative Verbesserung zu erkennen. Beispielsweise operieren die quantitativen Auswertungen vermehrt mit multivariaten Analysemethoden und beschränken sich nur im Ausnahmefall auf deskriptive Analysen. Positiv zu vermerken ist auch eine kumulative Forschungsarbeit, indem z.B. gezielt in früheren Studien entwickelte Items und Skalen erneut eingesetzt werden. Des Weiteren sind zunehmend triangulative und mehrperspektivische Studien zu beobachten. Dieses *Mehr* an evidenzbasiertem Wissen zeigt jedoch zugleich, wie viel Forschungsbedarf nach wie vor besteht.

Abschließend sei nochmals hervorgehoben, dass die vorliegende Darstellung keine Totalerfassung leisten konnte und u.a. empirische Forschungsarbeiten auf muslimischer Seite (Khorchide 2009) sowie aus religionswissenschaftlicher Perspektive (Frank 2010) nicht eigens diskutiert werden konnten.

Literatur

Avest, I. ter (2009): Lehrerreaktionen auf religiöse Vielfalt. Eindrücke aus der Praxis und Empfehlungen für die Lehrerbildung. In: Jozsa, D.-P.; Knauth, Th.; Weiße, W. (Hg.): Religionsunterricht, Dialog und Konflikt. Analysen im Kontext Europas (Religious Diversity and Education in Europe 15). Münster u.a.: Waxmann, S. 398-403.

Avest, I. ter/Bakker, C. (2009): The Voice of the Teacher(s) – Researching Biography and Pedagogical Strategies. In: Want, A. van der; Bakker, C.; Avest, I. ter; Everington, J. (Hg.): Teachers Responding to Religious Diversity in Europe. Researching Biography and Pedagogy (Religious Diversity and Education in Europe 8). Münster u.a.: Waxmann, S. 13-27.

Avest, I. ter; Bakker, C.; Want, A. van der (2009): International Comparison – Commonalities and Differences of 36 Teachers Teaching Religion(s) in Europe. In: Want, A. van der; Bakker, C.; Avest, I. ter; Everington, J. (Hg.): Teachers Responding to Religious Diversity in Europe. Researching Biography and Pedagogy (Religious Diversity and Education in Europe 8). Münster u.a.: Waxmann, S. 111-126.

Bucher, A.; Miklas, H. (2005): Zwischen Berufung und Frust. Die Befindlichkeit von katholischen und evangelischen ReligionslehrerInnen in Österreich. Unter Mitarbeit von Sonja Danner et al. (Empirische Theologie 14). Wien: LIT.

Englert, R.; Güth, R. (1999): ‚Kinder zum Nachdenken bringen': Eine empirische Untersuchung zu Situation und Profil katholischen Religionsunterrichts an Grundschulen. Stuttgart u.a.: Kohlhammer.

Englert, R.; Porzelt, B.; Reese, A.; Stams, E. (2006): Innenansichten des Referendariats. Wie erleben angehende Religionslehrer/innen an Grundschulen ihren Vorbereitungsdienst? Eine empirische Untersuchung zur Entwicklung (religions)pädagogischer Handlungskompetenz (Forum Theologie und Pädagogik 14). Berlin: LIT.

Feige, A. (2004): ‚Einzelfall' und ‚Kollektiv' – zwei Seiten einer Medaille? In: Dressler, B.; Feige, A.; Schöll, A. (Hg.): Religion – Leben, Lernen, Lehren. Ansichten zur „„Religion' bei ReligionslehrerInnen". Münster u.a.: LIT, S. 10-16.

Feige, A.; Dressler, B.; Lukatis, W.; Schöll, A. (2000): ‚Religion' bei ReligionslehrerInnen. Religionspädagogische Zielvorstellungen und religiöses Selbstverständnis in empirisch-soziologischen Zugängen. Münster u.a.: LIT.

Feige, A.; Dressler, B.; Tzscheetzsch, W. (Hg.) (2006): Religionslehrer oder Religionslehrerin werden. Zwölf Analysen berufsbiografischer Selbstwahrnehmungen. Ostfildern: Schwabenverlag.

Feige, A.; Friedrichs, N.; Köllmann, M. (2007): Religionsunterricht von morgen? Studienmotivationen und Vorstellungen über die zukünftige Berufspraxis bei Studierenden der ev. und kath. Theologie/Religionspädagogik. Eine empirische Studie an Baden-Württembergs Hochschulen. Ostfildern: Schwabenverlag.

Feige, A.; Gennerich, C. (2008): Lebensorientierungen Jugendlicher. Alltagsethik, Moral und Religion in der Wahrnehmung von Berufsschülerinnen und -schülern in Deutschland. Eine Umfrage unter 8.000 Christen, Nicht-Christen und Muslimen. Münster u.a.: Waxmann.

Feige, A.; Tzscheetzsch, W. (2005): Christlicher Religionsunterricht im religionsneutralen Staat? Unterrichtliche Zielvorstellungen und religiöses Selbstverständnis von ev. und kath. Religionslehrerinnen und -lehrern in Baden-Württemberg. Eine empirisch-repräsentative Befragung. Stuttgart: Kohlhammer.

Frank, K. (2010): Schulischer Religionsunterricht. Eine religionswissenschaftlich-soziologische Untersuchung (Religionswissenschaft heute 7). Stuttgart: Kohlhammer.

Gramzow, C. (2004): Gottesvorstellungen von Religionslehrerinnen und Religionslehrern: eine empirische Untersuchung zu subjektiven Gottesbildern und Gottesbeziehungen von Lehrenden sowie zum Umgang mit der Gottesthematik im Religionsunterricht. Hamburg: Kovac.

Hahn, M. (2003): Wende und Wandlung. Bildungsgeschichten ostdeutscher ReligionslehrerInnen in Zeiten gesellschaftlicher Umbrüche (Religionspädagogische Kontexte und Konzepte 12). Münster: LIT.

Heller, T. (2011): Studienerfolg im Theologiestudium. Exemplarische Befunde einer deutschlandweiten Panelstudie zur Identifizierung und Quantifizierung persönlicher Bedingungsfaktoren des Studienerfolgs bis zum fünften Semester bei Studierenden der Evangelischen Theologie (Pfarr-/Lehramtsstudiengänge). Jena: edition Paideia.

Hofmann, R. (2008): Religionspädagogische Kompetenz. Eine empirisch-explorative Studie zur Evaluation religionspädagogischer Kompetenz von ReligionslehrerInnen. Hamburg: Kovac.

Hütte, S.; Mette, N. (2003): Religion im Klassenverband unterrichten. Lehrer und Lehrerinnen berichten von ihren Erfahrungen. Münster u.a.: LIT.

Jakobs, M.; Riegel, U.; Helbig, D.; Englberger, T. (2009): Konfessioneller Religionsunterricht in der multireligiöser Gesellschaft. Eine empirische Studie für die deutschsprachige Schweiz. Zürich: Theologischer Verlag.

Jozsa, D.-P.; Knauth, T.; Weiße, W. (Hg.) (2009): Religionsunterricht, Dialog und Konflikt. Analysen im Kontext Europas (Religious Diversity and Education in Europe 15). Münster u.a.: Waxmann.

Kerrutt, A.; Müller, C. (2009): Lehrerinnen und Lehrer zu religiöser Vielfalt im Klassenzimmer. Interreligiöses Lernen als Beitrag zu religiöser Vielfalt. In: Jozsa, D.-P.; Knauth, T.; Weiße, W. (Hg.) (2009): Religionsunterricht, Dialog und Konflikt. Analysen im Kontext Europas (Religious Diversity and Education in Europe 15). Münster u.a.: Waxmann, S. 404-417.

Khorchide, M. (2009): Der islamische Religionsunterricht zwischen Integration und Parallelgesellschaft. Einstellungen der islamischen ReligionslehrerInnen an öffentlichen Schulen. Wiesbaden: VS Verlag für Sozialwissenschaften.

Klose, B. (2014): Diagnostische Wahrnehmungskompetenzen von ReligionslehrerInnen (Religionspädagogik innovativ 6). Stuttgart: Kohlhammer.

Kuld, L.; Schweitzer, F.; Tzscheetzsch, W.; Weinhardt, J. (2009): Im Religionsunterricht zusammenarbeiten. Evaluation des konfessionell-kooperativen Religionsunterrichts in Baden-Württemberg. Stuttgart: Kohlhammer.

Langer, K. (1989): Warum noch Religionsunterricht? Religiosität und Perspektiven von Religionspädagogen heute. Gütersloh: Haus Mohn.

Liebold, H. (2004): Religions- und Ethiklehrkräfte in Ostdeutschland. Eine empirische Studie zum beruflichen Selbstverständnis. Münster u.a.: LIT.

Lück, C. (2002): Religionsunterricht an der Grundschule. Studien zur organisatorischen und didaktischen Gestalt eines umstrittenen Schulfaches (Arbeiten zur Praktischen Theologie 22). Leipzig: Evangelische Verlagsanstalt.

Lück, C. (2003): Beruf Religionslehrer. Selbstverständnis – Kirchenbindung – Zielorientierung (Arbeiten zur Praktischen Theologie 22). Leipzig: Evangelische Verlagsanstalt.

Lück, C. (2012): Religion studieren. Eine bundesweite empirische Untersuchung zu der Studienzufriedenheit und den Studienmotiven und -belastungen angehender Religionslehrer/innen (Forum Theologie und Pädagogik 22). Berlin: LIT.

Münch, D. (2008): Wege der Professionalisierung evangelischer Religionslehrerinnen an Regelschulen in Thüringen. Eine qualitativ-empirische Studie zu ihrer Situation und ihrem Selbstverständnis. http://www.db-thueringen.de/servlets/DerivateServlet/ Derivate-16284/html/front.html [Zugriff: 07.05.2014]

Riegel, U.; Mendl, H. (2011): Studienmotive fürs Lehramt Religion. In: ZPT 6; H.4, S. 344-358.

Riegel, U.; Mendl, H. (2013): Fachdidaktische Perspektiven protestantischer Lehramtsstudierender auf den Religionsunterricht. In: Heller, T.; Wermke, M. (Hg.): Universitäre Lehrerbildung zwischen Berufsfeld und Wissenschaftsbezug. Leipzig: Evangelische Verlagsanstalt, S. 192-213.

Riegel, U.; Ziebertz, H.-G. (2009): Concepts and methods of the empirical study. In: Ziebertz, H.-G.; Riegel, U. (Hg.): How Teachers in Europe Teach Religion. An International Empirical Study in 16 Countries (International Practical Theology 12). Berlin: LIT, S. 13-19.

Schweitzer, F.; Biesinger, A. (2002): Gemeinsamkeiten stärken – Unterschieden gerecht werden. Erfahrungen und Perspektiven zum konfessionell-kooperativen Religionsunterricht. Unter Mitarbeit von Reinhold Boschki et al. Freiburg u.a.: Herder/Gütersloher Verlagshaus.

Schweitzer, F.; Riegel, U.; Ziebertz, H.-G. (2009): Europe in a comparative perspective: religious pluralism and mono-religious claims. In: Ziebertz, H.-G.; Riegel, U. (Hg.): How Teachers in Europe Teach Religion. An International Empirical Study in 16 Countries (International Practical Theology 12). Berlin: LIT, S. 241-255.

175

Want, A. van der; Bakker, C.; Avest, I. ter; Everington, J. (Hg.) (2009): Teachers Responding to Religious Diversity in Europe. Researching Biography and Pedagogy (Religious Diversity and Education in Europe 8). Münster u.a.: Waxmann.

Ziebertz, H.-G. (1995): Lehrerforschung in der empirischen Religionspädagogik. In: Ziebertz, H.-G.; Simon, W. (Hg.): Bilanz der Religionspädagogik. Düsseldorf: Patmos, S. 47-78.

Annette Scheunpflug

Evangelische Schulen und religiöse Bildung

Was weiß man über die religiöse Bildung an evangelischen Schulen? Diese Frage darf nicht fehlen, wenn es um die Vermessung der religiösen Bildung in der Schule geht, speziell um die Reflexion der Bildung im Kontext religiöser Schulen, auf die im Kontext dieses Bandes in Form der evangelischen Schulen die besondere Aufmerksamkeit gerichtet werden soll.

Um die wichtigste Botschaft gleich vorwegzunehmen: Eine Antwort auf diese Frage ist insofern einfach zu geben, als dass wir nicht besonders viel zu diesem Thema wissen. Denn insgesamt ist die empirische Forschung zu evangelischen Schulen eher schwach ausgeprägt und damit auch das Wissen über die religiöse Bildung an evangelischen Schulen. Angesichts der Tatsache, dass sowohl im Hinblick auf religiöse Bildung als auch im Hinblick auf die Situation von Privatschulen die Konstellation in Deutschland nur wenig international vergleichbar ist, lässt sich auch nicht über die Reflexion des internationalen Forschungsstandes auf die deutsche Situation rückschließen (vgl. für Österreich Pollitt et al. 2006). Für Großbritannien gibt es einige wenige Untersuchungen, die das Werteprofil von Religionslehrkräften an Schulen in religiöser Trägerschaft in den Blick nehmen (allerdings für den interdenomitionellen Vergleich auf kleiner statistischer Basis) (vgl. Francis/Robbins 2010; Francis/Jewell 1992). Insgesamt ist also eher ein Forschungsbedarf zu benennen, als dass auf gesichertes Wissen zurückgegriffen werden kann.

Im Folgenden werden zunächst Formen religiöser Bildung an evangelischen Schulen dargestellt, anschließend wird das empirisch gesicherte Wissen dazu zusammengetragen, bevor dann in einem Ausblick der Forschungsbedarf markiert wird.

1. Formen religiöser Bildung an evangelischen Schulen

Religiöse Bildung findet an evangelischen Schulen in zwei unterschiedlichen Formen statt: Zum einen als expliziter Religionsunterricht, zum anderen als mitgängiges Lernen im Schulleben durch Gottesdienste, Feste, Formen des Umgangs, das Werteangebot der Schule und ihrer Lehrkräfte.

Religionsunterricht

In der Regel besuchen – von wenigen Ausnahmen abgesehen – alle Schülerinnen und Schüler an evangelischen Schulen den Religionsunterricht.

Evangelische Schulen bieten häufig nur den evangelischen Religionsunterricht an. Dies ist darin begründet, dass bei der Genehmigung von Schulen in evangelischer Trägerschaft oft staatlicherseits zur Auflage gemacht wird, dass an evangelischen Schulen überwiegend evangelische Schüler unterrichtet werden. Diese staatliche Vorgabe wird seitens der Kirche abgelehnt:

> „Soweit es um eine staatliche Vorgabe geht, ist sie als Eingriff in Angelegenheiten der religiösen Selbstbestimmung zurückzuweisen [...] Als eigene Entscheidung von Schulen in evangelischer Trägerschaft ist die Beschränkung auf einen für alle verpflichtenden evangelischen Religionsunterricht zwar zulässig, sieht sich aber zunehmend gewichtigen Anfragen auch aus dem Raum der Kirche selbst ausgesetzt." (EKD 2008, 73)

Angesichts der religiösen Pluralität und Ausdifferenzierung würde mit derartigen Regelungen die Chance vertan, ökumenisches Lernen und interreligiösen Dialog zu ermöglichen. Trotz dieser Einschränkungen gibt es an einigen Schulen evangelischen wie katholischen Religionsunterricht sowie in wenigen Fällen islamischen sowie jüdischen Religionsunterricht. Zudem wird an wenigen Schulen in den östlichen Bundesländern ein Religionsunterricht für „Neueinsteiger" angeboten, der sich speziell an konfessionslose Schülerinnen und Schüler wendet.

Die Orientierungshilfe der EKD zu evangelischen Schulen beschreibt die Aufgabe des Religionsunterrichts folgendermaßen:

> „An evangelischen Schulen kommt diesem Fach [...] die Funktion zu, dass hier die expliziten und impliziten religiösen Absichten, Deutungen und Wertungen, die den Alltag der evangelischen Schule prägen, systematisch zur Sprache kommen und reflektiert werden können. Darüber hinaus besteht an den Religionsunterricht an evangelischen Schulen wie auch an diese Schulen insgesamt die Erwartung, dass hier die von der evangelischen Kirche entwickelten Modelle und Zukunftsperspektiven für religiöse Bildung in verstärktem Maße wahrgenommen und möglichst in exemplarischer Form umgesetzt oder weiterentwickelt werden." (EKD 2008, 72)

Religiöses Schulleben und schulisches Profil

Das mitgängige religiöse Lernen an evangelischen Schulen ist nicht nur durch den Religionsunterricht geprägt, sondern auch durch das religiöse Leben an einer Schule sowie durch die nicht religiösen Ausdrucksformen religiöser Orientierungen und Werthaltungen. Während das erstere leicht wahrzunehmen ist, sind Elemente des zweitgenannten oft nur sehr schwierig auszumachen und zu beschreiben.

Das religiöse Leben an einer solchen Schule zeigt sich im Angebot von religiösen Festen und Feiern zu den kirchlichen Feiertagen und speziellen Anlässen während des Schuljahres (wie Einschulung, Entlassung, Schuljahresbeginn und -ende oder auch bei Trauerfeiern für verstorbene Mitschülerinnen und Mitschüler oder Lehrkräfte). Wöchentliche Andachten geben dem Wochenablauf eine Struktur und bieten Raum für die Mitwirkung der Schülerinnen und Schüler im Sinne einer „Priesterschaft aller Gläubigen". Ein Raum der Stille eröffnet Schülerinnen und Schülern einen Rückzugsraum für das eigene Innehalten, für Meditation, Reflexion und das persönliche Gespräch. Ein Schulseelsorger begleitet Schülerinnen und Schüler sowie die Lehrkräfte im Auf und Ab ihres Alltags. All diese einzelnen Aspekte machen das sichtbare religiöse Leben einer Schule aus.

Zum anderen zeigt sich aber auch in den nicht religiösen Ausdrucksformen religiöser Orientierungen und Werthaltungen eine Form religiöser schulischer Bildung. Dieses ist häufig der nicht auf den ersten Blick sichtbare Bestandteil des evangelischen Profils einer evangelischen Schule. Hier schlagen sich Glaubens-überzeugungen in Haltungen, pädagogischen Orientierungen und dem Profil und der Grundausrichtung der Schule nieder:

Qualitätsanspruch: Evangelische Schulen sind durch den Anspruch gekennzeich-net, besondere pädagogische Qualität anzustreben. Evangelische Schulen möch-ten „gute Schulen" sein, sowohl in pädagogischer Hinsicht wie auch hinsicht-lich des Kompetenzerwerbs. Schulen konfessioneller Provenienz beziehen sich auf eine große Vielfalt pädagogischer Reformkonzepte, die in unterschiedlichen Wahlfächerangeboten, Schulzeiten, Gemeinschaftsaktivitäten, inhaltlichen Profilen und anderem zum Ausdruck kommt. Basis ist das Selbstverständnis evangelischer Schulen in ihrem Bezug auf die Botschaft des Evangeliums. Dieser gemeinsame, explizite Bezugspunkt lässt sich nicht in ein Idealbild einer evangelischen Schule umformen (vgl. Fischer et al. 1994, 51; Storim 2000, 5), auch lässt sich aus dieser Grundlage kein allein verbindliches pädagogisches Konzept deduzieren (vgl. Storim 2000, 21). Gleichwohl zeigt sich in diesem christlichen Selbstverständnis von Bildung das Profil evangelischer Schulen in konfessioneller Trägerschaft, das sich sowohl auf das Kompetenzprofil von Schülerinnen und Schülern wie auf die päda-gogische Qualität der Schule beziehen sollte. Kompetenzen und Wissensbestände dienen Menschen dazu, ihr Leben selbstständig zu gestalten. Ein evangelisches Bildungsverständnis ist durch die Absicht geprägt, die Wissensgesellschaft als eine Bildungsgesellschaft zu verstehen, was dazu führt, die selbstreflexive Komponente des Bildungsverständnisses zu schärfen. „Selbstständigkeit als Grundmerkmal von Bildung betrifft [...] konstitutiv verantwortungsbewusste Mündigkeit." (EKD 2003, 61) Über die Vermittlung von Wissen und Problemlösekompetenz hinaus geht es darum, im Kontext der Lebenslagen Jugendlicher Selbstständigkeit und Eigenaktivität zu ermöglichen und die (reformatorische) Erkenntnis ernst zu neh-men, den Menschen in seiner Freiheit und Subjektgebundenheit zu fördern. Damit kommt der Förderung von Kompetenzen auf allen Bildungsniveaus, gerade auch im unteren Leistungsspektrum, eine wichtige Rolle zu.

Diakonisches Profil evangelischer Schulen: Die pädagogische Qualität zeigt sich zu-dem im diakonischen Profil einer Schule (vgl. Kaiser/Schreiner 1996; 2006). Evangelisch geprägte Bildungskonzeptionen gehen explizit von einem diakoni-schen Selbstverständnis aus:

> „Gottes barmherzige und vergebende Zuwendung zu seinen Geschöpfen hat weitreichen-de Konsequenzen für das soziale Zusammenleben. Bildung und Erziehung haben in christlicher Sicht nicht nur jene Fähigkeiten zu wecken und zu stärken, die gerechten, sondern die zugleich auch fürsorglichen Lebensverhältnissen dienen: eine Kultur des Mitgefühls, der Barmherzigkeit und der Hilfsbereitschaft." (EKD 2003, 63)

Schulen in evangelischer Trägerschaft sollten durch ein „integratives diakonisches Bildungsverständnis" (ebd.) geprägt sein, das sich gleichermaßen nach innen, d.h. in die Schule, und nach außen, d.h. in die Welt bzw. die Gesellschaft, öffnet. Schulen in evangelischer Trägerschaft geht es um eine Sozialerziehung aus der Nachfolge Jesu Christi. Nach innen äußert sich dieses diakonische Selbstverständnis als eine Gemeinschaft von Schülern, Lehrern, Eltern und allen denen, die an der Erziehung mitwirken, und ebenso in einem vertrauensvollen und kooperativen Schulklima (vgl. Storim 2000, 39f.). Nach außen äußert sich das diakonische Selbstverständnis im Hinblick auf die Vision einer „anderen Globalisierung": „Gott ist der Inbegriff von ‚Gerechtigkeit und Frieden'; er verkörpert einen Raum des Lebens, in dem ‚Güte und Treue sich begegnen, Gerechtigkeit und Friede sich küssen' (Psalm 85, 12)", wie es die Denkschrift der EKD herausstellt (EKD 2003, 61). Ein christliches Bildungsverständnis profiliert sich angesichts der Zukunftsherausforderungen der Globalisierung in der Gestaltung der Welt, in der Bewahrung der Schöpfung, in Gerechtigkeit und Frieden, in der Fürsorge für die Anderen und im Blick für Arme und Schwache. Dies zeigt sich schulisch beispielsweise in Angeboten diakonischen Lernens, in Kursen des Globalen Lernens, in Schulpartnerschaften in Länder der südlichen Hemisphäre und anderem.

Bildungsgerechtigkeit: „Gott will, dass allen Menschen geholfen werde und sie zur Erkenntnis der Wahrheit kommen." (1 Tim 2,4) Bildung muss für alle Menschen zugänglich sein und sich in ihnen entfalten können. Eine der über fünf Jahrhunderte gültig gebliebenen Bildungswahrheiten Philipp Melanchthons lautet: „Gerechtigkeit [...] zu entfalten, ist der Schule anvertraut". Aus protestantischer Sicht ist es deshalb ein ständiger Stachel, dass es in Deutschland offensichtlich nicht hinreichend gelingt, Bildungsgerechtigkeit zu gewährleisten. Die Koppelung von sozialer Herkunft und Bildungserfolg ist in Deutschland überaus eng. Bildungsgerechtigkeit zu ermöglichen ist deshalb ein zentraler Ausdruck fundamentaler protestantischer Überzeugungen (vgl. EKD 2010; Frank/Hallwirth 2010; ein Beispiel Hallwirth/Scheunpflug 2010).

Eröffnung kirchlich-religiöser Erfahrungsräume: Schulen in evangelischer Trägerschaft haben in einer Zeit der zunehmenden Entkirchlichung den Anspruch, Orte des Glaubens anzubieten. Diese Selbstvergewisserung und Erfahrungseröffnung ist eine weitere Ausdrucksform der religiösen Fundierung dieser Schulen (vgl. Storim o.J., 16ff.). Schulen in evangelischer Trägerschaft haben in einer Zeit der zunehmenden Entkirchlichung den Anspruch, religiöse Literalität zu vermitteln und Religion erfahrbar zu machen (vgl. Schreiner 2008).

> „Evangelische Schulen sollten sich [...] als Orte des Glaubens verstehen und über den Religionsunterricht hinaus in ihrem gesamten Bildungsangebot die religiöse Dimension aufnehmen sowie Erfahrungen mit dem Glauben ermöglichen. Wissen über die evangelische Tradition, das Christentum und nichtchristliche Religionen oder Weltanschauungen sollte zum selbstverständlichen Bildungsanliegen evangelischer Schulen gehören und in allen Fächern gefördert werden." (EKD 2008, 22)

Evangelische Schulen bieten darüber hinaus die besondere Möglichkeit der Verknüpfung mit Angeboten der Kirche, beispielsweise in bestimmten Altersgruppen die Zusammenarbeit oder Verbindungen zu den vielfältigen Formen kirchlicher Jugendarbeit. Namentlich sind die evangelische Schüler- und Schülerinnenarbeit oder schulbezogene Formen der Jugendarbeit seit langem bewährte Arbeitsformen.

2. Empirisches Wissen zu religiöser Bildung an evangelischen Schulen

Im Folgenden werden – ohne Anspruch auf Vollständigkeit – einige Schlaglichter auf den Forschungsstand zur religiösen Bildung an evangelischen Schulen geworfen bzw. dieser kursorisch zusammengestellt.[1]

Konfessionalität der Schülerinnen und Schüler als Hintergrund religiöser Bildung

Einer der Ausgangspunkte religiöser Bildung ist die Frage, ob und inwiefern Schülerinnen und Schüler evangelischen Bekenntnisses sind. Wie oben dargestellt, ist die Frage der Konfessionalität als ein Zugangskriterium für den Besuch evangelischer Schulen von Bundesland zu Bundesland unterschiedlich geregelt. Entsprechend unterschiedlich ist die diesbezügliche Situation (siehe die Darstellung bei Bonchino-Demmler 2010, 36, 85). In einer nicht repräsentativen Untersuchung zu zwei evangelischen Schulen in den östlichen Bundesländern zeigte sich, dass über 40% der Schülerinnen und Schüler ohne Bekenntnis (vgl. Standfest et al. 2005, 87f.) waren, in der Fallstudie einer evangelischen Hauptschule fanden sich 13% muslimische Jugendliche (vgl. Standfest et al. 2005, 120).

Religiöse Orientierungen von Lehrkräften und Schulleitungen

Eine wichtige Voraussetzung religiöser Bildung an evangelischen Schulen sind die religiösen Orientierungen von Schulleitungen und Lehrkräften. Im Hinblick auf Lehrerinnen und Lehrer zeigte die Erhebung der Konfessionalität an Schulen in Mitteldeutschland einen Anteil von ca. 80% evangelischer Lehrkräfte (vgl. Bonchino-Demmler 2010, 192) sowie in den Schulen des Christlichen Jugenddorfwerks Deutschlands e.V. (CJD) ein Anteil von ca. 60% (vgl. Pirner 2008, 33). Pirner (2008) konnte zeigen, dass die Religiosität von Lehrkräften an Schulen des CJD in etwa dem Bevölkerungsdurchschnitt entspricht (vgl. dazu auch EKD 2008, 59). Mit der qualitativen Untersuchung von Holl (2010) konnte in den Überzeugungen von Lehrkräften an evangelischen Schulen zwar eine religiöse Orientierung rekonstruiert werden, deutlich wurde aber auch, dass diese nicht über die Kompetenzen verfügen, diese explizit zu äußern oder mit dem evangelischen Profil ihrer Schule in

---

1 Dieser Abschnitt nimmt Gedanken und Textpassagen auf, die bereits in Teilen bei Scheunpflug 2011 und Scheunpflug 2012 veröffentlicht wurden.

Zusammenhang zu bringen. Nur Lehrkräfte mit explizit evangelikaler Überzeugung zeigten sich nach dieser Untersuchung im Hinblick auf ihren Glauben als sprachlich expressiv, wenn auch nicht immer an den gesellschaftlichen Diskurs anschlussfähig. Holl konnte aber auch zeigen, dass in Schulen mit diakonischem Profil Lehrkräfte entsprechende Haltungen und Überzeugungen zeigten (vgl. auch Pirner et al. 2010).

Religionsunterricht und religiöses Leben

Zum Religionsunterricht und religiösem Leben an evangelischen Schulen sind mir bisher keine empirischen Untersuchungen innerhalb Deutschlands bekannt.

Qualitätsanspruch evangelischer Schulen als Ausdruck religiöser Bildung

Der Anspruch evangelischer Schulen, Schülerinnen und Schüler bestmöglich zu qualifizieren und Kompetenzerwerb zu ermöglichen, ist bisher nur in einer Studie untersucht worden. Die bisher zu diesem Themenfeld vorliegenden Daten beziehen sich alle auf PISA 2000 bzw. auf die im Anschluss von Standfest et al. durchgeführten vier weiteren Fallstudien (Standfest et al. 2005). Demnach gelang 2000 bzw. 2005 die Vermittlung der Lesekompetenz in konfessionellen Hauptschulen und Realschulen besser als an staatlichen Schulen. Hier erreichten die Jugendlichen, bei Kontrolle von Geschlecht und sozialer Herkunft, den Vorsprung von etwa einen Drittel des Schuljahres. An Gymnasien war kein Unterschied in der Leseleistung in Abhängigkeit von der Trägerschaft nachweisbar (ähnliche Befunde zeigten auch die Daten von Dronkers/Hemsing 2005). Im Fach Mathematik zeigten sich an Hauptschulen und Realschulen leichte Vorteile von Schulen in konfessioneller Trägerschaft. Im Bereich des Gymnasiums war dies jedoch nicht der Fall. Angesichts der Tatsache, dass im staatlichen Bildungsbereich im Hinblick auf den Kompetenzerwerb erhebliche Anstrengungen unternommen wurden, ist es fraglich, ob evangelische Schulen heute noch im Vergleich zum staatlichen Schulwesen herausragende Qualifikationen vermitteln. Hier sind weitere Untersuchungen (z.B. in einer differentiellen Auswertung von Vergleichsarbeiten) nötig.

Diakonisches Profil als Ausdruck religiöser Bildung

Zum diakonischen Profil als Ausdruck von Religiosität liegen bisher nur wenige Daten vor. Das Schulklima wurde bei Standfest et al. (2005) von den Jugendlichen an Schulen in konfessioneller Trägerschaft durchgängig als angenehmer empfunden als an staatlichen Schulen. Hier ergaben sich über alle Schularten hinweg und nach Kontrolle des Geschlechts günstigere Werte für konfessionelle Schulen. Besonders bemerkenswert ist dieser Befund für den Bereich der Hauptschulen. Das Lehrer-Schüler-Verhältnis wurde durchgängig als positiv beschrieben. Auch die allgemeine Schulzufriedenheit lag über den Werten der staatlichen Schulen. Allerdings ließen sich in Abhängigkeit von der Trägerschaft keine Differenzen im Schüler-Schüler-Verhältnis nachweisen (vgl. Standfest et al. 2005, 80). Hinsichtlich eines nach außen gerichteten diakonischen Profils, beispielsweise durch Kurse zum diakonischen oder Globalen Lernen, liegen bisher nur Beschreibungen, jedoch keine empirischen Untersuchungen vor (vgl. Leewe 2010).

Gerechtigkeit als Ausdruck religiöser Bildung

Der Anspruch an das Kriterium Gerechtigkeit im Zusammenhang evangelischer Bildung ist bisher zumindest in einigen Spurenelementen empirisch untersucht worden.

Ein Aspekt des Kriteriums Gerechtigkeit ist die Frage, ob und inwiefern der soziale Status der Eltern ein Zugangskriterium zu evangelischen Schulen darstellt. Häufig ist mit evangelischen Schulen ja das Vorurteil verbunden, dass diese in besonderer Weise sozial selektiv seien. Die Untersuchung von Standfest et al. konnte in der Tat zeigen, dass Schülerinnen und Schüler in konfessioneller Trägerschaft hinsichtlich der elterlichen Bildungsabschlüsse und des sozioökonomischen Status aus leicht positiv selegierten Elternhäusern stammen (vgl. ausführlich Standfest et al. 2004). Dieses ist besonders deutlich an einer untersuchten evangelischen Hauptschule, bei der der sozio-ökonomische Status um 12 Zählerpunkte höher lag als an staatlichen Vergleichsschulen (vgl. Standfest et al. 2005, 154). Gleichzeitig wird aber auch die Streuung bezüglich des sozioökonomischen Status ersichtlich, die – wie im staatlichen Schulwesen auch – auf die große Heterogenität der Schülerschaft verweist. So zeigte eine andere untersuchte Hauptschule im Hinblick auf die Schüler mit Migrationshintergrund eine annähernd durchschnittliche Schülerschaft, im Hinblick auf die Schüler ohne Migrationshintergrund jedoch einen etwas höheren sozialen Status des Elternhauses (vgl. ebd., 123). Zudem sind schulartbezogene Effekte anzunehmen: So liegen die Mittelwerte des sozioökonomischen Status der Eltern an Realschulen in konfessioneller Trägerschaft in der bei Standfest et al. in den Blick genommenen Stichprobe unter denen von staatlichen Schulen (vgl. ebd., 68). Die insgesamt etwas erhöhte soziale Selektivität führt nicht dazu, dass sich an evangelischen Schulen keine Schülerinnen und Schüler mit Migrationshintergrund finden ließen. Die größte Migrantengruppe an evangelischen Schulen sind evangelische Aussiedler. Der Anteil an Migranten entspricht nicht dem an staatlichen Schulen, ist aber dennoch substanziell (vgl. Standfest et al. 2005).

Ein weiterer Aspekt von Bildungsgerechtigkeit ist die Entkoppelung des Zusammenhangs von Bildungserfolg und sozialer Herkunft. Für die Daten aus PISA 2003 konnten im OECD-Vergleich 16,8% der Unterschiede in der Leistung von Jugendlichen im Fach Mathematik auf die soziale Herkunft zurückgeführt werden. Für Deutschland lag dieser Anteil insgesamt bei 22,8% der Unterschiede (vgl. Prenzel et al. 2003, 31). Wie sieht dies für Schulen in konfessioneller Trägerschaft aus? Für die bei Standfest et al. untersuchte Stichprobe wurde für das staatliche Bildungswesen im Fach Mathematik eine Varianzaufklärung durch die soziale Herkunft von 16 Prozent bei einem Mittelwert der Leistung von 484 Punkten erreicht. Für die Schulen in konfessioneller Trägerschaft lag die Varianzaufklärung bei 10 Prozent bei einem Mittelwert der Leistung von 553 Punkten (vgl. Scheunpflug et al. 2006). Hier zeigte sich also eine günstigere Kombination von über dem OECD-Durchschnitt liegendem Kompetenzniveau bei gleichzeitig niedriger Kopplung mit der sozialen Herkunft. Dies lässt tendenziell eine höhere Bildungsgerechtigkeit vermuten. Diese Unterschiede waren nicht auf einen höheren Anteil an Nachhilfe oder Klassenwiederholung zurückzuführen (vgl. Scheunpflug et al. 2006). Allerdings wäre erst noch zu testen, ob diese Tendenz auch für eine repräsentative Stichprobe erhärtet werden kann bzw. wie dieser Befund im Vergleich zu PISA 2010 angesichts der Weiterentwicklung im staatlichen Schulsystem aussehen würde.

Bildungsgerechtigkeit zeigt sich auch in der Förderung besonders guter Schülerinnen und Schüler. Diesbezüglich konnte gezeigt werden, dass es zwar einzelne Gymnasien gibt, denen diese Aufgabe hervorragend gelingt (vgl. Standfest et al. 2005, 101ff.; 133ff.), allerdings ist das Potenzial der Schülerinnen und Schüler, wenn man vom sozialen Hintergrund und der kognitiven Grundleistung ausgeht, noch nicht ausgeschöpft (vgl. Standfest et al. 2005, 69-71).

Eröffnung religiöser Erfahrungsräume

Schulen in evangelischer Trägerschaft haben in einer Zeit der zunehmenden Säkularisierung den Anspruch, einen Ort des Glaubens zu verkörpern und Jugendlichen einen Zugang zum Evangelium zu ermöglichen (vgl. EKD 2008, 69). Damit sollen evangelische Schulen den Anspruch einlösen, religiöse Alphabetisierung zu ermöglichen und die befreiende Kraft des Evangeliums erfahrbar zu machen. Auch über die Einlösung dieses Anspruchs liegen nur wenige bis gar keine Daten vor.

Nach den Fallstudien der Untersuchung von 2005 (Standfest et al.) ist die religiöse Bindung an den untersuchten evangelischen Schulen enger als an staatlichen Schulen; bemerkenswert sind die gegenüber Jugendlichen an staatlichen Schulen erhöhten Werte religiöser Erfahrung. Demgegenüber unterscheiden sich die Werte in den religiösen Überzeugungen der Jugendlichen nicht signifikant von den Jugendlichen, die keine konfessionelle Schule besuchen. Die Jugendlichen an den in Fallstudien untersuchten evangelischen Schulen zeigen eine höhere Bereitschaft, kirchliche Feste zu begehen, sich konfirmieren zu lassen und kirchlich zu heiraten. Der Vergleich mit PISA-E zeigte, dass das Engagement von Jugendlichen aus konfessionellen Schulen in Kirchengemeinden deutlich höher ist als das von Jugendlichen aus staatlichen Schulen. Wenn diese Wirkung zweifelsohne auch durch die Selektivität des Elternhauses bedingt ist, so dürfte aber auch die Schule, wenn sie ähnliche Werte und Glaubensgrundsätze wie die Elternhäuser vertritt, zu einem solchen Engagement mit beitragen.

3. Forschungsfragen

Diese – zugegebenermaßen kursorische – Analyse zeigt einige Grundprobleme eines empirischen Zugangs zu religiöser Bildung an evangelischen Schulen auf: Es gibt kaum Daten und Untersuchungen. Die Klage von Holtappels und Rösner aus dem Jahr 1986 über ein „Defizit im Kenntnisstand über Privatschulen" (Holtappels/ Rösner 1986, 235) ist in ihren Grundzügen nach wie vor zutreffend: Die Datenlage ist unterentwickelt und wenig systematisch gewonnen. Es fehlen sowohl ein institutionell unterstütztes Bewusstsein als auch die Möglichkeiten für ein solides empirisch gefüttertes Wissen über protestantische Schulkulturen. Angesichts der intensiven Bemühungen staatlicher Träger, ihre Schulen evidenzbasiert zu steuern, sind die Schulen in kirchlicher Trägerschaft bisher untererforscht. Damit ist bereits der Forschungsbedarf markiert. Es gilt, mehr Wissen über religiöse Bildung an evangelischen Schulen zu generieren. Ich sehe deshalb folgenden Forschungsbedarf:

(1) Religionsunterricht an evangelischen Schulen: Über Religionsunterricht an evangelischen Schulen ist wenig bekannt. Umso wichtiger wäre es, im Rahmen statistischer Erhebungen darüber Daten zu erheben, wie viele Schulen nur evangelischen Religionsunterricht und wie viele Religionsunterricht für andere Konfessionen und Religionen anbieten. Zudem wäre es auch sinnvoll, im Rahmen empirischer Fallstudien den Religionsunterricht selbst und die mit ihm verbundenen Lernerfahrungen zu erheben.

(2) Religiöse Mitgliedschaft an einer Schule: Daneben wäre es aus Forschungsgründen sinnvoll, mehr darüber in Erfahrung zu bringen, wer evangelische Schulen besucht und wer an ihnen arbeitet. Wie sieht die konfessionelle Zusammensetzung aus? Und wie religiös bzw. welche Art von Religiosität leben die Menschen, die sie besuchen und die in ihnen arbeiten? Besonders sinnvoll wäre es, die religiösen Orientierungen und die Religiosität von Lehrkräften und schulleitendem Personal zu erfassen, denn dieses stellt einen bedeutsamen Faktor für das Profil evangelischer Schulen dar. Jenseits des Interesses der Forschung wäre dieses auch für eine evidenzbasierte Bildungsplanung, etwa im Hinblick auf den Fortbildungsbedarf an Schulen, von Bedeutung.

(3) Qualität evangelischer Schulen: Zur Bestimmung der Qualität evangelischer Schulen besteht ein erheblicher Forschungsbedarf. Während das Qualitätsmonitoring für den Bereich der staatlichen Schulen in den letzten 15 Jahren eine Selbstverständlichkeit geworden ist, ist dieses für den Bereich der konfessionellen Schulen noch nicht der Fall. Es wäre sinnvoll, entweder mit einem Oversampling an den staatlichen Erhebungen (wie PISA, VERA, TIMSS) teilzunehmen oder eine eigene Erhebung in Auftrag zu geben. Damit ließe sich der Kompetenzerwerb, kontrolliert durch den sozialen Hintergrund, abbilden, aber auch darüber hinaus noch weitere Erkenntnisse gewinnen.

(4) Bildungsgerechtigkeit und diakonisches Profil: Mit einer solchen Erhebung wäre es zudem auch möglich, Fragen der Bildungsgerechtigkeit und des diakonischen Profils genauer nachzugehen und zu untersuchen, ob und inwiefern es evangelischen Schulen gelingt, Schülerinnen und Schülern eine gute schulische soziale Erfahrung zu ermöglichen und besondere soziale Kompetenzen zu vermitteln.

(5) Evangelische Schulen und kirchliches Umfeld: Die Verbindungen von schulischen Angeboten mit dem Lebens- und Wohnumfeld der Schüler an evangelischen Schulen könnte ausführlicher und expliziter durch entsprechende Erhebungen der Bildungslandschaft abgebildet werden und Möglichkeiten der Zusammenarbeit auch konzeptionell durchdacht werden. Entsprechende Untersuchungen seitens der evangelischen Jugendverbände berührend diesen Aspekt, sind aber im Bereich der Erziehungswissenschaften kaum wahrgenommen worden.

Derartige Forschungsfragen ließen sich in unterschiedlichen Strategien verfolgen. Zum einen könnten Bemühungen gestärkt werden, Schulen in evangelischer Trägerschaft in die staatliche indikatorgestützte Bildungsberichterstattung zu integrieren. Zudem wäre eine regelmäßige Datenerhebung zur Leistungsfähigkeit evangelischer Schulen sinnvoll und auf dieser Basis dann eine systematische Weiterentwicklung der schulischen Qualität möglich (vgl. zur Machbarkeit einer evangelischen Bildungsberichterstattung Comenius-Institut 2008). Zum zweiten wäre es sinnvoll, sich an staatlichen Verfahren zur Erhebung der Bildungsqualität wie beispielsweise PISA zu beteiligen. Zum dritten könnten natürlich eigene Studien in Auftrag gegeben werden bzw. Einzelstudien angestrebt werden. Außerdem wäre es sinnvoll, daran zu arbeiten, wie die Vielzahl der Einzelevaluationen evangelischer Schulen und die in diesem Kontext entstehenden Daten optimal für ein Bildungsmonitoring genutzt werden könnten.

Diese Fragen werden nochmals drängender, wenn man sie im internationalen Kontext bewertet. In vielen Ländern, gerade in Afrika, ist der Anteil evangelischer Schulen am Bildungssystem sehr hoch. So sind beispielsweise 60% aller Schulen in der Demokratischen Republik Kongo evangelisch oder katholisch. Diese sind kaum Teil der staatlichen Bildungsstatistik und deshalb in gewisser Weise nicht visibel (vgl. Backiny-Yetna & Wodon 2009). Die Bedeutung, die diesen Schulen jedoch faktisch und bildungspolitisch zukommt, steht in keinem Verhältnis zu dem, was man über sie aufgrund gesicherten Datenmaterials weiß. Es dürfte sowohl im kirchlichen wie im gesellschaftlichen Interesse liegen, die besonderen Möglichkeiten und Chancen solcher Schulen auch durch die kritische und konzeptionelle Begleitung aus dem Bereich der Wissenschaft zu stärken und weiterzuentwickeln.

Literatur

Backiny-Yetna, P.; Wodon, Q. (2009): Comparing the Performance of Faith-Based and Government Schools in the Democratic Republic of Congo. Washington: World Bank.

Comenius-Institut (2008): Evangelische Bildungsberichterstattung. Machbarkeitsstudie. Münster: Comenius-Institut.

Bonchino-Demmler, D. (2010): Evangelische Schulen in freier Trägerschaft in Mitteldeutschland. Eine Bestandsaufnahme zum Schuljahr 2008/2009. Survey im Auftrag des Dezernates Bildung im Landeskirchenamt und des Evangelischen Schulwerkes der Evangelischen Kirchen in Mitteldeutschland. Jena: edition paideia.

Dronkers, J.; Hemsing, W. (2005): Differences in Educational Attainment and Religious Socialization of Ex-Pupils from Grammar Schools with Public, Catholic, Protestant, and Private Backgrounds in the German State of Nordrhein-Westfalen during the 1970s and 1980s. In: International Journal of Educational Policy, Research & Practice 5, S. 73-93.

Dronkers, J.; Avram, S. (2009): Choice and Effectiveness of Private and Public Schools in six countries. A reanalysis of three PISA datasets. In: Zeitschrift für Pädagogik 55; H.6, S. 895-909.

EKD [= Kirchenamt der Evangelischen Kirche in Deutschland] (Hg.) (2003): Maße des Menschlichen. Evangelische Perspektiven zur Bildung in der Wissens- und Lerngesellschaft. Eine Denkschrift. Gütersloh: Gütersloher Verlagshaus.

EKD [= Kirchenamt der Evangelischen Kirche in Deutschland] (Hg.) (2008): Schulen in evangelischer Trägerschaft. Selbstverständnis, Leistungsfähigkeit und Perspektiven. Eine Handreichung, Gütersloh: Gütersloher Verlagshaus. http://www.ekd.de/download/handreichung_evangelische_schulen.pdf [Zugriff: 10.10.2010].

EKD [= Kirchenamt der Evangelischen Kirche in Deutschland] (Hg.) (2009): Kirche und Bildung. Herausforderungen, Grundsätze und Perspektiven evangelischer Bildungsverantwortung und kirchlichen Bildungshandelns. Eine Orientierungshilfe des Rates der Evangelischen Kirche in Deutschland. Gütersloh: Gütersloher Verlagshaus.

EKD [= Kirchenamt der Evangelischen Kirche in Deutschland]; 3. Tagung der 11. Synode (Hg.) (2010): „Niemand darf verloren gehen!" Evangelisches Plädoyer für mehr Bildungsgerechtigkeit. epd Dokumentation 49. Frankfurt: Gemeinschaftswerk der evangelischen Publizistik.

Fischer, D.; Klemens, U.; Scheilke, C. (1994): Zur Entwicklung evangelischer Schulen. In: Korrespondenzblatt evangelischer Schulen und Heime Bd. 2/3, S. 51-56.

Francis, L. J.; Robbins, M. (2010): Teacher at Faith Schools in England and Wales: State of research. In: Theo-Web. Zeitschrift für Religionspädagogik 9; H.1., S. 141-159.

Francis, L. J.; Jewell, A. (1992): Shaping adolescent attitude towards the church: comparison between Church of England and county secondary scholos. In: Evaluation and Research in Education 6; H.1, S. 13-21.

Frank, J.; Hallwirth, U. (2010): Heterogenität bejahen. Bildungsgerechtigkeit als Auftrag und Herausforderung evangelischer Schulen. (Schule in evangelischer Trägerschaft 12), Münster u.a.: Waxmann.

Hallwirth, U.; Scheunpflug, A. (2010): Entwicklungsprozesse an der CJD Christophorusschule-Hauptschule Versmold. In: Bohl, T.; Helsper, W.; Holtappels, H.-G.; Schelle, C. (Hg.): Handbuch Schulentwicklung. Bad Heilbrunn: UTB/Klinkhardt, S. 446-452.

Holl, A. (2010): Orientierungen von Lehrerinnen und Lehrern an Schulen in evangelischer Trägerschaft. Eine qualitativ-rekonstruktive Studie. (Schule in evangelischer Trägerschaft 13), Münster u.a.: Waxmann.

Holtappels, H.- G.; Rösner, E. (1986): Privatschulen – Expansion auf Staatskosten? In: Rolff, H.-G.; Klemm, K.; Tillmann, K.-J. (Hg.): Jahrbuch der Schulentwicklung 4. Daten, Beispiele und Perspektiven. Weinheim/Basel: Beltz, S. 211-235.

Kaiser, C. R. (Hg.) (2006): Diakonie und Schule. (Schule in Evangelischer Trägerschaft 6), Münster u.a.: Waxmann.

Leewe, H. (2010): Lust auf Begegnung mit der Welt. Globales Lernen an evangelischen Schulen, Jena: edition paideia.

Pirner, M. L. (2008): Christliche Pädagogik. Grundsatzüberlegungen, empirische Befunde und konzeptionelle Leitlinien. Mit einem Geleitwort von Karl E. Nipkow, Stuttgart: Kohlhammer.

Pirner, M. L.; Scheunpflug, A.; Holl, A. (2010): Lehrkräfte an Schulen in christlicher Trägerschaft im deutschen Sprachraum. Zum Stand der empirischen Forschung. In: Theo-Web. Zeitschrift für Religionspädagogik 9; H.1, S. 193-209.

Politt, H.-E.; Leuthold, M.; Preis, A. (Hg.) (2007): Wege und Ziele evangelischer Schulen in Österreich. Eine empirische Untersuchung. (Schule in evangelischer Trägerschaft 7), Münster u.a.: Waxmann.

Prenzel, M.; Baumert, J.; Blum, W.; Lehmann, R.; Leutner, D.; Neubrand, M.; Pekrun, R.; Rost, J.; Schiefele, U. (2003): PISA 2003: Ergebnisse des zweiten Ländervergleichs. Zusammenfassung. München.

Scheunpflug, A.; Köller, O., Standfest, C. (2006): Schulen in konfessioneller Trägerschaft. Ein Beitrag zur Bildungsgerechtigkeit? In: Fischer, D.; Elsenbast, V. (Hg.): Zur Gerechtigkeit im Bildungssystem. Münster u.a.: Waxmann, S. 173-180.

Scheunpflug, A. (2011): Anspruch und Wirklichkeit evangelischer Schulen. In: Kumlehn, M.; Klie, T.: Protestantische Schulkulturen. Stuttgart: Kohlhammer .

Scheunpflug, A. (2012): Schulen in Evangelischer Trägerschaft. In: Ullrich, H., Strunck, S. (Hg.): Private Schulen in Deutschland. Entwicklungen – Profile – Kontroversen. (Schule und Gesellschaft 53), Wiesbaden: Springer VS Verlag für Sozialwissenschaften, S. 41-60.

Schreiner, M. (1996): Im Spielraum der Freiheit. Evangelische Schulen als Lernorte christlicher Weltverantwortung. Gütersloh: Gütersloher Verlagshaus.

Schreiner, M. (Hg.) (2008): Religious literacy und evangelische Schulen. (Schule in Evangelischer Trägerschaft 9), Münster u.a.: Waxmann.

Standfest, C.; Köller, O.; Scheunpflug, A.; Weiß, M. (2004): Profil und Erträge von evangelischen und katholischen Schulen. Befunde aus Sekundäranalysen der PISA-Daten. In: Zeitschrift für Erziehungswissenschaft 7; H.3, S. 359-379.

Standfest, C.; Köller, O.; Scheunpflug, A. (2005): Leben – Lernen – Glauben. Zur Qualität evangelischer Schulen. Eine empirische Untersuchung über die Leistungsfähigkeit von Schulen in evangelischer Trägerschaft. (Schule in Evangelischer Trägerschaft 5), Münster: u.a: Waxmann.

Storim, W. (Hg.) (2000): Bildung und Erziehung in christlicher Verantwortung. Zum theologischen und pädagogischen Profil evangelischer Schulen. Schriftenreihe der Evangelischen Schulstiftung in Bayern. Nürnberg.

Storim, W. (Hg.) (o.J.): Evangelische Schulen in der Zukunftsgesellschaft. PISA und Ganztagsschule. Schriftenreihe der Evangelischen Schulstiftung in Bayern. Nürnberg.

Rainer Möller/Nicola Bücker/Annebelle Pithan

Inklusion und religiöse Bildung – Deutungsmuster von Lehrkräften. Zwischenergebnisse aus dem Projekt „Religion in inklusiven Schulen" (RiS)

1. Einleitung[1]

Seit Deutschland 2009 die Behindertenrechtskonvention der Vereinten Nationen ratifiziert hat, spielt die Frage nach den Gelingensbedingungen von inklusiver Bildung eine zentrale Rolle in bildungspolitischen und erziehungswissenschaftlichen Diskursen.[2] In vielen Studien werden in diesem Zusammenhang die Einstellungen und Überzeugungen der Lehrkräfte als entscheidende Faktoren für eine erfolgreiche Inklusion identifiziert, da sich diese auf Motivation und professionelle Handlungskompetenz auswirken und somit die Unterrichtsgestaltung mit beeinflussen (z.B. Stoiber et al. 1998; Avramidis/Norwich 2002; Kopp 2009; Heyl et al. 2014).

Aus wissenssoziologischer Perspektive ist dieser Erklärungsansatz um die den Einstellungen zugrunde liegenden, tief verinnerlichten sozialen Deutungsmuster zu erweitern, von denen angenommen wird, dass sie subjektive Wahrnehmungen und Erfahrungen strukturieren und entsprechend das Handeln von Individuen anleiten (Oevermann 2001a; Oevermann 2001b; grundlegend Schütz 1981; Berger/Luckmann 1967).[3] Demnach ist die Rekonstruktion von Deutungsmustern nötig, um individuelle Einstellungen im Sinne Max Webers zu „verstehen" und durch Bewusstmachung der Deutungsmuster möglicherweise Veränderungsprozesse anzubahnen. Auf dieser Basis wäre ein entscheidender Schritt für die weitere Professionalisierung von Lehrkräften in inklusiven Lehr- und Lernarrangements möglich.

Obwohl das Konzept des sozialen Deutungsmusters in der Bildungsforschung mittlerweile weit verbreitet ist (z.B. Streckeisen et al. 2007; Dreke 2012), wurde

---

1   Für hilfreiche Hinweise zu diesem Beitrag danken wir unserem Kollegen Albrecht Schöll.
2   Die durch die Behindertenrechtskonvention initiierte bildungspolitische Dynamik hat dazu geführt, dass der Begriff der Inklusion in wissenschaftlichen und öffentlichen Diskursen vor allem in Bezug auf die gleichberechtigte Bildungsteilhabe von Kindern mit Behinderung gebraucht wird. In unserem Beitrag folgen wir dieser terminologischen Verengung nicht und legen stattdessen eine weite Auffassung von Inklusion zugrunde, die die gleichberechtigte Teilhabe aller Bevölkerungsgruppen an Bildung unabhängig von möglichen Exklusionsmerkmalen wie Behinderung, Geschlecht oder Migrationshintergrund umfasst (vgl. Löser/Werning 2013).
3   Statt des Konzepts des sozialen Deutungsmusters verwendet die phänomenologisch orientierte Wissenssoziologie zum Beispiel das der „Relevanzsysteme" (vgl. Schütz 1982).

es bislang kaum auf den Bereich der inklusiven Bildung angewandt. Mit unserem Forschungsprojekt wollen wir zur Schließung dieser Forschungslücke beitragen, indem wir untersuchen, welche sozialen Deutungsmuster sich hinsichtlich der Inklusion in den Wahrnehmungen von Lehrkräften ausdrücken, die an inklusiven Schulen unterrichten. Dabei konzentrieren wir uns zunächst auf Schulen mit einem religiösen bzw. evangelischen Profil und auf Lehrkräfte, die Religionsunterricht erteilen (wiewohl auch Lehrer(innen) anderer Fachrichtungen berücksichtigt werden). Damit stellen wir sowohl ein Unterrichtsfach als auch eine Schulform in den Mittelpunkt, die bislang in der empirischen Inklusionsforschung weitgehend unberücksichtigt geblieben sind. Darüber hinaus ermöglicht diese Fokussierung eine Untersuchung der Beziehung zwischen religiösen und inklusiven Haltungen von Lehrkräften sowie des Einflusses dieser Haltungen auf die konkrete Unterrichtsgestaltung.

Im folgenden Abschnitt stellen wir unseren Forschungsansatz vor, indem wir zunächst das Konzept des sozialen Deutungsmusters erläutern, das unserer Untersuchung zugrunde liegt. Anschließend beschreiben wir zusammenfassend das methodische Vorgehen des Forschungsprojekts „Religion in inklusiven Schulen (RiS)", das seit 2012 unter Leitung von Rainer Möller und Annebelle Pithan in Zusammenarbeit mit Nicola Bücker und Albrecht Schöll am Comenius-Institut durchgeführt wird. Im dritten Abschnitt präsentieren wir erste Ergebnisse des Projekts, bevor im vierten Abschnitt deren mögliche Konsequenzen für die Religionslehrerbildung skizziert werden.

2. Forschungsansatz

2.1 Das Konzept des sozialen Deutungsmusters

Der Begriff des sozialen Deutungsmusters geht auf Ulrich Oevermann zurück, der Deutungsmuster als „‚ensemble' von sozial kommunizierbaren Interpretationen der physikalischen und sozialen Umwelt" definiert (Oevermann 2001a, 5). Diese Interpretationen folgen einer gemeinsamen Logik, weisen also einen gewissen Grad an interner Konsistenz auf und sind intersubjektiv gültig, d.h., sie werden von einer bestimmten Gruppe von Individuen geteilt. Somit sind Deutungsmuster, anders als individuelle Einstellungen, immer kollektiv und umfassen grundsätzlich vom Subjekt loslösbare gesellschaftliche Wissensbestände, die aber auch einzelnen Subjekten zugeschrieben werden können (Oevermann 2001b, 41). In letzterem Fall spricht Oevermann vom impliziten Wissen bzw. „tacit knowledge" über bestimmte Phänomene (ebd., 56), das dem Individuum weitgehend nicht bewusst ist.[4] Konkret geht er davon aus, dass soziale Deutungsmuster immer auf

---

4 Durch ihren Bezug auf spezifische Gegenstände unterscheiden sich soziale Deutungsmuster von dem ebenfalls von Oevermann eingeführten methodologischen Konzept der
  „latenten Sinnstrukturen", die er definiert als „jene abstrakten, d.h. selbst sinnlich nicht
  wahrnehmbaren Konfigurationen und Zusammenhänge, die wir alle mehr oder weniger

objektive Handlungsprobleme Bezug nehmen und für diese „intersubjektiv kommunizierbare und verbindliche Antworten" bereitstellen (Oevermann 2001a, 21). Hinsichtlich des hier vorgestellten Forschungsprojekts stellt die Umsetzung von inklusiver Bildung ein derartiges Handlungsproblem dar, mit dem Lehrkräfte in ihrem Berufsalltag konfrontiert werden und das sie auf Grundlage von sozial geteilten Deutungsmustern bearbeiten.

2.2 Methodisches Vorgehen

Trotz der weiten Verbreitung der Deutungsmusteranalyse gibt es bislang keine einheitlichen methodischen Empfehlungen für ihre Datenerhebung und -interpretation (Lüders/Meuser 1997; Ullrich 1999; Keller 2014). Sowohl bei der Datenerhebung als auch bei der Datenauswertung können somit ganz unterschiedliche Methoden zum Einsatz kommen (vgl. Meuser/Sackmann 1992). Es bietet sich allerdings an, die Deutungsmusteranalyse über die Rekonstruktion latenter Sinnstrukturen nach dem von der objektiven Hermeneutik vorgeschlagenen sequenzanalytischen Verfahren durchzuführen, da Deutungsmuster ein Gegenstand der durch die Sinnstrukturen konstituierten sozialen Realität sind. In unserem Forschungsprojekt folgen wir weitgehend dieser Methodik, da sie im Vergleich zu anderen qualitativen Ansätzen ein äußerst elaboriertes Instrumentarium für die Analyse impliziter Wissensbestände darstellt.

Zur Datenerhebung haben Mitglieder des Forschungsteams bislang 14 leitfadengestützte Interviews mit Religionslehrkräften, Lehrkräften anderer Fachrichtungen und Mitgliedern der Schulleitung an zwei sich als inklusiv verstehenden Schulen in Ost- und Westdeutschland durchgeführt.[5] Nach der heterogenen Samplingstrategie wurden dabei Personen ausgewählt, die möglichst unterschiedliche Perspektiven auf inklusiven Unterricht innehaben. Insgesamt wird beim Sampling der Ansatz der Grounded Theory verfolgt (vgl. Przyborski/Wohlrab-Sahr 2008).

In den Gesprächen wurden die Interviewpartner(innen) zu ihrem Verständnis von Inklusion, inklusivem Religionsunterricht sowie zu der Beziehung zwischen Inklusion und religiösem Profil der Schule befragt. Außerdem sollte die praktische Umsetzung von Inklusion im Unterricht bzw. in der Schule insgesamt beschrieben werden. Durch intensives Nachfragen und den teilweisen Einsatz konfrontativer Interviewtechniken sollten die Befragten dazu gebracht werden, ihre Aussagen zu begründen, um dadurch die implizit vorhandenen Deutungsmuster zu evozieren (Ullrich 1999; Oevermann 2001b). Alle Interviews wurden per Audiogerät aufge-

---

gut und genau ‚verstehen' und ‚lesen', wenn wir uns verständigen, Texte lesen, Bilder und Handlungsabläufe sehen [...]" (Oevermann 2002, 2; siehe auch Oevermann 2001b, 39-41).

5   Zusätzlich wurden mehrere Stunden Religionsunterricht an beiden Schulen von zwei Wissenschaftler(innen) beobachtet und per Audiogerät aufgezeichnet, daneben wurde an einer Schule auch ein Interview mit dem Schülerrat geführt. Schließlich wurden die Programme beider Schulen und weitere Schuldokumente für eine Dokumentenanalyse zusammengestellt.

zeichnet und vollständig transkribiert.[6] Anschließend wurden die Daten in einer Interpretationsgruppe gemäß der Methodik der objektiven Hermeneutik sequenz-analytisch untersucht.

3. Zwischenergebnisse aus dem Projekt „Religion in inklusiven Schulen"

3.1 Das Verständnis von Inklusion

Die befragten Religionslehrer(innen) bilden ein spezifisches Deutungsmuster von Inklusion aus, das sich vornehmlich am (christlichen) Menschenbild und an (christlichen) Werten orientiert. Inklusion bedeutet für sie in erster Linie, dass alle Kinder *gemeinsam* unterrichtet werden, unabhängig von ihrer körperlichen und kognitiven Leistungsfähigkeit. Ein besonderer Blick richtet sich dabei auf die schwachen Kinder: sie müssen in der Gruppe aufgefangen werden. Es gilt das wertbasierte Motto: „Keine(r) darf verloren gehen."

Dies wird deutlich in einem Interview mit einem Religionslehrer, der terminologisch zwischen „fitten" Kindern und „nicht fitten" Kindern unterscheidet. Er antwortet auf die Frage, inwiefern sein Religionsunterricht inklusiv sei:

> Armin Schneider[7]: Ich würd' sagen, dass die (...) dass die inklusiven Tendenzen, ich meine das ist ja relativ geleitet von mir, diese Grenzsituation zumindest, als inklusiven Teil würde ich da sehen, dass alle Kinder in der Gruppenarbeit aufgefangen wurden. Ob sie jetzt Förderbedarf haben oder nicht. Die fitten Kinder hatten ihre Sachen, wo sie dran arbeiten konnten, das find ich halt so toll, dass grad in so 'ner Form wie Gruppenarbeit, wo die Kinder sich ja frei dazu geordnet haben zu den Gruppen, dass sie da halt, dass jeder einen Part findet, wo er die Aufgabe bearbeiten, kann. Ob die Kinder jetzt malen oder schreiben. Oder eine Gruppe hatte zuerst die Idee, das in einem kleinen Theaterstück (...) noch zu verorten, ne?

Dabei erscheint es dem Religionslehrer wichtig, dass die inklusiven Lerngruppen so gemischt sind, dass einerseits die „nicht fitten" Kinder im Rahmen ihrer Lern- und Ausdruckmöglichkeiten am Gruppenprozess partizipieren können, andererseits die Lerngruppe aber auch so arbeitsfähig ist, dass Lernprodukte entstehen können. Auf diese Weise entwickelt sich für die als stark eingeschätzten Kinder einer Lerngruppe ein gewisser Verantwortungsdruck und altruistischer Handlungszwang. Dass dies für deren moralische, soziale und religiöse Entwicklung („compassion") sowie für ihre Kommunikations-, Kooperations- und Teamfähigkeit unabdingbar wichtig und förderlich ist, steht für die Religionslehrkräfte außer Frage: Vom inklusiven Setting einer Lerngruppe profitieren alle, die „fitten" und die „nicht fitten" Kinder. Implizit und z.T. explizit steht bei diesem Verständnis von Inklusion das Bild der christli-

---

6 Die Transkription erfolgte nach dem Prinzip der literarischen Umschrift (Kowal/ O'Connell 2003). Für die vorliegende Publikation wurden die angeführten Zitate zwecks Lesbarkeit den gültigen Regeln der Orthographie und Interpunktion in gewissem Maße angeglichen.

7 Die Namen aller Gesprächspartner(innen) wurden geändert.

chen Gemeinde Pate, die für alle Menschen offen ist und in der alle willkommen geheißen werden, wie es eine andere Religionslehrerin formuliert:

> Kirsten Freise: In der Gemeinde wurde Inklusion schon immer praktiziert, weil alle ohne Unterscheidung dabei waren.

Im Unterschied zu den befragten Religionslehrer(innen) realisieren die Lehrkräfte anderer Fächer (Deutsch, Mathematik) ein Inklusionsverständnis, das eher *didaktisch* ausgerichtet ist. Bei ihnen werden im Kontext von Inklusion vornehmlich Themen wie innere Differenzierung, niveauabgestufte Lernimpulse, adaptive Aufgabenstrukturen, individuelle Förderung etc. genannt. Mit Inklusion verbindet sich für sie nicht in erster Linie ein normativer, wertbasierter Anspruchshorizont für pädagogische Haltung und erzieherisches Handeln, sondern eine *didaktische Herausforderung*. In einem Interview formuliert dies eine Deutschlehrerin auf die Frage, was für sie inklusiver Unterricht sei, so:

> Andrea Müller: (...) Das Problem sag' ich jetzt mal für die Lehrkraft ist, das zu dokumentieren. Nämlich zu gucken, wie weit kommt der? Ist es das, was er leisten kann? Oder muss ich ihn noch ein bisschen stupsen? (...) Bei den 5ern und 6ern zum Plan der Woche, wo sie dann, wo nicht der Lehrer vorplant, sondern wo sie eintragen, was nehme ich mir vor (...), dann, wie ist es geschafft worden? Wenn ich jetzt ein paar Mal daran gearbeitet hab', dann bin ich als Lehrer wieder mal dran und sag „Du guck mal, den Bereich hast Du Dir auch vorgenommen. Wie sieht's aus? Heut haste noch mal und morgen noch mal. Mach mal da noch mal dran". Das heißt, das alles im Blick zu haben und zu dokumentieren, das ist dann die Aufgabe des Lehrers (...).

Dieser Befund unterschiedlicher Deutungsmuster von Inklusion bei differenten Lehrergruppen lässt sich mehrperspektivisch interpretieren. Eine mögliche Perspektive ist, dass die *Fachdidaktik* des Religionsunterrichts im Unterschied zu anderen Fachdidaktiken noch nicht so weit entwickelt ist, dass sie die mit der Inklusion aufbrechenden didaktischen Probleme in für die Religionslehrkräfte nachvollziehbarer Weise bearbeitet hat.

Aus der Perspektive der *Schulentwicklung* lässt sich dieser Befund aber auch so deuten, dass es im Prozess inklusiver Schulentwicklung notwendigerweise eines Fachbereichs und einiger Lehrpersonen bedarf, die die Menschenbild- und Wertdimensionen im Kontext von Inklusion repräsentieren und immer wieder thematisieren. So gesehen hätten der Religionsunterricht und die Religionslehrkräfte eine wichtige Funktion im Rahmen der legitimatorischen Absicherung und Plausibilisierung inklusiver Schulentwicklungsprozesse.

Eine dritte Möglichkeit ist der Blick auf die *theologische* Grundlegung des Religionsunterrichts. Ist der RU *von seiner Sache her* so nachdrücklich auf die Förderung von Gemeinschaftlichkeit und die Perspektive des „Keine(r) darf verloren gehen" verwiesen und *muss* von daher individualisierende, stark differenzierende und an Kompetenzniveaus orientierte Lernarrangements als Merkmale einer inklusiven Didaktik relativieren? Dies würde die Zurückhaltung der Religionslehrkräfte gegenüber im engeren Sinne didaktischen Fragen inklusiven Unterrichts erklären. Allerdings hätte der RU in inklusiven Schulen dann eine Sonderstellung innerhalb des Fächerkanons, was wiederum zu Legitimationsproblemen des Faches führen könnte.

Das spezifische Deutungsmuster von Inklusion bei Religionslehrkräften hat auch Einfluss auf zwei weitere Bereiche ihres schulischen Handlungskontextes, nämlich auf ihr Verständnis von Kooperation im Kollegium und ihre religionsdidaktischen Ansätze, die sie im Religionsunterricht realisieren wollen.

3.2 Kooperation im Kollegium

Bei den befragten Religionslehrkräften an inklusiven Schulen lässt sich eine ausgeprägte Bereitschaft feststellen, ihren Unterricht im Team zu planen und gemeinsame, auf längere Zeiträume angelegte Unterrichtsprojekte im Fachbereich Religion, in denen jede Lehrkraft ihre spezifischen Kompetenzen einbringen kann, zu organisieren und durchzuführen. So äußert sich eine Religionslehrerin zu der Frage, was ihr wichtig sei im Blick auf inklusiven Religionsunterricht:

> Elisabeth Kaiser: Ansonsten machen wir es immer so, wir sprechen uns mit den Teams der Klassen ab, was jetzt an Werkstätten stattfinden wird in diesem Schuljahr.

Zu erkennen ist auch die Disposition, unterschiedliche religionsdidaktische Ansätze und theologische Vorstellungen diskursiv in den Prozess der Unterrichtsplanung einzubringen und auszutauschen. In der Kooperation mit Lehrkräften anderer Fächer ist allerdings ein gewisses Gefälle zu konstatieren. Die Religionslehrkräfte zeigen sich zwar sehr bemüht, die kollegiale Zusammenarbeit unterschiedlicher Fächer zu fördern, aber gerade bei fächerintegrierenden, thematisch ausgerichteten Projekten müssen sie sich mit ihren religionsspezifischen Anliegen in die von anderen vorgegebenen Strukturen integrieren oder nach „thematischen Anknüpfungspunkten" suchen oder sie geben nur „kleine" Aufgaben und Impulse aus dem religionsdidaktischen Materialpool in den thematischen Kosmos einer Werkstatt ein.

> Elisabeth Kaiser: Also, ich besprech' das immer am Schuljahresanfang und die Klassen sitzen dann in den Teams zusammen und dann gucken wir immer: „Wo kann ich mich dann als Religionslehrer mit einbringen?" Jetzt war zum Beispiel in einer Klasse, ich nehm' mal jetzt ne, ne 9te Klasse, die kam und sagten: „Mensch du, wir wollen Thema Kleidung machen. Hättest Du jetzt spontan was?"

Dieses Gefälle in der Kooperation mag damit zusammenhängen, dass auch in inklusiven Schulen der Religionsunterricht zu den „weichen", marginalen Fächern gezählt wird oder dass aus Sicht der anderen Fachkolleg(inn)en der spezifisch religiöse Beitrag zu einem fächerintegrierenden Projekt eher auf bestimmte Anlässe, wie z.B. religiöse Feste, bezogen wird, wie aus folgendem Zitat deutlich wird:

> Elisabeth Kaiser: Also die Kollegen kommen gerne und fragen „Hast Du Material?" Ich besorg' auch so mal so grad zur Weihnachtszeit und Martinszeit gibt's ja immer so schönes Material (...). Das besorg ich dann immer. Leg' das auch in den Klassen mit rein. (...) die haben zum Beispiel 'ne Apfelwerkstatt, da mach' ich jetzt zum Beispiel auch ein

kleines Thema dann mit rein. Das wird dann auch von ihnen bearbeitet und von mir dann aber auch noch mal ausführlich.

3.3 Religionsdidaktische Ansätze in inklusiven Schulen

Didaktisch orientieren sich die befragten Religionslehrkräfte an Ansätzen einer lebensweltlich verankerten Religionspädagogik. Entscheidend ist für sie, an den konkreten Erfahrungen der Kinder anzusetzen und in diesen Erfahrungen religiöse Bezüge aufzuspüren.

> Margit Moschkau: Und wir haben halt bei den Erfahrungen der Kinder einfach angefangen. Weil die Geschichte natürlich an sich super abstrakt ist und man jetzt vieles mit denen auch nicht thematisieren kann. (...) Da haben wir gesagt: „Ok, das geht alles nicht" und haben das jetzt ganz niedrigschwellig angesetzt und immer wieder an den Erfahrungen der Kinder. (...) So haben wir halt viel (...) zum Beispiel hängen noch die Bilder, wo wir über Angst geredet haben und heute über Mut. Oder dann noch so eigene Erfahrungen: Wo hab' ich mich denn mal gedrückt vor 'ner Situation? Das immer wieder runter zu brechen auf die Erfahrungsebene der Kinder.

Das grundlegende Verständnis von Inklusion, nach dem *alle* Kinder in einer gemeinsamen Lerngruppe „aufgefangen" werden und in ihrer Individualität vorkommen müssen, materialisiert sich didaktisch in der Bezogenheit des Religionsunterrichts auf die individuellen Erfahrungen der Kinder und ihrer entsprechenden Deutungen, für die in erster Linie im Unterricht Raum geschaffen werden muss. Dieser Anspruch kollidiert allerdings oft mit den Grenzen, die durch die Größe der Lerngruppe gesetzt sind.

> Margit Moschkau: Und die Gruppe ist natürlich ziemlich groß und dann sind wir (...) immer wieder in so 'nem Zwiespalt, das hab' ich heute noch gemerkt, dass man einerseits natürlich will, dass viele Kinder die Möglichkeit haben, auch was zu sagen vor der Gruppe, aber wenn man bei 27 dann immer jemand die Möglichkeit gibt, was zu sagen, dann sitzt man eben wieder 10 Minuten nur da und das ist dann für die Aufmerksamkeitsspanne der Kinder natürlich oft schon auch grenzwertig.

Es können nicht alle Kinder ihre Erfahrungen und Deutungsversuche verbalisieren, weil dazu weder die Zeit noch die Konzentrationsfähigkeit der Kinder ausreichen. Deshalb suchen die Lehrkräfte nach alternativen methodischen Möglichkeiten, um entsprechend ihrem Verständnis von inklusiver Didaktik jedem Kind die Chance zur Selbstexplikation zu geben.

Der lebenswelt- und erfahrungsbezogene Ansatz der befragten Religionslehrkräfte kommt auch darin zum Ausdruck, dass sie in der Regel bereit sind, ihre methodisch-didaktische Unterrichtsplanung zu unterbrechen, wenn von Seiten der Schüler(innen) aktuelle Themen oder spontane Bedürfnisse und Fragen in den Unterricht eingebracht werden.

> Elisabeth Kaiser: Ich nehme auch immer ganz viel Bezug von den Kindern auf. Also, es kommen auch manchmal ganz viele Sachen, wo die Kinder dann auch kommen und fragen: „Kannst du nicht mal das mit uns besprechen?" Dann stell' ich meinen Unterricht auch mal hinten an und sag: „Ok, wenn euch das so wichtig ist." Brandaktuelle Sachen oder es ist jemand verstorben oder ein Tier ist verstorben oder so. Dann kommt das als

brandaktuelles Thema erstmal dann dran, dann stell' ich das alles, was im Unterricht ist, erstmal hinten an. Weil mir das dann wichtiger ist.

Im inklusiven Religionsunterricht geht es in diesem Sinne um ein *subjektbezogenes* Lernen, bei dem die Persönlichkeit der Lernenden und ihre Interessen ganz im Mittelpunkt stehen. Dass unter dieser Perspektive die kollegiale Kooperation der Religionslehrer(innen) mit Lehrkräften anderer Fächer, zumindest wenn sie sich auf eine Unterrichtsplanung von mehreren Wochen bezieht, vor besonderen Herausforderungen steht, ist evident.

Da es nach dem grundlegenden Inklusionsverständnis der Religionslehrkräfte im inklusiven Unterricht darum geht, *alle Kinder in der Lerngruppe aufzufangen* und *jedes Kind im Lernprozess mitzunehmen,* werden unter methodisch-didaktischen Aspekten elementare praktische, handlungsorientierte und performative Lernarrangements bevorzugt. Diese Lernarrangements gewährleisten, dass alle Schülerinnen und Schüler, unabhängig von ihren kognitiven Fähigkeiten und sprachlichen Ausdrucksmöglichkeiten, Erfahrungen machen können, und zwar sowohl hinsichtlich des jeweiligen Lerngegenstandes, den sie sich handelnd erschließen, als auch im Blick auf die gemeinschaftliche Praxis mit anderen. Die im Inklusionsverständnis angelegte Orientierung der Religionslehrkräfte an den lernschwächeren Schüler(innen) und deren Integration in die Lerngruppe kommt hier in der Suche nach möglichst basalen und elementaren Lernformen, die ausnahmslos allen Schüler(innen) Partizipation ermöglichen, zum Ausdruck.

> Elisabeth Kaiser: Also, ich stell' auch Aufgaben, die dann in der Werkstattkiste vorzufinden sind, ne. Also, dann, dann greif ich aber vom Niveau her ziemlich weit runter (...).

4. Konsequenzen für Religionslehrerbildung

Die bisherige Auswertung der Interviews hat zu einigen ersten Erkenntnissen über die Deutungsmuster von Lehrkräften zum Thema Inklusion geführt, aus denen sich wichtige Hinweise für mögliche Handlungsempfehlungen ergeben. Diese fassen wir im Folgenden zusammen.[8]

– Religionslehrkräfte denken über inklusiven Religionsunterricht primär wertorientiert. Der Grundgedanke der Inklusion entspricht ihrem christlichen Menschenbild. Dies ist eine wichtige Ressource für die Schul- und Unterrichtsentwicklung und sollte in der Aus- und Fortbildung gestärkt und reflektiert werden. Darüber hinaus brauchen Lehrkräfte Unterstützung in fachdidaktischen Fragen. Religionsdidaktische Theoriebildung und fachdi-

---

8 Hierbei ist zu beachten, dass qualitative Untersuchungen grundsätzlich keine Verallgemeinbarkeit im statistischen Sinn auf eine größere Grundgesamtheit erlauben. Nach Auffassung vieler qualitativ arbeitender Forscher(innen) sind Generalisierungen über den Einzelfall hinaus, die für die Theoriebildung genutzt werden können, aber durchaus möglich (Przyborski/Wohlrab-Sahr 2008; im Überblick Mayring 2007).

daktische Praxisentwicklung zum inklusiven Religionsunterricht sind dafür zu entwickelnde notwendige Voraussetzungen.

- In der Aus- und Fortbildung von Religionslehrkräften ist die Vielschichtigkeit im Team im Blick auf biografische Erfahrungen, theologische und didaktische Vorstellungen als besonderes Merkmal inklusiven Unterrichtens wertzuschätzen und als Ressource für die Planung und Entwicklung von Religionsunterricht zu nutzen.

- Um Religionslehrkräfte an inklusiven Schulen zu unterstützen, sind in der Religionsdidaktik elaborierte Beispiele für fächerintegrierende Unterrichtsprojekte zu entwickeln, in denen die religionspädagogischen Anteile tragende Bedeutung haben und didaktisch unverzichtbar für die Erreichung der Unterrichtsziele sind.

- Ausgehend von den Deutungsmustern von Religionslehrkräften ist an die Praxis inklusiven Religionsunterrichts die kritische Frage zu stellen, ob die kognitiven Ansprüche lernstärkerer Schüler(innen) hinreichend berücksichtigt sind und ihnen in ausreichendem Maße entsprechende Lernmöglichkeiten eröffnet werden.

- Das Verständnis der Religionslehrer(innen) von biblischer Hermeneutik ist kritisch zu diskutieren. Das Kriterium für die Erschließung biblischer Texte scheint für sie – ausgehend von ihrem Verständnis von Inklusion – die Erfahrung der Kinder zu sein. Lassen sich die kindlichen Erfahrungen in den biblischen Geschichten nicht unmittelbar abbilden, werden diese als „super abstrakt" klassifiziert und müssen infolgedessen didaktisch „herunter gebrochen" werden auf die Erfahrungsebene der Kinder. Ob damit die biblischen Geschichten in ihrer Aussageintention und „Textgestalt" gewürdigt werden, ist fraglich. Letztlich besteht die Gefahr, dass in diesem hermeneutischen Konzept die biblischen Geschichten lediglich zur Illustration bereits vorgängiger kindlicher Erfahrungen (wie Angst, Vertrauen, Mut etc.) genutzt werden und damit an didaktischer Relevanz einbüßen. Es ist Aufgabe weiterer religionsdidaktischer Forschung zu reflektieren, wie in einem inklusiven Religionsunterricht die Begegnung und wechselseitige Erschließung von kindlicher Situation und biblischer Textgestalt bibeldidaktisch arrangiert werden können. Denn in dieser wechselseitigen Durchdringung des fragenden und suchenden Subjekts in seiner lebensweltlichen Situation und des Textes in seinem historischen Entstehungskontext und seiner je zu aktualisierenden „Botschaft" geschieht Bildung, die als Referenzrahmen auch des inklusiven Religionsunterrichts zu sichern ist.

Literatur

Avramidis, E.; Norwich, B. (2002): Teachers' attitudes towards integration/inclusion: a review of the literature. In: European Journal of Special Needs Education 17; H.2, S. 129-147.

Berger, P. L.; Luckmann, T. (1967): The Social Construction of Reality: A Treatise in the Sociology of Knowledge. New York/Toronto: Anchor Books/Random House of Canada Limited.

Dreke, C. (2012): Künftige Lebenswege von Schulkindern: Deutungsmuster sozialer Ungleichheit von Lehrkräften in Italien und Deutschland. Wiesbaden: VS Verlag für Sozialwissenschaften.

Heyl, V.; Trumpa, S.; Seifried, S. (2014): Inklusion beginnt im Kopf?! Einstellungsforschung zu Inklusion. In: Schuppener, S.; Bernhardt, N.; Hauser, M.; Poppe, F. (Hg.): Inklusion und Chancengleichheit. Diversity im Spiegel von Bildung und Didaktik. Bad Heilbrunn: Klinkhardt, S. 39-47.

Keller, R. (2014): Wissenssoziologische Diskursforschung und Deutungsmusteranalyse. In: Behnke, C.; Lengersdorf, D.; Scholz, S. (Hg.): Wissen – Methode – Geschlecht: Erfassen des fraglos Gegebenen. (Geschlecht und Gesellschaft 54), Wiesbaden: Springer VS, S. 143-159.

Kopp, B. (2009): Inklusive Überzeugungen und Selbstwirksamkeit im Umgang mit Heterogenität – Wie denken Studierende des Lehramts für Grundschulen? In: Empirische Sonderpädagogik 1; H.1, S. 5-25.

Kowal, S.; O'Connell, D. C. (2003): Zur Transkription von Gesprächen. In: Flick, U.; von Kardorff, E.; Steinke, I. (Hg.): Qualitative Sozialforschung. Ein Handbuch. Reinbek bei Hamburg: Rowohlt Taschenbuch Verlag, S. 437-447.

Löser, J. M.; Werning, R. (2013): Inklusion aus internationaler Perspektive. Ein Forschungsüberblick. In: Zeitschrift für Grundschulforschung 6; H.1, S. 21-33.

Lüders, C.; Meuser, M. (1997): Deutungsmusteranalyse. In: Hitzler, R.; Honer, A. (Hg.): Sozialwissenschaftliche Hermeneutik: eine Einführung. Opladen: Leske + Budrich, S. 57-79.

Mayring, P. (2007): Generalisierung in qualitativer Forschung. In: Forum: Qualitative Sozialforschung 8; H.3, Art. 26. http://nbn-resolving.de/urn:nbn:de:0114-fqs0703262 [Zugriff: 12.06.2014]

Meuser, M.; Sackmann, R. (1992): Zur Einführung: Deutungsmusteransatz und empirische Wissenssoziologie. In: Meuser, M. Sackmann, R. (Hg.): Analyse sozialer Deutungsmuster: Beiträge zur empirischen Wissenssoziologie. (Bremer soziologische Texte 5), Pfaffenweiler: Centaurus, S. 9-37.

Oevermann, U. (2001a) [1973]: Zur Analyse der Struktur sozialer Deutungsmuster. In: sozialersinn 1, S. 3-33.

Oevermann, U. (2001b): Die Struktur sozialer Deutungsmuster – Versuch einer Aktualisierung. In: sozialersinn 1, S. 35-81.

Oevermann, U. (2002): Klinische Soziologie auf der Basis der Methodologie der objektiven Hermeneutik – Manifest der objektiv hermeneutischen Sozialforschung. http://www.ihsk.de/publikationen/Ulrich_Oevermann-Manifest_der_objektiv_hermeneutischen_Sozialforschung.pdf [Zugriff: 11.06.2014]

Przyborski, A.; Wohlrab-Sahr, M. (2008): Qualitative Sozialforschung – Ein Arbeitsbuch. München: Oldenbourg.

Schütz, A. (1981): Der sinnhafte Aufbau der sozialen Welt: eine Einleitung in die verstehende Soziologie. 2. Aufl., Frankfurt a.M.: Suhrkamp.

Schütz, A. (1982): Das Problem der Relevanz. Frankfurt a.M.: Suhrkamp.

Stoiber, K. C.; Gettinger, M.; Goetz, D. (1998): Exploring factors influencing parents' and early childhood practitioners' beliefs about inclusion. In: Early Childhood Research Quarterly, Inclusion in early childhood settings 13; H.1, S. 107-124.

Streckeisen, U.; Hänzi, D.; Hungerbühler, A. (2007): Fördern und Auslesen: Deutungsmuster von Lehrpersonen zu einem beruflichen Dilemma. Wiesbaden: VS Verlag für Sozialwissenschaften.

Ullrich, C. (1999): Deutungsmusteranalyse und diskursives Interview. In: Zeitschrift für Soziologie 28; H.6, S. 429-447.

Rainer Möller

Empirische Forschung und Kompetenzorientierung im Religionsunterricht

Die empirische Bildungsforschung ist eine wichtige Referenz bei der Umsteuerung des deutschen Bildungswesens nach den ernüchternden Ergebnissen der internationalen Schulleistungsstudien zu Beginn des Jahrtausends. Kern der Reform ist die Orientierung an den tatsächlichen Lernleistungen der Schülerinnen und Schüler, die – und das ist das eigentlich Neue – nun auch systematisch und regelmäßig über landesweite Vergleichsarbeiten (VERA) und nationale und internationale Schulleistungsstudien (TIMSS, PISA, IGLU) empirisch überprüft werden. Nicht zuletzt in Anlehnung an das Forschungsdesign der PISA-Studien, die die in Tests erfassten Schülerleistungen als Ausdruck spezifischer *Kompetenzen* konzeptualisieren, avancierte der Begriff der Kompetenz und damit der Kompetenzorientierung zum Schlüsselbegriff der Bildungsreform. Die in der empirischen Überprüfung von Kompetenzen generierten Daten bilden nun die Grundlage für bildungspolitische Weichenstellungen auf der systemischen Ebene des Bildungsmonitorings, aber auch für Entscheidungen im Rahmen der pädagogischen Entwicklung von Schul- und Unterrichtsqualität. Der bildungspolitische Paradigmenwechsel hin zur Kompetenzorientierung geht einher mit dem Bedeutungszuwachs der empirischen Bildungsforschung im Rahmen der Human- und Sozialwissenschaften.

Der Diskurs um Kompetenzen und Kompetenzorientierung wurde im Gefolge der Klieme-Expertise (vgl. Klieme et al. 2003) sehr variantenreich geführt, wobei sich zwei relativ autonome Stränge herauskristallisiert haben, die kaum aufeinander bezogen sind: (1) die Forschungs- und Empirie basierte Arbeit an Kompetenzen, Kompetenzmodellen und Kompetenzmessung und (2) die (fach-)didaktische Arbeit an der Entwicklung kompetenzorientierten Unterrichts und entsprechender Unterrichtsskripte. Im Folgenden werden die beiden Diskursstränge rekonstruiert und Chancen, Möglichkeiten und Notwendigkeiten empirischer Forschung in beiden Diskurssträngen abgewogen, indem zunächst jeweils die fachübergreifenden Kontexte und dann spezifisch die auf den Religionsunterricht bezogenen Fragestellungen diskutiert werden.

1. Die empirische Forschung zu Kompetenzen und Kompetenzmodellen

Mit den Bildungsstandards für die Kernfächer hat die Kultusministerkonferenz (KMK) eine normative Vorgabe für schulische Leistungsanforderungen und damit eine messbare Größe eingeführt, mit deren Hilfe die Ergebnisse schulischen Lernens empirisch sichtbar und vergleichbar gemacht werden können. Die Bildungsstandards werden in Form von Kompetenzen beschrieben, die so konkretisiert werden „[...] dass sie in Aufgabenstellungen umgesetzt und prinzipiell mit Hilfe von *Testverfahren* erfasst werden können" (Klieme et al. 2003, 19). Bildungsstandards sind in dieser Sicht Gelenkstellen zwischen normativen Setzungen (Bildungszielen) und der Realität schulischer Lernleistungen. Operationalisiert werden sie in domänenspezifischen *Kompetenzmodellen*. Um Bildungsstandards realitätsgerecht zu formulieren, ihr Erreichen festzustellen und um theoretisch konstruierte Kompetenzmodelle an der Realität zu überprüfen, bedarf es empirischer Forschung. Für die Kernfächer wird diese Forschung seit Einführung der Bildungsstandards mit beträchtlichem Aufwand betrieben.

1.1 Empirische Forschung in den Kernfächern

Einen Einblick in die differenzierte und hoch spezialisierte empirische Arbeit an Kompetenzmodellen und evaluativen Instrumentarien gibt das Schwerpunktprogramm „Kompetenzmodelle zur Erfassung individueller Lernergebnisse und zur Bilanzierung von Bildungsprozessen", das von der Deutschen Forschungsgemeinschaft (DFG) aufgelegt wurde (2007–2013) (vgl. Leutner et al. 2013; Klieme et al. 2010). Die durchgeführten Projekte machen deutlich, dass die Arbeit an der Modellierung und Messung von Kompetenzen eine anspruchsvolle wissenschaftliche Tätigkeit ist, die sich nur im Forschungsverbund von Erziehungswissenschaft, Psychologie und den Fachdidaktiken realisieren lässt. Das DFG-Schwerpunktprogramm umfasst vier aufeinander aufbauende Forschungsbereiche, die die zentralen Fragestellungen repräsentieren und denen sich die 30 Projekte zuordnen lassen: (1) Theoretische Kompetenzmodelle, die unterschieden werden in Kompetenzstruktur- und Kompetenzniveaumodelle, wobei die Frage nach der *Entwicklung* von Kompetenzen zwar gestellt wird, aber zurzeit weder theoretisch noch empirisch valide beantwortet werden kann. (2) Psychometrische Modelle, die die theoretischen Kompetenzkonstrukte im Blick auf ihre differenzielle Erfassung operationalisieren. (3) Messkonzepte und Messverfahren, d.h. die Entwicklung konkreter Testinstrumente für einzelne Kompetenzdimensionen. (4) Nutzung von Informationen aus Diagnostik und Assessment im Blick auf die unterschiedlichen Akteure im Bildungswesen.

Aus pragmatischen Gründen, aber auch aus theoretischen Erwägungen, wird den Untersuchungen eine bestimmte Definition von Kompetenz zugrunde gelegt, die Kompetenz domänenspezifisch fokussiert und auf die kognitive Dimension beschränkt. Kompetenzen in diesem Sinne sind „kontextspezifische kognitive Leistungsdispositionen, die sich funktional auf Situationen und Anforderungen in bestimmten Domänen beziehen" (Klieme/Leutner 2006, 879). Damit werden motivationale und emotionale Aspekte im Verständnis von Kompetenz ausgeschlossen und wird gleichzeitig sichergestellt, dass Kompetenzen in formalen und non-formalen Bildungsprozessen prinzipiell erlernbar sind.

1.2 Empirische Forschung zum Religionsunterricht

Im Gegensatz zum Volumen an empirischer Forschung in den Kernfächern erscheint die Forschungstätigkeit im Bereich der Religionsdidaktik eher marginal. Zwar verbindet sich seit den Anfängen der Diskussion um Kompetenzen religiöser Bildung stets die Forderung, diese auch empirischer Überprüfung zu unterziehen (vgl. z. B. Fischer/Elsenbast 2006), aber faktisch ist wenig in dieser Hinsicht geschehen. Dies mag zum einen daran liegen, dass es für die Religionsdidaktik schwieriger als für andere Fachdidaktiken ist, die Komplexität religiöser Kompetenzen in Testverfahren abzubilden oder sich auf den oben skizzierten funktionalen und reduktiven Kompetenzbegriff einzulassen (vgl. Asbrand 2007, 41f.) Zum anderen bedarf empirische Forschung dieser Art umfangreicher personeller und finanzieller Ressourcen, die für die religionsdidaktische Forschung bereit zu stellen in der Wissenschaftsförderung offensichtlich nicht mit oberster Priorität versehen ist. Für den Religionsunterricht wie auch für andere „weiche" Fächer gibt es eben keine nationalen, von der KMK autorisierten Bildungsstandards und wird es voraussichtlich auch nicht geben. Zudem dürfte es in der kirchlichen und religionspädagogischen Fachöffentlichkeit durchaus umstritten sein, ob es solcher überhaupt bedarf.

Allerdings müssen Religionsdidaktik und Religionsunterricht anschlussfähig bleiben an bildungspolitische und erziehungswissenschaftliche Entwicklungen. Deshalb wurden auch in dieser Domäne Kompetenzen bestimmt, theoretische Kompetenzmodelle religiöser Bildung entwickelt (eine Übersicht bei Obst 2010) und kompetenzorientierte Religionslehrpläne erarbeitet, die mittlerweile in fast allen Bundesländern implementiert sind[1], wobei die evangelischen Lehrpläne im Unterschied zu den katholischen eher disparat erscheinen: Sie rekurrieren auf unterschiedliche Kompetenzmodelle und formulieren zum Teil explizit Bildungsstandards (vgl. Möller 2012), die aber wissenschaftlich nicht überprüft und empirisch gesichert sind. Vergleicht man diesen Befund mit den oben skizzierten Intentionen der Bildungsreform, für die die Gewinnung empirisch gesicherter Daten über die Lernleistungen der Schüler(innen) und deren Rückkoppelung an die unterschiedlichen Ebenen des Bildungssystems fundamental sind, muss man konstatieren: „Zugespitzt formuliert erfüllen die derzeit für den Religionsunterricht verfügbaren Bildungsstandards also noch kaum das Versprechen, das mit der Einführung kompetenzorientierten Unterrichts einhergeht." (Schweitzer 2012, 12)

Einen Weg in die Richtung, Bildungsstandards für den evangelischen Religionsunterricht empirisch zu fundieren, gehen die Projekte um die Berliner Wissenschaftler Dietrich Benner und Rolf Schieder, die unter dem Titel „Religiöse Kom-

---

[1] Bis auf Bayern, das Saarland, Bremen und Schleswig-Holstein. In Bayern werden die neuen kompetenzorientierten Religionslehrpläne im Schuljahr 2014/15 eingeführt, in Schleswig-Holstein voraussichtlich im Schuljahr 2015/16 (vgl. Möller 2012).

petenz als Teil öffentlicher Bildung" publiziert sind (Benner et al. 2011). Sie sind der bislang weitest gehende Versuch, religiöse Kompetenzen empirisch zu überprüfen und Kompetenzniveaus zu differenzieren. Diese beiden ebenfalls von der DFG geförderten Projekte nehmen die oben skizzierten zentralen Fragestellungen empirischer Grundlagenforschung zur Kompetenzorientierung auf und beziehen sie auf die spezifischen Kontexte des (evangelischen) Religionsunterrichts. So wird zunächst auf der Grundlage bildungstheoretischer und fachdidaktischer Überlegungen ein dreidimensionales Kompetenzmodell entworfen, das zwischen religionskundlichen Grundkenntnissen, religiöser Deutungskompetenz und religiöser Partizipationskompetenz differenziert und diese drei Dimensionen jeweils auf die drei Gegenstandsbereiche a) evangelische Konfession als Bezugsreligion des Religionsunterrichts, b) andere Religionen und Weltanschauungen und c) religiöse Phänomene im öffentlichen Raum bezieht (Benner et al. 2011, 19ff.). Im Blick auf dieses im Vorhinein auf Operationalisierbarkeit angelegte und von daher im Vergleich zu anderen Modellen eher schlichte Kompetenzkonstrukt wurden testfähige Aufgaben entwickelt, mit denen die religiösen Kompetenzen 15-jähriger Schülerinnen und Schüler in Berlin und Brandenburg in einer repräsentativen Stichprobe erhoben werden konnten. Die Auswertung der Daten ergab, dass sich die Schülerkompetenzen auf zwei trennscharfen Skalen darstellen lassen: dem Bereich der religionskundlichen Kenntnisse und dem Bereich der religiösen Deutungskompetenz. Die trennscharfe Unterscheidung von religiöser Deutungs- und Partizipationskompetenz gelang hingegen nicht. Für die Dimension der religiösen Deutungskompetenz konnte aufgrund der empirischen Daten ein fünfskaliges Niveaustufenmodell gesichert werden (Benner et al. 2011, 125ff.).

Wissenschaftlich haben diese Projekte den Nachweis erbracht, dass grundsätzlich auch religiöse Kompetenzen mit Mitteln der empirisch-quantitativen Bildungsforschung erfasst und gemessen werden können; bildungspolitisch und fachdidaktisch ist „damit eine empirische Grundlage für die Entwicklung empirisch kontrollierbarer und nicht lediglich ‚gefühlter' Bildungsstandards" gelegt (Benner et al. 2011, 141), was Konsequenzen für die weitere Arbeit an Lehrplänen und Bildungsstandards indiziert. Aus Sicht der Grundlagenforschung sind auf dieser Basis weitere Arbeiten in anderen Bundesländern und im Blick auf weitere Zielgruppen wünschenswert, wenn auch im Blick auf den notwendigen Ressourcenaufwand und offensichtlich mangelndes staatliches wie kirchliches Interesse in absehbarer Zeit wenig wahrscheinlich.

2. Der didaktische Diskurs um kompetenzorientierten (Religions-)Unterricht

Während sich das Interesse der oben skizzierten empirischen Kompetenzforschung auf die *Ergebnisse* des Lernens konzentriert, geht es in der eher didaktisch ausgerichteten Diskussion des kompetenzorientierten Unterrichts um die *Prozessqualität* von Lehr-/Lernprozessen: Kompetenzorientierte Unterrichtsarrangements sollen zur Verbesserung von Unterricht beitragen. Dieser Diskurs, der sowohl in der allgemeinen Didaktik als auch fachspezifisch geführt wird, hat sich in den letzten Jahren stark ausgeweitet und thematisiert in unterschiedlichen Formaten (Fachartikel, Hand- und Lehrbücher, Lehrwerke, exemplarische Unterrichtseinheiten) unterrichtsbezogene Fragen wie: „Was kennzeichnet den kompetenzorientierten Unterricht?" und aus Lehrersicht: „Wie unterrichtet man Kompetenzen?"[2]

2.1 Kompetenzorientierter Unterricht: eine neue didaktische Konzeption?

In diesem auf Unterrichtsentwicklung angelegten Diskurs wird unter dem Label „Kompetenzorientierung" eine Reihe von Erkenntnissen, Einsichten und Forderungen aus unterschiedlichen Referenzlinien versammelt und mehr oder weniger systematisiert zu einem *neuen Unterrichtsskript* zusammengeführt, das rhetorisch mit der bildungspolitischen Formel des *Paradigmenwechsels* verknüpft wird, wobei auch immer wieder darauf verwiesen wird, dass Kompetenzorientierung das Rad nicht völlig neu erfinde, sondern auf bewährter didaktischer Theorie und Praxis aufbaue (vgl. Michalke-Leicht, 2011, 7f.). Im Einzelnen lassen sich Bausteine aus der konstruktivistischen Didaktik, der neueren empirischen Unterrichtsforschung[3], der pädagogischen Psychologie, der Neurodidaktik, aber auch Traditionselemente der bildungstheoretischen Didaktik und der Reformpädagogik finden. Speziell im Bereich der Religionspädagogik wird u.a. auch auf Konzeptionselemente des problemorientierten Religionsunterrichts (z.B. Lenhard 2014), der Subjektorientierung (z.B. Michalke-Leicht 2014) und der Korrelationsdidaktik (z.B. Heil 2013) rekurriert.

Angesichts dieses Befundes wird man (noch) nicht von einer konsistenten Konzeption kompetenzorientierten Unterrichts sprechen können,[4] charakteristisch

---

2 Aus der Fülle der Veröffentlichungen seien hier nur exemplarisch genannt: Krug 2013, Tschekan 2011, Paechter et al. 2012, Faulstich-Christ et al. 2010, Lersch/Schreder 2013, Ziener 2006, Ziener/Kessler 2012, Möller et al. 2014, Michalke-Leicht 2011, Drieschner 2009, Feindt et al. 2009.

3 Vor allem die didaktischen Einsichten, die sich aus der Studie von John Hattie (2009) ergeben, werden in der Literatur immer wieder mit dem Diskurs um kompetenzorientierten Unterricht verknüpft, vgl. Priebe/Schreder 2012, 6.

4 Auch die von Heike Lindner vorgelegte Kompetenzorientierte Fachdidaktik Religion (2012) kommt dem nicht nahe; sie ist eher ein Überblick über Inhalte, Methoden und Unterrichtsstrategien der Fachdidaktik, zu denen unter anderem auch die Kompetenzorientierung gehört.

für den Diskurs ist die Aufzählung von „Merkmalen" oder „Kennzeichen" kompetenzorientierten Unterrichts. Zu diesen Merkmalen gehören u.a.:

- Die konzeptionelle Verbindung von Wissen und Können und die Vermeidung des Erwerbs „toten Wissens";
- das Lernen in lebensweltlich relevanten, komplexen Anforderungssituationen und auf Anwendungserfordernisse hin;
- die Diagnose der Lernausgangslage der Schüler(innen) und die „Passung" der Lernangebote daraufhin;
- die Anlage des Unterrichts in längerfristiger Perspektive: die angestrebten Kompetenzen sind der „rote Faden" über die Schuljahre hinweg, die Kompetenzen werden sequenziell und kumulativ erworben;
- die transparente Strukturierung des Unterrichts;
- die Betonung des eigenaktiven Lernens der Schüler(innen) und eine Balance von konstruktiven und instruktiven Unterrichtsphasen;
- Berücksichtigung reflexiver und selbstreflexiver Aktivitäten im Lernprozess;
- eine kognitiv aktivierende Aufgabenkultur;
- neue Formen der Rechenschaftslegung und Evaluation des Unterrichts (Portfolio, Lerntagebücher, Kompetenzraster etc.).

Im Blick auf den derzeitigen Diskussionsstand bleibt es Aufgabe weiterer religionsdidaktisch-wissenschaftlicher Reflexion, den theoretischen Status der Kompetenzorientierung präziser zu bestimmen. Ist kompetenzorientierter Unterricht ein *Konzept* oder schon ein *didaktisches Modell* (Meyer 2012, 7f.), kann man insofern von einer *Didaktik des kompetenzorientierten Unterrichts* sprechen (Lersch/Schreder 2013, 8)? Lassen sich seine Merkmale gar zu einer religionsdidaktischen *Konzeption* im Sinne Rothgangels als einer „einflussreiche(n) Theorie religiöser Bildung [...], die geschichtlich und soziokulturell bedingt [...] und öffentlich wirksam ist", verdichten (Rothgangel 2012, 74) oder kann man lediglich von Kompetenzorientierung als von einem unter vielen *Steuerungsinstrumenten* für Unterricht sprechen (so Schröder 2014, 181)?

2.2 Empirische religionsdidaktische Forschung

Die empirische Forschung ist auf dem Feld der *kompetenzorientierten Unterrichtsentwicklung*, zumal der religionspädagogischen, noch nicht sehr weit entwickelt. Es gibt zwar zunehmend praktische Unterrichtsmodelle, die das kompetenzorientierte Unterrichtsskript für den Religionsunterricht exemplarisch anschaulich machen (vgl. Möller et al. 2013), aber es gibt kaum empirisch belastbare Erkenntnisse darüber, ob dieses Unterrichtsskript lernwirksam ist, bzw. welche Elemente in ihm Lernen fördern. Dies zu klären ist ein dringendes Desiderat empirischer Religionsunterrichtsforschung.

Ein Forschungsprojekt, das auf die empirische Überprüfung der Lernergebnisse des Religionsunterrichts zielt, zugleich aber auch die Prozessqualität des Unterrichts berücksichtigt, stellt die Arbeit von Georg Ritzer dar (Ritzer 2010). In einer Längsschnittstudie mit österreichischen Oberstufenschüler(innen) geht Ritzer der Frage nach, welche durch den Religionsunterricht angeregten Kompetenzzuwächse sich evidenzbasiert nach Ablauf eines Schuljahres nachweisen lassen. Er nimmt dabei zwar auch unterrichtsbezogene Faktoren wie Beziehungsqualität, Strukturiertheit des Unterrichts und Disziplin in den Blick, fragt aber nicht nach der Lernwirksamkeit kompetenzorientierter Unterrichtsarrangements. Ritzer kommt in seiner Studie zu dem Ergebnis, dass es zwar zu signifikanten Kompetenzanreicherungen im Bereich „Wissen" gekommen ist, dass sich aber keine signifikanten Veränderungen in den Kompetenzbereichen feststellen ließen, die sich auf Werte oder Haltungen beziehen. Dieses Ergebnis ist bedeutsam im Blick auf die notwendige Selbstbeschränkung des kompetenzorientierten Religionsunterrichts hinsichtlich seiner realistisch zu erreichenden Ziele.

Aus unterrichtsbezogener Perspektive ist für die Weiterentwicklung des kompetenzorientierten Religionsunterrichts vor allem die theoretische Modellierung und empirische Überprüfung von *Kompetenzentwicklungsstufen* dringend erforderlich. Denn erst wenn solche theoretisch fundierten und praxistauglichen Entwicklungsmodelle vorliegen, können Lehrkräfte diagnostisch präzise Aussagen zum schon erreichten Kompetenzstand von Schüler(innen) machen und „passgenaue" Lernangebote zum Erreichen der nächsten Entwicklungsstufe unterbreiten. Solche Entwicklungsmodelle zu konstruieren ist allerdings aus wissenschaftlicher Sicht höchst anspruchsvoll und hat domänenübergreifend bislang kaum zu verwertbaren Ergebnissen geführt (Fleischer et al. 2013, 9). Auch in der Religionsdidaktik ist zeitnah nicht mit der wissenschaftsbasierten Erarbeitung von Entwicklungsmodellen für religiöse Kompetenzen zu rechnen.

Auf der anderen Seite ist das Denken in Stufen in der Unterrichtspraxis nichts Ungewöhnliches und gehört zum Bestand an subjektiven Theorien von Lehrkräften über Unterricht und Lernentwicklung von Schüler(innen). Von daher könnte der Vorschlag Hilbert Meyers auch für die religionsdidaktische Forschung interessant sein, als Ergänzung zu der noch ausstehenden und zu leistenden empirischen Grundlagenforschung „pragmatische Entwicklungsstrategien von unten" in gemeinsamen Projekten von Schulpraktikern und Wissenschaftlern zu initiieren mit dem Ziel „Kompetenzstufenmodelle [...] in *didaktischer Absicht* zu sammeln und sie weiterzuentwickeln" (Meyer 2012, 9). Es wären so gesehen vergleichsweise kleinere Forschungsprojekte zu konzipieren, in denen die Wahrnehmungs- und Deutungsmuster praxiserfahrener Lehrkräfte in einem gemeinsamen Forschungsprozess mit Wissenschaftlern rekonstruiert, systematisiert, hypothetisch in Kompetenzstufenmodelle transformiert und diese in begleiteter Unterrichtspraxis auf Stimmigkeit und Tauglichkeit hin evaluiert und reformuliert werden.

Solche Kompetenzstufenmodelle könnten sich auf die in der religionsdidaktischen Diskussion weitgehend konsensuellen Kompetenzdimensionen der Wahrnehmungs-, Deutungs-, Urteils-, Dialog- und Gestaltungskompetenz[5] beziehen und inhaltlich z.B. beschreiben, wie sich religiöse Sprachfähigkeit oder interreligiöse Kompetenz entwickelt. Diese Entwicklungsmodelle könnten Lehrkräften im Unterricht eine Orientierung bieten für die auf das lernende Individuum bezogene Lernstandsanalyse und für differenzierte Lernangebote. In dieser Sicht bietet ein mit Stufenmodellen arbeitender, kompetenzorientierter Religionsunterricht auch die Grundlage für *inklusive Lernsettings*, in denen Schüler(innen) mit heterogenen Lernvoraussetzungen gemeinsam an einem Gegenstand lernen, aber auf unterschiedlichen Kompetenzniveaus und im Blick auf differente Lernziele (vgl. Möller 2014, 258ff.).

Literatur

Asbrand, B. (2007): Grundlegende Kompetenzen religiöser Bildung. Ein Kommentar aus der Perspektive der Bildungsforschung. In: Elsenbast, V.; Fischer, D. (Hg.): Stellungnahmen und Kommentare zu „Grundlegende Kompetenzen religiöser Bildung". Münster: Comenius-Institut.

Benner, D.; Schieder, R.; Schluß, H.; Willems, J. (Hg.) (2011): Religiöse Kompetenz als Teil öffentlicher Bildung. Versuch einer empirisch, bildungstheoretisch und religionspädagogisch ausgewiesenen Konstruktion religiöser Dimensionen und Anspruchsniveaus. Paderborn u.a.: Ferdinand Schöningh.

Drieschner, E. (2009): Bildungsstandards praktisch. Perspektiven kompetenzorientierten Lehrens und Lernens. Wiesbaden: VS Verlag für Sozialwissenschaften.

Faulstich-Christ, K.; Lersch, R.; Moegling, K. (2010): Kompetenzorientierung in Theorie, Forschung und Praxis. (Theorie und Praxis der Schulpädagogik 9), Immenhausen bei Kassel: Prolog-Verlag.

Feindt, A.; Elsenbast, V.; Schreiner, P.; Schöll, A. (Hg.) (2009): Kompetenzorientierung im Religionsunterricht. Befunde und Perspektiven. Münster u.a.: Waxmann.

Fischer, D.; Elsenbast, V. (2006): Grundlegende Kompetenzen religiöser Bildung. Zur Entwicklung des evangelischen Religionsunterrichts durch Bildungsstandards für den Abschluss der Sekundarstufe I. Münster: Comenius Institut.

Fleischer, J. et al. (2013): Kompetenzmodellierung: Struktur, Konzepte und Forschungszugänge des DFG-Schwerpunktprogramms. In: Leutner, D.; Klieme, E.; Fleischer, J. (Hg.): Kompetenzmodelle zur Erfassung individueller Lernergebnisse und zur Bilanzierung von Bildungsprozessen. Aktuelle Diskurse im DFG-Schwerpunktprogramm. Zeitschrift für Erziehungswissenschaft Sonderheft 18/2013. Wiesbaden: Springer VS, S. 5-22.

Heil, S. (2013): Religionsunterricht professionell planen, durchführen und reflektieren. Ein Leitfaden für Studium und Praxis. Stuttgart: Kohlhammer.

Kiper, H. (2012): Unterrichtsentwicklung. Ziele-Konzeptionen-Akteure. Eine kritische Sichtung. Stuttgart: Kohlhammer.

Klieme, E. et al. (2003): Zur Entwicklung nationaler Bildungsstandards. Eine Expertise, hg. vom Bundesministerium für Bildung und Forschung. Bonn.

---

5   Im Vergleich der vorliegenden kompetenzorientierten Lehrpläne hat sich dieses Modell tendenziell durchgesetzt (vgl. Möller 2012).

Klieme, E.; Leutner, D. (2006): Kompetenzmodelle zur Erfassung individueller Lernergebnisse und zur Bilanzierung von Bildungsprozessen. Beschreibung eines neu eingerichteten Schwerpunktprogramms der DFG. In: Zeitschrift für Pädagogik 52; H.6, S. 876-903.

Klieme, E.; Leutner, D.; Kenk, M. (2010): Kompetenzmodellierung. Zwischenbilanz des DFG-Schwerpunktprogramms und Perspektiven des Forschungsansatzes. Weinheim/Basel: Beltz.

Krug, U. (2013): Handbuch zur förder- und kompetenzorientierten Unterrichtsentwicklung. Kronach: Carl Link.

Lenhard, H. (2014): Kompetenzorientiert lehren und lernen – ein Praxisbeispiel. In: Möller, R.; Sajak, C. P.; Khorchide, M. (Hg.): Kompetenzorientierung im Religionsunterricht: Von der Didaktik zur Praxis. Beiträge aus evangelischer, katholischer und islamischer Perspektive. Münster: Comenius Institut, S. 120-146.

Lersch, R.; Schreder, G. (2013): Grundlagen kompetenzorientierten Unterrichtens. Von den Bildungsstandards zum Schulcurriculum. Opladen: Verlag Barbara Budrich.

Leutner, D.; Klieme, E.; Fleischer, J.; Kuper, H. (2013): Kompetenzmodelle zur Erfassung individueller Lernergebnisse und zur Bilanzierung von Bildungsprozessen. Aktuelle Diskurse im DFG-Schwerpunktprogramm. Zeitschrift für Erziehungswissenschaft Sonderheft 18. Wiesbaden: Springer VS.

Lindner, H. (2012): Kompetenzorientierte Fachdidaktik Religion. Praxishandbuch für Studium und Referendariat. Göttingen: Vandenhoek & Ruprecht.

Meyer, H. (2012): Kompetenzorientierung allein macht noch keinen guten Unterricht! In: Lernende Schule. Für die Praxis pädagogischer Schulentwicklung 15; H.58, S. 7-12.

Michalke-Leicht, W. (2011): Kompetenzorientiert unterrichten. Das Praxisbuch für den Religionsunterricht. München: Kösel.

Michalke-Leicht, W. (2014): Auf das Lernen kommt es an. In: Möller, R.; Sajak, C. P.; Khorchide, M. (Hg.): Kompetenzorientierung im Religionsunterricht: Von der Didaktik zur Praxis. Beiträge aus evangelischer, katholischer und islamischer Perspektive. Münster: Comenius Institut, S. 42-60.

Möller, R. (2012): Kompetenzorientierte Lehrpläne für Ev. Religionslehre in der Sek I im Vergleich. Münster: Comenius Institut. http://www.cimuenster.de/biblioinfothek/open_access/Moeller_Kompetenzorientierte_Lehrplaene_Sekundarstufe_1_Vergleich_2012.php?bl=1792&we_lv_start_0=10 [Zugriff: 18.06.2014]

Möller, R. (2014): Der kompetenzorientierte Religionsunterricht vor den Herausforderungen der Inklusion. In: Möller, R.; Sajak, C. P.; Khorchide, M (Hg.): Kompetenzorientierung im Religionsunterricht: Von der Didaktik zur Praxis. Beiträge aus evangelischer, katholischer und islamischer Perspektive. Münster: Comenius Institut, S. 250-268.

Möller, R.; Autschbach, M.; von Dahl, A.; Klaassen, A.; Scherer, G. (2013): Kompetenzorientierter Unterricht in der Grundschule – Exemplarische Unterrichtseinheiten. Münster: Comenius Institut. http://www.cimuenster.de/biblioinfothek/open_access/oa_Kompetenzorientierte_Unterrichtseinheiten_Grundschule_2013.php?bl=1792&we_lv_start_0=0 [Zugriff: 04.06.2014]

Möller, R.; Sajak, C. P.; Khorchide, M. (Hg.) (2014): Kompetenzorientierung im Religionsunterricht: Von der Didaktik zur Praxis. Beiträge aus evangelischer, katholischer und islamischer Perspektive. Münster: Comenius Institut.

Müller, K.; Gartmeier, M.; Prenzel, M. (2013): Kompetenzorientierter Unterricht im Kontext nationaler Bildungsstandards. In: Bildung und Erziehung 66; H.2., S. 127-144.

Obst, G. (2010): Kompetenzorientiertes Lehren und Lernen im Religionsunterricht. 3., aktualisierte Aufl., Göttingen: Vandenhoek & Ruprecht.

Paechter, M.; Stock, M.; Schmölzer-Eibinger, S.; Slepcevic-Zach, P.; Weirer, W. (2012): Handbuch Kompetenzorientierter Unterricht. Weinheim/Basel: Beltz.

Priebe, B.; Schreder, G. (2012): Zur Kompetenzorientierung des Lernens und Lehrens im Unterricht. In: Lernende Schule. Für die Praxis pädagogischer Schulentwicklung 15; H.58, S. 4-6.

Ritzer, G. (2010): Interesse – Wissen – Toleranz – Sinn. Ausgewählte Kompetenzbereiche und deren Vermittlung im Religionsunterricht. Eine Längsschnittstudie. (Empirische Theologie 19), Berlin: LIT.

Rothgangel, M. (2012): Religionspädagogische Konzeptionen und didaktische Strukturen. In: Rothgangel, M.; Gottfried, A.; Lachmann, R. (Hg.): Religionspädagogisches Kompendium. 7., grundlegend neu bearbeitete und ergänzte Aufl., Göttingen: Vandenhoek & Ruprecht.

Sajak, C. P. (2012): Religionsunterricht kompetenzorientiert. Beiträge aus fachdidaktischer Forschung. Paderborn u.a.: Ferdinand Schöningh.

Schieder, R. (2012): Risiken und Nebenwirkungen empirischer Bildungsforschung. Der Berliner Ansatz zur Konstruktion und Erhebung religiöser Kompetenzniveaus. In: Sajak, C. P. (Hg.), Religionsunterricht kompetenzorientiert. Beiträge aus fachdidaktischer Forschung. Paderborn u.a.: Ferdinand Schöningh, S. 77-88.

Schröder, B. (2012): Religionspädagogik. Neue theologische Grundrisse. Tübingen: Mohr Siebeck.

Schröder, B. (2014): Kompetenzorientierung – Zweck oder Mittel der Verbesserung des Religionsunterrichts? In: Möller, R.; Sajak, C. P.; Khorchide, M. (Hg.): Kompetenzorientierung im Religionsunterricht: Von der Didaktik zur Praxis. Beiträge aus evangelischer, katholischer und islamischer Perspektive. Münster: Comenius Institut, S. 181-194.

Schweitzer, F. (2012): Bildungsstandards – auch für den Religionsunterricht? In: Das Wort. Evangelische Beiträge zu Bildung und Unterricht 66; H.3, S. 10-13.

Tschekan, K. (2011): Kompetenzorientiert unterrichten. Eine Didaktik. 2. Aufl. Berlin: Cornelsen.

Ziener, G. (2006): Bildungsstandards in der Praxis. Kompetenzorientiert unterrichten. Seelze-Velber: Kallmeyer.

Ziener, G.; Kessler, M. (2012): Kompetenzorientiert unterrichten – mit Methode. Methoden entdecken, verändern, erfinden. Seeze-Velber: Kallmeyer.

Marion Fleige

Religiöse Bildung in der Erwachsenenbildung – Einordnungen und Befunde

1. Einordnungen

Religiöse Erwachsenenbildung ist ein Teilbereich der institutionalisierten und organisierten konfessionellen Erwachsenenbildung. Nach der beim Deutschen Institut für Erwachsenenbildung (DIE) geführten Verbundstatistik (vgl. Horn/Ambos 2013) steht der Themenbereich *Religion-Ethik* neben den Themenbereichen *Politik-Gesellschaft*, *Familie-Gender-Generationen*, *Umwelt*, *Kultur-Gestalten*, *Gesundheit*, *Arbeit-Beruf* und *Grundbildungs-Schulabschlüsse* (vgl. ebd., 25).[1] Die Themenbereiche bilden dabei statistische Erfassungskategorien ab, die sich in etwa an Programm- bzw. Themenbereichen der Verbände orientieren (vgl. Fleige/Reichart 2014), und in denen die dazu passenden thematischen Angebote zusammengefasst sind.

Die religiöse Erwachsenenbildung ist damit ein *Teilbereich bzw. Teilangebot der Evangelischen Erwachsenenbildung* (EEB), wie sie von Evangelischen Akademien, Bildungswerken, (Familien-)Bildungsstätten etc. realisiert und auf der Basis von Landesweiterbildungsgesetzen öffentlich anerkannt und teilfinanziert wird (vgl. Fleige 2011; siehe auch Elsenbast et al. 2008, 89ff.). Die Landesweiterbildungsgesetze unterstützen eine Trägerpluralität, in der partikulare Interessen wie protestantische Bildungspositionen in der Landschaft der öffentlichen Weiterbildung präsent sind. Mit ihrem Gesamtangebot an Themen der allgemeinen (religiösen, kulturellen, gesundheitsbezogenen), politischen, beruflichen Bildung und der Grundbildung (z.B. Alphabetisierungskurse) trägt Evangelische Erwachsenenbildung zur Grundversorgung an Weiterbildung bei, für die die Erwachsenenbildungsverbände auf Landesebene und die Deutsche Evangelische Arbeitsgemeinschaft für Erwachsenenbildung (DEAE) verantwortlich sind.

Die oben genannten Einrichtungen agieren somit als Träger des *kommunalen*, *öffentlichen Weiterbildungsangebotes*, dessen Hauptanbieter in der Regel die Volkshochschule ist und das unter anderem von der EEB mit je spezifischen Profilbildungen ergänzt wird. *Gemeindliche Bildungsangebote* für Erwachsene spielen in diesen Bereich institutionalisierter und organisierter, öffentlicher Erwachsenenbildung hinein, soweit sie in das pädagogische Programm(heft) des örtlichen Anbieters auf-

---

[1] Die Statistik und ihre Themenkategorien bestehen in dieser Form seit 2002. Andere beteiligte Erwachsenenbildungsverbände sind der Deutsche Volkshochschulverband, die Katholische Bundesarbeitsgemeinschaft für Erwachsenenbildung sowie Arbeit und Leben, bis zum Berichtsjahr 2012 auch der Arbeitskreis deutscher Bildungsstätten.

genommen werden. Dies ist in nahezu allen Bundeländern der Fall. Sofern dies nicht der Fall ist, sind gemeindliche Angebote als Angebote am beigeordneten (nicht-institutionalisierten) Lernort Kirchengemeinde zu verstehen (vgl. Gieseke 2008; Fleige 2011). *Glaubenskurse*, wie sie von Gemeinden oder dritten Institutionen im evangelischen Spektrum angeboten und von der Arbeitsgemeinschaft für Missionarische Dienste betreut werden, zählen ihrerseits nur dann zur Erwachsenenbildung, wenn sie über das kommunale Finanzierungssystem abgerechnet werden können und damit öffentlich teilfinanziert sind. Zur „Landschaft" und Programmstruktur der EEB bemerkt Andreas Seiverth, wissenschaftlicher Mitarbeiter am Comenius-Institut und Politischer Geschäftsführer der DEAE:

> „Die Programmstruktur [...] bezieht sich [...] immer auch auf die Dimensionen der persönlichen Interessen und der existenziellen Lebensfragen und ihrer Verknüpfung mit denen der öffentlich-allgemeinen Themen und Konflikte, also Dimensionen der Ökonomie, der Politik, der Ökologie, der *Religion* (Hervorheb. M.F.) und der Globalisierung und ihren Aus- und Rückwirkungen auf ein humanes gesellschaftliches Zusammenleben. Die Programmstruktur konkretisiert sich in vielfältig methodisch-didaktisch konzipierten Bildungsangeboten der individuellen Selbsterfahrung, der Familien- und Altenbildung ebenso wie in solchen der kulturellen, *religiösen* (Hervorheb. M.F.) und politischen Bildung und solchen, die die Motivation und Befähigung zum bürgerschaftlichen Engagement stärken und entwickeln. Spezifische Angebote *der religiösen Bildung* (Hervorheb. M.F.) bilden dabei ein jeweils konstitutives Element, das sich oft mit den Dimensionen verschränkt, die in der Tradition des konziliaren Prozesses der 1980er und 1990er Jahre mit den Leitbegriffen Mitmenschlichkeit und Solidarität, Gerechtigkeit, Frieden und Bewahrung der Schöpfung artikuliert wurden." (Seiverth 2010, 104)

Die DEAE, widmet dem Bereich der religiösen – bzw. der so bezeichneten *religiösen und theologischen* – Erwachsenenbildung, wie anderen Teilbereichen auch, eine eigene Fachgruppe. Sie etabliert seit vielen Jahren einen Fachdiskurs zur religiösen Erwachsenenbildung – und zur theologischen Erwachsenenbildung als deren Reflexion –, welcher zur Profilierung des Programmbereichs und zur Professionalisierung des pädagogischen Personals beitragen soll. Dies ist vor dem Hintergrund fehlender Rahmencurricula und Teilnahmepflichten in der öffentlichen Erwachsenenbildung unumgänglich. Das Angebot religiöser und theologischer Erwachsenenbildung selbst wie auch seine professionspolitische und -praktische Entwicklung durch die DEAE und die landeskirchlichen Arbeitsgemeinschaften trägt also zur Institutionalisierung von Erwachsenenbildung bei.

Vor diesem Hintergrund wird im Folgenden die religiöse Erwachsenenbildung als Teil der öffentlichen, institutionalisierten und organisierten Erwachsenenbildung fokussiert. Der Forschungsstand zur innergemeindlichen Bildung und zu Glaubenskursen wird flankierend skizziert. In erster Linie werden Beiträge der bildungswissenschaftlichen Erwachsenenbildungsforschung wie auch professions- und verbandspolitischen Quellen der DEAE und bereichsbezogene Schriften der Evangelischen Kirche in Deutschland (EKD) rezipiert. Zusätzlich wird jedoch auch relevante religionspädagogische Literatur herangezogen. Spezifischer auf innerkirchliche gemeindliche Bildungsarbeit und Glaubenskurse ist die

Literatur aus verschiedenen anderen theologischen Disziplinen, allen voran der Gemeindepädagogik, aber auch der Missionswissenschaft, bezogen und wird hier unter diesem Vorzeichen aufgegriffen. Soziologische Studien zu Religiosität und Bildungsverhalten im Erwachsenenalter werden herangezogen, sofern sie Aufschluss über das Feld der religiösen Erwachsenenbildung geben.

Insgesamt muss davon ausgegangen werden, dass der Forschungsstand zur Evangelischen Erwachsenenbildung als Ganzes fortschreitet, insbesondere durch die Forschung zu ihren Programmen und Institutionen. Der Forschungsstand zur religiösen Erwachsenenbildung als Teilbereich Evangelischer Erwachsenenbildung im Speziellen könnte aber noch vorangetrieben und ausdifferenziert werden. Der weitaus größere Teil der Literatur zu diesem Bereich ist theoretisch-systematischer Natur. Den wichtigsten empirischen Ausgangspunkt bilden die Daten der oben genannten Verbundstatistik, die der in Planung befindlichen Evangelischen Bildungsberichterstattung für den Bereich der Evangelischen Erwachsenenbildung erheblich nutzen wird. Ein zweiter gut entwickelter Bereich sind Programmanalysen, die im Rahmen wissenschaftlicher Studien oder im Rahmen von Evaluationen durchgeführt werden.

Die Untersuchungen und Befunde, die im zweiten Kapitel des Beitrags präsentiert werden, sind nach Auswertungskategorien der Erwachsenenbildungsforschung geordnet: Programme/Angebote, Institutionalformen und Lernkulturen (Kap. 2.1), pädagogisches Personal (Kap. 2.2), Teilnehmende, Bildungsinteressen und Beteiligung (Kap. 2.3), sowie Nutzen (Kap. 2.4). Im Rahmen eines Fazits und Ausblicks werden der identifizierte Forschungsstand bewertet und Perspektiven benannt.

2. Untersuchungen und Befunde

2.1 Programme/Angebote – Institutionalformen – Lernkulturen

Die Entwicklung von Programmen und Angeboten ist der Ausgangspunkt professioneller pädagogischer Handlungen in der Erwachsenenbildung, da es kein standardisiertes und koordiniertes Curriculum und keine Teilnahmepflicht – wohl aber regulierende Landesweiterbildungsgesetze und eine daraus resultierende öffentliche Finanzierung – gibt. Innerhalb der öffentlich finanzierten Weiterbildungslandschaft ist die EEB in unterschiedliche Anbieter, Einrichtungstypen ('Institutionalformen') und regionale Landesorganisationen differenziert, die jeweils über bestimmte thematische Schwerpunktsetzungen bzw. ein ausgewiesenes Programmprofil verfügen.

Untersuchungszugänge sind die Erforschung von Programm- und Angebotsstrukturen und die Erforschung von Programmplanungshandeln. Für erstere stehen *Statistiken* und *Programmanalysen* zur Verfügung, für letztere *Interviews*, *Gruppendiskussionen* und/oder *Beobachtung*.[2]

Statistik

Die *Anbieterstatistik* im Bereich der *Verbundstatistik*[3] fokussiert die Themenkategorie *Religion-Ethik* als einen sogenannten Merkmalskern öffentlicher Erwachsenenbildung, auf den sich die an der Statistik teilnehmenden Erwachsenenbildungsverbände einigen konnten. Bei der Kategorie *Religion-Ethik* handelt es sich um die veröffentlichte Kategorie, die in den Begrifflichkeiten der DEAE-Statistik „Religion-Ethik-Philosophie" heißt und hier in die Unterkategorien „Philosophie", „Theologie", „Religion" und „Weltanschauung" unterteilt ist (vgl. Statistik der DEAE (Standard) 2012). Sie sind in Programmheften der EEB ausgewiesen. Eine feinere Auswertung zum Angebots- und Themenbereich religiöse und theologische Bildung ist in der Diskussion und wird auch von den konfessionellen Erwachsenenbildungsverbänden stark angestrebt, ist aber bislang noch nicht realisiert.[4] Gleichwohl ist es als eine sehr gute Grundlage einzuschätzen, dass überhaupt Daten vorliegen, auch angesichts der Heterogenität der *Institutionalformen* der EEB untereinander und zwischen den verschiedenen Bundesländern, von der die an der Statistik teilnehmenden 461 Einrichtungen (Grundgesamtheit, davon teilnehmend in 2012: 387) zeugen. Vorbehaltlich der fehlenden Trennung der Bereiche Religion und Philosophie und des Selbstberichts der Einrichtungen kann man der Statistik einige interessante Details zu den Angebotsstrukturen entnehmen:[5] So betrug der (hochgerechnete) Anteil aller Veranstaltungen (Kurse, Seminare, Lehrgänge, Studienreisen, ohne Einzelveranstaltungen) in der Themenkategorie *Religion-Ethik* am in der Verbundstatistik erfassten Gesamtangebot im Jahr 2011 3,1 Prozent (zum Vergleich: *Gesundheit* als größter Bereich: 28,5 Prozent, *Kultur-Gestalten*: 16,2 Prozent). In der DEAE betrug er 20,1 Prozent (12.858 Veranstaltungen), in der Katholischen Erwachsenenbildung (KBE) 12,0 Prozent. Die 127.116 Unterrichtsstunden machten 11,8 Prozent des Gesamtangebots aus. (Vgl. Horn/Ambos 2013,

---

2 Ich danke den Mitgliedern der Expertengruppe Programmforschung (http://www. die-bonn.de/Institut/Dienstleistungen/Servicestellen/Programmforschung/default. aspx) für die Diskurszusammenhänge zu diesen Fragestellungen – ebenso wie meinen Kolleg(innen) aus dem DIE, die im Daten- und Informationszentrum und dem Forschungs- und Entwicklungszentrum mit der Statistik und Datenanalyse befasst sind, insbesondere Dr. Elisabeth Reichart, Hella Huntemann und – speziell für die DEAE-Statistik – Thomas Lux.

3 Die gemeinsame Darstellung der Statistiken aller Verbände wird veröffentlicht unter dem Titel: „Weiterbildungsstatistik im Verbund – Kompakt", z.B. Horn/Ambos 2013. Darüber hinaus entstehen im Zusammenhang der Verbundstatistik weitere verbandsspezfische Auswertungsprodukte auf Bundesebene: Statistik der DEAE (Standard) und Bundesportrait. Siehe seit 2009 Website der DEAE (http://www.deae.de/Archiv/Statistik.php)."

4 Zu aktuellen Forschungs- und Entwicklungsaktivitäten des DIE und der Verbände vgl. das Projekt „StaRe – Große Revision der DIE Anbieter-/ Angebotsstatistiken" (http://www. die-bonn.de/weiterbildung/Forschungslandkarte/projekt.aspx?id=690).

5 Eine bereichsbezogene Auswertung der Verbundstatistik liegt von Weiland (2009) vor.

60) Die Anteile variieren stark zwischen den unterschiedlichen Bundesländern (vgl. ebd., 63), was vermutlich auf die sehr unterschiedlichen, jeweils dominanten Institutionalformen (z.B. Bildungswerk vs. mit Gemeinden kooperierende Arbeitsstelle) und die öffentliche Förderfähigkeit des Bereichs in den Bundesländern zurückgeht.

Die Zeitreihen aus dem vergangenen Jahrzehnt zeigen dabei auch Bewegungen, die interpretationsbedürftig sind und einer fragestellungsgeleiteten weitergehenden Forschung und Analyse bedürfen. So betrug der Anteil von Veranstaltungen der DEAE im Bereich *Religion-Ethik* am Gesamtangebot beispielsweise im Jahr 2006, fünf Jahre früher, statt 20,1 Prozent lediglich 18,3 Prozent (10.195 Veranstaltungen).

Programmanalysen

Programmanalysen bieten gegenüber Statistiken die Möglichkeit, Themen der (religiösen) Erwachsenenbildung aufzufinden, die in den Weiterbildungsprogrammen unter anderen Stichworten rubriziert sind, etwa Angebote zu (bibel-)theologischen Themen, die im Bereich der politischen Bildung klassifiziert sind (vgl. Fleige/Reichart 2014i.E.).[6] Programmanalysen bieten damit einen zweiten Erkenntnisansatz für die Programm- und Angebotsebene und lassen sich auf bestimmte Fragestellungen wie regionale und institutionalformenspezifische Auswertungen beziehen. Sie dokumentieren ferner den Bildungsbegriff in diesen Bereichen, zum einen da sie vom geplanten statt vom realisierten Angebot ausgehen, und zum anderen da sie Ankündigungstextanalysen einbeziehen können. Dabei können sie Aussagen über Profilbildungen über die quantitativen Themenschwerpunkte hinaus auch qualitativ verdichten (vgl. übergreifend Gieseke 2008; Käpplinger 2011 et al.).

Unter den in der Disziplin vorliegenden Programmanalysen, die sich dem Bereich der öffentlichen Erwachsenenbildung widmen, sollen im Folgenden einige Beispiele herausgegriffen werden, die interessante Befunde für die religiöse und theologische Bildung erbracht haben. So ergab die Studie von Heuer/Robak (2000), eine Intensivanalyse bei je drei Einrichtungen der evangelischen und der katholischen Erwachsenenbildung in den Jahren 1986 und 1996, eine Identifizierung von drei Profilbereichen konfessioneller Erwachsenenbildung, welche innerhalb der beiden Träger unterschiedlich stark ausgeprägt waren: „Christlich-religiöse Bindung und bürgerliche Kultur in der Lebenswelt", „gesellschaftspolitische und persönliche Lage verbinden, um Handlungsorientierung zu finden" und „Abstützen der sozialen Lebenswelt" (vgl. Heuer/Robak 2000, 138). In die erste Profilkategorie gingen in dieser Untersuchung religiös-theologische Angebote ein. In der Festschrift zum vierzigjährigen Bestehen der DEAE im Jahr 2002 (vgl. Seiverth 2002) interpretierte Gieseke (2002) die beschriebenen Profilbildungen als Ausdruck von „Reichtum,

---

6   Klassische Beispiele wären schöpfungstheologische Zugänge im Themenbereich Ökologie/Umwelt oder ekklesiologische Zugänge zu Fragen der Rolle von Kirche in der Gesellschaft.

Vielfalt und Selbständigkeit" der EEB, zu welcher die religiös-theologische Bildung beiträgt.[7]

In ihrer Studie zur kulturellen Bildung in Berlin und Brandenburg, gemeinsam mit Karin Opelt, beschreibt Wiltrud Gieseke ‚Religion' als kleines, aber für die EEB gut nachweisbares Segment der kulturellen Bildung, das sich in eine Spanne von rezeptiven Angeboten von der Kunstgeschichte über Tanzkurse bis hin zu Fotoklassen einordnet (vgl. Gieseke/Opelt 2005, 106f.). Denkt man etwa an die Verbindung von biblischen Themen und bildender Kunst, wird dieser Befund unmittelbar einsichtig. Kein expliziter Hinweis auf religiöse Bildungsangebote findet sich in der Längsschnittprogrammanalyse öffentlicher Weiterbildungseinrichtungen in Bremen (vgl. Schrader 2011). Wenngleich die Einrichtungen der evangelischen und katholischen Erwachsenenbildung hier einbezogen waren, findet sich neben den Kategorien Politik, Kultur und Gesundheit keine explizite Kategorie Religion. Dieses Vorgehen bietet den Vorteil einer stärkeren Vergleichbarkeit der Daten und spiegelt auch den Umstand wider, dass „Religion" im Bereich der öffentlich geförderten Weiterbildung häufig keine eigenständige Förderkategorie ist.[8] Religiöse Bildung als interreligiöse und damit interkulturelle Bildung beschreibt eine Studie von Robak/Petter (2014) zu den Schnittstellen von kultureller und interkultureller Bildung. In die Kategorie 7, „Interreligiöser Dialog" lassen sich für das Jahr 2012 bei einer Stichprobe von einem Fünftel der öffentlichen Weiterbildungseinrichtungen in Niedersachen – einschließlich der konfessionellen Erwachsenenbildung – 4 Prozent aller Angebote einordnen (vgl. Robak/Petter 2014, 32).[9]

Die Untersuchungen von Fleige (2007; 2011) rollen die Angebotsentwicklung des Bereichs religiöse und theologische Bildung im Rahmen von Einrichtungsfallstudien auf und betten die Ergebnisse in theoretische Reflexionen zur Institutionalisierung und zu *Lern- und Bildungskulturen* der öffentlichen Erwachsenenbildung in kirchlicher Trägerschaft ein. Gegenstand sind größere und kleinere Einrichtungen der EEB in Berlin und Brandenburg. Die Studien zeigen ein Umschlagen von Profilbildung in Angebotsverengungen, bei denen sich Angebotsstrukturen aufgrund von Sparanforderungen einerseits und Träger-Organisationsentwicklung andererseits zwischen den Messzeitpunkten stark verändern. Dabei dehnen sich auf der Suche nach einem Profil evangelischer Erwachsenenbildung nach der Friedensbewegung in einigen Falleinrichtungen die Angebote zur religiösen und theologischen Bildung aus. Dieser Befund, hier exemplarisch für Berlin und Brandenburg erhoben, mag die Hypothese nach sich ziehen, dass der in der Statistik nachvollziehbare Zuwachs

---

7 Für die katholische Erwachsenenbildung vgl. Rieger-Goertz (2008).

8 Über Ankündigungstextanalysen kommt Schrader aber zu Einzelbefunden wie der Identifizierung einer Zunahme von Angeboten an der Schwelle zu „Psychotherapie und/ oder Esoterik" (Schrader 2011, 370), die für Analysen zur religiösen Bildung interessant wären.

9 Die Programmanalyse von Worf (2012) zum intergenerationalen Bildungsangebot in der öffentlichen Weiterbildung nimmt über Zeitzeugengespräche indirekt auf interreligiöse Bildung Bezug. Eine regionale Analyse des Angebots der konfessionellen Erwachsenenbildung liegt von Seitter (2013) vor.

an Angeboten im Bereich *Religion-Ethik* schwerpunktmäßig auf Zuwächse im Bereich Religion zurückzuführen sei. Diese Hypothese wäre interessant zu verfolgen und auch regional und nach Institutionalformen zu differenzieren. Der Befund, dass auch der Angebotsbereich der theologischen Fortbildung von ehrenamtlichen kirchlichen Mitarbeiter(innen) gestärkt wird (vgl. ebd., 152ff.), wäre ebenfalls weiter zu verfolgen, wobei im Abgleich wiederum Daten aus der Verbundstatistik zur Kategorie „Mitarbeiter/innenfortbildung" herangezogen werden könnten (vgl. Horn/Ambos 2013, 40).

2.2 Pädagogisches Personal

Die Daten- und Befundlage in diesem Bereich ist noch deutlich ausbaufähig. So macht die Verbundstatistik zwar Aussagen über das Personal in der Weiterbildung, differenziert hierbei jedoch nicht weiter nach Themenbereichen. Die Studien von Gieseke/Reich (2006) und von v. Hippel/Tippelt (2009) zu Fortbildungsinteressen von Weiterbildner(innen) weisen zwar fachliche bzw. fachdidaktische Interessenlagen aus, differenzieren aber nicht weitergehend nach Themen.[10] Die o.g. Untersuchung von Fleige (2011) formuliert auch Beobachtungen zum professionellen Selbstverständnis von hauptamtlichen pädagogischen Mitarbeiter(innen) der EEB, u.a. mit Bezug zu berufsprofessionellen Identitäten als Theologe bzw. Theologin, allerdings auch hier ohne Differenzierung nach Fachstrukturen.[11] Aufschluss über fachliche Fortbildungsinteressen geben allerdings indirekt die Verbandszeitschrift Forum Erwachsenenbildung und das DEAE-Jahrbuch.

2.3 Teilnehmende, Bildungsinteressen und Beteiligung

Die Verbundstatistik weist für die Teilnahme an öffentlicher Weiterbildung Kategorien wie Belegungen aus (vgl. Horn/Ambos 2013, 33ff.) und differenziert diese nach Sozialformen bzw. Veranstaltungstypus und Dauer der Angebote. Gleichfalls ausgewiesen werden Veranstaltungen für bestimmte Zielgruppen nach Themen und Trägern. So haben im Bereich *Religion-Ethik* bei der DEAE Veranstaltungen für die Zielgruppe Frauen beispielsweise einen Anteil von 45,2 Prozent, für die Gruppe der Multiplikator(innen) 18,9 Prozent (zum Vergleich: Kultur-Gestalten: 51,4 und 0,5 Prozent) (vgl. Statistik der DEAE [Standard] 2012).

Der *Adult Education Survey* (AES), bei dem die Teilnahme an Weiterbildung erfragt wird, kennt die Kategorie „Sprachen, Kultur und Politik", in die in weitergehender Differenzierung auch religiöse und theologische Themen hineinfallen. Im aktuellen Bericht, der sich auf das Jahr 2012 bezieht, erstreckt sich der überwiegende Teil der Teilnahmen in dem genannten Sammel-Bereich auf Sprachkurse (vgl. Gnahs/Reichart/Kuper 2013, 175ff.). Die Identifizierung von spezifischen

---

10 Eine Auslegung der Befunde aus der Profession bietet Vetter (2009).
11 Vgl. ausführlicher: Seiverth/Fleige (2014). Für die Organisationsseite als empirische Untersuchungen: Schröer (2004).

Ergebnissen für die religiöse und theologische Bildung fällt auf dieser Basis also schwer.[12]

Im AES wird an der Schnittstelle der Beschreibung von Angebot und Nachfrage bzw. Teilnahme auch nach Anbietertypen differenziert. Dies tun andere Studien wie die Münchener Milieustudien (vgl. Tippelt et al. 2008) auch, allerdings ohne hier weiter auf den Stellenwert der religiösen und theologischen Bildung im Gesamtangebot der EEB einzugehen. Zumindest interpretative Bezüge zu diesem Angebotssegment können aber hergestellt werden, auch in anderen Beiträgen der Teilnahmeforschung (vgl. auch Voigts 1998).

Die vorliegenden Befunde werden zusätzlich unterstützt über neuere Befunde zur religiösen Sozialisation, Milieubindung und Biografieorientierung im Erwachsenenalter (vgl. beispielsweise Wohlrab-Saar/Karstein/Schmidt-Lux 2009). Auch in der Religions- und Gemeindepädagogik sind in den letzten Jahren – qualitative – Studien entstanden, die die biografische, lebenslauf- und lebensweltgestaltende Dimension von religiöser Bildung im Erwachsenenalter, hier am beigeordneten Lernort Gemeinde, sichtbar machen (vgl. z.B. Piroth 2003). Über die quantitative Dimension der Teilnahme am Bildungsangebot für Erwachsene am beigeordneten Lernort Gemeinde gibt darüber hinaus die Kirchenmitgliedschaftserhebung der EKD Auskunft (vgl. EKD 2014, 22ff.).

Einen Sonderfall der Beschäftigung mit religiöser Bildung im Erwachsenenalter in den Reihen der theologischen Disziplinen und des innerkirchlichen Diskursfeldes stellt die Literatur zu Glaubenskursen dar.[13] Inzwischen liegen einige konzeptionelle wie empirische Beiträge vor (vgl. z.B. Herbst 2013; Hofmann 2013). Eine laufende Untersuchung am Lehrstuhl für Praktische Theologie/Religionspädagogik an der Universität Tübingen im Auftrag der Württembergischen Landeskirche erfasst derzeit das gesamte Spektrum der professionellen Gestaltung von Theologie-, Bibel- und Glaubenskursen und deren Nutzung auf dem Gebiet der Landeskirche, wobei quantitative und qualitative Befragungen eingesetzt werden.[14]

2.4 Nutzen

Das Wissen um Nutzenorientierungen von Adressat(inn)en und Teilnehmenden wie auch um die Bedeutung der eigenen Evaluationserfolge stellt einen wichtigen aktuellen und zukünftigen Bezugspunkt von Programmplanungshandeln in der (religiösen) EEB dar. Dieses Faktum thematisiert und diskutiert ein konzeptionell-theoretischer Herausgeberband von Rösener (2013). Einer der Beiträge (Fleige 2013) stellt erste Ergebnisse einer explorativen Studie zu Nutzenorientierungen von

---

12 Hinweise auf weitere Bildungsmonitoringstudien, die für die Adressaten- und Teilnehmendenforschung abgeglichen werden sollten, finden sich bei Elsenbast et al. 2008, 83f.

13 Zur kritischen Einordnung vgl. etwa DEAE 2011.

14 Vgl. Angaben zum Projekt laut Projektleitung, dazu weiter: „Die Untersuchung läuft seit Januar 2013 und endet im Dezember 2014. Die Projektleitung hat Prof. Dr. Friedrich Schweitzer [...]."

Teilnehmenden in der religiösen Erwachsenenbildung vor. Sich andeutende Typen beziehen sich auf die Wissensstrukturen religiöser Erwachsenenbildung und ihre emotional-kognitive Grundierung (vgl. Gieseke 2009). So werden die Nutzer(in) „kulturell-theologischer Wissensstrukturen", „ästhetischen und spirituellen Erfahrungswissens", „biographisch-lebenspraktischen Wissens und transzendent begründeter Emotionalität" sowie „ehrenamtlicher Teilhabestrukturen" (Fleige 2013, 47f.) vorgestellt. Querliegende Muster von Nutzenerwartungen, die sich andeuten, betreffen vor allen die Möglichkeiten biografischer Aneignung religiöser Themen – etwa als Wieder-Aneignung nach einer längeren biografischen Unterbrechung bei einer entsprechenden Sozialisation in der Kindheit und Jugend.[15] Theoretische Überlegungen zur Entwicklung entsprechender Angebotsstrukturen sind in einem Beitrag von Robak (2013) im oben genannten Band von Rösener (2013) nachzulesen.

3. Ausblick

Bereits die Studie zur Machbarkeit einer Evangelischen Bildungsberichterstattung aus dem Comenius-Institut (Elsenbast et al. 2008) zeigte auf, wie die Erforschung nicht nur von religiöser Bildung sondern auch von Evangelischer Erwachsenenbildung insgesamt als Instrument der Sichtbarmachung und der Qualitätsentwicklung fungieren kann (vgl. ebd., 9ff.), um die institutionalisierte, organisierte, öffentliche Erwachsenenbildung zu unterstützen und zu fördern. Mit der Verbundstatistik ist im Verlauf der 2000er Jahre ein verlässliches Monitoringtool geschaffen und etabliert worden (vgl. ebd., 88). Was in der Machbarkeitsstudie von damals noch weniger im Blick war: Ohne eine programmforschungsgestützte Erfassung der Bildungs- und Handlungsrealität in den Weiterbildungseinrichtungen und ihrer Institutionalisierungsformen und ohne eine qualitativ-biografische Perspektive auf Lebensverläufe, Bildungsinteressen und Erwartungsstrukturen kommt die Forschung zur religiösen Erwachsenenbildung nicht aus. In diese Richtung weisen auch die zahlreichen theoretisch-systematischen Beiträge (vgl. z.B. EKD 1997; Herre 1997; Schweitzer 2003; Kohli Reichenbach/Noth 2013; Forum Erwachsenenbildung 01/2009; Bergold/Boschki 2014). Gerade die biografische Perspektive ergibt sich dabei unmittelbar nicht allein aus pädagogischer Sicht, sondern wird durch die theologisch-anthropologischen Grundlagen evangelischer Erwachsenenbildung unterstützt (vgl. Seiverth 2002).

Über die vertiefte Beschäftigung mit den Teilnehmenden und Adressat(innen) und ihren Bildungsinteressen hinaus wäre im Zuge von Programmanalysen eine weitergehende Erforschung von Steuerung und Management in der Evangelischen (religiösen) Erwachsenenbildung hilfreich, um neue Einsichten für pädagogi-

15 Nutzenvorstellungen von Teilnehmenden in der religiösen Erwachsenenbildung lassen sich indirekt auch zeigen über die Ergebnisse der Studie „Benefits of lifelong learning" (Manninen et al. 2014), die den selbstberichteten Nutzen allgemeiner Erwachsenenbildung in zehn europäischen Ländern aufzeigt. Hier sind auch Kurse einbezogen worden, die der religiösen und theologischen Erwachsenenbildung zuzuordnen sind.

sche Handlungsoptionen und Handlungsfreiheiten von Programmplanenden im Kontext evangelischer Erwachsenenbildungskulturen zu gewinnen. Aus der umgekehrten Perspektive interessiert, wie Planung über die Verbindung von Themen mit Menschenbildern und Lernkulturen spezifische Markenkerne evangelischer (religiöser) Erwachsenenbildung herausbildet, die erfolgsversprechend für die Stabilisierung und Entwicklung des Klientels sind. Für den programmanalytischen Ansatz insgesamt wäre besonders wichtig, anschlussfähige Kategorien zu bilden, die über unterschiedliche Untersuchungen hinweg genutzt werden könnten. Was zudem fehlt, ist eine programmanalytische Vollerhebung zu den Angebotsstrukturen (religiös-theologischer) EEB in Deutschland. Außerdem legt sich eine systematischere Verzahnung von Programmanalysen und Statistik mit einer Forschung zur Familienbildung nahe. Das Zusammenspiel von Statistik und Programmanalysen für die EEB an sich ist dabei als Ansatz für eine weitreichende Sichtbarmachung und Profilschärfung der EEB zu verstehen und könnte in diese Richtung noch stärker ausgestaltet werden.

Inhaltlich interessant für weitergehende Untersuchungen wären vor allem Tiefenanalysen zu den einzelnen Programmbereichen wie auch zu Übergängen zwischen ihnen – besonders zwischen der religiösen und der kulturellen Erwachsenenbildung, da hier derzeit den oben vorgestellten neueren Untersuchungen zufolge die größten Schnittmengen zu liegen scheinen. Genauer zu differenzieren wäre zudem zwischen religiösen und theologischen bzw. theologiegeschichtlichen Angeboten. Eine weitere offene Frage betrifft den Eingang von Kompetenzorientierungen und Kompetenzvalidierungen in das Angebot und die Relationierung mit Wissensformen (vgl. auch Robak 2013). Auch Untersuchungen dazu, wie Diskurse der Internationalisierung und Employability in der EEB aufgenommen werden, wären interessant. Vor dem Hintergrund solcher Detailanalysen zum Angebot könnten die heute diversifizierten Bildungsinteressen und ihre Passungen zur noch immer bestehenden Vielfalt der Angebotsstrukturen in der EEB neu beleuchtet und platziert werden. In der Zielgruppenperspektive sind besonders Genderfragen und Fragen des mittleren Erwachsenenalters wieder neu zu behandeln und für Programm- und Angebotsentwicklung aufzubereiten, will man verbands- und trägerseitig die Breite der Bevölkerung in diesem wichtigen Segment öffentlicher Erwachsenenbildung weiterhin mitnehmen und im öffentlichen Diskurs präsent sein.

Literatur

Bergold, R.; Boschki, R. (2014): Einführung in die religiöse Erwachsenenbildung. Darmstadt: Wissenschaftliche Buchgesellschaft.

DEAE [= Deutsche Evangelische Arbeitsgemeinschaft für Erwachsenenbildung] (2011): Religiöse und theologische Bildung in der Spätmoderne. Thesen und Einordnungen der Fachgruppe ‚Religiöse und Theologische Bildung der DEAE'. In: Forum Erwachsenenbildung 44; H.1, S. 60-65.

Deutsches Institut für Erwachsenenbildung (Hg.) (2014): Statistik 2012. Deutsche Evangelische Arbeitsgemeinschaft für Erwachsenenbildung (DEAE). (Statistische Verbandsauswertung erstellt im Auftrag der DEAE. Veröffentlicht auf der Webseite der DEAE: www.deae.de).

EKD [= Evangelische Kirche in Deutschland] (1997): Orientierung in zunehmender Orientierungslosigkeit. Evangelische Erwachsenenbildung in kirchlicher Trägerschaft. Eine Stellungnahme der Evangelischen Kirche in Deutschland für Bildung und Erziehung. Gütersloh: Gütersloher Verlagshaus.

EKD [= Evangelische Kirche in Deutschland] (2014): Zahlen und Fakten zum kirchlichen Leben. Hannover: Kirchenamt der EKD, S. 22-24. http://www.ekd.de/download/zahlen_und_fakten_2014.pdf [Zugriff: 30.06.2014]

Elsenbast, V.; Fischer, D.; Schöll, A.; Spenn, M. (2008): Evangelische Bildungsberichterstattung. Studie zur Machbarkeit. Münster: Comenius-Institut.

Fleige, M. (2007): Erwachsenenbildung in gesellschaftlichen Umbrüchen. Eine Institutionen- und Programmstudie am Beispiel der Berliner Evangelischen Akademie(n) 1987–2004 (Erwachsenenpädagogischer Report 10), Berlin: Humboldt-Universität.

Fleige, M. (2011): Lernkulturen in der öffentlichen Erwachsenenbildung. Theorieentwickelnde und empirische Betrachtungen am Beispiel evangelischer Träger. Münster u.a.: Waxmann.

Fleige, M. (2013): ‚Nutzen' religiöser Erwachsenenbildung aus erwachsenenpädagogischer Perspektive. Erwachsenenpädagogische Reflexionen und Hypothesen. In: Rösener, A. (Hg.): Was bringt uns das? Vom Nutzen religiöser Bildung für Individuum, Kirche und Gesellschaft. Münster u.a.: Waxmann, S. 35-52.

Fleige, M.; Reichart, E. (2014 i.E.): Statistik und Programmanalyse als Zugänge zur Angebotsforschung. Erkundungen am Beispiel der kulturellen Bildung in der Volkshochschule. Erscheint in: Dokumentation der Jahrestagung der Sektion Erwachsenenbildung der Deutschen Gesellschaft für Erziehungswissenschaft, Magdeburg.

Forum Erwachsenenbildung, Heft 1/2009: Religion – Glaube – Bildung: Beiträge und Beispiele. Zum Spektrum religiöser Bildung in der Evangelischen Erwachsenenbildung.

Gieseke, W. (2002): Reichtum, Vielfalt, Selbstständigkeit. Programmplanung in der Evangelischen Erwachsenenbildung. In: Seiverth, A. (Hg.): Re-Visionen Evangelischer Erwachsenenbildung. Am Menschen orientiert. Bielefeld: W. Bertelsmann, S. 203-212.

Gieseke, W. (2008): Bedarfsorientierte Angebotsplanung in der Erwachsenenbildung. Studientexte für Erwachsenenbildung. Bielefeld: W. Bertelsmann.

Gieseke, W. (2009): Lebenslanges Lernen und Emotionen. Wirkungen von Emotionen auf Bildungsprozesse aus beziehungstheoretischer Perspektive. 2. Aufl., Bielefeld: W. Bertelsmann.

Gieseke, W.; Opelt, K. (2005): Programmanalyse zur kulturellen Bildung in Berlin-Brandenburg. In: Gieseke, W.; Opelt, K.; Stock, H.; Börjesson, I.: Kulturelle Erwachsenenbildung in Deutschland. Exemplarische Analyse Berlin/Brandenburg (Europäisierung durch kulturelle Bildung: Bildung – Praxis – Event 1), Münster u.a.: Waxmann, S. 43-130.

Gieseke, W.; Reich, R. (2006): Weiterbildungsinteressen von Weiterbildner/innen. Ergebnisse einer Befragung. In: Heuer, U.; Gieseke, W. (Hg.): Pädagogisches Wissen für die Weiterbildung. Fortbildungsbedarf und Personalentwicklung. Oldenburg: Erwachsenenpädagogisches Institut e.V.

Gnahs, D.; Reichart, E.; Kuper, H. (2013): Segment Nicht-berufsbezogene Weiterbildung. In: Bilger, F.; Gnahs, D.; Hartmann, J.; Kuper, H. (Hg.): Weiterbildungsverhalten in Deutschland. Resultate des Adult Education Survey 2012. Bielefeld: W. Bertelsmann, S. 164-171.

Herbst, M. (2013): Gemeinden auf Kurs. Ergebnisse der empirischen Untersuchung zur Bedeutung von ,Kursen zum Glauben' für die Entwicklung von Gemeinde und Kirche. In: epd-Dokumentation 08/2013, S. 8-15.

Herre, P. (1997): Religiös-theologische Bildung heute. Bemerkungen. In: Forum Erwachsenenbildung 30; H.2, S. 4-11.

Heuer, U.; Robak, S. (2000): Programmstruktur in konfessioneller Trägerschaft – exemplarische Programmanalysen. In: Gieseke, W. (Hg.): Programmplanung als Bildungsmanagement? Qualitative Studie in Perspektivverschränkung. (EB-Buch 20), Recklinghausen: Bitter, S. 115-141.

Hippel, A. von; Tippelt, R. (2009) (Hg.): Fortbildung der Weiterbildner/innen. Eine Analyse der Interessen und Bedarfe aus verschiedenen Perspektiven. Weinheim u. Basel: Beltz.

Hofmann, B. (2013): Sich im Glauben bilden. Der Beitrag von Glaubenskursen zur religiösen Bildung und Sprachfähigkeit Erwachsener. Leipzig: Evangelische Verlagsanstalt.

Horn, H.; Ambos, I. (2013): Weiterbildungsstatistik im Verbund 2011 – Kompakt. Bonn. http://www.die-bonn.de/doks/2013-weiterbildungsstatistik-01.pdf [Zugriff: 30.06.2014]

Käpplinger, B. (2011): Methodische Innovationen durch neue Nutzungen und Kombinationen einer alten Methode – Das Beispiel der Programmanalyse. In: Report H.1, S. 36-44.

Kohli Reichenbach, C.; Noth, I. (Hg.): Religiöse Erwachsenenbildung. Zugänge – Herausforderungen – Perspektiven. Zürich: Theologischer Verlag Zürich.

Manninen, J.; Sgier, I.; Fleige, M.; Thöne-Geyer, B.; Kil, M. et al. (2014): Benefits of Lifelong Learning in Europe. Main Results of the BeLL-Project. Research Report. German Institute for Adult Education. Bonn. http://www.bell-project.eu/cms/wp-content/uploads/2014/06/BeLL-Research-Report.pdf [Zugriff: 30.06.2014]

Piroth, N. (2004): Gemeindepädagogische Möglichkeitsräume biographischen Lernens. Eine empirische Studie zur Rolle der Gemeindepädagogik im Lebenslauf (Schriften aus dem Comenius-Institut 11), Münster: LIT.

Rieger-Goertz, S. (2008): Geschlechterbilder in der Katholischen Erwachsenenbildung. Bielefeld: W. Bertelsmann.

Robak, S. (2013): Nutzeninterpretationen religiöser Bildung und Konsequenzen für das Planungshandeln. In: Rösener, A. (Hg.): Was bringt uns das? Vom Nutzen religiöser Bildung für Individuum, Kirche und Gesellschaft. Münster u.a.: Waxmann, S. 53-65.

Robak, S.; Petter, I. (2013): Programmanalyse der interkulturellen Bildung in Niedersachsen. Hannover: Leibniz Universität.

Rösener, A. (2013) (Hg.): Was bringt uns das? Vom Nutzen religiöser Bildung für Individuum, Kirche und Gesellschaft. Münster u.a.: Waxmann.

Schrader, J. (2011): Struktur und Wandel der Weiterbildung. Bielefeld: W. Bertelsmann.

Schröer, A. (2004): Change Management pädagogischer Institutionen. Wandlungsprozesse in Einrichtungen der Evangelischen Erwachsenenbildung. Opladen: Leske und Budrich.

Schweitzer, F. (2003): Postmoderner Lebenszyklus und Religion. Eine Herausforderung für Kirche und Theologie. Gütersloh: Gütersloher Verlagshaus.

Seitter, W. (2014): Profile konfessioneller Erwachsenenbildung. Eine Programmanalyse. Wiesbaden: Springer VS.

Seiverth, A. (Hg.) (2002): Re-Visionen Evangelischer Erwachsenenbildung. Am Menschen orientiert. Bielefeld: W. Bertelsmann.

Seiverth, A. (2010): Evangelische Erwachsenenbildung. In: Arnold, R.; Nolda, S.; Nuissl, E. (Hg.): Wörterbuch Erwachsenenbildung. 2. Aufl., Köln u.a.: UTB Verlag, S. 102-104.

Seiverth, A. (2013): Über den Nutzen religiöser Bildung – ein kritisches Plädoyer. In: Rösener, A. (2013) (Hg.): Was bringt uns das? Vom Nutzen religiöser Bildung für Individuum, Kirche und Gesellschaft. Münster u.a.: Waxmann, S. 67-82.

Seiverth, A.; Fleige, M. (2014). Zur Situation des Personals in der Evangelischen Erwachsenenbildung. In: Hessische Blätter für Volksbildung, H.1, S. 66-75.

Tippelt, R. u.a. (2008): Weiterbildung und soziale Milieus. Bd. III: Milieumarketing implementieren. Bielefeld: W. Bertelsmann.

Vetter, M. (2009): Religiöse Bildung Erwachsener. Herausforderungen in Nordelbien. In: Nordelbische Stimmen, H.1, S. 16-22.

Voigts, G. (1998): Die Arbeit der Evangelischen Akademie Iserlohn. In: Tintelnot, C.; Voigts, G.: Bildungseinrichtungen aus Teilnehmersicht. Analysen für die Erwachsenenbildung. Frankfurt a.M.: Deutsches Institut für Erwachsenenbildung, S. 106-161.

Weiland, M. (2009): Religiöse Erwachsenenbildung in der DEAE – empirische Ergebnisse. In: Forum Erwachsenenbildung 42; H.3, S. 40-42.

Wohlrab-Sahr, M.; Karstein, U.; Schmidt-Lux, T. (2009): Forcierte Säkularität. Religiöser Wandel und Generationendynamik im Osten Deutschlands. Unter Mitarbeit von Anja Frank und Christine Schaumburg. Frankfurt a.M./New York: Campus.

Worf, M. (2012): Treffen der Generationen – Eine Reflexion erwachsenendidaktischen Handelns anhand theoretischer und empirischer Untersuchungen intergenerationaler Lern- und Planungskulturen in Sachen und Nordrhein-Westfalen. Chemnitz: Universitätsverlag.

Sabine Grenz[1]

Der Zusammenhang von Geschlecht und Individualisierung (religiösen) Lebenssinns
Ein Fallbeispiel

> „[...] dass ich eigentlich die letzten, ja, 24 Jahre
> immer eher so als Mutter mich gesehen habe ...“
> (Interview mit Frau Overdieck)

Individualisierung ist ein Strukturprinzip der globalen (post-)modernen Welt, welches auch vor Religiosität nicht halt macht (Beck 1986; Schmidt 2013). Im Zusammenhang von Religiosität zeichnet sich die Individualisierung dadurch aus, dass im Zuge des – zugegeben umstrittenen – Säkularisierungsprozesses vorgegebene, tradierte religiöse Institutionen an Macht verlieren (Willems et al. 2013; Braun/Gräb/Zachhuber 2007). Die Subjekte ermächtigen sich hingegen selbst dazu, über ihre religiöse Zugehörigkeit und deren Ausgestaltung zu entscheiden (Gebhardt 2013). Der institutionelle Machtverlust geht daher mit einem Entscheidungszwang für das religiöse (oder bewusst nicht religiöse, atheistische) Subjekt einher. Die getroffenen Entscheidungen sind, da sie auch anders hätten getroffen werden können, erklärungsbedürftig. Denn auch das Verbleiben in einem tradierten religiösen Kontext wird vor dem Hintergrund der Individualisierung ebenso wie die Zuwendung zum Atheismus zu einer individuellen Entscheidung. Entscheidungen für oder gegen Religion allgemein oder eine spezifische Form sind daher als Momente der Sinnorientierung zu interpretieren und gehören so zur Bildungsgeschichte individueller Menschen.

Dieser komplexe Sachverhalt wurde in der Forschung bisher mit wenigen Ausnahmen (z.B. Franke/Matthiae/Sommer 2002) überwiegend als geschlechtsneutral untersucht (Willems et al. 2013; Koenig/Wolf 2013; Braun/Gräb/Zachhuber 2007). Wird die Kategorie Geschlecht doch mit einbezogen, besteht häufig die Tendenz, lediglich nach dem Gschlechtsspezifischen zu suchen. Das heißt, es wird danach gesucht, worin Männer und Frauen sich unterscheiden und worin sie sich gleichen könnten. So zog beispielsweise die Frage, warum mehr Männer als Frauen der Kirche fern bleiben und weshalb es dennoch auch fromme Männer gibt, einige Aufmerksamkeit auf sich (Engelbrecht/Rosowski 2007; Thurnwald 2010). Die biografische Perspektive, die strukturelle und individuelle Zusammenhänge miteinander in Beziehung setzt und so ergründet, wie sich religiöse und geschlechtliche Identität wechselseitig entwickeln, ist nach wie vor marginalisiert.

---

1   Die hier vorgestellte Interpretation ist in Zusammenarbeit mit der gesamten Forscher-(innen)gruppe Friederike Benthaus-Apel, Nicola Bücker, Albrecht Schöll entstanden. Die Laufzeit des Projekts geht bis 2016. Die hier vorgestellte Teilanalyse stellt daher noch kein endgültiges Ergebnis sondern work-in-progress dar.

Die überwiegend geschlechtsneutrale Vorgehensweise wird sowohl von Wood-head (2008) als auch von Brown (2012) kritisiert, da die Frauen- und Männer-geschichten der Moderne zwar miteinander verbunden sind, aber Verschiedenes be-inhalten. So ergänzt Brown (2012) die Untersuchungen über die größere Entfernung von Männern zur Religion mit Überlegungen, weshalb sich auch Frauen seit den 1960er Jahren zunehmend von den tradierten kirchlichen Institutionen entfer-nen. Seinen Untersuchungen zufolge liegen die Gründe vor allem in der patriar-chalen Grundausrichtung der christlichen Kirchen, von der sich Frauen im Zuge der Zweiten Frauenbewegung seit den 1960er Jahren emanzipiert haben. Damit greift er die feministische Kritik an den traditionellen religiösen Institutionen auf (Braidotti 2011; Jambresic Kirin/Prlenda 2011) und verarbeitet deren religionsge-schichtliche Entwicklung.

Woodhead (2008) stimmt Browns These zwar zu, möchte sie aber auch qualifi-zieren und neben der von Brown favorisierten kulturellen Seite der Medaille auch die institutionelle bzw. materielle und soziale Geschlechtergeschichte berücksichti-gen. Wird diese mit einbezogen, so wird ihr zufolge zusätzlich deutlich, warum den-noch mehr Frauen als Männer in den Kirchen verbleiben, beziehungsweise Frauen sich in einem größeren Ausmaß anderen Religionen oder esoterischen Strömungen zuwenden. Woodhead bezieht dabei die Verschiedenheit der Frauen selber mit ein. Das heißt, das jeweilige Verbleiben oder Sich-Entfernen ist mit der Einstellung von Frauen zu Familie, Beruf und dem Feminismus verbunden. Während kon-servative Frauen in den Kirchen ihre eigenen Vorstellungen von Familie bestätigt finden, nutzen andere die Gottesdienste, Yogakurse u.ä. als Rückzugsorte von den Verpflichtungen im Zusammenhang mit ihrer Doppelbelastung.

Ein entscheidender Unterschied zwischen den Geschlechtern entsteht dadurch, dass das autonome Subjekt der Aufklärung von Anfang an männlich konzipiert war (Maihofer 1995). Frauen galten weder als vernünftig noch hatten sie – bis auf weni-ge Ausnahmen – die Möglichkeit, autonom zu handeln (Gerhardt 2012). Zugleich aber haben die verschiedenen Frauenbewegungen die Grundsätze der modernen Gesellschaft und des autonomen Subjekts sowohl kritisiert und weiterentwickelt als auch sich zu eigen gemacht und um Rechte und Möglichkeiten für Frauen gekämpft (Gerhardt 2012; Braidotti 2011). Dennoch stehen sie ebenso durch die geschlecht-lich strukturierte Arbeitsteilung wie den Sexismus und die immer wieder artiku-lierten naturalisierenden Geschlechterkonstruktionen, die Frauen und Männern geschlechtsspezifische Charaktere zuschreiben, in einem anderen Verhältnis zur Individualisierung. Denn die Geschichte wirkt sowohl auf der kulturellen und sym-bolischen als auch der institutionellen, strukturellen und materiellen Ebene nach und muss daher auch in Bezug auf die Frage der Individualisierung von Religion beziehungsweise der „Selbstermächtigung religiöser Subjekte" (Gebhardt 2013) Berücksichtigung finden (Franke/Matthiae/Sommer 2002).

Genau diesem Zusammenhang widmet sich das derzeit am Comenius-Institut durchgeführte Forschungsprojekt „'Was Männern, was Frauen Sinn gibt': Die Auswirkungen der Kategorie Geschlecht auf die Herstellung von (religiösem)

Lebenssinn". Es besteht aus einem qualitativ- und einem quantitativ-empirischen Teil. Für den qualitativ-empirischen Teil, der im Vordergrund dieses Beitrags steht, ist die Analyse von insgesamt ca. 20 lebensgeschichtlichen Interviews geplant, die überwiegend mit evangelischen Kirchenmitgliedern geführt wurden und werden.

Durch die lebensgeschichtliche Perspektive wird der Zusammenhang von Geschlecht und individueller Sinnkonstitution so untersucht, wie er sich aus der jeweiligen lebensgeschichtlichen Erzählung rekonstruieren lässt. Die Geschlechtsidentität in der Sinnkonstitution wird weder als natürlich gegeben noch als statisch angesehen. Vielmehr wird sie als ein Erzähl- und Entwicklungsstrang neben dem der Sinnsuche rekonstruiert. Es wird die Frage gestellt, inwiefern überhaupt ein Zusammenhang zwischen der Entwicklung geschlechtlicher und religiöser Identität und Sinnsuche bestehen kann. Das Geschlecht, beziehungsweise die darauf beruhende Differenz zwischen Männern und Frauen, spielt in den Interviews insofern eine Rolle, als dass es sich historisch verändernde soziale Konstruktionen von Geschlecht gibt, mit denen die Interviewpartnerinnen und -partner sich in ihrem Leben konfrontiert sehen und mit denen sie sich identifizieren.

In diesem Beitrag möchte ich diese Forschungsarbeit am Beispiel des Interviews mit Frau Overdieck vorstellen. Da der hier vorgesehene Raum für die vollständige Darstellung der sequenzanalytischen Ergebnisse nicht ausreicht, beschränke ich mich auf einige Aspekte, die den Zusammenhang von religiöser Individualisierung, Lebenssinn und Geschlecht in dem lebensgeschichtlichen Interview verdeutlichen.

Zur Methodik

Um den Zusammenhang zwischen biografischen Elementen der Geschlechterdifferenzierung und der Sinnkonstitution im ausgesuchten Interview untersuchen zu können, wurde im Rahmen des eingangs erwähnten Forschungsprojekts ein ca. 1,5-stündiges Interview mit Frau Overdieck geführt. Die Methodik des lebensgeschichtlichen Interviews beinhaltet, dass den Interviewpartnerinnen und -partnern ein Erzählimpuls gegeben wird und sie von diesem Impuls ausgehend eine von ihnen selbst strukturierte Lebensgeschichte entwickeln und erzählen können (Przyborski/Wohlrab-Sahr 2010). Auf dieser Grundlage können die verschiedenen Konstruktionsebenen der erzählten Geschichte und der in der Regel unreflektierten alltäglichen Geschlechterkonstruktionen unterschieden werden (Dausien 2000).

Die Frage nach dem Lebenssinn ist in dieser Hinsicht eine Herausforderung, da es kaum möglich ist, auf eine Weise direkt danach zu fragen, die das Erzählen einer biografischen Geschichte ermöglicht. Daher haben wir uns in der Forscher(innen) gruppe im Vorhinein entschlossen, die Interviewpartnerinnen und -partner zwar über die Fragestellung des Forschungsprojekts aufzuklären, sie aber darum zu bitten, uns von den Brüchen, Wendepunkten und wesentlichen Erlebnissen aus ihrem Leben zu erzählen. Die Vorgehensweise wurde allen Teilnehmenden im Vorgespräch erläutert, so dass sie sich auf das Interview vorbereiten konnten. Die Interviews wurden (und werden) vollständig transkribiert und angelehnt an die Objektive Hermeneutik (vgl. Oevermann 2000) in der Forscher(innen)gruppe sequenzanalytisch interpretiert, um eine Strukturhypothese zu generieren, mit der der jeweilige Modus der Aneignung von Lebenssinn beschrieben werden kann. Wesentlich bei der Interpretation ist es, sich nicht auf die Suche nach dem Geschlechtsspezifischen festzulegen, sondern die jeweiligen individuellen lebensgeschichtlichen Strukturprozesse zu rekonstruieren (Dausien 2000).

Das Interview mit Frau Overdieck, die zu diesem Zeitpunkt 52 Jahre alt war, beginnt mit einer Erzählung darüber, wie sie Vegetarierin wurde, was sie zum Zeitpunkt des Interviews immer noch war. Diesen Prozess stellt sie als das erste von den zwei Erlebnissen dar, die für die Entwicklung ihres Lebenssinns wesentlich waren. Aus dieser Erzählung wird ersichtlich, dass sie kommunikative Auseinandersetzungen in einer Gruppe bevorzugt und sich für diese auch Zeit nimmt. Sie lässt Entscheidungen reifen und hält dann daran fest. Anderen gegenüber scheint sie tolerant zu sein. Zugleich zeigt sich eine pragmatische Herangehensweise. Sie erzwingt keine Entscheidungen, stellt sich selbst aber den Herausforderungen des Lebens, um eine konstruktive Lösung zu finden.

Biografische Eckpunkte und Lebensstil

Aus dem Interview mit Frau Overdieck lässt sich folgender Lebenslauf rekonstruieren: Mit 16 Jahren hat sie nach der Mittleren Reife zunächst eine Ausbildung zur Erzieherin begonnen und absolviert. Bis zum Alter von ca. 45 Jahren hat sie, abgesehen von zwei Erziehungspausen, durchgehend als Erzieherin gearbeitet. Dann begann sie berufsbegleitend das Fernstudium Soziale Arbeit. Nach dem Abschluss wechselte sie mit 48 Jahren den Arbeitgeber und wurde Fachberaterin für Kindertagesstätten bei einem evangelischen Träger. Ihre erste Tochter bekam sie mit ca. 29 Jahren, die zweite sechs Jahre später. Die Schwangerschaft war für sie und ihren damaligen Freund der Anlass zu heiraten. Zurzeit des Interviews lebte sie nach wie vor mit ihrem Mann und der jüngeren Tochter zusammen. Beide Ehepartner sind berufstätig. Nachdem Frau Overdieck sich beruflich umorientiert hatte, entschloss sich auch ihr Mann zu einem beruflichen Neuanfang. Frau Overdieck macht zudem seit mindestens 10 Jahren Yoga und engagiert sich seit ca. neun Jahren ehrenamtlich in ihrer evangelischen Kirchengemeinde.

Beschreibt man das Interview in Kategorien evangelischen Lebensstils und protestantischer Ethik (Benthaus-Apel 2010), so fällt Frau Overdieck in die Kategorie des „hochkulturell-modernen Lebensstils". Dieser zeichnet sich dadurch aus, dass er zwischen dem jugendlich-modernen und dem traditionell-hochkulturellen Lebensstil liegt, in anderen Worten: im Spannungsfeld zwischen gesellschaftlich progressiven und konservativen Kräften. Bei Frau Overdieck zeigt sich dies zum einen an ihrer Praxis als Mutter, die sich an der traditionellen geschlechtlich strukturierten Arbeitsteilung orientiert, sowie an ihrem Bildungsniveau. Sie hat einen akademischen Abschluss und benutzt eine Sprache, die sie als religionspädagogische Fachkraft markiert. Zudem hat sie DIE ZEIT abonniert und sie engagiert sich in der Kirchengemeinde. Progressive Tendenzen zeigen sich unter anderem darin, dass ihre Sprache geschlechterinklusiv ist und sie als Presbyterin Verantwortung in der Gemeinde übernimmt. Zugleich setzt sie sich kritisch mit der kirchlichen Lehre auseinander und ist anderen Formen der Transzendenz gegenüber offen: Sie macht regelmäßig Yoga und misst diesem eine metaphysische Bedeutung bei. Sie entwickelt jedoch keine geschlossene Theologie. Vielmehr bleiben ihr Christentum und ihr Vegetarierin-Sein im Interview miteinander unverbunden.

Die Herkunftsfamilie von Frau Overdieck entspricht vermutlich nicht dem hochkulturellen Lebensstil, da sie von einem kirchenfernen und an Ritualen orientierten evangelischen Lebensstil spricht. Auch ihre erste Ausbildung als Erzieherin lässt nicht auf einen bildungsbürgerlichen Hintergrund schließen, der den traditionell-hochkulturellen evangelischen Lebensstil prägt (Benthaus-Apel 2010). Sie hat sich diesen Lebensstil daher im Laufe ihres Lebens mit dem zusätzlichen Studium der Sozialen Arbeit und ihrem Engagement in der Gemeinde erarbeitet. Insgesamt verfolgt sie gemeinsam mit ihrem Mann einen Lebensstil, der sich an den eigenen Interessen orientiert, eine protestantische Arbeitsethik integriert und die ökonomische Seite nicht unberücksichtigt lässt.

Das Erlebnis der Mutterschaft

Frau Overdieck war als junge Frau als unfruchtbar diagnostiziert worden, was sie als unproblematisch darstellte. Mit 28 Jahren wurde sie trotz dieser Diagnose schwanger. Sie erzählt, dass sie die Schwangerschaft nicht abbrechen wollte und gemeinsam mit ihrem Mann in kurzer Zeit die Entscheidung traf, zu heiraten und gemeinsam Eltern zu werden. Auch in dieser Erzählung bringt sie eine pragmatische und konstruktive Einstellung den Herausforderungen ihres Lebens gegenüber zum Ausdruck, wie sie von uns auch in der Strukturhypothese formuliert wurde.

Sie thematisiert das Erlebnis der Mutterschaft als einen starken Einschnitt, indem sie über einen Umbruch in ihrem Leben von Selbstständigkeit und Autonomie zu Abhängigkeit beschreibt:

> „Und das war für mich auch bis dahin ganz unbekannt, weil ich eigentlich eher die selbstständige Frau war, die die Entscheidungen selber trifft und nicht mit jemandem zusammen, sondern, dass … Es ging mir zu sehr dabei nicht nur um mich. Auf jemand … auf einmal war 'ne Verantwortung da, die halt auch für jemand anderen, mit jemand anderem getroffen werden musste. Und das war auch noch mal 'ne ganz neue Erfahrung. Da ging's mir auch nicht, nicht nur gut mit, so damit."

Frau Overdieck, die zuvor sagte: „Also, ich hätte auch gut mir ein Leben ohne Kinder jetzt vorstellen können", hatte sich auf einen Lebensstil vorbereitet, der gesellschaftlich gesehen männlich geprägt war. Sie verfolgte die so genannte Normalbiografie der durchgängigen Erwerbstätigkeit und war dementsprechend finanziell und familiär unabhängig. Ihre Unabhängigkeit wird mit der Geburt der ersten Tochter jäh unterbrochen. Ob und wie lange sie nach dem Mutterschutz nicht berufstätig und damit auch finanziell von ihrem Ehemann abhängig war, wird aus dem Interview nicht deutlich. Aus dem weiteren Verlauf ihrer Erzählung geht jedoch hervor, dass sie nach der Geburt ihrer zweiten Tochter in Elternzeit ging und dass sie die erste Bezugsperson der Kinder gewesen ist, die inzwischen beide erwachsen sind. Sie hat sich auf die gesellschaftlich vorgesehene Mutterrolle eingelassen. Das geht auch aus ihren Äußerungen über die familiäre Esskultur hervor, die durch sie vegetarisch geprägt wurde.

Dieser Umschwung war jedoch nicht geplant, sondern er stellt eine Anpassung von ihr an die neu eingetretene Situation dar. Sie bezeichnet die Notwendigkeit des partnerschaftlichen Engagements als „neue Erfahrung", also als etwas, durch das sie sich inzwischen auch in ihrer persönlichen Entwicklung gefördert sieht. Die strukturhypothetisch formulierte konstruktive und pragmatische Herangehensweise zeigt sich hier im Blick zurück. Die Situation ist inzwischen auch gemeistert und hat keinerlei Bitterkeit hinterlassen. Sie vergleicht sich auch nicht mit ihrem Mann, für den sich durch die Vaterschaft und Ehe zwar auch einiges geändert hat, für den die biografischen Auswirkungen jedoch als geringer einzuschätzen sind, da sie mit der Akzeptanz der Mutterrolle auch die größere Erziehungs- und Pflegeverantwortung übernahm.

Zugleich bewahrte sie ein gewisses Maß an Unabhängigkeit, indem sie grundsätzlich berufstätig blieb und sich später auch noch durch das Studium weitergebildet hat. Ihre Berufstätigkeit war und ist jedoch nicht notwendigerweise allein dadurch bedingt, dass sie ihre Unabhängigkeit oder ihr eigenes berufliches Umfeld bewahren wollte. Es ist vielmehr so, dass sie – wie sie an anderer Stelle sagt – „finanziell nicht so aufgestellt" sind, dass eine/r von beiden aufhören könnte zu arbeiten. Die doppelte Vergesellschaftung von Frauen, die sich darin äußert, dass Frauen einerseits die familiäre Aufgaben wahrnehmen und andererseits berufliche Anforderungen erfüllen müssen (vgl. Becker-Schmidt 2004), kommt in ihrem Leben daher zum Tragen. Sie ist also einerseits stark belastet, andererseits durch ihre Berufstätigkeit in außerhäusliche soziale Beziehungen integriert.

Dass ihr Leben von Doppelbelastung geprägt gewesen ist, illustriert auch das folgende Zitat aus einer Passage, in der sie rückblickend reflektiert:

> „[...] aber es ist schon irgendwie so, dass ich eigentlich die letzten, ja, 24 Jahre immer eher so als Mutter mich gesehen habe, wenn ich unterwegs war: Ich muss pünktlich zu Hause sein. Ist was im Kühlschrank? Ist irgendwie so ..., sind die Grundbedürfnisse der Kinder in irgendeiner Form, können die irgendwie befriedigt werden, so, ne?"

Die Beziehung von Mutterschaft und (religiösem) Lebenssinn

Wie einleitend erwähnt, hat Woodhead (2008) zu ergründen versucht, weshalb Frauen im Vergleich zu Männern vermehrt in den Kirchen verbleiben oder alternative religiöse oder spirituelle Angebote stärker beanspruchen. In ihrem Artikel benennt sie zwei Möglichkeiten, sich zum einen mit den von den Kirchen favorisierten konservativen Familienmodellen zu identifizieren und zum anderen – im Falle der Doppelbelastung – im Gottesdienst eine Auszeit von den Anforderungen und Zeit für sich selbst zu finden.

Die Doppelbelastung beinhaltet ebenso wie die Hausfrauen-Ehe konservative Momente von Partnerschaft und Familie, da die Erziehungs- und Pflegeverantwortung trotz der Erwerbstätigkeit bei der Frau verbleibt, während Männer sich auf ihre Erwerbsarbeit konzentrieren können beziehungsweise mehr Freizeit zur Verfügung haben (Deutscher Bundestag 2011). Frau Overdieck thematisiert dies selbst nicht, aber es mag sein, dass sie in der Kirche Unterstützung für diese Praxis erfährt. Jedenfalls fällt auch die Betonung der Mutterschaft in die Kategorie des hochkulturell-modernen Lebensstils (Benthaus-Apel 2010). Ihre Auszeit findet sie allerdings im Yoga, wodurch sich gleichsam das progressive Moment des Lebensstils offenbart:

> „Ich muss Dinge parallel machen, sonst schaff ich's gar nicht. Aber was ja auch nicht gesund ist. Also das weiß ich auch. Dafür mach ich ja Yoga, um dann wieder einmal in der Woche runterzukommen."

Da Frau Overdieck Yoga bereits praktizierte, bevor sie mit Anfang 40 zum ersten Mal Presbyterin wurde, und sie zudem ein Familienmodell lebt, das sich insofern nicht gänzlich an konservativen Vorstellungen orientiert, als sie erwerbstätig ist, ein Fernstudium absolviert hat und sich ehrenamtlich in Leitungsaufgaben engagiert, stellt sich die Frage, wie es zu dieser engen kirchlichen Bindung kommen konnte. Denn sie sagt über sich selbst:

> „Und das war, glaub ich, zeitlich ungefähr zu dem Zeitpunkt auch, als ich ins Presbyterium das erste Mal einstieg und für mich da noch ganz, ganz viele Fragen offen waren, weil ich ja bis zu diesem Zeitpunkt ganz wenig Berührungspunkte mit Kirche hatte."

Auf diese „wenigen Berührungspunkte", die Frau Overdieck zuvor mit der Kirche hatte, möchte ich nun detaillierter eingehen. Denn durch sie wird eine weitere Möglichkeit der Beziehung von Frauen zur Kirche deutlich. Wie ich im Folgenden zeigen werde, gründet sich diese Beziehung in ihrem Fall zum einen auf die traditionelle Konstruktion von Mutterschaft, die in der nachgeburtlichen kulturellen und gesellschaftlichen Fortführung der schwangerschaftlichen Beziehung zwischen Mutter und werdendem Kind besteht. Diese bewirkte bei ihr eine kritische Auseinandersetzung mit theologischen Inhalten, die die enge Kirchenbindung zur Folge hat. Die erhellende Geschichte im Interview setzt nach der Geburt der zweiten Tochter ein. Frau Overdieck beginnt ihre Erzählung mit einer Darstellung ihrer eigenen kirchlichen Sozialisation. Sie beschreibt sie als auf das Durchgehen der Rituale beschränkt:

> „Meine religiöse oder kirchliche Sozialisation war ... ist protestantisch, so wie bei den meisten irgendwie ... man geht zur Konfirmation, weil ... ich lebte damals auf dem Land. Damit waren noch so viele Rituale verbunden. Auf einmal gehörte man dann zu den Erwachsenen. Also, irgendwie so habe ich das empfunden."

Sie hatte zwar ein gutes Verhältnis zu dem Pfarrerehepaar, die „wirklich auch so ‚ne Begeisterung hervorgerufen [haben]" (Frau Overdieck), doch da ihre Eltern mit ihr wegzogen, verlor sich der engere Kontakt zur Kirche wieder:

> „Wir sind zu den ganzen Festtagen in die Kirche gegangen aber ... ich würde auch so sagen, die waren, die haben schon an Gott geglaubt, aber die ... da war Religion nicht im Alltag Thema, so."

Was ihr eigenes Verhältnis zur Religion betrifft, hat sie im obigen Zitat zunächst „religiös" genannt und sich dann selbst mit „kirchlich" korrigiert. Dies ist ein Hinweis darauf, dass sie zwischen Religiosität und institutionalisierter Religion unterscheidet. Diese Unterscheidung spiegelt sich in scheinbar widersprüchlichen Schilderungen ihres Verhältnisses zur christlichen Religion wider. Einerseits hat sie:

> „immer das Gefühl gehabt, ich bin so ein Glückskind. Ich werde behütet, es gibt jemanden, der gut auf mich achtet."

Andererseits sagt sie über Religion in ihrer Kindheit:

> „Da hatte es irgendwie, da war vieles, was mit Religion und Kirche verbunden und gottverbunden war, das war düster und angstbesetzt."

Der religiöse Bezug, der für sie durch die Taufe hergestellt wurde, stellt für sie ein Glücksgefühl dar. Zugleich ist die Beziehung zu „Religion und Kirche [...] angstbesetzt" gewesen. Dieser Widerspruch lässt sich nur vor dem Hintergrund der Unterscheidung zwischen religiös und kirchlich verstehen. Von den negativen Gefühlen konnte sie sich – wie sie an anderer Stelle sagt – erst durch das Yoga befreien:

> „Ich finde, er [ihr Yogalehrer] macht das wirklich einfach auf so eine angenehme Art und Weise, weil er lässt immer offen, welcher Raum auch diese Spiritualität einnimmt. Und was man damit verbindet, ne. Also, es ist keine Vorgabe, dass man jetzt irgendwie sich buddhistisch ausrichten soll, sondern er lässt das ganz offen, ne. Also, dass man sich halt mit einer Vorstellung, die über einen selbst hinausgeht, verbindet. Und er benennt es auch. Das kann Gott sein, das kann eine andere Dimension sein. Und das hat mich einfach frei gemacht. Auch in meinem gesamten Verständnis von Religion und ... und Christentums hat mir auch schon deutlich gemacht, es ist ein wichtiger Bestandteil in meinem Leben geworden."

Doch zurück zur Chronologie der Erzählung: Durch die Geburt der Kinder stellte sich die Frage, ob diese getauft werden sollten oder nicht. Ihr Mann stand der Frage eher ablehnend gegenüber, da er selber ein eher belastetes Verhältnis zur Kirche hat. Ihr war es jedoch wichtig, dass auch ihre Töchter das Gefühl haben können, aufgehoben zu sein. Es war ihr wichtig, dass ihre Töchter die Institution zunächst kennenlernen, bevor sie sich später eventuell davon distanzieren. Die beiden Ehepartner einigten sich bei der ersten Tochter darauf, dass die Taufe von einem befreundeten Vikar durchgeführt wird. Bei der zweiten Tochter stellte sich die Frage erneut. Inzwischen war der Vikar Pfarrer in einer anderen Gemeinde geworden, so dass ein Antrag gestellt werden musste, dass er auch die zweite Tochter tauft. Diesen Moment schildert sie als Auslöser für ihre Auseinandersetzungen mit kirchlicher Religion:

„Und interessant war dann, dass ich aber auch gemerkt hab: Oh, ich muss aber auch
für mich gut gucken, inwieweit ich das will und was ich da auch will, so. Ob ich da auch
wirklich hinter allem oder hinter dem größten Teil stehen kann. Um mich dann halt
wirklich da auch zu engagieren. Also, engagieren insofern da auch … ja, mich damit
auseinanderzusetzen und auch mit meinen eigenen Vorstellungen von meinem Leben.
Ob das passt. Da war ich mir nicht mehr so sicher, ob das noch übereinstimmt oder
überhaupt übereinstimmt."

Sie war diejenige der beiden Ehepartner, die zumindest zu den Ritualen der Kirche
noch eine Beziehung hatte. Doch ohne ihre Kinder hätte es für sie keinen Anlass
gegeben, sich der Kirche zuzuwenden. Hier möchte sie zum einen ein positives
Selbstgefühl weitergeben, zum anderen übernimmt sie damit die Konstruktion von
Mutterschaft, die beinhaltet, dass Frauen die Kinder erziehen und damit auch kulturelle Werte und Traditionen bewahren und weitergeben. Durch den Widerstand
ihres Mannes und den Umstand, dass ein Antrag gestellt werden muss, beginnt sie
zudem ihre Einstellung zur Kirche und zur Religion tiefgehend zu reflektieren. Ihr
kirchliches Engagement beschreibt sie zunächst nur als eigene und auch kritische,
also durchaus autonome Auseinandersetzung. Zugleich aber nimmt sie als Mutter
ihrer Kinder zumindest indirekt am Gemeindeleben teil, da ihre Töchter zu den
Kinderbibeltagen gehen. Sie ist also durch ihre Kinder in der Gemeinde präsent:

„Ja, und dann kam es natürlich, wie es kommen musste: Die Kinder kamen zur Schule,
sind auch regelmäßig zu so Kinderbibeltagen gegangen. Und irgendwann fragte mich
dann die Pfarrerin: „Frau Overdieck, hätten Sie nicht Interesse, ins Presbyterium einzu-
treten?""

Sie muss in der Kirche zumindest so präsent gewesen sein, dass die Pfarrerin auf
den Gedanken kommen konnte, sie anzusprechen. Sie war sich jedoch zunächst
nicht sicher, ob sie das Amt übernehmen sollte:

„Und dann habe ich gesagt: „Oh, das ist aber jetzt 'ne Nummer, die … die will ich jetzt
eigentlich gar nicht haben." Weil, das ist irgendwas so, ich find's gut und wichtig, aber
ich zu dem Zeitpunkt gedacht hab: Och, ich engagier' mich lieber irgendwie politisch
ehrenamtlich, nicht kirchlich und … Ja, dann hat sie gesagt: ‚Ach, das müssen Sie auch
gar nicht jetzt entscheiden. Wir treffen uns mal auf'n Kaffee und dann reden wir da mal
drüber.' Und das war das Verhängnisvolle natürlich, weil sie mich dann doch wirklich
überzeugt hat. Einfach aus verschiedensten Gründen, warum das gut wäre, dass ich das
tue. Und ich hab's für mich auch annehmen können. Also, ich lass mich jetzt nicht so
ganz gerne immer überreden. Aber für mich war dann schon irgendwann … stand so
die Frage im … im Raum, also irgendwie … also, es müsste eigentlich mehr Menschen
geben, die kritisch sich auseinandersetzen und die nicht jenseits der 60 sind und kurz
vor'm Abschluss ihres Berufslebens, um sich dann halt wirklich mit Glauben und Kirche
auseinanderzusetzen und zu engagieren. Und das hat mich dann überzeugt so."

Da sie ohne ihre Kinder nicht am Gemeindeleben teilgenommen hätte – die
Kinderbibeltage gehörten wohl zu den „wenigen Berührungspunkten" – und erst
im Yogakurs ihre innere Freiheit in religiösen Fragen entdeckte, erscheint es plausibel, dass sie zunächst an andere Bereiche für das ehrenamtliche Engagement
gedacht hatte. Hinzu kommt, dass das Amt der Presbyterin die Übernahme einer
Führungsaufgabe in der Kirche beinhaltet. Dass ihr dies zu viel gewesen sein konn-

te, darauf deutet der Ausdruck „Nummer". Das Amt ist ihr etwas zu hoch gegriffen. In anderen gesellschaftlichen Bereichen wäre ihr sicher nicht sofort eine ehrenamtliche Führungsaufgabe angetragen worden. Zudem vermutet sie, mit ihren Zweifeln an der kirchlichen Lehre nicht in ein solches Führungsgremium zu gehören. Sie räumt sich daher zunächst nicht die Freiheit ein, die Kirche auch zu verändern und muss von der Pfarrerin erst davon überzeugt werden.

Fazit

Bezüglich der eingangs wiedergegebenen Debatte lassen sich mehrere Fäden im Interview mit Frau Overdieck verfolgen. Zunächst pflegt Frau Overdieck die kritische Auseinandersetzung mit religiösen Inhalten. Diese gesteht sie im weiteren Verlauf des Interviews, in welchem sie auch über ihren Beruf als Fachberaterin in evangelischen Kindertagesstätten spricht, durchaus auch anderen zu. Sie schätzt und praktiziert demnach einen autonomen und individuellen Zugang zu Glaubensinhalten. Zugleich aber wäre sie ohne die Überlegungen zur Taufe der zweiten Tochter vermutlich nicht über die ritualisierte Einstellung zur Kirche hinausgekommen, die in ihrer Herkunftsfamilie und ihrer eigenen Jugend gepflegt wurde.

Daher lässt sich ihre Erzählung auch als eine religiöse Transformationsgeschichte interpretieren: Durch die Aushandlungsprozesse mit ihrem Mann beginnt sie die Bedeutsamkeit des Rituals sowie ihre eigene Positionierung zur Kirche zu hinterfragen. Dieser Prozess wird im Yoga mit inneren Befreiungsprozessen begleitet. Obwohl sie von angstbesetzten Empfindungen spricht, nehmen ihre Töchter am Gemeindeleben in Form von Kinderbibeltagen teil, wodurch sie in der Gemeinde präsent ist. Durch die Pfarrerin erlebt sie dann, dass ihre kritische Einstellung durchaus willkommen ist. Das bedeutet, dass sie zwar individuelle Entscheidungen trifft, diese aber keineswegs isoliert sondern vielmehr durch Beziehungen zu anderen Menschen angeregt werden.

In Bezug auf die Säkularisierungsthese sowie die „Selbstermächtigung religiöser Subjekte" (Gebhardt 2013) lässt sich daher ein wesentlicher Unterschied zur Vorstellung eines autonomen Individuums feststellen. Denn ihr Werdegang von einer eher kirchenfernen zu einer in der Gemeinde engagierten Person kann auch dahingehend interpretiert werden, dass sie durch die Erziehungsaufgaben erst in das kirchliche Engagement hineinsozialisiert wurde. Dieser Umstand steht der Autonomie und der Individualisierung zu einem gewissen Grad entgegen. Denn ihre Beziehung zur Kirche wurde über ihre Aufgabe als Mutter und damit über die Beziehung zu ihren Töchtern hergestellt. Ursächlich für ihr kirchliches Engagement war demnach die kulturelle Konstruktion von Mutterschaft (Vinken 2007), die sie sich aneignete und die sie trotz ihrer Berufstätigkeit die erste Bezugsperson für die Kinder sein ließ.

In eben dieser Brechung der Autonomie zeigt sich ein geschlechterdifferenzierendes Moment: Durch die Mutterschaft beginnt sie, sich mit der evangelischen Lehre zu befassen und integriert sich zunehmend in die Gemeinde.[2] Dieses Moment baut bereits auf einem anderen geschlechterdifferenzierenden auf: Mit der Geburt hat sich ihr Leben, das sie zuvor autonom gestalten konnte, plötzlich geändert. Sie übernahm die Aufgabe der ersten Bezugsperson und damit kulturell die Mutterrolle. Dadurch bedingt erlebte sie Abhängigkeit. Beide Momente sind prägend sowohl für ihre Lebenspraxis als auch für die Sinnkonstitution. Sie sind aber nicht natürlich gegeben, sondern werden sozial hergestellt. In eben dieser Brechung der Autonomie kann ein weiterer Grund für die stärkere Präsenz von Frauen in Kirchengemeinden liegen.

Bemerkenswert ist, dass Frau Overdieck einerseits der kulturellen Konstruktion von Mutterschaft verbunden ist, andererseits aber über Weiblichkeitskonstruktionen hinausgeht, indem sie in der Kirchengemeinde eine Führungsaufgabe übernimmt und gezielt eine berufliche höhere Bildung anstrebt. Mit dieser höheren Ausbildung bleibt sie beruflich zwar in einem Bereich, der als klassischer Frauenberuf gilt, sie übernimmt aber auch hier eine beratende und damit höherrangige Aufgabe.

Daraus folgt: nicht nur der Lebenssinn oder die Religiosität individualisieren sich, sondern auch das Geschlecht. Denn die Erwerbstätigkeit und die berufliche Weiterbildung werden durch das Strukturprinzip der Individualisierung ebenso erklärungsbedürftig wie das (nahezu) erwerbslose Hausfrauendasein. Das gleiche gilt für die Annahme und die Ablehnung angetragener Ämter. Die Individualisierungen beider Bereiche, der Religion und des Geschlechts, finden zudem in Wechselwirkung statt.

Literatur

Beck, U. (1986): Risikogesellschaft. Frankfurt a.M.: Suhrkamp.

Becker-Schmidt, R. (2004): „Doppelte Vergesellschaftung von Frauen: Divergenzen und Brückenschläge zwischen Privat- und Erwerbsleben". In: Becker, R.; Kortendiek, B. (Hg.): Handbuch der Frauen- und Geschlechterforschung. Wiesbaden: VS Verlag für Sozialwissenschaften, S. 62-71.

Benthaus-Apel, F. (2011): „Soziologische Lebensstilanalyse und protestantische Ethik". In: Bienfait, A. (Hg.): Religionen verstehen. Zur Aktualität von Max Webers Religionssoziologie. Wiesbaden: VS Verlag für Sozialwissenschaften, S. 242-270.

Braidotti, R. (2011): Nomadic Theory. The Portable Rosi Braidotti, New York: Columbia University Press.

Braun, C. von; Gräb, W.; Zachhuber, J. (Hg.) (2007): Säkularisierung. Bilanz und Perspektiven einer umstrittenen These. Berlin: LIT.

---

2 Es ist durchaus vorstellbar, dass dies auch von einem Vater so erlebt werden kann. Da es jedoch gesellschaftlich gesehen immer noch ‚üblicher' ist – und in den 1990er Jahren, als ihre Töchter geboren wurden, war –, dass Frauen die Erziehungsarbeit übernehmen, kann davon gesprochen werden, dass sich auch innerhalb der Beziehung die Geschlechterpraxis und -deutung durch die unterschiedlichen Erfahrungen und Aufgaben weiter ausdifferenziert.

Brown, C. G. (2012): Religion and the Demographic Revolution. Women and Secularisation in Canada, Ireland, UK and USA since the 1960s. Woodbridge: The Boydell Press.

Dausien, B. (2000): „,Biographie' als rekonstruktiver Zugang zu ,Geschlecht' – Perspektiven der Biographieforschung". In: Lemmermöhle, D.; Fischer, D.; Klika, D.; Schlüter, A. (Hg.): Lesarten des Geschlechts. Zur De-Konstruktionsdebatte in der erziehungswissenschaftlichen Geschlechterforschung. Opladen: Leske + Budrich, S. 96-115.

Deutscher Bundestag (2011): Erster Gleichstellungsbericht. Neue Wege – Gleiche Chancen. Gleichstellung von Frauen und Männern im Lebensverlauf. Berlin.

Engelbrecht, M.; Rosowski, M. (2007): Was Männern Sinn gibt – Leben zwischen Welt und Gegenwelt. Stuttgart: Kohlhammer.

Franke, E.; Matthiae, G.; Sommer, R. (Hg.) (2002): Frauen, Leben, Religion. Ein Handbuch empirischer Forschungsmethoden. Stuttgart: Kohlhammer.

Gebhardt, W. (2013): „Die Selbstermächtigung des religiösen Subjekts und die Entkonturierung der religiösen Landschaft". In Berger, P. A.; Hock, K.; Klie, T. (Hg.): Religionshybride Religion in posttraditionalen Kontexten. Wiesbaden: Springer VS, S. 89-105.

Gerhardt, U. (2012): Frauenbewegung und Feminismus. Eine Geschichte seit 1789. München: Beck.

Jambresic Kirin, R.; Prlenda, S. (2011): Spiritual Practices and Economic Realities: Feminist Challenges. Zagreb. Selbstverlag.

Koenig, M.; Wolf, C. (2013): Religion und Gesellschaft. Kölner Zeitschrift für Soziologie und Sozialpsychologie 65; Beiheft 1, S. 1-23.

Maihofer, A. (1995): Geschlecht als Existenzweise. Königstein/Taunus: Helmer.

Oevermann, U. (2000): Die Methode der Fallrekonstruktion in der Grundlagenforschung sowie der klinischen und pädagogischen Praxis. In Kraimer, K. (Hg.): Die Fallrekonstruktion. Sinnverstehen in der sozialwissenschaftlichen Forschung. Frankfurt a.M.: Suhrkamp.

Przyborski, A.; Wohlrab-Sahr, M. (2010): Qualitative Sozialforschung. Ein Arbeitsbuch. München: Oldenbourg.

Schmidt, V. H. (2013): Globale Moderne. Skizze eines Konzeptualisierungsversuchs. In: Willems, U.; Pollack, D.; Basu, H.; Gutmann, T.; Spohn, U. (Hg.): Moderne und Religion. Kontroversen um Modernität und Säkularisierung. Bielefeld: Transcript, S. 27-73.

Thurnwald, A. K. (2010): „Fromme Männer". Eine empirische Studie zum Kontext von Biographie und Religion. Stuttgart: Kohlhammer.

Vinken, B. (2007): Die deutsche Mutter. Der lange Schatten eines Mythos. Frankfurt a.M.: Fischer.

Willems, U.; Pollack, D.; Basu, H.; Gutmann, T.; Spohn, U. (Hg.) (2013): Moderne und Religion. Kontroversen um Modernität und Säkularisierung. Bielefeld: Transcript.

Woodhead, L. (2008): „Gendering Secularization Theory". In: Social Compass 55; H.2, S. 187-193.

Christian Mulia

Religiöse Bildung im Alter

1. Problemanzeige: Altenbildung, Religion und Kirche

Anders als zu den Praxisfeldern des Religionsunterrichts und der Konfirmandenarbeit liegen zur religiösen Bildung im Alter bislang kaum empirische Untersuchungen im deutschsprachigen Raum vor. In den vergangenen Jahren sind allerdings quantitative wie qualitative Studien praktisch-theologischer bzw. gerontologischer Provenienz erschienen, die auf unterschiedliche, für die Religionsgeragogik relevante, Gesichtspunkte fokussieren: von der Religiosität und Kirchlichkeit älterer Menschen über Altersbilder von hauptamtlichen Akteuren bis hin zur Nutzung von Bildungsangeboten und Lernbarrieren. Vor diesem Hintergrund lassen sich die gegenwärtigen Herausforderungen in einen systematischen Zusammenhang bringen, Handlungsperspektiven aufzeigen und Forschungsdesiderate benennen.

Der empirische Forschungsrückstand hinsichtlich der religiösen Altenbildung hängt nicht nur mit deren unzureichender Institutionalisierung – im Blick auf Lernorte und Trägerschaften, Bildungsziele und Qualitätsmerkmale, zuständige Berufsgruppen und deren Qualifizierung – zusammen, sondern auch damit, dass der soziokulturelle Wandel und die dadurch verstärkte Pluralisierung des Alter(n)s noch nicht in ihrer ganzen Tragweite erfasst worden sind (Neuhausen/Giesler 2011).

Die Gliederung des folgenden Forschungsüberblicks orientiert sich an der Zielsetzung von (religiöser) Altenbildung. Sie bezeichnet „die Weiterentwicklung von vorhandenen und die Aneignung von neuen Fähigkeiten, Fertigkeiten und Interessen, die den Menschen ein selbstbestimmtes, selbständiges und sinnerfülltes Leben im Alter sowie die Teilhabe und Mitwirkung am gesellschaftlichen Leben ermöglichen" (Mulia 2011, 95). In *inhaltlich-subjektorientierter* Hinsicht beziehen sich religiöse Lernprozesse auf solche Erfahrungs- und Deutungshorizonte, die den Einzelnen über sich selbst hinausführen, ihn mithin auf den Sinn und Grund des Lebens ausrichten. Wenn seit den 1990er-Jahren verstärkt von ‚religiöser' statt von ‚kirchlicher' oder ‚theologischer' Erwachsenenbildung gesprochen wird (Lück/ Schweitzer 1999; Bergold/Boschki 2014), nimmt dies den religionskulturellen Befund ernst, dass sich die religiöse Sinnsuche in der Spätmoderne nicht mehr auf die kirchliche (insbesondere parochiale) Praxis und christliche Glaubensgehalte begrenzen lässt (2.).

Zweitens sind die Leitperspektiven von Selbstbestimmung und Selbstständigkeit, Partizipation und Mitverantwortung im Alter – sei es auf der Ebene der Gerontologie, der Bildungsträger oder der Altenbildner(innen) – *(theologisch-)anthropo-*

logisch fundiert[1] und bilden den kulturell-normativen Wandel des Alters ab (3.). Die religiöse Altenbildung, so ein dritter Bezug auf (christliche) Religion, ist zwar nicht ausschließlich, aber vorrangig *kirchlich-institutionell* eingebettet. Sie ist also auf lokaler bzw. regionaler Ebene zu organisieren (4.), hat auf die Problematik der Bildungsungleichheit zu reagieren (5.) und zeitigt professionstheoretische Konsequenzen (6.). Im Blick auf die religionsgerontologische Forschung wie geragogische Umsetzung gilt es zudem, weitere Zielgruppen und Aspekte in den Blick zu nehmen (7.)

2. Religiosität im Alter – Spätmoderne Perspektiven

Entgegen der landläufigen Annahme einer kontinuierlich zunehmenden Religiosität bzw. Kirchlichkeit im Alter weisen neuere quantitative wie qualitative Studien die religiöse Entwicklung, insbesondere unter den nachwachsenden Seniorenkohorten, als *biografiebezogenen, eigensinnigen* und *multidirektionalen Prozess* auf.

2.1 Walter Fürst et al.: Gestaltwandel erwachsener Religiosität

In Abgrenzung zu strukturgenetischen Stufenmodellen der religiösen Entwicklung, die von universalen, einlinig-sukzessiven und irreversiblen Verläufen ausgehen, legen Walter Fürst et al. (2003) ihrer Studie zur „Religiösen Entwicklung im Erwachsenenalter" (1999–2003) den Ansatz einer ,Entwicklungspsychologie der Lebensspanne' (Paul B. Baltes) zugrunde. Im Rahmen von biografischen Explorationen erzählten 121 Erwachsene aus einer jüngeren und einer älteren Alterskohorte (Jgg. 1950-55/1930-35) zunächst von der Entwicklung ihres religiösen Erlebens wie Verhaltens entlang von bis zu drei selbstgewählten Zäsuren im Lebenslauf und – in einem zweiten Gesprächsgang – von einem ,kritischen Lebensereignis' (Krankheit, Trennung etc.) und dessen Bedeutung für die eigene religiöse Entwicklung (Fürst et al. 2003, 218-220).

Die Auswertung der Interviews basiert auf einem ,Modell religiösen Erlebens und Verhaltens' entlang von fünf Kerndimensionen (Gottesbild, subjektives Religionsverständnis, religiöse Praxis, religionsgemeinschaftliche Bindung und religiöses Wissen), aus deren jeweiliger Ausprägung sich sieben *Gestalttypen der Religiosität* voneinander abheben lassen. Die Mehrzahl der Befragten hat mindestens einen Wechsel in der Gestalt der Religiosität vollzogen (ein Wechsel: 33%, zwei Wechsel: 22%, drei Wechsel: 4%). Kritische Lebensereignisse haben in 39% der Fälle zu Gestaltwechseln geführt (ebd., 237-241), und zwar entweder weg von kirchlich geprägten Typen (sofern die kritische Situation im frühen Erwachsenenalter lag) oder auf diese Typen hin (sofern sie sich im späteren Erwachsenenalter ereignete).

---

1   Eine *humane Kultur des Alter(n)s* bezieht darüber hinaus die Momente der Endlichkeit und Fragmentarität, Abhängigkeit und Hilfebedürftigkeit menschlichen Lebens ein (Mulia 2011, 75-90; Rieger 2008).

Außerdem belegt die Studie multidirektionale Entwicklungen in den verschiedenen Dimensionen: Während sich – insbesondere in der jüngeren Alterskohorte – das Gottesbild (Entwicklung von autoritär-patriarchalischen hin zu gütig-patriarchalischen und partnerschaftlichen Gottesvorstellungen) und das subjektive Religionsverständnis merklich verändern, bleiben die Formen der religiösen Praxis, welche sich in den beiden ersten Lebensjahrzehnten einprägen, über die gesamte Lebensspanne relativ stabil (ebd., 227-229).

2.2 Religionsmonitor 2008

Dass die These „Je älter, desto frömmer?" differenziert zu betrachten ist, stützt auch der von der Bertelsmann Stiftung initiierte „Religionsmonitor 2008", eine repräsentative Erhebung in 21 Ländern (TNS Emnid 2009). Der Bonner Untersuchung vergleichbar, fußt die quantitative und um 49 Tiefeninterviews ergänzte Studie auf einem – von Stefan Huber entwickelten und an Charles M. Glock angelehnten – mehrdimensionalen Religionsmodell (Intellekt, Ideologie, öffentliche Praxis, private Praxis, Erfahrung und Konsequenzen).

Es zeigt sich, dass die mindestens 60-Jährigen (311 von 1.000 befragten Deutschen) im Vergleich zum Durchschnitt aller Altersgruppen häufiger am Gottesdienst teilnehmen (mindestens einmal im Monat: 31%), beten (mindestens einmal am Tag: 33%), über religiöse Themen nachdenken (sehr oft oder oft: 49%), Gottes Eingreifen in ihr Leben erfahren (sehr oft oder oft: 20%) und insgesamt eine höhere Zentralität der Religiosität aufweisen (hoch religiös: 28%; religiös: 47%; nicht religiös: 21%) (ebd., 1, 24, 26, 29, 31).

Bezüglich der *ideologischen Dimension* stellen sich die älteren Befragten hingegen als weniger ‚fromm' verglichen mit den Jüngeren dar. So glauben 37% gar nicht und 12% kaum an ein Leben nach dem Tod. Unter allen Altersgruppen vertreten sie am stärksten naturalistische Deutungen des Lebens, wonach ‚unser Leben letzten Endes durch die Gesetze der Natur bestimmt wird' (volle oder tendenzielle Zustimmung: 81%) oder ‚das Leben nur ein Teil der Entwicklung der Natur ist' (71%). Zudem verschränkt sich ein personales Gottesbild (56%) mit der Vorstellung des Göttlichen als Natur (70%), als alles durchströmende Energie (54%) oder als eine dem Menschen innewohnende Kraft (42%) (ebd., 96f., 99, 101f., 105).

2.3 SI-Studie „Uns geht's gut"

In einer repräsentativen Erhebung des Sozialwissenschaftlichen Instituts der EKD von 2010 wurden rund 2.000 Evangelische und Konfessionslose ab 50 Jahren zu unterschiedlichen Themenbereichen befragt (Ahrens 2011)[2]: vom Lebensgefühl und individuellen wie kollektiven Altersbildern über die kirchlich-religiöse Nähe und Gottesbildern bis hin zur Teilnahme am und ehrenamtlichen Engagement im kirch-

---

2   In der bis dato einzigen größeren kirchlichen Altersstudie aus dem Jahr 1973/74 hatten Karl Friedrich Becker et al. (1978) 445 Evangelische ab 60 Jahren aus Darmstadt und Landbezirken bei Heidelberg interviewt.

lichen Gemeindeleben und der Kenntnis bzw. Nutzung von weiteren kirchlichen Aktivitäten. Der Titel der Untersuchung („Uns geht's gut") weist auf eine Dominanz von positiven Selbst- und Fremdzuschreibungen in der Generation 60plus hin: „Sie empfindet überwiegend eine große Lebenszufriedenheit, verbindet mit dem eigenen Älterwerden in erster Linie eine wachsende innere Stärke und sie sieht sich auch im Alter als sozial integriert. Bei den kollektiven Altersbildern favorisiert [sie] eine aktive Orientierung älterer Menschen innerhalb des privaten Lebensraumes und an der ‚späten Freiheit'." (Ebd., 3) Aus der Sicht der Befragten kristallisiert sich das Ende des achten Lebensjahrzehnts als Wendepunkt heraus, was mit den dann zunehmenden körperlichen Beeinträchtigungen in Zusammenhang steht und sich im eigenen Lebensgefühl niederschlägt (ebd., 22).

Zu den geragogisch relevanten Ergebnissen zählt, dass sich „[d]ie Teilnahme am kirchlichen Gemeindeleben [...] in erster Linie an der empfundenen religiös-kirchlichen Nähe (entscheidet)" (ebd., 141), dass die Beteiligung insgesamt mit der Höhe des Bildungsabschlusses ansteigt (ebd., 125-127) und dass neuere Formen der Seniorenarbeit mitunter noch unbekannt sind (Großeltern-Enkel-Angebote: 62%; Seniorenakademien: 51%; Seniorennetzwerke: 49%; Leihoma/-opa: 44%) (ebd., 143).

2.4 Lars Charbonnier: Religiöse Lebenssinndeutung im Alter (2014)

Jüngst hat Lars Charbonnier (2014) in einer religionstheoretisch wie forschungspragmatisch elaborierten Altersstudie herausgearbeitet, dass es sich bei Religion um einen ‚diskursiven Tatbestand' (Joachim Matthes) handelt und sie sich im Alter auf vielgestaltige, mitunter implizite Weise vermittelt. Auf der Basis eines gestuften Religionskonzepts erhebt er die handlungspraktisch wirksamen „Sinnressourcen, Lebensgestaltungskompetenzen und Deutungsmuste[r]" (Charbonnier 2014, 7) in der späten Lebensphase.[3] In der – Ulrich Oevermanns Methodik der Objektiven Hermeneutik folgenden – Auswertung von vierzehn problemzentrierten Leitfadeninterviews mit 74- bis 98-Jährigen schälen sich fünf Sinndimensionen heraus (ebd., 424-442): eine „ethisch-soziale Dimension" (ebd., 480; Einsatz für die Familie bzw. für andere), eine „positiv[e] Lebenseinstellung" (ebd., 481), ein „positive[s] Selbstverhältni[s]" (ebd., 481), das sich in der Erhaltung der Gesundheit und einer aktiven Teilnahme am Leben äußert, eine (weit gefasste) religiöse Sinndimension, jedoch auch eine „Negation jeglichen Sinns" (ebd., 483).

Charbonnier hält fest, dass der „religiöse Sinnglaube [...] in, mit und unter den anderen Sinndimensionen des Lebens ausgebildet und geformt (wird). Er setzt die im Selbst- und Weltumgang sich ereignenden Sinnerfahrungen voraus." (Ebd., 484) Der christliche Glaube vermag diese Erfahrungen „im transzendenten

---

3   „Die Fragestellung [...] fokussiert auf die religiöse Lebenssinndeutung im Alter unter den Dimensionen von kommunikativem Anschluss an die Lebenssinnfrage, Umgang mit Kontingenzen unter der Frage nach Transzendierungsprozessen und der Idee einer Ganzheitsdimension des (eigenen) Lebens, Strukturen und Funktionen dieser Lebenssinndeutung sowie inhaltlichen Füllungen, explizit auch christlich-religiöser Art." (Charbonnier 2014, 317)

Horizont gewährter Sinnganzheit" zu deuten, kann aber auch „den Verlust der anderen Sinndimensionen kompensieren" (ebd., 484).

Religionsgeragogisch zu beachten ist Charbonniers Hinweis darauf, dass eine lebensdienliche (religiöse) Sinndeutungsarbeit im Alter auf „eine[r] evidente[n] und zukunftsöffnende[n] kontinuierliche[n] lebensgeschichtliche[n] Auseinandersetzung mit diesen Fragen nach dem Woher, Wohin und Wozu des Lebens" (ebd., 507) aufruht. Allerdings stelle für die meisten Interviewten „die Kirche mit ihren Inhalten kein[en] Ort für eine sie konstruktiv anregende Auseinandersetzung mit den Sinnfragen des Lebens" (ebd., 507) dar.

2.5 Gebrochene Glaubenserfahrungen und ‚Religionshygiene'

Religiöse Altenbildung verliert leicht aus den Augen, dass die heutigen Seniorinnen und Senioren, insbesondere die hochaltrigen Frauen, in einer konservativ geprägten Gesellschaft wie vorkonziliaren Kirche groß geworden sind und im Zuge der Modernisierungsprozesse mitunter (glaubens-)biografische Umbrüche bzw. Abbrüche erfahren haben.

In ihrer Arbeit geht Renate Wieser (2011) davon aus, dass ‚Alter', ‚Weiblichkeit' und ‚Glauben' drei sozial konstruierte, diskursiv vermittelte und von konkreten geschichtlichen Machtkonstellationen abhängige Größen darstellen, die sich „gegenseitig beeinflussen und Lebens- wie Glaubensrealitäten von Frauen im Alter/n (mit)gestalten" (Wieser 2011, 19).[4] Wieser hat acht narrativ-episodische Interviews mit katholischen österreichischen Frauen geführt und diskursanalytisch daraufhin untersucht, „[w]elche Subjektformierungen [...] die hegemonialen Geschlechter-, Alter/n/s- und (katholischen) Glaubensdispositive[5] sowie deren jeweilige Verschränkungen für alte Frauen zur Verfügung" stell(t)en und welche „von alten Frauen als alltagspraktische Subjektivierungsweisen übernommen, wahlweise zurückgewiesen oder umgeformt" werden (ebd., 24). Die Erzählungen der betroffenen Seniorinnen geben zu erkennen, dass sich fast alle von den hegemonialen Glaubensvorgaben (‚fester', unhinterfragbarer Glaube; Gehorsam gegenüber kirchlichen Geboten) zunehmend abgegrenzt haben (ebd., 469-509). Hilfen zur Entwicklung eines reflexiven, „pluralitätstauglichen Glauben[s]" (ebd., 508) seitens der Theologie und Kirche seien weitestgehend ausgeblieben. Auch für Zweifel und Anfechtungen im Glauben, ausgelöst durch „Erfahrungen mit eigenem und fremden Leiden" (ebd., 497), habe es kaum Artikulationsräume gegeben.

---

4   In überarbeiteter Fassung wird die explorative Studie unter dem Titel „Glauben, den das Leben schrieb. Religiöse Subjektivierungsweisen katholisch sozialisierter alter Frauen" (Stuttgart 2014) erscheinen.

5   Als Dispositiv bezeichnet Siegfried Jäger – im Anschluss an Michel Foucault – „das ‚Netz' zwischen diskursiven Praxen (= Sprechen und Denken auf der Grundlage von Wissen), nicht-diskursiven Praxen (= Handeln auf der Grundlage von Wissen) und ‚Sichtbarkeiten' bzw. ‚Vergegenständlichungen' (von Wissen durch Handeln/Tätigkeit)" (Wieser 2011, 74-95, 81).

Innovative Formen der Biografiearbeit mit Älteren, so dokumentiert eine eigene Untersuchung, können einen solchen Ort zur Aufarbeitung von lebensgeschichtlichen Verletzungen, bisweilen auch für ‚Religionshygiene' (Oskar Pfister) angesichts von früheren Erfahrungen mit rigiden (Sexual-)Moralvorstellungen und Rollenbildern in der Kirche oder beängstigenden Gottesbildern (‚Gottesvergiftung') darstellen.[6]

3. Soziokultureller Wandel des Alters

Auf Basis einer repräsentativen Internetbefragung von 7.800 Personen der Jahrgänge 1938 bis 1958 hat der Soziologe Dieter Otten (2008) aufzeigen können, dass der in den 1960er-Jahren einsetzende normativ-kulturelle Wandel (‚Pillenknick'; ‚68er-Bewegung') inzwischen die Älteren erfasst hat (Otten 2008, 191-203). Die für Otten angefertigte Sonderauswertung „Lebenswelten 50+ in Deutschland" (2008) von Sinus Sociovision beziffert das Ausmaß der progressiv eingestellten – auf Selbstverwirklichung und Mitbestimmung abhebenden – Senioren auf 42%.

Diese Zahl deckt sich mit den Milieuverschiebungen im Rahmen der vierten Kirchenmitgliedschaftsuntersuchung der EKD von 2002 (≥ 50 Jahre: N = 826): Während unter den nachwachsenden Altenkohorten der Anteil der ‚Bodenständigen' mit einer traditionellen Normorientierung und eher geringem Bildungs- und Berufsstatus rapide abnimmt (von 45% bei den mindestens 70-Jährigen auf 15% bei den 50- bis 59-Jährigen), verzeichnen die beiden *modern* bzw. *postmateriell* ausgerichteten Milieus, die über ein durchschnittliches bis hohes ökonomisches, soziales und kulturelles Kapital verfügen, erhebliche Zugewinne: Die Zahl der ‚Kritischen' wächst von 5% auf 21% und die der ‚Geselligen' von 0,5% auf 18% an (Mulia 2011, 342-346).[7]

Diesem Modernisierungsprozess entspricht es, dass in der Geragogik Ansätze einer *Ermöglichungsdidaktik* an Bedeutung gewinnen, die ein selbstbestimmtes, selbstreflexives und selbstorganisiertes Lernen unterstützen und den pädagogisch Verantwortlichen die Rolle von *Bildungsbegleitern* zuweisen (Bubolz-Lutz et al. 2010, 132-136).

---

6 So konstatiert die damalige Leiterin der ‚Zeitschreiber'-Kurse vom Evangelischen Bildungswerk München: „Es könnte sein, dass man hier sogar [...] ganz stark die Erlaubnis empfindet, endlich mit dem Kirchenfrust herauszukommen" (Mulia 2011, 172-190, 186).

7 Des Weiteren lassen sich die evangelischen Senioren den Milieus der ‚Hochkulturellen' (von 28% auf 17%), den ‚Mobilen' (von 0,5% auf 6%) und den ‚Zurückgezogenen' (von 21% auf 24%) zuordnen.

4. Sinnfelder des Alters und differenzielle Bildungsangebote

Mit Rekurs auf ein Strukturmodell von Sylvia Kade (1997, 48-52) fokussierte meine Untersuchung auf vier zentrale Lernfelder des Alters (,Biografie', ,Produktivität, freiwilliges Engagement und Zivilgesellschaft', ,Kultur, Kunst und Ästhetik' sowie ,Körper, Gesundheit, Reisen und Spiritualität') und arbeitete auf der Grundlage von fünfzehn Experteninterviews und teilnehmender Beobachtung heraus, inwieweit innerhalb entsprechender kirchlicher Bildungsprojekte Raum für existenzielle Fragen und religiöse Sinndeutungsprozesse eröffnet worden ist (Wert und Würde, Schuld und Vergebung, Tod und Trauer, Herzenswünsche und Entbehrungen etc.).

Der Übergang ins ,Dritte Alter' (Peter Laslett), gekennzeichnet durch familiäre und berufliche Entpflichtung (Auszug der Kinder; Ruhestand), macht die Suche nach neuen sinnstiftenden Verantwortungsrollen und tragfähigen sozialen Netzwerken virulent. Im Blick auf ein freiwilliges Engagement, so zeigen die drei Freiwilligensurveys (1999, 2004, 2009), greifen auch bei Älteren gemeinwohlorientierte und eigennützige Motive (Spaß haben, mit sympathischen Menschen zusammenkommen, sich verwirklichen etc.) ineinander. Freiwillige wünschen sich von den Organisationen eine Qualifizierung für ihre ehrenamtliche Tätigkeit und eine dauerhafte, kompetente Begleitung durch Hauptamtliche (Seidelmann 2012, 17-23).

Unter der zivilgesellschaftlichen Perspektive der *Sozialkapitalbildung* haben im Übrigen die fünfte EKD-Erhebung über Kirchenmitgliedschaft (2012) und der ,Religionsmonitor 2013' belegt, dass das Ausmaß des freiwilligen Engagements und des Vertrauens gegenüber Mitmenschen wie Institutionen bei Evangelischen/ Katholischen größer ist als bei Konfessionslosen und bei ziemlich/sehr religiösen Menschen größer als bei gar nicht/wenig religiösen (Pollack/Müller 2013, 48-54; Pickel 2014).

Als Wahrnehmungs- und Planungshilfe erscheint es mir sinnvoll, in jeder Stadt bzw. Region das *Grundangebot einer differenziellen kirchlichen Altenbildung* anzuvisieren, wonach sowohl die verschiedenen Sinnfelder des Alters als auch die spezifischen Lernzugänge der einzelnen Milieus (vgl. 3.) Berücksichtigung finden.

Dies erfordert – analog zu Prinzipien der *Gemeinwesendiakonie* – eine wesentlich stärkere Kooperation der kirchlichen Akteure untereinander (Kirchengemeinden, diakonische Einrichtungen, Bildungswerke etc.) sowie mit nichtkirchlichen Organisationen, Vereinen und Gruppen (Horstmann/Park 2014, 66-74).

5. Bildungsbarrieren und Partizipation

Ralf Lottmann (2013) wertet im Rahmen seiner bildungssoziologischen Studie die Mikrozensus-Daten von 2003 und 2007 im Blick auf die Bildungspartizipation im Alter ab 55 Jahren aus, wobei er mittels multivariater Analysen das Gewicht der einzelnen soziostrukturellen Faktoren ermittelt (Lottmann 2013, 135-146). Die

Chancen für formale wie informelle Lernaktivitäten im Alter hängen insbesondere vom Bildungsgrad (das Chancenverhältnis zwischen Befragten der hohen und niedrigen Bildungskategorie liegt bei 9,4 zu 1 bzw. 3,2 zu 1) und von der Höhe des Einkommens ab. Zudem weisen Männer, Personen aus ländlichen Gemeinden und Hochaltrige eine geringere Bildungsbeteiligung auf.

Lottmann bestätigt damit eindrücklich das Ausmaß faktischer Bildungsungleichheit, das kirchliche Altenbildung dazu herausfordert, Lernbarrieren abzubauen und niederschwellige, generationenverbindende Angebote zu schaffen. Als vielversprechende Ansätze erscheinen *Keywork-Projekte* im Schnittfeld von Sozial- und Kulturarbeit (Knopp/Nell 2007) und eine *partizipative Quartiersentwicklung*, die eine Beteiligung von älteren Bürgerinnen und Bürgern über Quartierskonferenzen und Sozialraumerkundungen ermöglicht (Rüßler/Stiel 2013).

6. Professionstheoretische Konsequenzen: Altersbilder und Kompetenzen

Neben seiner bildungsbezogenen Auswertung der Mikrozensusdaten (vgl. 5.) hat Lottmann Experteninterviews mit neun deutschen und zehn US-amerikanischen Fachleuten geführt (Entscheidungsträger aus behördenähnlichen Einrichtungen, Organisatoren von informellen Lernformen, Kursleitende und Verantwortliche für universitäre Weiterbildung). Mittels inhaltsanalytischer, computergestützter Auswertungen zeichnet er Zusammenhänge zwischen den Sachdimensionen ‚Strukturen in der Altenbildung', ‚Ziele der Altenbildung' und ‚Altersbilder der Expertinnen und Experten' nach.

Im Blick auf die Altersbilder tritt hierbei zutage, dass die meisten Befragten mit „eine[r] große[n] Varianz" (Lottmann 2013, 228) zugleich positive wie negative Aspekte des Alters – mit dem ‚Alter(n) als Verlust' als „zentrale[r] Kern- und Referenzkategorie" (ebd., 240) – assoziieren. Diejenigen mit den differenziertesten Altersbildern vertreten wiederum auch die aufgefächertsten Bildungsziele, wobei „[d]urch die Konfrontation mit Alter(n)sprozessen im beruflichen Alltag [...] die Vielfalt und die Differenzierung bei den beschriebenen Altersbildern zuzunehmen (scheinen)" (ebd., 240).

Bezüglich der hauptamtlichen Akteure hat das Sozialwissenschaftliche Institut der EKD 2008 in einer explorativen Studie unter Pfarrerinnen und Pfarrern instruktive Ergebnisse erbracht.[8] Aus Sicht der Befragten richten sich die klassischen parochialen Seniorenangebote an die ‚weniger fitten Alten', wohingegen „Auftrag, Motivation, Ressourcen und Ideen für die stärkere Ausrichtung auf die ‚fitten Alten'" (SI 2009, 59) fehlen. Eine Zuständigkeit wird demnach vornehmlich für die hilfebedürftigen Senioren empfunden, die ihnen Dankbarkeit entgegenbringen.

---

8 Das SI ließ in Hannover, Karlsruhe und Dresden jeweils zwei Gruppendiskussionen mit Pfarrerinnen und Pfarrern aus Stadtgemeinden und aus eher ländlichen Gemeinden durchführen.

Ansatzpunkte für ein Wachstum der Gemeinde sehen die Theologen in der Jugend- und Familienarbeit, spezifischen Gottesdiensten, Besuchen oder Glaubenskursen, jedoch nicht in einer „gezielte[n] Ansprache der älteren Gemeindeglieder" (ebd., 36).

Führt man die unterschiedlichen empirischen Befunde zu Aspekten der religiösen Bildung im Alter zusammen, ergeben sich zwei komplementäre professionstheoretische Konsequenzen: Zum einen sollten die (angehenden) Pfarrerinnen und Pfarrer über adäquate Angebote in Studium, Vikariat und Fortbildung gerontologisch-geragogisches Wissen erwerben (Heetderks/Kleint 2014) und eine religionshermeneutisch-kommunikative Kompetenz im Blick auf die Förderung von religiösen Lebenssinndeutungen im Alter ausbilden. Zum anderen gilt es, ebenso das Studium der Gemeindepädagogik um entsprechende gerontologische Module anzureichern, wenn nicht sogar den evangelischen ‚Gemeindegeragogen' bzw. die katholische ‚Pastoralgeragogin' als neue kirchliche Berufe mit eigenständigen Qualifikationsprofilen (Kompetenzen in den Bereichen ‚Netzwerkarbeit', ‚Freiwilligen-/Ressourcenmanagement' etc.) einzuführen.

7. Ausblick: Forschungsdesiderate

Im Großen und Ganzen steckt die religionsgeragogische Forschung noch in den Anfängen und steht angesichts der demografischen Entwicklung vor weiteren Herausforderungen. Empirisch zu ergründen sowie praktisch umzusetzen sind zunächst Formen des interreligiösen Lernens im Alter – unter der Berücksichtigung von Sprachbarrieren der ersten hier lebenden (v.a. türkischstämmigen) Migrantengeneration. Außerdem ist praktisch-theologisch der Frage nachzugehen, in welchem Ausmaß Großeltern ihr (weisheitliches) Lebens- und Glaubenswissen sowie religiöse Rituale an die Enkelkinder bzw. nachwachsenden Generationen weitergeben. Schließlich gilt es, mehr über die Möglichkeiten der religiösen Bildung mit Hochaltrigen (in Alten- und Pflegeheimen) sowie über die lebensgeschichtliche Genese und Ausprägung der Religiosität von alten Männern in Erfahrung zu bringen.

Die Entwicklung von zeitgemäßen Formen der religiösen Altenbildung, so verdeutlicht dieser Erkundungsgang, ist für Kirche und Theologie mit grundlegenden strukturell-konzeptionellen Veränderungen verbunden.

Literatur

Ahrens, P.-A. (2011): Uns geht's gut. Generation 60plus: Religiosität und kirchliche Bindung. (Protestantische Impulse für Gesellschaft und Kirche 11), Berlin: LIT.

Becker, K. F. et al. (1978): Kirche und ältere Generation. Stuttgart et al.: Kohlhammer.

Bergold, R.; Boschki, R. (2014): Einführung in die religiöse Erwachsenenbildung. Darmstadt: Wissenschaftliche Buchgesellschaft.

Bubolz-Lutz, E.; Gösken, E.; Kricheldorff, C.; Schramek, R. (2010): Geragogik. Bildung und Lernen im Prozess des Alterns. Das Lehrbuch. Stuttgart: Kohlhammer.

Charbonnier, L. (2014): Religion im Alter. Eine empirische Studie zur Erforschung religiöser Kommunikation. (Praktische Theologie im Wissenschaftsdiskurs 14), Berlin/Boston: Walter de Gruyter.

Fürst, W.; Wittrahm, A.; von der Bank, S., Feeser-Lichterfeld, U.; Kläden, T. (2003): Detaillierter Ergebnisbericht des Forschungsprojektes „Religiöse Entwicklung im Erwachsenenalter". In: Fürst, W.; Wittrahm, A.; Feeser-Lichterfeld, U.; Kläden, T. (Hg.): „Selbst die Senioren sind nicht mehr die alten ...". Praktisch-theologische Beiträge zu einer Kultur des Alterns. (Theologie und Praxis 17), Münster: LIT, S. 217-257.

Heetderks, G.; Kleint, S. (Hg.) (2014): Umdenken. Innovative Fortbildungsmodelle für die Bildungsarbeit mit älteren Menschen. Münster: Comenius-Institut.

Horstmann, M.; Park, H. (2014): Gott im Gemeinwesen. Sozialkapitalbildung durch Kirchengemeinden. (SI konkret 6), Berlin: LIT.

Kade, S. (1997): Altersbildung, Bd. 2: Ziele und Konzepte. 2. Aufl., Frankfurt a.M.: Deutsches Institut für Erwachsenenbildung.

Knopp, R.; Nell, K. (Hg.) (2007): Keywork. Neue Wege in der Kultur- und Bildungsarbeit mit Älteren. Bielefeld: Transcript.

Laslett, P. (1995): Das dritte Alter. Historische Soziologie des Alterns. Weinheim/München: Juventa.

Lottmann, R. (2013): Bildung im Alter – für alle? Altersbilder, Ziele und Strukturen in der nachberuflichen Bildung in Deutschland und den USA. Bielefeld: W. Bertelsmann.

Lück, W.; Schweitzer, F. (1999): Religiöse Bildung Erwachsener. Grundlagen und Impulse für die Praxis. Stuttgart u.a.: Kohlhammer.

Mulia, C. (2011): Kirchliche Altenbildung. Herausforderungen – Perspektiven – Konsequenzen. (Praktische Theologie heute 110), Stuttgart: Kohlhammer.

Neuhausen, E.; Giesler, R. (2011): Wie die Kirche ältere Menschen wahrnimmt. Strukturen, Ressourcen und Angebote in den Landeskirchen der EKD. Hannover: Eigenverlag.

Otten, D. (2008): Die 50+ Studie. Wie die jungen Alten die Gesellschaft revolutionieren. Reinbek bei Hamburg: Rowohlt.

Pickel, G. (2014): Religiöses Sozialkapital. In: Kirchenamt der EKD (Hg.): Engagement und Indifferenz. Kirchenmitgliedschaft als soziale Praxis. Hannover: Eigenverlag, S. 108-116.

Pollack, D.; Müller, O. (2013): Religionsmonitor – verstehen, was verbindet. Religiosität und Zusammenhalt in Deutschland. Gütersloh: Bertelsmann Stiftung.

Rieger, H.-M. (2008): Altern anerkennen und gestalten. Ein Beitrag zu einer gerontologischen Ethik. Theologische Literaturzeitung. (Forum 22), Leipzig: Evangelische Verlagsanstalt.

Rüßler, H.; Stiel, J. (2013): Städtische Demografiepolitik – Quartiersentwicklung durch Partizipation im Alter. In: Informationsdienst Altersfragen 40; H.3, S. 11-17.

Seidelmann, S. (2012): Evangelische engagiert – Tendenz steigend. Sonderauswertung des dritten Freiwilligensurveys für die Evangelische Kirche. Hannover: creo-media.

Sozialwissenschaftliches Institut der EKD (SI) (2009): Die Evangelische Kirche und die älteren Menschen. Ergebnisse einer Studie über die Altersbilder von Pastorinnen und Pastoren in Deutschland. Hannover: Eigenverlag.

TNS Emnid (2009): Grundauswertung (Deutschland). In: Bertelsmann Stiftung (Hg.): Woran glaubt die Welt? Analysen und Kommentare zum Religionsmonitor 2008. Gütersloh: Bertelsmann Stiftung, S. 1-117 (Daten-CD).

Wieser, R. (2011): „Fromm bin ich nicht, aber ich glaube schon ...": Glaubensdiskurse und religiöse Subjektivierungsweisen katholisch sozialisierter alter Frauen im 21. Jahrhundert. Graz (unveröffentlichte Dissertation).

Albrecht Schöll

Evangelische Bildungsberichterstattung im Spannungsverhältnis zwischen Wissenschaft und kirchlichem Auftrag

Einleitung

Konflikte und Spannungen zwischen Politik und Wissenschaft hat es in der Vergangenheit immer wieder gegeben. Das mag daran liegen, dass Wissenschaft und Politik unterschiedliche Aufgaben haben, sich in Verantwortlichkeiten und in ihrem Erkenntnisinteresse unterscheiden. Erinnert sei an die Gesamtschuldiskussionen in den 1970/80er-Jahren. Damals wurden von den Kultusbehörden zahlreiche Forschungsaufträge vergeben, um Konzeption und Aufbau der Gesamtschulen wissenschaftlich zu begleiten und evaluieren. Der anfänglichen Euphorie in der Erziehungswissenschaft folgte baldige Ernüchterung angesichts der schwierigen, in einzelnen Fällen gar unmöglichen Kooperation zwischen den Kultusbehörden und den beteiligten Universitäten und Instituten (Domnick 1980; Fend 1982; Frommelt 2003; Bleidick 1993).

Differenzen zwischen Wissenschaft und Politik werden sich nie völlig auflösen lassen. Deshalb ist es immer wieder wichtig, Strategien zu finden, wie mit bleibenden Differenzen umgegangen werden kann. Das war auch der Fall beim Versuch des Comenius-Instituts, eine Evangelische Bildungsberichterstattung (EBiB) aufzubauen. Ein erster Bericht mit drei Pilotstudien sollte 2012 vorgelegt und veröffentlicht werden (Comenius-Institut 2012). Dieses Vorhaben ist zumindest im ersten Anlauf nicht erfolgreich gewesen, denn der bereits vorliegende Bericht wurde kurz nach seiner Veröffentlichung wieder zurückgezogen. Der Fall wird in diesem Beitrag dargestellt, nicht um das Scheitern zu beklagen, sondern um die ‚Stolpersteine‘ auszumachen, die im Projekt Evangelische Bildungsberichterstattung erkennbar wurden, in der Hoffnung, dass der zweite Anlauf gelingen möge.

Ich stelle zunächst den Fall dar, aus der Perspektive eines Beteiligten, aber auch aus entlastender Distanz, wie sie dieses Buch eröffnen kann. Fragen des Verhältnisses und der Kooperation von Wissenschaft und Politik bzw. eines wissenschaftlichen Instituts in kirchlicher Trägerschaft und kirchlicher Bildungspolitik/ -verwaltung werden im zweiten Abschnitt thematisiert.

Zur Genese einer Evangelischen Bildungsberichterstattung

Im November 2007 wurde von der Synode der EKD eine Machbarkeitsstudie zu einer Evangelischen Bildungsberichterstattung erbeten, die auf Beschluss des Rates der EKD im April 2008 vom Kirchenamt der EKD beim Comenius-Institut in Auftrag gegeben wurde. In der im September 2008 fertiggestellten Studie (Elsenbast u.a 2008) werden Funktionen und Merkmale einer datengestützten Bildungsberichterstattung beschrieben, und es wird dargelegt, wie eine regelmäßige Bildungsberichterstattung das Bildungshandeln der evangelischen Kirchen zu stützen vermag.

Der Ausschuss „Bildung, Erziehung und Jugend" der EKD-Synode empfahl im November 2008, einen ersten Bericht zu den Bereichen Evangelischer Religionsunterricht, Evangelische Schulen und Kindertagesstätten zu erstellen. Die Konferenz der gliedkirchlichen Referentinnen und Referenten für Bildung, Erziehung und Schule (BESRK) hat im Juni 2009 die Durchführung eines Pilotprojektes zur Einführung einer datengestützten evangelischen Bildungsberichterstattung befürwortet.

Auf dieser Grundlage wurden vom Comenius-Institut Pilotstudien zu den drei erwähnten Bildungsbereichen erstellt. Von der Projektleitung wurden Experten für die Bereiche Kindertagesstätten und Evangelischer Religionsunterricht in Auftrag gegeben. Für alle drei Bereiche wurden Arbeitsgruppen eingerichtet mit Vertreterinnen und Vertretern aus dem Comenius-Institut, der Wissenschaft, dem Kirchenamt der EKD und den beteiligten Landeskirchen bzw. der Diakonie. Die Arbeitsgruppen dienten auch als Plattform, um bildungspolitische Interessen der beteiligten Landeskirchen und Verbände mit der von der Wissenschaft eingeforderten Unabhängigkeit der Analyse zu kommunizieren.

Projektstruktur

Datenlage

Die Datenlage war in den drei untersuchten Bildungsbereichen höchst unterschiedlich. Für den Bereich Kindertagesstätten konnte auf die Ergebnisse der amtlichen Kinder- und Jugendhilfestatistik zurückgegriffen werden. Matthias Schilling von der Dortmunder Arbeitsstelle Kinder- und Jugendhilfestatistik wertete die Daten für die der EKD angeschlossenen Träger sowie der Diakonie aus und erstellte einen Forschungsbericht.

Schwieriger gestaltete sich die Datenlage im Bereich Religionsunterricht. Es gibt keine bundesweit einheitliche Statistik, in jeder Landeskirche liegen unterschiedliche Statistiken vor. Das ist einerseits dem Föderalismus und andererseits den unterschiedlichen Anforderungen von Seiten der Kultusministerien geschuldet. Die Datenlage unterscheidet sich sowohl in Bezug auf die zur Auswertung stehenden Zeiträume als auch auf die mehr oder weniger aggregiert vorliegenden Daten teils erheblich. Deshalb wurden zunächst drei Bundesländer mit insgesamt acht Landeskirchen ausgewählt (Baden und Württemberg, Konföderation der evangelischen Kirchen in Niedersachsen und Sachsen). Auf der Grundlage dieser Datensätze wurde von Sabine Gruehn und Timm Liesegang von der Universität Münster ein Datenreport (Gruehn/Liesegang 2012) erstellt, der in den Bildungsbericht (Comenius-Institut 2012) aufgenommen wurde.

Recherchen im Bereich Evangelische Schulen ergaben, dass sowohl staatliche als auch kirchliche Daten zu wenig Auskunft über Beschaffenheit und Entwicklung des evangelischen Schulwesens geben, um eine Bildungsberichterstattung auf eine breite Basis zu stellen. Vor diesem Hintergrund wurde der Aufbau einer umfassenden Statistik Evangelischer Schulen durch das Statistik-Referat des Kirchenamtes der EKD beschlossen.

Arbeitsgruppen

Die Arbeitsgruppe Kindertagesstätten hatte sich innerhalb von zwei Jahren zu drei eintägigen Arbeitssitzungen getroffen. Da eine Expertise bereits in der Machbarkeitsstudie vorlag, konnten sich die Mitglieder schnell auf leitende Fragestellungen und Schwerpunkte des Forschungsberichts verständigen. Von Mitarbeitern des Comenius-Instituts wurde ein zusammenfassender Bericht mit den wichtigsten Ergebnissen aus dem Forschungsbericht erstellt. Dieser Bericht wurde auf der letzten Sitzung verabschiedet und er fand als „Bericht der Arbeitsgruppe EBiB KiTa" zusammen mit dem Forschungsbericht (Schilling 2011) Eingang in den Evangelischen Bildungsbericht 2012. In der Arbeitsgruppe waren keine schwerwiegenden Divergenzen zwischen wissenschaftlicher Erhebung und Analyse sowie kirchen- und verbandspolitischen Interessen festzustellen. Fragen der Steuerung des Bildungsbereichs und Problemstellungen konnten produktiv mit den Erkenntnissen aus dem Forschungsbericht in Beziehung gesetzt werden. Weitere Studien zu Einzelfragen wurden angeregt und mittlerweile auch durchgeführt.

Die Arbeitsgruppe Evangelischer Religionsunterricht hatte sich ebenfalls dreimal zu eintägigen Arbeitssitzungen getroffen. Mindestens in zweierlei Hinsicht war die Ausganglage schwieriger als in der AG Kindertagesstätten. Zum einen war die Datenlage, wie bereits erwähnt, äußerst disparat, teilweise waren für den Bericht wichtige Daten nicht zugänglich oder nicht vorhanden. Neben der Auswertung und Analyse der vorhandenen Daten mussten Vorkehrungen getroffen werden, die Daten der Landeskirchen über ein einheitliches, standardisiertes System zu erheben. Zum anderen waren die Interessen und das Problembewusstsein der wissenschaftlichen und politischen Seite unterschiedlich gelagert. Die Wissenschaftler(innen) richteten ihr Erkenntnisinteresse auf eine gültige und plausible Analyse der disparaten Daten und einen angesichts dieses Sachverhalts schwierigen Vergleich zwischen den Bundesländern. Den Vertreterinnen und Vertretern der Landeskirchen war es ein Anliegen, durch eine erfolgreiche Präsentation des evangelischen Religionsunterrichts die Gewährleistung eines möglichst konfliktfreien ‚Miteinanders' mit den staatlichen Kultusbehörden zu stärken. Entsprechend dieser Ausgangslage musste relativ viel Zeit für Fragen der Datenbeschaffung, Fragestellungen und Problembereiche des Berichts eingeplant werden. Zum Stand des Datenreports wurden die Mitglieder auf jeder Sitzung informiert, die Ergebnisse der Diskussion wurden von den beiden Autor(inn)en in der weiteren Arbeit berücksichtigt. Der Datenreport konnte aufgrund der erwähnten Schwierigkeiten erst ein halbes Jahr später als geplant fertiggestellt werden. Er wurde den Mitgliedern der Arbeitsgruppe aufgrund der fortgeschrittenen Zeit schriftlich zugestellt, ebenso eine Zusammenfassung des Berichts. Die Mitglieder der AG waren aufgefordert, schriftlich zum Datenreport und der Zusammenfassung Stellung zu nehmen, was jedoch nicht vollständig erfolgte. Anschließend sollte der Bericht in Druck gehen und veröffentlicht werden. Bis auf einen Ergänzungsvorschlag wurden von den Vertretern der Landeskirchen keine Einwände erhoben.

Dissens

Im Juni 2012 wurde der kurz zuvor veröffentlichte Evangelische Bildungsbericht (Comenius-Institut 2012) auf der Bildungs- und Schulreferentenkonferenz der EKD (BESRK) vorgestellt und diskutiert. Aufgrund der dort geäußerten Einwände und Bedenken zog der Direktor des Comenius-Instituts den bereits veröffentlichten Bildungsbericht zurück. Als Begründung wurde angegeben, es wären eine Reihe von inhaltlichen Mängeln entdeckt worden, die außerdem zu Missverständnissen bei den Kultusbehörden führen könnten. Es folgte eine Stellungnahme der Mitarbeitenden des Projekts an die Adresse des Vorstands des Comenius-Instituts, in der angesichts fehlender Hinweise auf die behaupteten inhaltlichen Mängel gefordert wurde, den Bericht in der vorliegenden Veröffentlichung wieder zugänglich zu machen. Dieser Erwartung der Projektleitung wurde vom Vorstand nicht entsprochen. Auch wurden von der Institutsleitung alle Hinweise auf die Veröffentlichung zurückgezogen.

Die Bildungsverantwortlichen der beteiligten Evangelischen Landeskirchen aus Hannover, Baden und Württemberg[1] begründeten in einer später erfolgten schriftlichen Stellungnahme die von ihnen geforderte Überarbeitung des Teils Evangelischer Religionsunterricht mit der ‚hohen politischen Bedeutung‘, die dem Bildungsbericht sowohl innerkirchlich als auch gegenüber den jeweiligen Landesregierungen zukomme. Deshalb müssten die Grundlagen der Berichterstattung ‚fehlerfrei, konsistent und plausibel sein, die Situation des Religionsunterrichts angemessen beschrieben werden und die gewählte Begrifflichkeit im Blick auf ‚juristische und theologische Implikationen‘ präzise sein. Der Bericht enthalte ‚eklatante Fehler, (falsche Zahlen, unzulässiger Umgang mit Zahlen, falsche und unpräzise Begrifflichkeit, Fehlschlüsse, unvermittelte Wertungen)‘ (vgl. Gäfgen-Track et al. 2012).

Wenn einer wissenschaftlichen Veröffentlichung ‚eklatante Fehler‘ vorgeworfen werden, dann ist das sehr ernst zu nehmen, und bei entsprechendem Nachweis müssen die Fehler selbstverständlich korrigiert werden und je nach Ausmaß der Mängel kann eine Veröffentlichung auch wieder zurückgezogen werden. Entsprechend sorgfältig wurden die Vorwürfe geprüft. Fehler, insbesondere eklatante Fehler, konnten nicht nachgewiesen werden. Letztlich war es ein Streit um die ‚richtige‘ Terminologie und um eine den politischen Vertretern angemessen erscheinende Interpretation der Daten (Gruehn et al. 2012).

Es steht der politischen Seite frei, ihre Bedenken und Einwände gegen die wissenschaftliche Darstellung und Interpretation der Daten zu äußern. Diese jedoch – weil mit den eigenen Interessen und der eigenen Deutung nicht übereinstimmend – als sachlich falsch und politisch höchst problematisch zu deklarieren disqualifiziert einen nach wissenschaftlichen Standards erstellten Datenbericht. Letztlich blieb ein Argument für die Rücknahme des Bildungsberichts, das sich auf die Vorgehensweise bezog. Es war vereinbart, dass der Bericht von den Bildungsreferenten vor einer Veröffentlichung abschließend diskutiert wird. Das war in der Tat nicht der Fall. Allerdings wurden – wie bereits erwähnt – der Datenreport und die Zusammenfassung den Mitgliedern der Arbeitsgruppe und damit auch den beteiligten Bildungsreferenten vor Drucklegung zugestellt mit der Bitte um kritische Prüfung sowie um Mitteilung von Änderungen, Korrekturen und Ergänzungen. Aufgrund dieses fehlenden Schritts im vereinbarten Verfahren die Veröffentlichung in der vom Comenius-Institut verantworteten Form zurückzuziehen ist m. E. nicht nachvollziehbar.[2]

Die Federführung im Projekt Evangelische Bildungsberichterstattung lag bis Mitte 2012 beim Comenius-Institut. Danach hat die Bildungsabteilung des Kirchen-

---

[1] Die Bildungsverantwortliche der Landeskirche Sachsen hatte keine Einwände gegen den Forschungsbericht.

[2] Der Vorstand des Comenius-Instituts sah sich veranlasst, darauf zu verweisen, dass es nicht wissenschaftliche Fehler, sondern Verfahrensunklarheiten und -mängel waren, die dazu führten, die Veröffentlichung zurückzuziehen. Allerdings wurde der Bericht zur Veröffentlichung nicht wieder freigegeben. Die Bedenken der politischen Seite sollten insoweit berücksichtigt werden, dass der Bildungsbericht überarbeitet wird und in einer Neuveröffentlichung die unterschiedlichen Perspektiven aller Akteure eingearbeitet werden.

amtes der EKD die weitere Koordination in Abstimmung mit dem Comenius-Institut übernommen. Eine Ende 2013 vom Kirchenamt einberufene Arbeitsgruppe hat damit begonnen, die Konzeption der evangelischen Bildungsberichterstattung weiterzuentwickeln.

Was kann aus dem Fall Evangelische Bildungsberichterstattung gelernt bzw. was muss immer wieder neu gelernt werden?

Man könnte den Fall zu den Akten legen und auf die schon immer vorherrschenden Verfahrensweisen von Politik und Verwaltung verweisen. Expertisen und Forschungsprojekte werden in Auftrag gegeben, weil das Fachwissen der Verwaltung nicht mehr zur Steuerung und Lösung der anstehenden Fragen und Probleme ausreicht, es auch verwaltungsintern nicht beschafft werden kann. Mit diesem externen Wissen wird gewohnt legalistisch verfahren. Von der Verwaltung wird ganz selbstverständlich die Deutungshoheit und Verfügungsgewalt über das abgelieferte Wissen in Anspruch genommen. Dazu kommt noch die Tendenz jeglicher Verwaltung, die Kontrolle über alle Vorgänge in ihrem Einflussbereich auszuüben (Fend 1982, 136). In legalistisch und hierarchisch ausgerichteten Verwaltungen kann es durchaus vorkommen, dass unerwünschtes Expertenwissen in den Schubladen verschwindet, oder aber geschönt, überarbeitet und je nach Zweckdienlichkeit eingesetzt wird, um vorab getroffene politische Entscheidungen zu legitimieren.

Umgang mit Expertisen und wissenschaftlichen Berichten

Dieser Umgang ist kontraproduktiv, wenn es darum geht, anstehende Fragen und Problemlagen zu identifizieren, Entwicklungsprozesse zu initiieren, steuern, begleiten und evaluieren. Eine ausschließliche Legitimation des Vorgegebenen und Gewünschten führt nicht zu dem gewünschten Erfolg. Das war weder bei der Debatte um die Gesamtschule der Fall, noch gelingt diese Strategie bei Fragen des Monitoring und der Steuerung von Bildungsbereichen, wie es etwa bei Bildungsberichten der Fall ist.

Auch die Ideologie des richtigen und gemeinsamen Weges, die Wissenschaft und Bildungspolitik/-verwaltung einer gemeinsamen Logik zu unterwerfen versucht, ist nicht zielführend. Der Rückzug auf Positionen, die auf einem normativen Konsens aufbauen (Kneuper 2013, 56), bereitet insofern Probleme, weil funktionale Differenzierung und die damit einhergehende Arbeitsteilung und Spezialisierung zu einer je spezifischen internen Eigenlogik der Systeme geführt hat, verbunden mit einer Eigenständigkeit des Handelns. Das gilt für beide Systeme gleichermaßen (Luhmann 1984).

Damit stellt sich die Frage nach Eigenart, Handlungslogik und Struktur der jeweiligen Systeme Wissenschaft und Verwaltung/Politik. Geht es der Wissenschaft darum, objektive und zugleich vorläufige Erkenntnis zu mehren, so stellt sich der

Politik die Aufgabe, allgemein verbindliche Entscheidungen zu treffen und diese in der Praxis umzusetzen (Sebaldt 1996, 163). Diese auf den ersten Blick klare Aufgabenteilung ist allerdings in der Praxis schwer durchzuhalten, insbesondere dann, wenn beide Systeme gezwungen sind, miteinander zu kooperieren.

Logik der Wissenschaft

Betrachtet man die ,Logik der Wissenschaft' in der hier gebotenen Kürze, so fällt zunächst ihre Handlungsentlastetheit ins Auge. Diese darf nicht verwechselt werden mit dem Rückzug der Wissenschaft in einen ,Elfenbeinturm'. Über eine umfassende Datenerhebung und deren Analyse können Strukturen, Bedingungen, Praktiken, Gestaltungsoptionen einer Praxis analysiert werden. Auch können die Folgen von Handlungsoptionen nachvollzogen werden. Dies ist allein über Handlungsentlastung von der Praxis zu erreichen. Dabei ist je nach Problemlage und -bearbeitung wissenschaftliche Analyse in ihrer innovativen Funktion eines Entdeckungszusammenhangs *(context of discovery)* oder in ihrer evaluativen Funktion *(context of justification)* der empirischen Überprüfung einer zu untersuchenden Praxis zu unterscheiden. Im besten Fall stellt gute Forschung datengestützte Szenarien (auch unterschiedliche) vor, einschließlich möglicher Folgen und deren unbeabsichtigten Nebenwirkungen. Die Analyse ist nie abgeschlossen, es bleibt stets bei der Vorläufigkeit der Erkenntnis, die durch Komplexität und Mehrdeutigkeit gekennzeichnet ist.

Welchen Beitrag kann in dieser Hinsicht eine evangelische Bildungsberichterstattung zur Lösung praktischer Bildungsprobleme leisten? Sie liefert zum einen datengestützte Informationen darüber, wie es um Bildungschancen und Bildungsergebnisse in der evangelischen Kirche bestellt ist, auch als Grundlage für politische Entscheidungen und Planungen. Darin eingeschlossen ist gewissermaßen eine Rechenschaftslegung für den untersuchten Bildungsbereich. Zum anderen liefert die Bildungsberichterstattung Wissen, das benötigt wird, um politisch-administrative Steuerungsmaßnahmen zu entwickeln, zu begründen und ggfs. zu revidieren (Konsortium Bildungsberichterstattung 2005, 5). Sie kann über Folgen von Steuerungsmaßnahmen informieren, auch vergleichend. „Aber mit ,eindeutigen Empfehlungen', die womöglich sogar ,alternativlos' sein sollen, übernimmt sie sich, schon weil – gute Forschung vorausgesetzt – die Varianz der möglichen Gestaltungsoptionen größer ist, als ein Ratschlag verträgt, der Eindeutigkeit erzeugen will." (Tenorth 2007, 73)

Logik von Politik und Verwaltung

Damit wären wir bei der Eigenlogik von Politik und Verwaltung. Wie jede Handlungspraxis steht sie unter Entscheidungszwang und Handlungsdruck, noch dazu unter zeitlichen Begrenzungen. Niemand wird ihr sagen können, welche Handlungsoption und welche Strategie erfolgreich zum erwünschten Resultat führen wird. Denn jede Entscheidung ist offen im Ausgang und mit einem gewissen Risiko verbunden.

Bezogen auf eine Evangelische Bildungsberichterstattung heißt das: Ein wissenschaftlicher, deskriptiv ausgerichteter Forschungsbericht soll ein möglichst umfassendes datengestütztes Gesamtbild der Situation in einzelnen Bildungsbereichen darstellen, mittels Analysen von zeitlichen Datenreihen Entwicklungen nachzeichnen und durch Vergleiche die Vor- und Nachteile von Bildungsaktivitäten aufzeigen. Die Analyse der Bildungsdaten zeigt einerseits die Leistungen und Erfolge in einem Bildungsbereich auf, aber auch – und das ist die wichtigere Aufgabe der Analyse – Problemlagen und Herausforderungen.

Daraus können begründete Handlungsoptionen erarbeitet und deren Folgen und Nebenfolgen sichtbar gemacht werden. Wissenschaft kann Handlungsoptionen und Argumentationshilfen liefern, die den bildungspolitisch Verantwortlichen die Wahl lassen, „und zwar eine Wahl mit explizit benannten Gründen [...] und mit Blick auf Wirkungen und Nebenwirkungen [...] so dass sie echte Optionen bekommen, solche, zwischen denen die Entscheidung aus guten Gründen schwierig ist" (Tenorth 2007, 76). Die Politik hat die Qual der Wahl, sie muss sich entscheiden und ist für die Folgen ihrer Entscheidung politisch verantwortlich. Diese Entscheidung für eine Handlungsoption, für ein Konzept oder eine Strategie kann sie an niemand delegieren, schon gar nicht an die Wissenschaft. Das liefe auf eine Verwissenschaftlichung der Politik hinaus. Verwissenschaftlichung würde Entpolitisierung bedeuten, eine kurzfristige Entspannung, die langfristig neue Probleme erzeugt, weil beide Seiten sich um den Ertrag der Kommunikation unter unterschiedlichen Prämissen bringen (vgl. ebd., 75).

Kooperation durch Stärkung des Differenzbewusstseins

In der Tat ist es für politisches Handeln der Kirche schwierig, angemessen auf bestimmte Entwicklungen im Religionsunterricht zu reagieren. Ergebnisse einer Bildungsberichterstattung könnten die Reflexion über den Status quo ebenso befördern wie tragfähige Modelle für die Zukunft.

Auf der anderen Seite sollte ein wissenschaftliches Institut stets bestrebt sein, die Unabhängigkeit in der Forschung zu erhalten. Dazu gehört auch die Publikationsfreiheit. Im Falle des vorschnellen Nachgebens und Eingehens auf politische Zumutungen wird es seinen Auftrag nicht mehr erfüllen können, nämlich durch kritische Analyse zur Lösung von Problemen im Bildungsbereich beizutragen. Es ist die ‚geschulte Rücksichtslosigkeit des Blickes in die Realitäten des Lebens' (Max Weber), die gute wissenschaftliche Arbeit auszeichnet. Dazu bedarf es einer unabhängigen Forschung auch in einem wissenschaftlichen Institut, das von der Kirche getragen wird.

Wie kann eine Kooperation so unterschiedlicher Systeme wie eines erziehungswissenschaftlichen Instituts auf der einen und kirchlicher Bildungsverwaltung/ -politik auf der anderen Seite gelingen? Tenorth hat angesichts ähnlicher Problemlagen die These aufgestellt, „dass Kommunikation nur durch Stärkung des Differenzbewußtseins produktiv gelingen kann, und zwar auf beiden Seiten, Politik und Wissenschaft" (Tenorth 2007, 71). Dieser Diskurs muss in Kenntnis und Anerkenntnis der Logik der je anderen Seite geführt werden. Beide treffen sich in dem Ziel, ihren Teil zur Lösung anstehender Probleme und Herausforderungen im Bildungsbereich beizutragen.

Forscher(innen) sollten Forscher(innen) bleiben, nach wissenschaftlichen Standards Forschung betreiben und einen nach wissenschaftlichen Regeln geführten kritischen Diskurs über die Ergebnisse ihrer Forschung fördern. Dazu gehört auch ein kritischer Umgang mit politischen Zumutungen, Distanz zu wahren und Glaubwürdigkeit zu sichern.

Politisch Handelnde sollten fähig sein, Wissenschaft in ihrer eigenen Logik als Wissenschaft zu tolerieren und sie nicht als Erfüllungsgehilfen für eigene politischen Zwecke zu missbrauchen. Wissenschaft ist nicht die „Magd der höheren Tochter Politik, die im günstigsten Falle lediglich technische Hinweise für günstigere Entscheidungsprozesse gibt und im ungünstigsten Falle bloß zu Rechtfertigung bereits vorweg getroffener Entscheidungen beitragen kann" (Fend 1982, 124).

Das gilt umso mehr für Akteure in kirchlichen Einrichtungen. Die Leitung eines wissenschaftlichen Instituts auch in kirchlicher Trägerschaft und deren Leitungsgremien sollten Standfestigkeit zeigen im Diskurs zwischen Wissenschaft und Politik bei Forschungsprojekten, deren Ergebnissen und Resultaten. Und die in der Kirchenverwaltung für Bildung Verantwortlichen sollten behutsam mit politischem Druck umgehen, auch wenn die Ergebnisse nicht kongruent erscheinen mit der eigenen Politik. Produktiver ist ein reflexiver Umgang mit den von wissenschaftlicher Seite erarbeiteten Analysen. Das kann sehr wohl zunächst zu Irritationen führen, aber es besteht auch die Chance zu neuen Einsichten darüber, wie anstehende politische Aufgaben anders als bisher angegangen und im bildungspolitischen Geschäft umgesetzt werden können.

Literatur

Bleidick, U. (1993): Glanz und Elend pädagogischer Auftragsforschung: dargestellt am Beispiel der Modellversuche der Bund-Länder-Kommission für Bildungsplanung im Bereich des Schulwesens für Behinderte. In: Zeitschrift für Heilpädagogik 44; H.4, S. 255-268.

Brockmeyer, R. (Hg.) (1982): Schule zwischen Recht, Politik und Planung. (Schule und Weiterbildung 13), Paderborn: Schöningh.

Comenius-Institut (Hg.) (2012): Elsenbast, V.; Hallwirth, U.; Pithan, A.; Schöll, A.; Spenn, M.: Evangelischer Bildungsbericht 2012: Pilotstudien: Evangelische Tageseinrichtungen für Kinder, Evangelischer Religionsunterricht, Evangelische Schulen. Münster: Comenius-Institut.

Döbert, H. et al. (Hg.) (2003): Bildung vor neuen Herausforderungen. Historische Bezüge, Rechtliche Aspekte, Steuerungsfragen, Internationale Perspektiven. München: Luchterhand.

Domnick, J. (1980): Forschungsfreiheit – Zur Erosion eines Grundrechts Ein politisch motivierter Fall staatlicher Forschungsbehinderung und seine grundsätzliche Bedeutung. In: Die Deutsche Schule 72; H.6, S. 339-353.

Elsenbast, V.; Fischer, D.; Schöll, A.; Spenn, M. (2008): Evangelische Bildungsberichterstattung. Studie zur Machbarkeit. Münster: Comenius-Institut.

Fend, H. (1982): Erziehungswissenschaft – Bildungspolitik. Kultusverwaltung. Geschichten unglücklicher Liebschaften oder Modernisierungsprozeß von Bürokratien. In: Rainer, B. (Hg.): Schule zwischen Recht, Politik und Planung. (Schule und Weiterbildung 13), Paderborn: Schöningh, S. 124-147.

Frommelt, B. (2003): Bildungsforschung – Erziehungswissenschaft – Bildungspolitik – Bildungsverwaltung. Einige persönliche Reminiszenzen zu unübersichtlichen Verhältnissen. In: Döbert, H. et al. (Hg.): Bildung vor neuen Herausforderungen. Historische Bezüge, Rechtliche Aspekte, Steuerungsfragen, Internationale Perspektiven. München: Luchterhand, S. 240-250.

Gäfgen-Track, K., Schneider-Harpprecht, C; Baur, W. (2012): Evangelischer Bildungsbericht 2012 Teil 3 Religionsunterricht/Comenius-Institut. Bearbeitung und Stellungnahme durch die Bildungsverantwortlichen der beteiligten Ev. Landeskirchen Hannover, Baden und Württemberg, 31. August 2012 (internes unveröff. Papier).

Gruehn, S.; Liesegang, T. (2012): Datenreport zum evangelischen Religionsunterricht in drei ausgewählten Bundesländern: Baden-Württemberg, Niedersachsen und Sachsen. Münster. In: Comenius-Institut (Hg.) (2012): Elsenbast, V.; Hallwirth, U.; Pithan, A.; Schöll, A.; Spenn, M.: Evangelischer Bildungsbericht 2012: Pilotstudien: Evangelische Tageseinrichtungen für Kinder, Evangelischer Religionsunterricht, Evangelische Schulen Münster: Comenius-Institut.

Gruehn, S.; Pithan, A.; Schöll, A.; Spenn, M. (2012): Stellungnahme zu den Einwänden der Bildungsverantwortlichen der Ev. Landeskirchen Hannover, Baden und Württemberg zum Ev. Bildungsbericht 2012, Teil 3 Religionsunterricht, 12. Dezember 2012 (internes unveröff. Papier).

Konsortium Bildungsberichterstattung (2005): Gesamtkonzeption der Bildungsberichterstattung. Frankfurt a.M.

Luhmann, N. (1984): Soziale Systeme. Grundriss einer allgemeinen Theorie. Frankfurt a.M.

Kneuper, D. (2013): Was machen Politik und Behörden mit Ergebnissen der Schulentwicklungsforschung? In: journal für schulentwicklung 17; H.2, S. 55-61.

Mayr, K.; Sanaa, E.; Hagen-Demszky, A. von der (2009): Wissen und Wollen: die Produktion von Wissen im politischen Gestaltungsprozess. In: Soziale Welt 60; H4, S. 389-409.

Schilling, M. (2011): Forschungsbericht über die Möglichkeiten und Grenzen der Ergebnisse der amtlichen Kinder- und Jugendhilfestatistik für die Bildungsberichterstattung zur frühkindlichen Bildung, Betreuung und Erziehung für die der EKD-angeschlossenen Träger sowie der Diakonie. In: Comenius-Institut (2012) und online http://www.akjstat. tu-dortmund.de/fileadmin/analysen/Kita/KJH-Kita-Statistik-fuer-Bildungsbericht-EKD. pdf [Zugriff: 17.06.2014]

Sebaldt, M. (1996): Wissenschaft und Politik. Zur organisierten Interessenvertretung von Forschung und Lehre in der Bundesrepublik Deutschland. In: Historisch-Politische Mitteilungen. Archiv für christlich-demokratische Politik, S. 163-193.

Tenorth, H.-E. (2007): Wissenschaftliche Politikberatung. Grundlagen eines unmöglichen Geschäfts. Oder: wie kann man in Differenz kooperieren? In: Herrmann, U. (Hg.): In der Pädagogik etwas bewegen. Impulse für Bildungspolitik und Schulentwicklung. Weinheim, Basel: Beltz, S. 70-76.

Birgit Sendler-Koschel

Zur Bedeutung Evangelischer Bildungs-
berichterstattung für kirchenleitendes Handeln

1. Steuerungsverantwortung wahrnehmen –
kirchliche Bildungsarbeit informiert und konzeptionell
gestalten

Die Mitglieder der Kirchenkonferenz der EKD hielten die ersten Ergebnisse der Pilotstudie der Evangelischen Bildungsberichterstattung (EBiB) zu den evangelischen Kindertagesstätten mit Interesse in den Händen[1]. Die Daten zeigten, dass der im Vergleich zu einigen anderen Trägern überdurchschnittliche Ausbau der Kindertagesstättenangebote für unter Dreijährige um 82% ein Erfolg kirchlich-diakonischer Kindertagesstättenträger ist. Schnell entstand ein Diskurs um die Frage nach der Steuerung der zukünftigen Entwicklung: Wenn evangelische Kindertagesstätten für Eltern attraktive Orte frühkindlicher Bildung, Erziehung und Betreuung bleiben sollen, sei es notwendig, dass viele der Kindertagestätten in evangelischer Trägerschaft den 32-37% an einer U3-Betreuung interessierten Eltern ein Angebot zu eröffnen vermögen. Denn eine subjektorientierte evangelischen Bildungsarbeit müsse im Interesse der Kinder konzipiert werden. Nur wenn Kindertagesstätten auch U3-Angebote vorhalten, könne den dreijährigen Kindern ein Wechsel hinein in eine neue Kita und damit der erneute Aufbau von Bindung und Gruppenkontakten erspart werden. Theologische, pädagogische, diakonische und gesellschaftsbezogene Aspekte bestimmen die Diskussion um die Weiterentwicklung evangelischer Kindertagesangebote. Für die kirchenleitenden Verantwortlichen ist deutlich, dass sich die evangelischen Kindertagesstätten, aber auch andere Bildungsbereiche der Kirche, mit dem gesellschaftlichen Wandel von Kindheit und Familie verändern müssen, um adäquat Kinder mit ihren Familien zu unterstützen. Um solche Veränderungen entlang valider Daten wahrzunehmen und die Reichweite und das Profil der eigenen Bildungsangebote zu erfassen und gegebenenfalls zu verbessern, wurde die Evangelische Bildungsberichterstattung als hilfreich eingestuft – auch für Felder kirchlicher Bildungsmitverantwortung wie den Religionsunterricht.

---

[1]   Die Befassung der Kirchenkonferenz der EKD mit der Evangelischen Bildungsberichterstattung anlässlich der ersten Pilotstudien stand im Juni 2012 auf der Tagesordnung.

2. Steuerungsrelevante Erkenntnisse aus der ersten Pilotstudie der Evangelischen Bildungsberichterstattung – Entwicklungen und Herausforderungen in der Evangelischen Kindertagesstättenarbeit

Daten zu den in der pädagogischen Arbeit evangelischer Kindertagesstätten bedeutsamen Profilmerkmalen weist die Pilotstudie des Comenius-Instituts im Rahmen der evangelischer Bildungsberichterstattung „Evangelische Tageseinrichtungen für Kinder. Daten – Entwicklungen – Perspektiven" (Comenius-Institut 2014) noch nicht auf. Aber sie eröffnet über die Auswertung von Strukturdaten der amtlichen Kinder- und Jugendhilfestatistik, die von Matthias Schilling zu einem Forschungsbericht zu den evangelischen Kindertagestätten aufbereitet wurden[2], und über die Rezeption begleitender Projekte[3] wichtige Erkenntnisse, die für (Bildungs-)Verantwortliche in der Evangelischen Kirche wie in staatlichen Stellen genau so relevant sind wie für Wissenschaftler im Bereich der Kindheitspädagogik/Pädagogik der frühen Kindheit oder für die in der Religionspädagogik im Elementarbereich Lehrenden und Forschenden. So kann der Bildungsbericht zu den evangelischen Kindertagesstätten in seiner Auswertung Bedarfe markieren für die Ausbildungskapazitäten und das Ausbildungsprofil an den evangelischen Fachschulen für Sozialpädagogik und in den Evangelischen Hochschulen mit den Studiengängen Kindheitspädagogik/ Pädagogik der frühen Kindheit. Der Bericht zeigt, dass die evangelischen Kindertagesstättenverbände und die evangelischen Landeskirchen Strategien entwickeln oder forcieren müssen für die gezielte Personalausbildung und -gewinnung, um auch in Zukunft gut qualifizierte Mitarbeitende für die Kindertagesstätten in evangelischer Trägerschaft zu gewinnen.

Einige Details der Studie sind dazu geeignet, unzutreffende Imagezuschreibungen der evangelischen Kindertagesstättenarbeit in der Öffentlichkeit zu widerlegen und damit datenbasiert Fakten über die kirchliche Öffentlichkeitsarbeit bekannt zu machen. Auf zwei in diesem Zusammenhang besonders auffällige Fakten reagierte die Öffentlichkeitsarbeit der Evangelischen Kirche in Deutschland im Jahr 2013 mit Pressemitteilungen. Sie wies darauf hin, dass die evangelischen Kindertageseinrichtungen 2010 einen überdurchschnittlichen Anteil von Kindern von 3 bis unter 7 Jahren mit mindestens einem ausländischen Elternteil bildeten und betreuten. Bei 16% der evangelischen Kindertagesstätten liegt der Anteil der Kinder mit Migrationshintergrund bei über 50%. Die frühe Förderung dieser und aller anderen Kinder ist ein Schlüssel für Bildungserfolg und Bildungsgerechtigkeit,

---

2 Dieser Forschungsbericht zur Evangelischen Bildungsberichterstattung ist abrufbar unter: www.akjstat.tu-dortmund.de/fileadmin/Analysen/Kita/KJH-Kita-Statistik-fuer-Bildungs-bericht-EKD.pdf

3 Studie zur Berufseinmündung von Absolventinnen und Absolventen evangelischer Fachschulen und Hochschulen durch das Comenius-Institut e.V. und das Zentrum für Kinder- und Jugendforschung im Forschungs- und Innovationsverbund an der Evangelischen Hochschule Freiburg (FIVE) e.V. in: Comenius-Institut 2014, 40-43.

wofür evangelische Kindertagesstätten im Kontext des gesamtgesellschaftlichen Bildungssystems ihren beachtlichen Anteil leisten.

Religionspädagogisch besteht nach Kenntnisnahme dieser Daten eine Herausforderung der Zukunft darin, pädagogische Konzepte zu entwickeln, die interreligiöses und interkulturelles Lernen mit einem erkennbaren evangelischen Profil verbinden. Dabei wird evangelische Kindertagesstätten weiter auszeichnen, dass sie den religiösen Modus der Weltbegegnung den Kindern und ihren Eltern nicht vorenthalten, sondern aktiv-entdeckend und performativ erschließen. Wenn 2010 in den Evangelischen Kindertagesstätten 28% der 3- bis 6-Jährigen mindestens ein Elternteil mit ausländischer Herkunft hatten und der Anteil dieser Kinder weiter zunimmt, könnte sich pädagogisch die Chance eröffnen, die religiös-kulturelle Differenz der Familien zu einem Lernen an eben dieser Differenz zu nutzen. Dabei besteht eine Herausforderung darin, den Kindern in der Kooperation mit benachbarten evangelischen Kirchengemeinden einen lebendigen Protestantismus, der im Sozialraum auch auf andere Religionsgemeinschaften zugeht, zu zeigen und an diesen Erlebnissen zu lernen zu geben.

Für die Öffentlichkeitsarbeit und die pädagogische Profilierung evangelischer Kindertagesstättenarbeit interessant ist ein weiteres Ergebnis der Evangelischen Bildungsberichterstattung im Blick auf die Umsetzung der UN-Behindertenrechtskonvention: Der Anteil der Kinder mit sonderpädagogischem Förderbedarf, der in die Regelgruppen integriert und inkludiert ist, bleibt signifikant hoch[4]. Offenbar leisten die Kindertagesstätten in evangelischer Trägerschaft einen beachtlichen Beitrag zur Bildungsteilhabe, zur Inklusion und sozialer Partizipation aller. Die Daten verdeutlichen, dass für evangelische Kindertagesstättenarbeit eine besondere Herausforderung in der individuellen und differenzierten Förderung jedes einzelnen Kindes mit seinen Gaben und Problemlagen liegt. Wie dies überwiegend geschieht, scheint Eltern bisher zu überzeugen. Sie wählen evangelische Kindertagesstätten weiterhin gerne aus. Um die evangelischen Kindertagesstätten in ihrer Qualitätsentwicklung zu fördern, wäre eine wissenschaftliche Evaluation exemplarischer pädagogischer Konzepte für individuelle Förderung und Lernen an der persönlichen, aber auch religiösen und kulturellen Differenz der Familien im Konzept eines erkennbaren evangelischen Profils der jeweiligen Kindertagestätte hilfreich. Eine solche vertiefende qualitative Untersuchung steht noch aus, wäre aber im Rahmen einer evangelischen Bildungsberichterstattung realisierbar.

Auffällig ist weiterhin, dass die Träger evangelischer Kindertageseinrichtungen im Blick auf Ganztagsangebote nur zurückhaltend ausbauen. Besonders häufig ist die

---

4   „Die Einrichtungen in der Trägerschaft der EKD/Diakonie weisen bei der Förderung von Kindern mit besonderem Förderbedarf aufgrund einer Behinderung mit 18% aller integrativ betreuten Kinder den zweit-größten Anteil bei den nicht-staatlichen Trägern auf. Nur die Einrichtungen des Paritätischen Wohlfahrtsverbands liegen mit 21% darüber" (Comenius-Institut 2014, 26). Während allgemein 13% der Kinder mit Behinderungen in Sondereinrichtungen betreut werden, liegt der Anteil der integrativ betreuten Kinder in den evangelischen Einrichtungen bei 91% und der der in Sondereinrichtungen Betreuten bei 9%.

Dreivierteltagsbetreuung, bei der Kleinkinder bis zu 7 Stunden ihres Wochentages in der Kindertagesstätte erleben. Ob hier christlich ethische Grundhaltungen, die die liebevolle Bindung von Kindern und Eltern als Abbild der unbedingten Liebe Gottes sehen und dieser im Leben der Familie Raum und Zeit geben wollen, eine Rolle spielen oder die Träger aus finanziellen Gründen oder wegen nicht zureichender Nachfrage weniger in Richtung volle Ganztagsbetreuung ausbauen, wäre mit einer Datenerhebung zu überprüfen.

Hierbei könnte auch der weitere Ausbau der U3-Betreuung in seiner Entwicklung verfolgt werden und mit dem Umfang des Ausbaus dieser Betreuung bei nicht evangelischen Trägern in Beziehung gesetzt werden.

Die Pilotstudie trägt zum ersten Mal eine Fülle von bundesweiten Daten zu den evangelischen Kindertagesstätten zusammen, die der Kirche einen neuen Überblick über Umfang, Reichweite und Besonderheiten der evangelischen Kindertagesstätten ermöglicht, aus denen sich Handlungsbedarfe ergeben. Für einige Landeskirchen noch unbefriedigend ist, dass die Daten für die einzelnen Bundesländer vorliegen, nicht aber die der einzelnen Gliedkirchen der EKD, da die genutzten, sehr validen staatlichen Daten bundeslandorientiert erhoben werden.

3. Das Gesamtkonzept Evangelischer Bildungsberichterstattung – Erarbeitungsschritte und Grundideen

Die Evangelische Bildungsberichterstattung folgt einem in einem partizipationsorientiert angelegten Planungs- und Entwicklungsprozess zu präzisierenden Gesamtkonzept, mit dem sich im Jahr 2014 die zuständigen Gremien abschließend befassen werden.

Der Konzeptentwurf sieht vor, dass Einzelstudien zur Evangelischen Bildungsberichterstattung über die verschiedenen Bildungsfelder evangelischer Bildungsarbeit erstellt werden, die sich gegenseitig ergänzen und die singulären Merkmale der Bildungsfelder wie auch die zahlreichen Schnittmengen sinnhaft zu neuen Erkenntnissen verbinden. Für den Bereich der Kindertagesstätten ist erwartbar, dass vor allem eine Einzelstudie zur Familien- und familienbezogenen Erwachsenenbildung verdeutlicht, in welcher Weise Bildungsangebote für Eltern mit den evangelischen Kindertagesstätten organisatorisch (z.B. in Familienzentren) oder in geordneter Bezogenheit vernetzt sind.

Das Konzept der Evangelischen Bildungsberichterstattung, wie es von einer Arbeitsgruppe von Verantwortlichen aus allen Bildungsbereichen der Kirche erarbeitet und von der Konferenz der Bildungs-, Erziehungs- und Schulreferenten im Januar 2014 befürwortet wurde, versteht Bildungsberichterstattung analog zur Definition im staatlichen Bereich als „kontinuierliche, datengestützte Information der Öffentlichkeit über Rahmenbedingungen, Ergebnisse und Erträge von Bildungsprozessen im Lebenslauf" (Konsortium Bildungsberichterstattung 2006, 14). Da es in der Unterschiedlichkeit der Bildungsbiografien kaum möglich ist – und im evangelischen Bildungshandeln erst recht unmöglich ist – die Bildungsbiografie jedes und jeder Einzelnen darzustellen und damit faktisch die Lebenslaufdimensionen in der persönlichen Bildung zu eruieren, bedarf evangelische Bildungsberichterstattung einer theologisch und pädagogisch plausiblen Leitidee. Das Konzept evangelischer Bildungsberichterstattung darf sich vom staatlichen Konzept unterscheiden, um realistisch und kirchenförmig zu sein und doch am Anspruch festzuhalten, eine konsistente Leitidee zu verfolgen, möglichst auf validen (amtlichen) Daten und repräsentativen Survey- und Paneldaten zu basieren und indikatorengestützt und auf Dauer angelegt Auskünfte zu erteilen (Comenius-Institut 2014, 8).

Der Konzeptentwurf für die Evangelische Bildungsberichterstattung nimmt zum einen die verschiedenen Bildungsfelder mit ihren lernortspezifischen Rahmenbedingungen in den Blick und folgt zugleich in der subjektorientierten Perspektive evangelischer Bildungsarbeit der Leitidee der Bildung im Lebenslauf. In letzterer Perspektive ist im Blick auf die einzelne Person als Gerechtfertigte und Sünderin, als lernendes Subjekt und autopoietisches System kein Bildungsprozess reflektierbar, der theologisch und pädagogisch bei aller Kritik an einem funktionalen Menschenbild nicht auch Erkenntnisse des Konstruktivismus für das individuelle Lernen aufnimmt und damit rechnet, dass jeder Impuls von außen im Gehirn einen autopoietisch ablaufenden Prozess der Selbstorganisation in Gang setzt, der dazu führt, dass der Impuls im neuronalen System autonom angeschlossen wird (vgl. Maturana/Varela 1984). Bildungsprozesse sind damit immer wesentlich auch Selbstbildungsprozesse. Wenn das kirchliche Bildungshandeln auf die Förderung des einzelnen Menschen abzielt und ihn mit Bildungsangeboten bei seiner Subjektwerdung unterstützen will (vgl. EKD 2009), muss es sich dafür interessieren, an welchen Lernorten und aufgrund welcher pädagogisch geplanter und realisierter Impulse sich eine Person weiterentwickeln und bilden kann. Unter der Annahme, dass der religiöse Weltzugang Lebensgewinn und bedeutsame Entwicklungsimpulse für eine Person im Blick auf ein kritisches und zugleich hoffnungsvolles Welt- und Selbstbild im Horizont des Vertrauens auf den lieben- den Gott in Christus Jesus zu setzen vermag, kann ein Konzept evangelischer Bildungsberichterstattung, das evangelisches Bildungshandeln insgesamt abbilden will, nicht anders, als unter dem Dach der Perspektive der Bildung des Einzelnen im Lebenslauf auch die „kulturelle Tapete" (Szagun 2013) der gesellschaftlichen Kultur und Werthaltungen und die für Einzelne von der Kirche (mit-)gestalteten Lernorte der Religion, der Theologie und des Glaubens in den Blick zu nehmen. Individuen leben und lernen immer in Kontexten.

Die evangelischen Bildungsfelder lassen sich lernortspezifisch und -theoretisch reflektieren und in Daten fassen, die indikatorengestützt Spezifika und damit Chancen und Grenzen dieser Lernorte sichtbar machen. Mit der Verbindung der subjektorientierten Idee der Bildung im Lebenslauf und der Lernorttheorie entstehen auch Herausforderungen an die wissenschaftliche Religionspädagogik, sich als umfassende Theorie evangelischen, beziehungsweise christlichen Bildungshandelns weiterhin zu profilieren, die die verschiedenen Lernorte der Religion umfassend in den Blick nimmt und mehr ist als eine Fachdidaktik Religion (zur Lernorttheorie vgl. Grethlein 2009 und 2012). Eine solche Religionspädagogik wird neue Erkenntnisse und empirische Untersuchungen aus dem Bereich der Theologie, insbesondere der Kirchentheorie und Pastoraltheologie, aufnehmen, mit aktuellen Entwürfen der Erziehungswissenschaft ins Gespräch bringen und für religiöse Lernzusammenhänge an den Lernorten in kirchlicher Bildungsverantwortung und Bildungsmitverantwortung fruchtbar machen. In der Erstellung der Pilotstudien und in ihrer kritischen Rezeption zeigte sich, dass die Daten der verschiedenen Lernorte in kirchlicher Bildungsverantwortung und Bildungsmitverantwortung teilweise wegen der Unterschiedlichkeit der 20 Gliedkirchen der Evangelischen Kirche in Deutschland und des Bildungssystems in den 16 Bundesländern kaum vergleichbar zu erheben sind. Es wird daher für jeden Lernort auch um die Erarbeitung eines realistischen und kirchenförmigen Konzepts der Einzelstudie zur evangelischen Bildungsberichterstattung gehen. Daten für den Religionsunterricht als staatlichem Fach nach den Grundsätzen der Religionsgemeinschaften und in unterschiedlicher Regelung für die Konkretion der kirchlichen Mitverantwortung werden nur in kleinen Schnittmengen bundesweit vergleichbar sein. Nach den im Raum der Bildungsverantwortlichen der Kirchen kontrovers diskutierten Vorerfahrungen mit der Erstellung einer Pilotstudie für den Bereich Religionsunterricht zeigt sich, dass für den Religionsunterricht eine Form der Bildungsberichterstattung denkbar ist, die nicht bundesweit kaum vergleichbare Daten vergleichen will, sondern wechselnde und je aktuelle, spezifische Herausforderungen an den evangelischen Religionsunterricht oder eine seiner Stärken datenbasiert als Themenstudie untersucht. Die Erwartung ist, über solche Ergebnisse bedeutsame Erkenntnisse für die Steuerung von Entwicklungen oder eine adäquate Reaktion auf Entwicklungen zu erlangen. Die im Vergleich mit dem Elementarbereich völlig anderen Rahmenbedingungen für die Datenerhebung verlangen eine adäquate andere Konzeptionierung einer Studie zum Religionsunterricht im Rahmen der evangelischen Bildungsberichterstattung. Dass auf Studien zum Religionsunterricht nicht verzichtet werden sollte, ergibt sich aus dessen Reichweite und seiner Bedeutsamkeit für die religiöse Bildung im Lebenslauf.

Bei einer Pilotstudie zu den Schulen in evangelischer Trägerschaft zeigte sich, dass für diesen Bereich die Datenlage verbessert werden muss, um valide Informationen zu dem Bildungsort „Schule in evangelischer Trägerschaft" zu erhalten. An einer Verbesserung der Datensituation durch eine kirchliche Schulstatistik arbeitet gegenwärtig die EKD zusammen mit der Diakonie Deutschland und der im Arbeitskreis Evangelische Schule zusammenkommenden Konferenz der Schulträger.

Theologisch legt sich die Verbindung der Leitidee der Bildung im Lebenslauf mit der Analyse bestimmter Lernorte evangelischen Bildungshandelns nah. Von der Schöpfungstheologie, der Rechtfertigungslehre und der Tauftheologie her lässt sich der oder die Einzelne als Person als bildungsbedürftiges, stets werdendes Bild Gottes beschreiben. Im Lebenslauf begegnet er oder sie in der zeitlich-räumlichen Achse menschlicher Existenz verschiedenen Lernorten als bestimmten Orten im Raum, die ökosozial beschrieben werden können und sozialisations- und bildungsrelevant sind. Diese Lernorte eröffnen unter den sie prägenden gesetzlichen, strukturellen, institutionellen, organisatorischen, sozialen, kulturellen und traditionsbestimmten Voraussetzungen in unterschiedlicher Weise Zugänge zum Lerngegenstand Religion. Dabei wird es darum gehen, wie dieser Lerngegenstand sich in evangelisch-christlicher Spezifizierung zeigt und wie er in dieser Tradition reflektiert wurde, wird und in Zukunft gestaltet und reflektiert werden muss, um für Menschen aller Generationen bedeutsam zu sein. Dabei wird die Kontextualisierung jedes Lernorts im lokalen, kirchlichen, interreligiösen und globalen Zusammenhang einbezogen werden müssen. Die Konstruktion individueller und sozialer religiöser Identität vollzieht sich heute von Anfang an in einer Pluralität, die nicht nur Herausforderung ist, sondern auch Chance für ein Lernen an der Differenz und damit für differenzsensibles Identifizieren und Kennenlernen des spezifisch evangelischen Zugangs zur Spiritualität als gelebter Praxis christlichen Glaubens und zu dem dazu gehörigen Glaubenswissen. Wie intensiv die Begegnung mit Formen des gelebten Glaubens, mit den Räumen desselben und mit glaubenden Menschen für religiöse Lernprozesse mit einem Lernen an der Anschaulichkeit und Lebensrelevanz der Formen religionsdidaktisch genutzt werden kann, hängt davon ab, ob die Kirche den jeweiligen Lernort in direkter Bildungsverantwortung oder in einem anderen System als Teilakteur in Bildungsmitverantwortung gestaltet. Je nach Bildungsauftrag wird sich am jeweiligen Lernort die Dimension der Kommunikation des Evangeliums und das Verhältnis von Teilnahme und Beobachtung durch die Lernenden anders abbilden.

Bedeutsamer Teil des Konzepts der Evangelischen Bildungsberichterstattung ist die transparente Regelung der Kommunikation zwischen bildungspolitisch Verantwortlichen und Wissenschaftlern. Durch klare Regelungen im Verfahren wird die wissenschaftliche Freiheit der Wissenschaftler des beauftragten Instituts und seiner wissenschaftlichen Partner gewahrt. Zugleich trägt die geregelte Kommunikation von Wissenschaftlern und Bildungsverantwortlichen bei regelmäßiger Sichtung der Zwischenergebnisse unter Klärung der in den Studien verwendeten Begrifflichkeit zur Qualität der einzelnen Studien bei und sichert die Erkenntnisinteressen der bildungspolitisch Verantwortlichen im Raum der Evangelischen Kirche in Deutschland. Im gegenwärtigen Konzeptentwurf für die evangelische Bildungsberichterstattung sind Sichtungen der Zwischen- und Endergebnisse und Feedbackschleifen fest verankert. Zugleich sollen verschiedene Gremien etabliert werden, die spezifische Verantwortung für die Einzelstudien bzw. für die gesamte evangelische Bildungsberichterstattung und ihre Steuerung übernehmen und von einem wissenschaftlichen Beirat beraten werden.

4. Erkenntnisinteressen der Evangelischen Kirche und die Bedeutung von Evangelischer Bildungsberichterstattung für kirchenleitendes Handeln

Die Evangelische Bildungsberichterstattung bietet gesamtkirchlich betrachtet in fünf Dimensionen bedeutsame Chancen für kirchenleitendes Handeln:

- Fundierte Darstellungsmöglichkeiten von evangelischen Bildungsaktivitäten in datengestützter Form für Öffentlichkeit, Kirche und Wissenschaft mit Anschlussfähigkeit an den etablierten Bericht „Bildung in Deutschland";
- Steuerung von kirchlichem Bildungshandeln auf valider Datenbasis;
- Unterstützung der Öffentlichkeitsarbeit der evangelischen Kirche in der EKD und den Gliedkirchen im Blick auf Auskunftsfähigkeit auf valider Datenbasis über Leistungen evangelischer Bildungsarbeit;
- Fundierte Information Interessierter aus Kirche, Gesellschaft und Wissenschaft über Bildungsangebote im Raum der Evangelischen Kirche;
- Ermöglichung von vertiefender Bildungsforschung auf aktueller Datenbasis.

Die Vielfalt und Reichweite evangelischer Bildungsarbeit in Bildungsfeldern in kirchlicher Bildungsverantwortung oder -mitverantwortung ist bisher kaum zu überblicken und wird häufig unterschätzt. Evangelische Bildungsberichterstattung kann dazu beitragen, dass Daten zum evangelischen Bildungshandeln einfließen können in gesamtgesellschaftliche Erhebungen zur Bildungsarbeit. Zugleich ergeben sich für die Kirche selbst vertiefte Informationen über die eigene Bildungsarbeit, die in der Öffentlichkeitsarbeit und für die strategische Weiterentwicklung der kirchlichen Arbeit in den Lernorten und Bildungsbereichen genauso genutzt werden können wie für eine bereichsübergreifende Strategieentwicklung und dafür einzuleitende Maßnahmen. Wenn Wissenschaftler dazu ermutigt werden, zu evangelischer Bildungsarbeit zu forschen, verstärken sich die Effekte evangelischer Bildungsberichterstattung im Blick auf forschungsgestützte Situationsanalysen und die Wahrnehmung der Leistungen evangelischer Bildungsarbeit. Ziel im kirchenleitenden Handeln wird sein, aufgrund valider Daten dafür zu sorgen, dass Heranwachsende und Erwachsene durch evangelische Bildungsarbeit erleben, dass sie als Person gestärkt werden, indem die Wissenserweiterung und der Kompetenzgewinn in einem Kontext geschehen, der von der Liebe und Gnade Gottes für alle Menschen geprägt ist und sich im Christusereignis immer neu aktualisiert und zeigt.

Literatur

Comenius-Institut (Hg.) (2014): Evangelische Tageseinrichtungen für Kinder. Daten – Entwicklungen – Perspektiven. Evangelische Bildungsberichterstattung. Münster: Comenius-Institut.

EKD [= Kirchenamt der EKD] (Hg.) (2009): Kirche und Bildung. Herausforderungen Grundsätze und Perspektiven evangelischer Bildungsverantwortung und kirchlichen Bildungshandelns. Eine Orientierungshilfe des Rates der Evangelischen Kirche in Deutschland (EKD). Gütersloh: Gütersloher Verlagshaus.

Grethlein, C. (2009): Lernort-Theorie. Eine religionspädagogische Differenzierung in heuristischem und didaktischem Interesse. In: Domsgen, M. (Hg.): Religionspädagogik in systemischer Perspektive. Leipzig: Evangelische Verlagsanstalt, S. 73-92.

Grethlein, C. (2012): Praktische Theologie. Berlin/new York: de Gruyter.

Konsortium Bildungsberichterstattung (2006): Bildung in Deutschland. Ein indikatorengestützter Bericht mit einer Analyse zu Bildung und Migration. im Auftrag der Ständigen Konferenz der Kultusminister der Länder und des Bundesministeriums für Bildung und Forschung. Bielefeld: Bertelsmann.

Maturana, H.; Varela, F. (1984): Biologie der Kognition. In: Maturana, H.: Erkennen. Die Organisation und Verkörperung von Wirklichkeit. Braunschweig: Vieweg, S. 32-80.

Studie zur Berufseinmündung von Absolventinnen und Absolventen evangelischer Fachschulen und Hochschulen durch das Comenius-Institut e.V. und das Zentrum für Kinder- und Jugendforschung im Forschungs- und Innovationsverbund an der Evangelischen Hochschule Freiburg (FIVE) e.V. (2014). In: Comenius-Institut (Hg.): Evangelische Tageseinrichtungen für Kinder. Daten – Entwicklungen – Perspektiven. Evangelische Bildungsberichterstattung. Münster: Comenius-Institut, S. 40-43.

Szagun, A.-K. (2013): Glaubenswege begleiten – Neue Praxis religiösen Lernens. Hannover: Lutherisches Verlagshaus. (Zusammenfassung der Rostocker Langzeitstudie)

Christoph Schneider-Harpprecht

Landeskirchliche Perspektiven auf die Evangelische Bildungsberichterstattung

1. Der Kontext und der Auftrag evangelischer Bildungsberichterstattung

Um deutlich machen zu können, welche Bedeutung Evangelische Bildungsberichterstattung (EBiB) aus landeskirchlicher Perspektive hat, bedarf es zunächst einer grundsätzlicheren Orientierung: In welchem Umfeld ist das Bemühen um EBiB angesiedelt und auf welchem Stand befindet sie sich?

EBiB bewegt sich um Umfeld der nationalen Bildungsberichterstattung, die seit 2006 von einem Konsortium Bildungsberichterstattung im Auftrag der Kultusministerkonferenz realisiert wird und in alle zwei Jahre erscheinenden Bildungsberichten dokumentiert wird.

> „Bildungsberichterstattung ist die kontinuierliche, datengestützte Information der Öffentlichkeit über Rahmenbedingungen, Verlaufsmerkmale, Ergebnisse und Erträge von Bildungsprozessen. Sie macht das Bildungsgeschehen in der Gesellschaft transparent und ist damit Grundlage für Zieldiskussionen und politische Entscheidungen. Im Zentrum der Bildungsberichterstattung steht die Arbeit der Institutionen des Bildungswesens, von der Kinderkrippe bis zur Weiterbildung im Erwachsenenalter. Über das Spektrum der Bildungsstufen hinweg werden Umfang und Qualität der institutionellen Angebote, aber auch deren Nutzung innerhalb der Lernbiographie dargestellt (Bildung im Lebenslauf). Kern der Bildungsberichterstattung ist ein überschaubarer, systematischer, regelmäßig aktualisierbarer Satz von Indikatoren, d.h. von statistischen Kennziffern, die jeweils für ein zentrales Merkmal von Bildungsprozessen bzw. einen zentralen Aspekt von Bildungsqualität stehen." (Konsortium Bildungsberichterstattung 2005, 2)

Bildungsberichterstattung im nationalen Kontext dient also vorwiegend der bildungspolitischen Steuerung. Es geht darum „die Entwicklung des Bildungswesens zu verstehen, Stärken und Schwächen zu identifizieren, die Leistungsfähigkeit von Systemen inter- wie transnational zu vergleichen und somit politischen Handlungsbedarf zu verdeutlichen." (Ebd.) Das Pendant dazu bildet die Bildungsberichterstattung in einzelnen Bundesländern, so z.B. die Bildungsberichterstattung in Baden-Württemberg, die seit 2007 „in regelmäßiger Abfolge Strukturdaten des Bildungswesens im Überblick" abbildet und thematisch „spezifische Segmente des Bildungssystems" darstellt (Landesinstitut für Schulentwicklung und Statistisches Landesamt Baden-Württemberg 2013).

Es liegt nahe, das Anliegen der Bildungsberichterstattung auch auf den kirchlichen Bereich zu übertragen. „Christlicher Glaube und Bildung gehören nach evangelischem Verständnis untrennbar zusammen." (Elsenbast et al. 2008, 8)· Die Evangelische Kirche versteht sich auf ihren verschiedenen Ebenen als einer der bedeutsamen Bildungsakteure in Deutschland. Sie übernimmt auf der Ebene der EKD, in den Landeskirchen und der Diakonie im Rahmen staatlicher Bildungssysteme und in zahlreichen eigenen Einrichtungen Verantwortung für Bildungspolitik und Bildungsarbeit. Daher bedürfen die verantwortlichen Akteure eines regelmäßigen Überblicks über die relevanten Daten. Systematisches und strategisch ausgerichtetes Bildungshandeln der Evangelischen Kirche und ihrer Diakonie ist nur auf dieser Basis möglich. Aufgabe einer evangelischen Bildungsberichterstattung sollte es sein, eine empirisch aussagekräftige Basis zu schaffen für die auf Dauer gestellte Kommunikation und Verständigung der Landeskirchen und verantwortlichen Akteure des evangelischen Bildungswesens über das kirchliche Bildungshandeln in unterschiedlichen Bildungsbereichen (Strukturen, Prozesse, Qualität, Wirksamkeit, Trends ...). Angesichts der Entwicklung der Qualität des staatlichen Bildungsmonitorings und der empirisch gestützten Bildungsberichterstattung wird es notwendig sein, evangelisches Bildungshandeln auf vergleichbarem Niveau darzustellen, zu legitimieren und plausibel zu begründen. In der Konkurrenz pluraler Bildungsträger um öffentliche Ressourcen für Bildungsangebote (z.B. für Kindertageseinrichtungen, Evangelische Schulen, Kinder- und Jugendarbeit, Evangelische Erwachsenenbildung) ist absehbar, dass die Mittelzuwendung zunehmend an ein weiter entwickeltes und mit staatlichen Systemen vergleichbares Berichtswesen und empirisch gestützte Qualitätsnachweise geknüpft werden wird. Darum empfiehlt sich auch im Blick auf die Ressourcensicherung für die Bildungsträger in den Landeskirchen die EBiB systematisch zu entwickeln.

Allerdings stellt sich sofort die Frage nach den Steuerungsmöglichkeiten in verschiedenen Bildungsbereichen auf EKD-Ebene und in den Landeskirchen sowie nach der Datenlage, den Möglichkeiten der Datenerhebung und der für evangelisches Bildungsverständnis spezifischen Ausrichtung einer solchen Bildungsberichterstattung.

2. Die Studie des CI zur Machbarkeit Evangelischer Bildungsberichterstattung (2008)

Die EKD-Synode hat das Comenius-Institut im Jahr 2007 mit einer Machbarkeitsstudie beauftragt, die Aussagen machen sollte zu „Umfang und Feldern des kirchlichen Bildungshandelns", „Indikatoren zur quantitativen Analyse", „erforderlichen Expertisen in Einzelfragen, Kostenrahmen und Zeitrahmen"[1]. Die Machbarkeitsstudie wurde von einer von Volker Elsenbast geleiteten Arbeitsgruppe (Dietlind Fischer, Albrecht Schöll, Matthias Spenn) im Oktober 2008 vorgelegt.

Die Studie schlägt die Einführung einer regelmäßigen EBiB in Anlehnung an die nationale Bildungsberichterstattung vor. Die Leitidee „Bildung im Lebenslauf" wird übernommen, ebenso die Orientierung an Themen und Indikatoren, die statistisch gesicherte Informationen liefern. Die Machbarkeitsstudie bezieht dies auf

---

1 www.ekd.de/synode2007/beschluesse/beschluss_bildungsbericht

einen spezifisch evangelisch-christlichen Bildungsbegriff und schlägt eine tragfähige Definition evangelischen Bildungshandelns im Raum der EKD vor. Bildung in evangelischer Sicht geht aus von der Bildungsfähigkeit aller Menschen aufgrund der Gottebenbildlichkeit jedes Menschen als Geschöpf.

> „Nach evangelischem Verständnis orientiert sich Bildung am Menschen als Individuum im Gegenüber zu Gott, den anderen Menschen und der Welt. Der Mensch als Person gestaltet und verantwortet sein Leben in Selbstbestimmung und Freiheit vor Gott. Im Mittelpunkt steht die Wahrung und Erlangung der menschlichen Würde. Evangelische Bildungsverantwortung thematisiert Fragen gelingenden Lebens in Bezug auf den individuellen Lebenslauf und das Gemeinwohl, auf Chancengerechtigkeit und das Überleben in der einen Welt." (Ebd., 12).

Religiöse Bildung ist eine Dimension allgemeiner Bildung. Sie befähigt dazu, „die Wirklichkeit und das eigene Leben im sinnstiftenden Horizont des christlichen Glaubens zu deuten und zu gestalten, im Dialog mit Menschen unterschiedlicher ethnischer, kultureller und religiöser Einstellungen und Prägungen zu leben und das Miteinander verantwortlich zu gestalten." (Ebd.)

Evangelisches Bildungshandeln bezieht sich auf formale, non-formale und informelle Bildungsbereiche und Lerngelegenheiten (ebd.). Mit diesem Ansatz kann EBIB so gestaltet werden, dass sie anschlussfähig bleibt an den nationalen Bildungsdiskurs und die Bildungsberichterstattung im öffentlichen Bereich. Sie beschreibt jedoch eigene Bildungsbereiche und Themen und entwickelt darauf bezogene Indikatoren. Die Machbarkeitsstudie identifiziert im Rahmen der Bildung im Lebenslauf acht relevante Bildungsbereiche von der frühkindlichen über die schulische bis hin zur Erwachsenenbildung.

Die aus landeskirchlicher Sicht grundlegende Problemstellung wird in der Studie schnell deutlich gemacht:

> „Wer genauer wissen will, wo, wie und in welchem Umfang sich evangelische Kirche im Bildungsbereich engagiert, gerät schnell an Grenzen. Die Praxisfelder und Unterstützungsstrukturen sind regionalisiert, stark ausdifferenziert und nahezu unüberschaubar; Informationen über kirchliches Bildungshandeln sind öffentlich schwer zugänglich bzw. erschließen sich oft nur denjenigen, die mit kirchlichen Strukturen vertraut sind. Empirisch gesicherte Aussagen über die Inanspruchnahme, die Qualität und Wirkungen evangelischer Bildungsarbeit stehen ebenfalls kaum zur Verfügung. Das führt auch dazu, dass Kirchen, obgleich sie in erheblichem Umfang am öffentlichen Bildungssystem beteiligt sind, in der Gesellschaft vielfach nicht hinreichend und sachgemäß wahrgenommen werden." (Ebd., 8)

Die Unüberschaubarkeit ergibt sich aus der in den 16 Bundesländern und 20 Landeskirchen in verschiedenen Bildungsbereichen teilweise sehr unterschiedlichen Art der Datenerhebung und der Heterogenität der Daten. Für Teilbereiche (z.B. Konfirmandenarbeit) liegen differenzierte Einzelstudien vor oder werden z.T. auch im internationalen Vergleich erarbeitet. Das legt nahe, bestimmte Themen in der Bildungsberichterstattung durch Einzelstudien anzugehen. Sie können auch, wie z.B. beim Thema Schulseelsorge, auf einige exemplarische Landeskirchen beschränkt werden.

3. Die Diskussion in der Bildungs- und Schulreferentenkonferenz der EKD

Die Bildungs- und Schulreferentenkonferenz der EKD (BESRK) hat die Empfehlung des Ausschusses „Bildung, Erziehung und Jugend" der EKD-Synode (November 2008) aufgegriffen und in einem Beschluss (2009) die Erstellung einer Pilotstudie zur EBiB für drei ausgewählte Bildungsbereiche eine Pilotstudie durch das CI befürwortet: Evangelische Kindertageseinrichtungen, Religionsunterricht in den Bundesländern Baden-Württemberg, Niedersachsen und Sachsen, Evangelische Schulen. Die Beschränkung auf eine Pilotstudie erfolgte im Blick auf die in der Machbarkeitsstudie aufgezeigten Probleme.

Die Einschätzung dieser Probleme hat in der BESRK wiederholt dazu geführt, dass – trotz der grundsätzlichen Befürwortung der Bildungsberichterstattung – über den Sinn, Nutzen und die Machbarkeit einer EKD-weiten evangelischen Bildungsberichterstattung, die auch für die einzelnen Landeskirchen relevante Aussagen macht, kontrovers diskutiert wurde. Anlass zu Zweifeln an Sinn und Nutzen und zu kritischen Fragen war die Heterogenität der Datenlage, der erhebliche Aufwand einer verbesserten und vergleichbaren Datenerhebung in den einzelnen Landeskirchen, der von der Machbarkeitsstudie z.B. für die Bereiche Kindergottesdienst, Konfirmandenarbeit, evangelische Schulen, evangelischer Religionsunterricht und evangelischer Erwachsenenbildung aufgewiesen wurde. In nahezu allen Bildungsbereichen gibt es den Bedarf einer verbesserten Datenerhebung. Am besten ist die Datenlage für die evangelischen Kindertageseinrichtungen und die evangelische Erwachsenenbildung.

Die im Anschluss an die Machbarkeitsstudie durch das CI in Angriff genommenen Bildungsberichte für die Bereiche evangelische Kindertageseinrichtungen, den evangelischen Religionsunterricht und evangelische Schulen haben gezeigt, dass es für die Kindertageseinrichtungen aufgrund der amtlichen Kinder- und Jugendhilfestatistik, die auch evangelische Träger ausweist, möglich war, differenzierte Daten zu erheben und einen aussagekräftigen Bericht zu erstellen. Die amtlichen Statistiken zu den evangelischen Schulen führten die Verantwortlichen zu dem Schluss, dass eine eigene Datenerhebung in der EKD notwendig sei. Für den Bericht über den evangelischen Religionsunterricht bedurfte es erheblicher Anstrengungen vonseiten der Wissenschaftler, Daten zusammenzuführen, und aufgrund von unterschiedlichen Organisationsformen des RU und abweichenden Begrifflichkeiten und Fragestellungen in den Schulstatistiken der einzelnen Bundesländer und Landeskirchen heterogene Daten zu vergleichen. Das stellte an die Lenkungsgruppe und an die verantwortlichen Stellen in einzelnen Landeskirchen erhebliche Anforderungen und verlangte ihnen einen Mehraufwand ab, den sie teilweise nicht mehr leisten konnten. Die daraus resultierenden Verzögerungen und Störungen im Kommunikationsprozess haben sich auf die Erstellung der Studie zum RU ausgewirkt. Sie sind ein Hinweis darauf, dass für die Bildungsberichterstattung bei den an den Studien beteiligten Landeskirchen bzw. Trägerorganisationen zusätzliche personelle und finanzielle Ressourcen eingeplant werden müssen, damit die Zusammenarbeit gelingt. Auch bedarf es einer stringenten Steuerung mit hoher Verbindlichkeit für alle Beteiligten.

In der Diskussion der BESRK wurde im Blick auf die benötigten Ressourcen auch nach dem Verhältnis von Kosten und Nutzen gefragt. Aus Sicht mancher Landeskirchen erschien es fraglich, welchen Erkenntnisgewinn sie durch einen Ländervergleich in verschiedenen Bildungsbereichen haben. Es zeigte sich, dass es notwendig ist zu differenzieren zwischen Bereichen, in denen der Vergleich möglich ist und zu aussagekräftigen Ergebnissen führt (z.B. evangelische Kindertageseinrichtungen), und Bereichen, in denen das nur eingeschränkt oder nicht möglich ist (z.B. evangelischer Religionsunterricht).

Als Konsequenz daraus ergibt sich, dass eine Konzeption evangelischer Bildungsberichterstattung sich darauf einstellen und zu den einzelnen Themenbereichen bzw. Bildungssystemen Studien in unterschiedlichen Formaten anbieten sollte, solange die Datenlage nichts anderes ermöglicht. Zugleich erscheint es notwendig, in den EKD-Gremien und in den Landeskirchen im Rahmen der Konzeption eines Projektes EBiB die Ressourcenfrage zu klären, bevor man sich an die Arbeit macht.

Im Rahmen der Diskussion der BESRK wurde auch die Frage nach den politischen Implikationen und Folgen öffentlicher Bildungsberichte im Bereich der einzelnen Landeskirchen gestellt. Es scheint offensichtlich, dass Landesregierungen relevante Informationen aus anderen Bundesländern, die sie im Rahmen ihrer Bildungspolitik gegenüber den Kirchen zur Geltung bringen, unabhängig von kirchlichen Bildungsberichten erlangen. Umgekehrt können jedoch diese Bildungsberichte im Ländervergleich die Leistungen kirchlicher Träger besonders deutlich machen und auf Probleme und Defizite in einzelnen Bereichen hinweisen, die bildungspolitisches Handeln verlangen. So erscheint auch in dieser Hinsicht der Nutzen der Bildungsberichterstattung für die einzelnen Landeskirchen hoch, zumal mittelfristig damit zu rechnen ist, dass staatliche Zuschussempfänger ein dem staatlichen Berichtswesen vergleichbares Modell zu entwickeln haben.

4. Bildungsberichterstattung auf der Ebene der Landeskirchen

Bildungsberichte im Sinne der oben beschriebenen Bildungsberichterstattung wurden von den Landeskirchen bisher nicht entwickelt. Vereinzelt gibt es Bildungskonzeptionen[2], die auch auf strategische Fragen und Strukturfragen eingehen. Ein weitergehender Versuch wurde mit dem Bildungsgesamtplan der Evangelischen Landeskirche in Baden (2009) gemacht (Evangelischer Oberkirchenrat Karlsruhe 2009). Dieser von einer Arbeitsgruppe mit Experten aus unterschiedlichen Bildungsbereichen in Landeskirche und Diakonie unter der Leitung von Prof. Dr.

---

2 Beispiele sind Evangelisch-lutherische Kirche in Bayern 2004; Kirchenamt der Föderation Evangelischer Kirchen in Mitteldeutschland 2006; Bildungskammer der Evangelischen Kirche von Kurhessen-Waldeck 2008.

Hartmut Rupp erstellte und von ihm redigierte Bildungsgesamtplan „klärt Auftrag und Ziel evangelischer Bildungsarbeit (Teil A), stellt die vielfältigen Aktivitäten in ihrem Bezug zu ihren Adressaten dar (Teil B) und gibt Empfehlungen für die künftige Bildungsarbeit angesichts erkennbarer Herausforderungen (Teil C) [...] Er vereinigt Momente einer Bildungskonzeption, eines Bildungsberichts und eines Bildungsplans". (Ebd., 3)

Anlass für die Erstellung des Bildungsgesamtplans war ein von der Landessynode 2007 beschlossenes strategisches Ziel: „Zur Vertiefung des Wissens über den christlichen Glauben richtet die Evangelische Landeskirche in Baden ihr Bildungsangebot neu aus." Der Bildungsgesamtplan bildete die Grundlage für die Neuausrichtung. Seine Stärken liegen in der Bildungskonzeption, aber auch in den Ansätzen der Bildungsberichterstattung.

„Der Auftrag evangelischer Bildungsarbeit besteht darin, Menschen auf ihrem Lebensweg zu begleiten und ihnen zu helfen, in der Begegnung mit dem Evangelium von Jesus Christus und angesichts ihrer Lebensaufgaben das Menschsein, die Welt und das Leben immer wieder neu zu verstehen und dadurch in ein Leben in Freiheit und Liebe zu finden." (Ebd.)

Evangelische Bildungsarbeit befasst sich mit „grundlegenden Vorstellungen von Menschen, Gruppen und Gesellschaften über das Menschsein, die Welt [...] sowie über ein gutes Leben." Ihre drei grundlegenden Merkmale sind: 1. „Sie legt das Leben im Lichte der Heiligen Schrift und die Heilige Schrift im Lichte des Lebens aus." 2. „Sie vergewissert Menschen ihrer Identität als Geschöpf und Ebenbild Gottes, das auf Gottes Barmherzigkeit angewiesen ist, und bietet Orientierung für eine eigenständige und verantwortliche Lebensführung." 3. „Sie bietet tragfähige Beziehungen, stärkt das Vertrauen, noch einmal neu anfangen zu können und stiftet Zuversicht." (Ebd.)

Ansätze einer empirisch fundierten Bildungsberichterstattung finden sich in der Beschreibung der „Lebensverhältnisse von Kindern, Jugendlichen, Erwachsenen und Senioren", in der Darstellung der Herausforderungen, Chancen und Empfehlungen sowie der Handlungsfelder evangelischer Bildungsarbeit in Baden. Die Leitidee der „Bildung im Lebenslauf" wird im Rahmen der Lebenslagenorientierung aufgegriffen. Zur Beschreibung werden verfügbare Daten aus der kirchlichen Statistik, des statistischen Landes- und Bundesamtes, die staatlichen Bildungsberichte sowie aktuelle empirische Untersuchungen herangezogen. Ein besonderer Schwerpunkt wird in den altersspezifischen Lebenslagenbeschreibungen auf die Religiosität und das Verhältnis der Menschen zur christlichen Religion gesetzt. Durch die verfügbaren Daten lassen sich jeweils wichtige Trends aufzeigen, z.B. dass 70% der Kinder evangelischer Eltern getauft werden, aber nur 25% der Kinder Alleinerziehender. Dennoch zeigt sich, dass eine klare Definition von statistischen Indikatoren für die Berichterstattung fehlt und die statistischen Quellen nicht systematisch aufgearbeitet werden konnten. Das schränkt die Aussagekraft des Berichts ein und erschwert auch eine Fortschreibung sehr. Man muss hier praktisch wieder von vorne anfangen. Hier kann eine EKD-weite Bildungsberichterstattung orientierend wirken und

Grundlagen schaffen für landeskirchliche Berichte. Der Gesamtbildungsplan aus Baden führt neben den Lebenslagen noch die Ausrichtung an Bildungsorten ein, auf welche die kirchlichen Handlungsfelder Familie, Gemeinde, kirchliche und öffentliche Bildungseinrichtungen als evangelische Bildungsorte bezogen werden. Damit können die Bildungsangebote der Landeskirche einzelnen Bildungsorten zugeordnet werden. Hier zeigen sich noch stärker die teilweise dürftige Datenlage und die Schwierigkeit der Datenerhebung. Ein EKD-Raster für eine auf Indikatoren gestützte Bildungsstatistik ist erforderlich. Es erscheint sinnvoll, dass zusammen mit der Leitidee der Bildung im Lebenslauf auch die evangelischen Bildungsorte im Rahmen der EKD-Bildungsberichterstattung aufgenommen werden.

Der badische Bildungsgesamtplan wagt es, an der Schnittstelle von Lebenslagen und den Herausforderungen spezifische Empfehlungen für evangelisches Bildungshandeln auszusprechen. Diese dienen dann als Grundlage für die mittelfristige strategische Planung der Landeskirche. Es gelingt also auch auf einer recht schmalen Berichtsbasis strategische Ziele und Maßnahmen für evangelische Bildungsarbeit in der Landeskirche zu entwickeln. Allerdings bedürfen diese des Unterbaus durch einen regelmäßigen und systematischen Bildungsbericht.

5. Schluss

Seit 2014 liegt ein erster Bildungsbericht für die evangelischen Kindertageseinrichtungen vor (Comenius-Institut 2014). Er beschreibt die Konzeption von EBiB anhand von Indikatoren, „die jeweils für ein zentrales Merkmal von Bildungsprozessen bzw. einen zentralen Aspekt von Bildungsqualität stehen" (ebd., 10). Wünschenswert wäre eine Beschreibung der Indikatoren und Begründung ihrer Auswahl. Der Bericht bestätigt wichtige, in der Machbarkeitsstudie aufgezeigte Trends. Dazu gehört das moderate Wachstum der kirchlichen Einrichtungen seit 1990 um 9%, während sich die Zahl der nicht kirchlichen Träger deutlich stärker entwickelt hat. Seit 2006 haben die Plätze für unter Dreijährige um 127% zugenommen. Der Anteil der Kinder mit Migrationshintergrund in den evangelischen Einrichtungen liegt mit 28% höher als bei anderen Trägern (19%). Das hohe Durchschnittsalter der Erzieherinnen und das Eintreten starker Jahrgänge in den Ruhestand in den kommenden Jahren lassen trotz sinkender Kinderzahl einen hohen Bedarf an Fachkräften erwarten. Der Bericht ermöglicht es, Empfehlungen für kirchliches Handeln auszusprechen. Dabei kann er den Verantwortlichen grundlegende Einschätzungen nicht abnehmen. So haben sie z.B. zu entscheiden, ob die Stagnation im Wachstum der Anzahl der kirchlichen Kindertageseinrichtungen und das starke Aufwachsen nicht kirchlicher Einrichtungen angesichts des Rückgangs der evangelischen Bevölkerung und der Zunahme Konfessionsloser und Angehöriger anderer Religionen angemessen ist.

Als Fazit lässt sich festhalten, dass aus landeskirchlicher Perspektive EBIB für die strategische Steuerung des Bildungsbereichs sinnvoll und nötig ist, aber die Rahmenbedingungen einer genauen Klärung bedürfen.

Literatur

Bildungskammer der Evangelischen Kirche von Kurhessen-Waldeck (Hg.) (2008): Bildung stärken – Strukturen klären. 2. Aufl., Kassel.

Comenius-Institut (Hg.) (2014): Evangelische Tageseinrichtungen für Kinder. Daten, Entwicklungen, Perspektiven. Münster: Comenius-Institut.

Elsenbast, V.; Fischer, D.; Schöll, A.; Spenn, M. (2008): Evangelische Bildungsberichterstattung. Studie zur Machbarkeit. Münster: Comenius-Institut Oktober 2008. http://www.cimu-enster.de/biblioinfothek/open_access/oa_Evangelische_Bildungsberichterstattung_Studie_Machbarkeit_2008.php?bl=1792&we_lv_start_0=30 [Zugriff: 17.06.2014]

Evangelischer Oberkirchenrat Karlsruhe (2009): Freiheit und Liebe. Bildungsgesamtplan der Evangelischen Landeskirche in Baden. Karlsruhe.

Kirche in Bayern (2004): Bildungskonzept für die Evangelisch-lutherische Kirche in Bayern. München.

Kirchenamt der Föderation Evangelischer Kirchen in Mitteldeutschland (2006): Kirche bildet – Bildungskonzeption der Föderation EKM. Eisenach und Magdeburg.

Konsortium Bildungsberichterstattung (2005): Gesamtkonzeption der Bildungsberichterstattung. 2. Aufl., Frankfurt a.M., 31. August 2005. http://www.bildungsbericht.de/daten/gesamtkonzeption.pdf [Zugriff: 17.06.2014]

Landesinstitut für Schulentwicklung und Statistisches Landesamt Baden-Württemberg (2013): Bildungsberichterstattung 2013. Frühkindliche Bildung, Betreuung und Erziehung in Baden-Württemberg. http://www.statistik-bw.de/veroeffentl/Internet_Bildungsbericht_2013.pdf [Zugriff: 17.06.2014]

Weitere Horizonte

Peter Schreiner

Erträge international-vergleichender Studien zum Religionsunterricht

Die Frage nach „Erträgen" international vergleichender Studien kann sich auf die Relevanz der Ergebnisse für den Fachdiskurs, ihren Beitrag für die Weiterentwicklung der verwendeten Methoden und auf ihr Anregungspotenzial für Politik und Praxis beziehen. Zunächst werden Ausgangspunkte, Begründungen, Themen und Methoden international-vergleichender Studien genannt, bevor dann beispielhaft drei Studien zum Religionsunterricht im Blick auf Erträge diskutiert werden. Ein kurzes Resümee steht am Ende.

1. Ausgangspunkte

Eine zu konstatierende Europäisierung bzw. Globalisierung von Bildung begründet den Bedarf an international orientierter Forschung in Bildung und Religionspädagogik. Schulmodelle und Bildungskonzepte können allein national nur noch unzureichend erfasst werden, denn längst haben internationale Organisationen Formen einer globalen *educational governance* entwickelt, durch Schulvergleichsstudien wie PISA (OECD) oder durch Leitlinien, Standards und Empfehlungen z.B. der OSZE (OSCE/ODIHR 2007; Jackson 2009; Jackson 2014; Popp 2013) oder des Europarates (vgl. Schreiner 2012).

Ein weiterer Ausgangspunkt besteht darin, dass in verschiedenen Ländern ähnliche oder parallele Fragestellungen bearbeitet werden, so z.B. zu Säkularisierung, Pluralität oder Individualisierung von Religion oder zu Konzepten interreligiösen Lernens. Auch die Tatsache, dass es in fast allen europäischen Ländern ein Fach Religionsunterricht an öffentlichen und privaten Schulen gibt, motiviert international-vergleichende Forschung.

Förderlich für international-vergleichende Studien sind auch internationale und europäische Vereinigungen und Seminare wie ISREV oder ENRECA[1], die durch Austausch und Dialog eine Grundlage für vergleichende Projekte schaffen.

Bei einem systematischen Zugang zu Studien vergleichender Religionspädagogik (vgl. Schweitzer 2013, 27-31) lassen sich unterscheiden:
- Länderberichte und Einzelvergleiche verschiedener Länder
- Problemzentrierte vergleichende Untersuchungen

---

[1] ISREV: International Seminar on Religious Education and Values, ein Netzwerk von Wissenschaftler(innen), die sich alle zwei Jahre über laufende Forschungsprojekte zu religiöser Bildung austauschen. ENRECA: The European Network for Religious Education in Europe through Contextual Approaches ist ein vergleichbares europäisches Netzwerk.

- Integrierte internationale empirische Untersuchungen
- Vergleichende historische Untersuchungen.

2. Begründungen, Themen, Methoden

In den vorliegenden Studien finden sich – unterschiedlich gewichtet – folgende Begründungen (vgl. Schröder 2000, insb. 36ff.; Schweitzer 2013):
- Internationale Vergleiche ermöglichen, nationale Modelle zu evaluieren und internationale Entwicklungen aufzunehmen.
- Durch international-vergleichende Forschung können Erkenntnisse generiert werden, die durch eine Beschränkung auf den eigenen Kontext nicht erreicht werden können.
- International-vergleichende Forschung ermöglicht einen Zugang zu verschiedenen Kulturen religiöser Bildung.
- Die Frage nach internationalen Standards religiöser Bildung kann befördert werden.

Zusammenfassend ist festzuhalten, dass internationale Parameter einen wachsenden Einfluss auf den Religionsunterricht ausüben und Fragen entstehen, die über eine nationale Perspektive hinausgehen. Das Zusammenspiel nationaler und internationaler Perspektiven bildet das Besondere international-vergleichender Forschung.

Bei der Frage nach Themen (als Überblick Larsson/Gustavsson 2004) finden sich überwiegend national verfasste Studien zum Religionsunterricht, zur Religionslehreraus- und -fortbildung und zum weiteren Kontext von Schule und Schulleben (z.B. Buchardt 2004; Kallionemi 2004; Fischer 2004; Skeie 2004). International-vergleichend finden sich Studien zum Religionsunterricht und zur Konfirmandenarbeit (vgl. dazu die Beiträge von Ilg/Schweitzer und Simojoki in diesem Band), zu Jugend und Religion (vgl. Ziebertz/Kay 2005; Ziebertz/Kay 2006; Ziebertz et al. 2009) und zu Kontextbedingungen religiöser Bildung (Osmer/ Schweitzer 2003; Heimbrock 2004; Simojoki 2012; Schreiner 2012).

Vergleichende Forschung hat besondere Voraussetzungen. Sie besitzt keine eigene Methodologie, sondern nutzt vorhandene Methoden, die zu ihren jeweiligen Zwecken passen (Schröder 2000; Osmer/Schweitzer 2003; Adick 2008; Schweitzer et al. 2009a). Favorisiert werden zunehmend *mixed methodology*-Ansätze im Blick auf die Erhebung und Auswertung von Daten.

Oddrun Bråten hat Vorarbeiten für eine Methodologie vergleichender Forschung vorgelegt (Bråten 2013). Sie kombiniert drei unterschiedliche Ideengebilde (*set of ideas*) bzw. Zugänge zur Erforschung des RU. Erstens unterscheidet sie als Analyseebenen *supranationale, nationale* und *subnationale* Prozesse. Formale supranationale Prozesse beziehen sich auf internationale Bildungspolitik, informelle Prozesse auf

Phänomene wie Säkularisierung, Pluralisierung und Globalisierung. Der Einfluss supranationaler Prozesse auf nationale Prozesse ist zu berücksichtigen. Bei subnationalen Prozessen geht es um regionale Variationen, die in einem nationalen Kontext bestehen und den jeweiligen Lehrplan beeinflussen. Zweitens differenziert Bråten zwischen der gesellschaftlichen, institutionellen, pädagogischen lehrkräftebezogenen und schülerorientierten erfahrungsbezogenen Ebene. Ergänzend wären z.B. familiäre oder informelle Prägungen zu thematisieren.

Drittens schließlich orientiert sie sich an Konzepten von *social/national imaginary* und *civil enculturation* (Schiffauer et al. 2006). Damit ergibt sich ein theoretischer Zugang zu vorherrschenden sozialen und nationalen Vorstellungen sowie einer aktiven individuellen Kulturaneignung.

Die Studie von Bråten regt insgesamt dazu an, systematische Zugänge zu den Analyseebenen zu entwickeln und gemeinsame Standards und Kriterien vergleichender Forschung anzustreben.

3. Ausgewählte Studien

Die folgende kurze Darstellung von Erträgen international-vergleichender Studien zum Religionsunterricht berücksichtigt den Rahmen, die Fragestellungen, Zielsetzungen und Erträge des jeweiligen Projektes. Ein Schwerpunkt liegt auf der Reflexion der verwendeten Methoden.

REDCo: **R**eligion in **E**ducation. A Contribution to **D**ialogue or a factor of **Co**nflict in transforming societies of European countries

REDCo ist ein vergleichendes europäisches Forschungsprojekt (2006-2009, gefördert aus EU-Mitteln), an dem zehn Universitäten aus acht europäischen Ländern beteiligt waren.[2]

Das Hauptinteresse des Projektes lag in der Erschließung von Kenntnissen und Einstellungen von 14- bis 16-Jährigen zu Religion und Religiosität und ihrer Position zu Dialog und Verständigung durch den Religionsunterricht. Ergänzend wurden Untersuchungen zur Perspektive von Lehrkräften und zum Unterrichtsgeschehen durchgeführt. Ein Mix aus qualitativen und quantitativen Verfahren bestimmte das Forschungsprojekt (Weiße 2009, 15-19). Es gibt historisch-systematische Studien als Voranalysen zur Situation des Religionsunterrichtes in den beteiligten Ländern (Jackson et al. 2007), qualitative Verfahren mit semi-strukturierten Interviews, teilnehmende Beobachtungen, Interaktionsanalysen (anhand von Videoaufzeichnungen im Unterricht) und Fragebögen (qualitativ und quantitativ).

---

2   Die Gesamtprojektleitung lag bei Prof. Wolfram Weiße, Universität Hamburg; es gab 12 nationale Projektleiterinnen und Projektleiter und insgesamt waren 40 zeitweise oder für die gesamte Zeit des Projektes angestellte jüngere Forscherinnen und Forscher beteiligt (vgl. Weiße 2009, 19).

Ergebnisse des Projektes sind in zahlreichen Bänden bei Waxmann veröffentlicht.[3] Reflexionen zu den Methoden finden sich in einzelnen Bänden (Bertram-
Troost et al. 2008; Weiße 2009; Knauth 2009; Josza/Knauth/Weiße 2009; Valk
2009). Mit einem qualitativen Fragebogen wurden Daten erhoben, die in Kontext-
analysen, bi-kontextuellen Analysen und in europäischen Vergleichen interpretiert
wurden (vgl. Knauth et al. 2008). Die Ergebnisse daraus wurden mit einem quantitativen Fragebogen überprüft (vgl. Valk et al. 2009, 437-446).

Erträge

Zunächst sind zusammenfassend die zentralen Ergebnisse des REDCo-Projektes
zu nennen:

- Die Mehrheit der Schüler/innen schätzt die religiöse Vielfalt in der Gesellschaft, wenngleich auch eine Reihe von Vorurteilen geäußert wurde.
- Die wichtigste Informationsquelle zu Religionen und Weltanschauungen ist
  in der Regel die Familie, gefolgt von der Schule.
- Jugendliche, die in der Schule über religiöse Vielfalt unterrichtet werden, sind
  eher bereit dazu, sich auf Gespräche über Religionen und Weltanschauungen
  mit Schülern aus anderen Hintergründen einzulassen.
- Die Schüler/innen ziehen generell das Modell des Religionsunterrichts bzw.
  der religiösen Bildung vor, mit dem sie vertraut sind (vgl. Jozsa et al. 2009,
  442f.).

Ein weiterer Ertrag des Projektes liegt darin, dass die Europäische Union, trotz ihrer
generell säkularen Perspektive, ein Forschungsprojekt zum Religionsunterricht in
diesem Umfang gefördert hat. Religiöse Bildung wird europäisch als politik- und bildungsrelevant angesehen. Das zeigen auch Veranstaltungen mit dem Europäischen
Parlament (Weisse 2009) und dem Europarat, bei denen Ergebnisse des REDCo-
Projektes und daraus entstandene politische Empfehlungen[4] positiv aufgenommen
wurden.

---

3   Die Liste der REDCo-Publikationen ist umfangreich: Sie enthält u.a. qualitative Studien
    zu den Vorstellungen Jugendlicher zu Religion und ihren Einstellungen zu religiöser
    Bildung (Knauth et al. 2008), die Evaluation eines Email-Dialogprojektes an Grundschulen
    in England (McKenna et al. 2008), Projekte zur Unterrichtsforschung (Avest et al. 2009),
    vergleichende Studien zu Islam und Pädagogik (Veinguer et al. 2009), quantitative
    Studien zu den Vorstellungen Jugendlicher zu Religion und religiöser Bildung (Valk et
    al. 2009), Länderberichte (z.B. Schihalejev 2010), biographische Studien zu Perspektiven
    von Lehrkräften (Wandt et al. 2009) und qualitative Studien zu Religion, Dialog und
    Religionsunterricht aus Schülersicht (Jozsa et al. 2009). Hinzu kommen über 100
    Fachartikel, Vorträge und Vorstellungen bei nationalen und internationalen Konferenzen;
    in drei Filmen wird die Forschungsarbeit vorgestellt.
4   (1) Förderung des friedlichen Zusammenlebens (von abstrakter, passiver Toleranz zu
    aktiver Toleranz); (2) Förderung des Umgangs mit Vielfalt; (3) Einbeziehung von religiösen
    und nichtreligiösen Weltanschauungen (alle Schüler/innen in der Schule sind zu achten);
    (4) Professionelle Kompetenz (des pädagogischen Fachpersonals).

Bei den Forschenden hat das Projekt die „Kontextbestimmtheit religiöser Bildung" (Knauth 2009, 327) stärker ins Bewusstsein gerückt und zugleich die Notwendigkeit, international-vergleichende empirische Forschung „mehrperspektivisch und multidimensional" (ebd.) anzulegen. Im REDCo-Projekt erfolgte dies durch eine Kombination von historisch-systematischen, qualitativen und quantitativen Studien.

Als Herausforderungen für weitere Forschung werden genannt: Fragen religiöser Toleranz, die Perspektive anderer Akteure wie Lehrkräften oder Eltern, eine Wiederholung der quantitativen Befragung nach zwei und nach vier Jahren, die Etablierung religiöser und weltanschaulicher Pluralität im Bereich der Hochschulen und die Erprobung fallbezogener und multiperspektivischer Vergleichsansätze (vgl. Weiße 2009, 22; Weiße 2008).

Weiter zu diskutieren wäre die Integration qualitativer und quantitativer Verfahren bzw. die damit verbundene sequenzielle Triangulation von Methoden und Ergebnissen. REDCo folgt dem klassischen Phasenmodell, bei dem Ergebnisse der qualitativen Befragung für die Generierung der Hypothesen des quantitativen Fragebogens verwendet werden: „[...] the quantitative study was aimed at generalizing the qualitative findings by addressing them to a much larger sample size in each of the eight countries" (Friederici 2009, 14). Ziel war die Überprüfung von Befunden der qualitativen Studie. Dieses Vorgehen wurde gewählt, um das Thema und damit verbundene Fragestellungen durch das qualitative Vorgehen zu erschließen (first exploration), „the field of research should ‚decide' which method seens to be suitable" (ebd., 21) und dann in einer zweiten Phase möglichst breit zu generalisieren (further exploration).

Fragen bestehen auch im Blick auf Validität und Repräsentativität der Ergebnisse, auch wenn die Begrenzung des Samples im Rahmen des Projektes selbst immer wieder diskutiert wird.

Ein internationaler Vergleich der quantitativ erhobenen Daten ist nicht erfolgt, es gibt lediglich Kommentare zu einzelnen Länderberichten (vgl. Valk et al. 2009).

TRES: Teaching Religion in a multicultural European Society

TRES steht für ein Netzwerk von Universitäten und Hochschulen aus insgesamt 28 Ländern, mit dem Ziel, empirische Forschung zu „teaching religion" voranzutreiben. Gegründet im Herbst 2005 wurde es bis 2008 in einer ersten Phase aus dem Sokrates-Erasmus-Programm der Europäischen Union gefördert.[5]

In dem Teilprojekt „Perspectives on Teaching Religion" (PeTeR) ging es um die Frage, wie Lehrkräfte in Europa Religion unterrichten (Ziebertz/Riegel 2009; Popp 2013). In 16 Ländern wurde dazu eine empirisch-quantitative Studie durchgeführt. Drei Bereiche werden erhoben und verglichen: pädagogische Zielsetzungen, entlang der Unterscheidung von: learning „in religion", „about religion" und „from

---

5 Die drei Schwerpunkte von TRES I (2005–2008) waren: 1. Multicultural situations and religious education in school; 2. Religion in conflict; 3. Religion and social welfare.

religion", didaktische Methoden und personale Ressourcen. Grundlage war ein Fragebogen, der sich bereits bei anderen Studien bewährt hatte (vgl. Ziebertz/Kay 2005; Ziebertz/Kay/Riegel 2008).

Als Ergebnis liegen Länderberichte und vergleichenden Beiträge (Ziebertz/ Riegel 2009) sowie eine europäische quantitative Studie vor (Popp 2013).

Die vergleichende Interpretation der Länderergebnisse zeigt die Komplexität eines solchen Vorhabens auf und bestätigt damit, dass die jeweilige Perspektive und der Kontext für den Religionsunterricht eine entscheidende Rolle spielen. Auf der Grundlage der Ergebnisse von TRES lässt sich fragen: Gibt es überhaupt ein gemeinsames Fach Religionsunterricht, das verglichen werden kann?

Erträge

Mit dem Teilprojekt PeTeR im Rahmen von TRES rückt die Perspektive europäischer Religionslehrer(innen) und die von ihnen verwendeten Methoden im Unterricht in den Vordergrund. In der geplanten Weiterführung im Rahmen von TRES II soll der Fokus auf interreligiösem Lernen liegen (vgl. www.tres-network.eu).
Im Rahmen von PeTeR gab es folgende Ergebnisse:
– Es gibt eine hohe Übereinstimmung darüber, dass der Religionsunterricht objektive Informationen über verschiedene Religionen und Konfessionen vermitteln soll.
– Bei den didaktischen Methoden gibt es eine hohe Übereinstimmung in der Verwendung von religiösen Geschichten und der Diskussion von religiösen oder gesellschaftlichen Fragestellungen. Weniger verbreitet sind Rollenspiele, Exkursionen zu religiösen Stätten oder die Verwendung des Internet im Unterricht.
– In Bezug auf persönliche Ressourcen und Zufriedenheit als Religionslehrer(in) gibt es ein hohes Maß an Zufriedenheit mit Blick auf die Institution und die Ausstattung, die für den Unterricht zur Verfügung steht. Das Autorenteam fasst es so zusammen: „Across Europe religious education is no reason for burn out" (Schweitzer/Riegel/Ziebertz 2009, 248).
– In der Unterrichtspraxis im Klassenzimmer gibt es kein „Entweder/oder" im Blick auf die pädagogischen Zielsetzungen. Während in der Theorie zum Religionsunterricht die Ziele weitgehend als Alternativen verhandelt werden, scheint ihre Integration für die Lehrkräfte in der Unterrichtspraxis kein Problem darzustellen. „It makes a great difference if we discuss different models and approaches to religious education in terms of their theoretical backgrounds or rationales or if we are also able to include the practices that are realized in the classroom." (Schweitzer et al. 2009b, 254)

Die Studie von Daniela Popp (2013)[6] bestätigt den 2009 veröffentlichten Befund der Integration der verschiedenen Perspektiven und unterstreicht die generelle

---

6   In der Studie wurden Stichproben als 12 Ländern mit insgesamt 2952 Beteiligten berücksichtigt.

Orientierung der Lehrkräfte „an den Bedürfnissen und Fragen der Schüler" (Popp 2013, 82f.) unabhängig vom jeweils vorherrschenden theoretischen Ansatz.

Die Studie von Popp zieht bei der Diskussion der Ergebnisse internationale Diskurse zu religiöser Bildung (Europarat und OSZE) heran und ebenso Perspektiven der evangelischen und katholischen Kirchen in Deutschland. Sie arbeitet als Schwerpunkt der internationalen Organisation heraus, dass es um einen Beitrag religiöser Bildung zur interkulturellen und Menschenrechtsbildung geht, durch die Vermittlung von Wissen. Die Kirchen als Vertreter eines konfessionell ausgerichteten Religionsunterrichtes wollen einen Ort für identifikatorisches Lernen schaffen, in dem die Schüler(innen) ihren eigenen Glauben besser verstehen lernen und die Überzeugungen und Praktiken der eigenen Glaubensgemeinschaft kennenlernen. Beide Positionen nehmen das individuelle Recht auf Religionsfreiheit ernst, aber betonen „unterschiedliche Akzente" (Popp 2013, 195): einerseits eher die negative Perspektive von Religionsfreiheit, andererseits eher die positive Perspektive. Für beides gibt es gute Gründe. Diese Auffassung teilen auch die befragten Religionslehrkräfte (ebd., 185-205).

Mit ihrem Bezug auf die kontroverse Debatte um die *Toledo Guiding Principles on Teaching about Religions and Beliefs in Public Schools* (OSCE/ODIHR 2007) und auf Entwicklungen im Rahmen des Europarates schließt Popp eine Lücke, die in anderen Studien besteht, nämlich die gegenseitige Bezugnahme von internationalen und nationalen Entwicklungen. Ihr Urteil unterstreicht die Notwendigkeit eines weitergehenden Dialogs zwischen denjenigen, die religiöse Bildung erforschen, und denjenigen, die, bildungspolitisch ausgerichtet, konzeptionell in internationalen Organisationen denken und arbeiten.

Kritisch kann zu PeTeR angemerkt werden, dass die Zusammensetzung des Samples unklar ist und die sehr unterschiedlichen Ausgangsbedingungen in den einzelnen nationalen Kontexten nicht ausreichend reflektiert werden.

Vergleichende Forschung sollte die vorhandenen regionalen und nationalen Perspektiven und Kontextualisierungen nicht relativieren. Auch die verwendeten Methoden sind nicht unabhängig von dem Kontext, in dem sie verwendet werden, zu sehen. Zum anderen ist auch ein weitergehender Vergleich der Daten nicht möglich, da es bislang solche Studien noch nicht gab.

Entwicklungen in internationalen Organisationen werden bei den religionspädagogischen Schlussfolgerungen einbezogen, sie bleiben jedoch weitgehend unverbunden mit der eigentlichen Studie. Die Perspektiven der Schülerschaft und Lehrerschaft werden als wichtig angesehen, aber in der Diskussion der Befunde gibt es keine Impulse für weiterführende Studien.

REL-EDU: Religionsunterricht an den Schulen in Europa

REL-EDU ist ein ökumenisch angelegtes Projekt der Universität Wien, das die Situation des Religionsunterrichtes in Europa umfassend in sechs Bänden (Mitteleuropa, Nordeuropa, Westeuropa, Südeuropa, Südosteuropa und Osteuropa) darstellen will. Die Bände mit je acht Länderberichten werden in Deutsch und in Englisch erscheinen. Grundlage der Erstellung der Länderartikel sind zwölf Leitfragen, die als Struktur für die Länderberichte dienen (vgl. www.rel-edu.eu). Die bereits bei einem Projekt zum Religionsunterricht in Deutschland verwendeten Fragen (vgl. Rothgangel/Schröder 2009) wurden in einem Symposion mit den Autorinnen und Autoren der beteiligten Länder geklärt, „um eine möglichst große Kohärenz für die Publikation zu erreichen" (Jäggle et al. 2013, 8). Dadurch sollen konkrete Vergleichspunkte zwischen den einzelnen Ländern geschaffen werden, die Grundlage bieten für weitere Forschungsarbeiten in der Auswertung der vorliegenden Berichte. Eine vergleichende Perspektive wird dadurch möglich. Die ersten drei Leitfragen beschäftigen sich mit den Rahmenbedingungen für den RU im Blick auf Gesellschaft, Recht und Politik. Mit den Fragen vier bis sechs rücken zentrale Aspekte religiöser Bildung in den Vordergrund: Schulen in konfessioneller Trägerschaft, Selbstverständnis, Aufgabe und Praxis des Religionsunterrichts. Mit den Fragen sieben bis zehn werden wesentliche schulische Kontextphänomene religiöser Bildung thematisiert und schließlich geht es in den beiden letzten Fragen um Anregungen für die religionspädagogische Weiterarbeit, wenn nach Desideraten und weiterführenden Informationen gefragt wird.

Das Beispiel dieses Projektes zeigt, dass sich vergleichende Forschung in der Religionspädagogik darauf konzentrieren kann, wie dasselbe Phänomen, religiöse Erziehung und Bildung oder einzelne Aspekte davon, z.B. verschiedene Formen des Lehrens, Unterrichtsmaterialien, Methoden, in verschiedenen konfessionellen, religiösen und/oder regionalen oder nationalen Kontexten erscheint. Eigene Horizonte können erweitert werden, z.B. wenn Fragen in den Blick kommen, die im eigenen Kontext nicht auftreten.

Jeder Länderbeitrag im ersten vorliegenden Band enthält am Ende „Desiderate/ Herausforderungen für die Religionspädagogik im europäischen Horizont". Naturgemäß kann hier keine systematische oder gar vergleichende Reflexion erwartet werden, vielmehr liegt damit zunächst eine vom jeweiligen nationalen Kontext her geprägte Zusammenstellung von Defiziten und Wünschen vor. Der Versuch, daraus gemeinsame Herausforderungen zu destillieren, lässt folgende übergreifende Themen erkennen:

- Der Umgang mit zunehmender Entkirchlichung, Säkularisierung, Privatisierung, religiöser Pluralisierung und Konsequenzen für den Religionsunterricht.
- Die Frage nach der Qualität des Religionsunterrichtes, nach Kompetenzen und Bildungsstandards, nach seiner kulturell-politischen Bedeutung im Kontext einer breiteren Bildungsdiskussion.
- Das Zusammenspiel einer theologischen und pädagogischen Perspektive für den Religionsunterricht inkl. einer ökumenischen Öffnung bestehender konfessioneller Formen.
- Der Religionsunterricht im Kontext von Schulentwicklung.

Damit sind zugleich Themen und Herausforderungen genannt, die Anregungen für zukünftige international-vergleichende Studien geben.

Erträge

Das REL-EDU Projekt fällt in den Typus der „Länderberichte", zum systematischen Vergleich anregend durch die gemeinsame Struktur der Beiträge. Es zielt auf eine umfassende Darstellung des Religionsunterrichtes in Europa ab, die an bereits vorliegende Übersichten (vgl. Kuyk et al. 2007) anknüpft und diese konzeptionell weiterführt. Die Veröffentlichung der Bände in Deutsch und Englisch macht eine breite internationale Rezeption möglich. Zu würdigen ist, dass mit einer umfassenden europäischen Perspektive gearbeitet wird, in die auch Kontexte einbezogen sind, die in anderen europäischen Diskursen vernachlässigt werden oder nicht vorhanden sind.

Eine Übertragung von Erfahrungen aus einem nationalen Kontext auf die europäisch-vergleichende Ebene ist angelegt.

Kritisch kann angemerkt werden, dass das REL-EDU Projekt (bislang) kein explizit vergleichendes Projekt darstellt. Einige Beiträge sind in nationalen Tandems verfasst, die meisten werden von einer Autorin bzw. einem Autor verantwortet. Es gibt weder einen Dialog untereinander noch eine Reflexion der Berichte aus einer jeweils anderen nationalen Perspektive. Eine vergleichende Komponente ist jedoch für folgende Phasen des Projektes vorgesehen.

4. Resümee

Die Zukunft von Religion in Europa ist auch eine Zukunftsfrage für Europa, denn die Religionen sind wesentlich beteiligt an der Frage nach Werteorientierung und sozialem Zusammenhalt in Europa. Diese Perspektive korrespondiert mit der Sicht des Europarates, die den gemeinsamen Ursprung der monotheistischen Religionen ebenso betont wie die ihnen gemeinsamen Werte, aus denen sich die Werte des Europarates ableiten.[7]

International-vergleichende Studien nehmen in diesem Kontext an Bedeutung zu. Sie entsprechen einem steigenden Bedarf an empirisch validen Befunden und ermöglichen in unterschiedlicher Weise, Verbindungen zwischen Forschung, Bildungspolitik und Bildungspraxis herzustellen. Sie beinhalten vielfältiges „Anregungspotenzial" und fördern einen Dialog der jeweiligen Protagonisten. Dafür stehen die drei vorgestellten Projekte beispielhaft. Zusammenfassend lassen sich folgende übergreifende Erträgen und Herausforderungen nennen, ohne damit den Anspruch von Vollständigkeit zu erheben:

---

7   Deutlich wird dies u.a. in der Empfehlung der Parlamentarischen Versammlung des Europarates von 2005, Education and religion: „The Assembly observes moreover that the three monotheistic religions of the Book have common origins (Abraham) and share many values with other religions, and that the values upheld by the Council of Europe stem from these values." (Council of Europe 2005)

- International-vergleichende Studien beruhen nicht auf einer einzelnen Methodologie, sondern nutzen eine Kombination der für die anstehenden Fragen relevanten Methoden (vgl. Schweitzer 2004, 192) und hängen stark von der Kooperation in international zusammengesetzten Teams ab.
- Der Horizont der Beteiligten erweitert sich durch Anregungen aus und in anderen Kontexten. Vergleichende Fragestellungen führen zu Erkenntnissen, die über nationale Perspektiven hinausgehen.
- Im Vergleich wird die Kontextualität der Daten geschärft. Die jeweilige Vertrautheit mit verschiedenen Kontexten, Orten und Traditionen kann konstruktiv in vergleichende religionspädagogische Forschung als ein dialogisches Unternehmen eingebracht werden. Es gibt keine gemeinsame Struktur mit lediglich nationalen Modifikationen, wenn wir den RU betrachten, vielmehr ist die Komplementarität nationaler und internationaler Berichte zu würdigen. Die Frage nach gemeinsamen Standards religiöser Bildung stellt sich und sollte weiter bearbeitet werden.
- Das Vorhandensein valider Daten ermöglicht die Entwicklung neuer Forschungsfragen.
- Eine kritische Methodenreflexion bleibt erforderlich, insbesondere im Blick auf die Passung zur Verwendungssituation. Bewährt hat sich ein integrierter Ansatz *einer mixed methodology* mit einer gewissen Flexibilität bei der Anwendung von Instrumenten auch im Verlauf der Projekte. Es werden Instrumente entwickelt, die in verschiedenen Kontexten verwendet werden können.

Zwei Anregungen zum Schluss:

Bei international-vergleichenden Projekten sollte der europäische und globale Kontext stärker thematisiert werden (vgl. zu globalisierter Religion: Simojoki 2012; zur Europäisierung von Bildung: Schreiner 2012; zum politischen Zusammenspiel: Fancourt 2013).

Die Gefahr komparativer Kurzschlüsse sollte ebenso reflektiert werden wie der Bedarf an methodologischer Modifikation (vgl. Simojoki in diesem Band). Damit sind wichtige Perspektiven für weitere Durchführung international-vergleichender Studien markiert.

Literatur

Adick, C. (2008): Vergleichende Erziehungswissenschaft. Eine Einführung. Stuttgart: Kohlhammer (Urban-Taschenbücher, 694).

Avest, I.; Jozsa, D.-P.; Knauth, T.; Rosón, J.; Skeie, G. (Hg.) (2009): Dialogue and conflict on religion. Studies of classroom interaction in European countries. (Religious Diversity and Education in Europe 16), Münster u.a.: Waxmann.

Bertram-Troost, G.; Friederici, M.; Ipgrave, J.; Jozsa, D.-P.; Knauth, T.; Körs, A. (2008): European Comparison: Methodological Reflections on the Comparative Approach. In: Knauth, T. et al. (Hg.): Encountering Religious Pluralism in School and Society. A qualitative study of teenage perspectives in Europe. (Religious Diversity and Education in Europe 5), Münster u.a.: Waxmann, S. 369-373.

Bråten, O. M.H (2013): Towards a methodology for comparative studies in religious education. A study of England and Norway. (Religious Diversity and Education in Europe 24), Münster u.a.: Waxmann.

Buchardt, M. (2004): Religious Education in School: Approaches in School Practice and Research in Denmark. In: Larsson, R.; Gustavsson, C. (Hg.): Towards a European perspective on religious education. The RE Research Conference, March 11-14, 2004, University of Lund. (Bibliotheca theologiae practicae 74), Skellefteå: Artos & Norma, S. 117-126.

Council of Europe. Parliamentary Assembly (2005): Recommendation 1720: Education and religion. http://assembly.coe.int/Main.asp?link=/Documents/AdoptedText/ta05/EREC1720.htm [Zugriff: 30.05.2014]

Fancourt, N. (2013): Religious Education Across Europe: Contexts in Policy Scholarship. In: Skeie, G. (Ed.): Exploring context in religious education research. Empirical, methodological and theoretical perspectives. (Religious Diversity and Education in Europe 25), Münster u.a.: Waxmann, S. 193-211.

Fischer, D. (2004): Biography and Religion of RE-teachers: Results of an Empirical Study. In: Larsson, R.; Gustavsson, C. (Hg.): Towards a European perspective on religious education. The RE Research Conference, March 11-14, 2004, University of Lund. (Bibliotheca theologiae practicae 74), Skellefteå: Artos & Norma, S. 201-211.

Friederici, M. (2009): From the Research Question to the Sampling. In: Valk, P. (Hg.): Teenagers' perspectives on the role of religion in their lives, schools and societies. A European quantitative study. (Religious Diversity and Education in Europe 7), Münster u.a.: Waxmann, S. 13-22.

Heimbrock, H.-G. (2004): Religionsunterricht im Kontext Europa. Einführung in die kontextuelle Religionsdidaktik in Deutschland. Stuttgart: Kohlhammer.

Jackson, R. (2009): Is Diversity Changing Religious Education? Religion, Diversity and Education in Today's Europe. In: Skeie, G. (Hg.): Religious diversity and education. Nordic perspectives. (Religious Diversity and Education in Europe 11), Münster u.a.: Waxmann, S. 11-28.

Jackson, R. (2014): Signposts. Policy and Practice for Teaching about Religions and Non-Religious Woldviews in Intercultural Education. Council of Europe. Straßburg (im Erscheinen).

Jackson, R.; Miedema, S.; Weisse, W.; Willaime, J.-P. (Hg.) (2007): Religion and Education in Europe. Developments, Contexts and Debates. (Religious Diversity and Education in Europe 3), Münster u.a.: Waxmann.

Jäggle, M.; Rothgangel, M.; Schlag, T. (Hg.) (2013): Religiöse Bildung an Schulen in Europa. Teil 1: Mitteleuropa. Unter Mitarbeit von Klutz, P. und Solymár, M. (Wiener Forum für Theologie und Religionswissenschaft 5,1), Göttingen: V & R Unipress.

Jozsa, D.-P.; Knauth, T.; Weiße, W. (Hg.) (2009): Religionsunterricht, Dialog und Konflikt. Analysen im Kontext Europas. (Religious Diversity and Education in Europe 15), Münster u.a.: Waxmann.

Kallionemi, A. (2004): Research in Religious Education in Finland. In: Larsson, R.; Gustavsson, C. (Hg.): Towards a European perspective on religious education. The RE Research Conference, March 11-14, 2004, University of Lund. (Bibliotheca theologiae practicae 74), Skellefteå: Artos & Norma S. 145-156.

Kerrutt, A.; Müller, C. (2009): Lehrerinnen und Lehrer zu religiöser Vielfalt im Klassenzimmer. Interreligiöses Lernen als Beitrag zu religiöser Vielfalt. In: Jozsa, D.-P.; Knauth, T.; Weiße,

W. (Hg.) (Hg.): Religionsunterricht, Dialog und Konflikt. Analysen im Kontext Europas. Münster u.a.: Waxmann, S. 404-417.

Knauth, T. (Hg.) (2008): Encountering Religious Pluralism in School and Society. A qualitative study of teenage perspectives in Europe. (Religious Diversity and Education in Europe 5), Münster u.a.: Waxmann.

Knauth, T. (2009): Empirische Forschung im Religionsunterricht. Eine Einleitung zur Forschung im Hamburger REDCo-Projekt. In: Jozsa, D.-P.; Knauth, T.; Weiße, W. (Hg.): Religionsunterricht, Dialog und Konflikt. Analysen im Kontext Europas. Münster u.a.: Waxmann, S. 319-330.

Larsson, R.; Gustavsson, C. (Hg.) (2004): Towards a European perspective on religious education. The RE Research Conference, March 11-14, 2004, University of Lund. RE Research Conference. (Bibliotheca theologiae practicae 74), Skellefteå: Artos & Norma.

McKenna, U.; Ipgrave, J.; Jackson, R. (Hg.) (2008): Inter faith dialogue by email in primary schools: an evaluation of the building e-bridges project. (Religious Diversity and Education in Europe 6), Münster u.a.: Waxmann.

OSCE/ODIHR (2007): Toledo guiding principles on teaching about religions and beliefs in public schools. Prepared by the ODHIR advisory council of experts on freedom of religion or belief. Warsaw: OSCE. Office for Democratic Institutions and Human Rights.

Osmer, R. R.; Schweitzer, F. (2003): Religious education between modernization and globalization. New perspectives on the United States and Germany. Grand Rapids, Mich.: Eerdmans.

Popp, D. (2013): Religion und Religionsunterricht in Europa. Eine quantitative Studie zur Sicht europäischer Religionslehrerinnen und -lehrer. (Empirische Theologie 26), Berlin u.a.: LIT.

Rothgangel, M.; Jackson, R.; Jäggle., M. (Hg.) (2014): Religious Education at Schools in Europe. Part 2: Western Europe (Vienna Forum for Theology and the Study of Religions= Wiener Forum für Theologie und Religionswissenschaft 10, 2), Göttingen: V& R unipress. Vienna University Press.

Rothgangel, M.; Schröder, B. (Hg.) (2009): Evangelischer Religionsunterricht in den Ländern der Bundesrepublik Deutschland. Empirische Daten – Kontexte – Entwicklungen. Leipzig: Evangelische Verlagsanstalt.

Schihalejev, O. (2010): From Indifference to Dialogue? Estonian Young People, the School and Religious Diversity. (Religious diversity and education in Europe 19), Münster u.a.: Waxmann.

Schiffauer, W.; Baumann, G.; Kastoriano, R.; Vertovec, S. (Hg.) (2006): Civil enculturation. Nation-state, schools, and ethnic difference in four European countries. Nachdruck 1. Aufl. 2004, New York: Berghahn Books.

Schreiner, P. (2012): Religion im Kontext einer Europäisierung von Bildung. Eine Rekonstruktion europäischer Diskurse und Entwicklungen aus protestantischer Perspektive. (Religious Diversity and Education in Europe 22), Münster u.a.: Waxmann.

Schröder, B. (2000): Jüdische Erziehung im modernen Israel. Eine Studie zur Grundlegung vergleichender Religionspädagogik. (Arbeiten zur praktischen Theologie 18), Leipzig: Evangelische Verlagsanstalt.

Schweitzer, F. (2013): Religionsunterricht in europäischen Schulen im Vergleich – Herausforderungen für international-vergleichende Forschung. In: Jäggle, M.; Rothgangel, M.; Schlag, T. (Hg.): Religiöse Bildung an Schulen in Europa. Teil 1: Mitteleuropa. Unter Mitarbeit von Klutz, P. und Solymár, M. (Wiener Forum für Theologie und Religionswissenschaft 5,1), Göttingen: V&R Unipress, S. 13-40.

Schweitzer, F.; Ilg, W.; Simojoki, H. (2009a): Aufgaben, Möglichkeiten und Grenzen international-vergleichender Forschung zur Konfirmandenarbeit. In: Schweitzer, F.; Elsenbast, V. (Hg.):

Konfirmandenarbeit erforschen. Ziele, Erfahrungen, Perspektiven. (Konfirmandenarbeit erforschen und gestalten 1), Gütersloh: Gütersloher Verlagshaus, S. 197-211.

Schweitzer, F.; Ilg, W.; Simojoki, H. (Hg.) (2010): Confirmation work in Europe. Empirical results, experiences and challenges. A comparative study in seven countries. (Konfirmandenarbeit erforschen und gestalten 4), Gütersloh: Gütersloher Verlagshaus.

Schweitzer, F.; Riegel, U.; Ziebertz, H.-G. (2009b): Europe in a comparative perspective – religious pluralism and mono-religious claims. In: Ziebertz, H.G.; Riegel, U. (Hg.): How Teachers in Europe Teach Religion. An international empirical study in 16 countries. Berlin, Münster: LIT, S. 241-255.

Simojoki, H. (2012): Globalisierte Religion. Ausgangspunkte, Maßstäbe und Perspektiven religiöser Bildung in der Weltgesellschaft. Tübingen: Mohr Siebeck.

Skeie, G. (2004): An Overview of Religious Education Research in Norway. In: Larsson, R.; Gustavsson, C. (Hg.): Towards a European perspective on religious education. The RE Research Conference, March 11-14, 2004, University of Lund. (Bibliotheca theologiae practicae 74), Skellefteå: Artos & Norma, S. 317-331.

Valk, P. (2009): The Process of the Quantitative Study. In: Valk, P. (Hg.): Teenagers' perspectives on the role of religion in their lives, schools and societies. A European quantitative study. (Religious Diversity and Education in Europe 7), Münster u.a.: Waxmann, S. 41-47.

Valk, P.; Bertram-Troost, G.; Friederici, M. Béraud, C. (Hg.) (2009): Teenagers' Perspectives on the Role of Religion in their Lives, Schools and Societies. A European Quantitative Study. (Religious Diversity and Education in Europe 7), Münster u.a.: Waxmann.

Veinguer, A., A.; Dietz, G.; Jozsa, D.-P.; Knauth, T. (Hg.) (2009): Islam in Education in European countries. Pedagogical Concepts and Empirical Findings. (Religious Diversity and Education in Europe 18), Münster u.a.: Waxmann.

Want, A. van der (Hg.) (2009): Teachers responding to religious diversity in Europe. Researching biography and pedagogy. (Religious Diversity and Education in Europe 8), Münster u.a.: Waxmann.

Weiße, W. (Hg.) (2008): Dialogischer Religionsunterricht in Hamburg. Positionen, Analysen und Perspektiven im Kontext Europas. Münster u.a.: Waxmann.

Weiße, W. (2009): Das Forschungsprojekt REDCo. Religion im Bildungswesen: Ein Beitrag zum Dialog oder ein Konfliktfaktor in sich verändernden Gesellschaften europäischer Staaten. In: Jozsa, D.-P.; Knauth, T.; Weiße, W. (Hg.): Religionsunterricht, Dialog und Konflikt. Analysen im Kontext Europas. (Religious Diversity and Education in Europe 15), Münster u.a.: Waxmann, S. 11-25.

Weisse, W. (Hg.) (2009): Religion in Education – a Contribution to Dialogue or a Factor of Conflict? The REDCo-project: Presentation in the European Parliament. Hamburg. www.redco.uni-hamburg.de.

Ziebertz, H.-G.; Kay, W. K. (2005): Youth in Europe I. An international empirical study about life perspectives. with a preface by Lambert van Nistelrooj (MEP). (International practical theology 2), Münster: LIT.

Ziebertz, H.-G.; Kay, W. K. (Hg.) (2006): Youth in Europe II. An international empirical study about religiosity. with a preface by Cardinal Josip Bozanic. (International practical theology 4), Münster: LIT. .

Ziebertz, H.-G.; Kay, W. K.; Riegel, U. (Hg.) (2009): Youth in Europe III. An international empirical Study about the Impact of Religion on Life Orientation. Münster: LIT.

Ziebertz, H.-G.; Riegel, U. (Hg.) (2009): How Teachers in Europe Teach Religion. An international empirical study in 16 countries. Berlin, Münster: LIT.

Bernd Schröder

Interreligiöse Bildung – empirisch betrachtet

Interreligiöses Lernen gehört zu den religionspädagogischen Themen, die seit den 1990er-Jahren große Aufmerksamkeit erzielen: Diskutiert werden didaktische Konzepte, vorgelegt v.a. von Johannes Lähnemann, Stephan Leimgruber, Folkert Rickers, sowie Vorschläge zur organisatorischen Neuausrichtung des schulischen Religionsunterrichts, etwa vom „Gesprächskreis Interreligiöser Religionsunterricht" in Hamburg oder, konzentriert auf den Religionsunterricht an berufsbildenden Schulen, Andreas Obermann. Entwickelt wurden Unterrichtsprojekte und -materialien, etwa diejenigen, die aus dem Wettbewerb der Quandt-Stiftung „Trialog der Kulturen" hervorgehen oder aus der Adaptierung des ethnografischen Ansatzes von Robert Jackson durch Karlo Meyer bzw. aus den Erfahrungen mit dem Hamburger „Religionsunterricht für alle" (dazu jüngst die Reihe „Interreligiös-dialogisches Lernen", München, ab 2014). Auch mehr oder weniger voluminöse Übersichten liegen zahlreich vor (etwa Schreiner/Sieg/Elsenbast 2005, Engebretson/de Souza/ Durka/Gearon 2010 oder Schambeck 2013).

Empirische Studien zum Themenkreis sind demgegenüber bemerkenswert selten – diejenigen, die (seit dem Jahr 2000) veröffentlicht wurden, lassen zudem kaum Rückschlüsse für die ggf. anstehenden didaktischen und systemischen Entscheidungen zu.

1. Internationale Befragungen zum Stellenwert interreligiösen Lernens

Interreligiöses Lernen ist zwar nicht an zentraler Stelle, wohl aber am Rande Thema zweier aufwändiger europäischer Vergleichsstudien: 2006–2009 arbeitete das von der Europäischen Union finanzierte, multinational verantwortete Projekt *„Religion in Education. A contribution to Dialogue or a factor of Conflict in transforming societies of European Countries (REDCo)"* und 2005–2008 das ebenfalls multinationale, europäisch finanzierte Projekt *„Perspectives on Teaching Religion (PeTeR)"* (zu beiden in diesem Band der Beitrag von Peter Schreiner).

Diese beiden Projekte generierten indes kaum Einsichten über die Quantität und Qualität interreligiöser Bildung in der Schule, vielmehr Auskünfte darüber, welche Form interreligiösen Lernens bzw. des Lernens über Religionen und welche Ziele dieses Lernens Schülerinnen und Schülern im Alter von 14 bis 16 Jahren (REDCo) bzw. Lehrerinnen und Lehrer (PeTeR) favorisieren. Der Umstand, dass beide Studien verschiedene Länder Europas einbeziehen, zeigt an, dass interreligiöse Bildung unabhängig von der nationalen Organisationsform schulischen ‚Religionsunterrichts'

zu den zentralen Herausforderungen dieses Arbeitsfeldes zählt. Trotz dieser vergleichenden Pointe beider Studien, sei hier nur auf die Deutschland-bezogenen Daten
hingewiesen.

REDCo befragte Lernende verschiedener Schulformen aus Deutschland, England, Estland, Frankreich, Niederlande, Norwegen und Spanien. Im Blick auf die
– nicht im statistischen Sinn repräsentativ ausgewählten – befragten Schülerinnen
und Schüler aus Nordrhein-Westfalen und Hamburg, deren Antworten die
Grundlage für die deutsche Daten sind, stellten die Autoren fest: „The majority of
students in Hamburg and NRW at least 'agree' that at school they 'get knowledge
about different religions' (73% and 78%), 'learn to have respect for everyone, what-
ever their religion' (77% and 67%) [...] and that 'learning about different religions
at school helps us to live together' (59% and 55%). [...] It is only a minority who
at least 'agree' that 'learning about religions at school [...] helps me to learn about
myself' (23% and 27%)." (Jozsa/Knauth/Weiße 2009, 186f.; vgl. 175) Und: „The majority of students in Hamburg and NRW [...] at least agree that 'religious education
should be optional' (61% and 74%) and at least disagree with the statements that
'there should be no place for religion in school' (66% and 71%) and that 'there is
no need for the subject of religious education ...' (59% in both states)" (ebd., 190).
Sie lehnen also eine laizistische (,französische') Lösung mit deutlicher Mehrheit ab;
der Bedeutungshof von „optional" bleibt hingegen offen: Mit dem Item wird eine
Obligatorik des Religionsunterrichts (wie sie bspw. in England gegeben ist) abgelehnt, doch es bleibt unklar, ob eine Abmelde- oder Wahlmöglichkeit intendiert ist.

Im Blick auf die Organisationsform des Religionsunterrichts halten die
Schülerinnen und Schüler in hohem Maße diejenige für angemessen, die in ihrem
Bundesland bereits praktiziert wird: „73% of the students in Hamburg at least ,ag-
ree' with a joint religious education model"; 61% der Lernenden in NRW bejahen „a
confessional religious education model" (ebd., 192). Was die Ziele des Unterrichts
angeht, „the majority of students in Hamburg and NRW alike are in favour of getting
'objective knowledge about different religions' as well as of learning 'to understand
what religions teach', of learning 'to communicate about religious issues' as well as
of learning 'the importance of religion for dealing with problems in society'. Only
with respect to being 'guided towards religious belief' are the positions more mixed,
with only 21% in Hamburg and 32% in NRW at least agreeing, while 49% and 38%
respectively at least disagreeing." (ebd., 193; zu Vergleichsdaten aus den anderen
Ländern im Überblick vgl. Bertram-Troost 2009, 411-416). *Tatsächliche Effekte* der
verschiedenen Formen von Religionsunterricht im Blick auf Toleranz bzw. auf den
Umgang mit religiöser Vielfalt sind auf Basis der erhobenen Daten nicht auszumachen (Jozsa/Knauth/Weiße 2009, 203 und 208f.; Bertram-Troost 2009, 421).

PeTeR wendete sich demgegenüber an Lehrende aus 16 europäischen Staaten.
In Deutschland wurden 2006/7 online Daten von 336 evangelischen und katholischen Religionslehrenden aller Schularten v.a. aus dem Süden und Nordwesten
unseres Landes erhoben. 79,8% von ihnen bejahen „teaching about religion" („information about different religions and churches") als Zielvorgabe, etwa 72,5%

ebenso „teaching from religion", nur 47,3% hingegen „teaching religion" (Riegel/ Ziebertz 2009, 74f. mit 313). Die Autoren fassen das Ergebnis wie folgt zusammen: „The respondents accept denominational goals, but they favour a religious education, which gives objective information about the different religions and helps the students to shape their own identity on the basis of religious values. Here they are in line with their students [...]" (Riegel/Ziebertz 2009, 78).

Beide Studien, REdCo wie PeTeR, sind nicht repräsentativ; bedingt durch ihre internationale Anlage und entsprechend allgemeine Items können ihre Fragen das Feld interreligiösen Lernens nur grobmaschig erkunden – die didaktische und inhaltliche Qualität des Unterrichts zu ‚Religionen' bleibt außen vor.

2. Eine Studie zum interreligiösen Lernfortschritt

Als Ausgangspunkt für die Sichtung weiterer empirischer Befunde eignet sich eine Längsschnittstudie zum Religionsunterricht von *Georg Ritzer*. Am Beispiel katholischen Religionsunterrichts im österreichischen Bundesland Salzburg hat er im Schuljahr 2006/7 den Lernertrag konventionell-konfessionellen Religionsunterrichts gemessen – exemplarisch bezogen auf die Klassen 9 bis 13 an Gymnasien wie an berufsbildenden Schulen. Zu den drei „Kompetenzbereichen", in denen die Studie nach Fortschritten fragt, gehören neben der „Sinnkompetenz" die „Sachkompetenz", u.a. im Bereich des Wissens zu „außerchristlichen Religionen", und die „Sozialkompetenz", u.a. im Blick auf den Umgang mit Pluralität.

Um kontrollierte Aussagen über Effekte des Religionsunterrichts überhaupt erst möglich zu machen, wurden einerseits zwei Kontrollgruppen einbezogen – die Befragten nahmen größtenteils am Religionsunterricht teil, teilweise am Ethikunterricht, teilweise an keiner dieser beiden Unterrichtsformen – und andererseits schulische und familiäre Sozialisationsfaktoren (dazu Ritzer 2010, 115-177) berücksichtigt. Das Ergebnis kann als repräsentativ für Salzburg gelten und darüber hinaus mutmaßlich „Österreich weit Geltung" beanspruchen (Ritzer 2010, 100). Es lässt sich sehr knapp zusammenfassen: Während bei Sinnkompetenz und Umgang mit Pluralität „keine statistisch relevanten Veränderungen festgestellt werden" konnten (ebd., 374), lassen sich beim Wissensaufbau Zuwächse erkennen (ebd., 373f.): „Das Wissen über außerchristliche Weltreligionen, wie es in der vorliegenden Arbeit erfragt wurde [vgl. http://www.uni-salzburg.at/pth/ritz], nimmt bei SchülerInnen, die Ethik- [!] oder Religionsunterricht besuchen, im Laufe eines Schuljahres signifikant zu" (ebd., 268).

Voraussetzung für diese Zuwächse ist gute Unterrichtsqualität; wie hoch diese i.E. ausfallen, hängt darüber hinaus wesentlich mit der familialen religiösen Sozialisation, dem Schulklima und dem vorgängigen Interesse der Schüler an Religion zusammen (ebd., 271f., 275): So nimmt etwa, gute Unterrichtsdisziplin vorausgesetzt, „bei ausgeprägtem Interesse, großer Fähigkeit zur Perspektivübernahme und Wissen über außerchristliche Weltreligionen [...] sogar die Bereitschaft, sich für religiöse Toleranz einzusetzen, während eines Schuljahres zu." (Ebd., 375)

Wie der Unterricht, an dem die Probanden teilnahmen, inhaltlich, methodisch und didaktisch gestaltet wurde, ist nicht Gegenstand der Untersuchung; gerade deshalb, weil die Studie Unterricht somit in seiner mutmaßlich ‚normalen' Mischung der Stile und Qualitäten wahrnimmt, ist ihr Ergebnis dazu angetan, (allzu) hohe Erwartungen an Religionsunterricht zu dämpfen. Er kann demnach vor allem Wissen aufbauen und sollte dies auch tun; „die Forderung habitueller Einstellungsveränderungen [ist] eine Überforderung" (ebd., 425).

In diese Richtung weist auch eine sog. Interventionsstudie, die 2007/8 Effekte einer Unterrichtseinheit „Gender in Islam und Christentum" auf 14- bis 17-jährige Schülerinnen und Schüler verschiedener Religionszugehörigkeit untersuchte.[1] Die Studie wurde vom Lehrstuhl für katholische Religionspädagogik in Würzburg initiiert (Ziebertz 2010, 3). Bei den Probanden handelte es sich um Realschul-Lerngruppen, die eigens für dieses Experiment aus 14 bis 17 Jahre alten Schüler(innen)des katholischen und evangelischen Religions- sowie des Ethikunterrichte gebildet wurden (43 Experimental-Klassen, 41 Kontroll-Klassen; ebd., 132): Ein Fünftel der Schülerinnen und Schüler waren Muslime, knapp zwei Drittel Christen; Männer und Frauen waren paritätisch vertreten (ebd., 133). U.a. erbrachte die Auswertung das Ergebnis, „dass die Unterrichtseinheit die Einstellungen [sc. der Schüler(innen)] gegen Fremdgruppen" und deren „Fähigkeit zum Perspektivenwechsel" *nicht* verändert hat (198f., vgl. 201).

Im Blick auf Erträge wie Gelingensbedingungen interreligiösen Lernens sind zudem zwei ältere Studien zu erwähnen, die beide auf den Grundschul-Religionsunterricht bezogen sind. *Barbara Asbrand* hat Ende der 1990er Jahre Grundschul-Religionsunterricht in Hamburg untersucht: „Interreligiosität wird in dieser Arbeit deskriptiv als das miteinander Leben und Lernen von Menschen unterschiedlicher religiöser Prägung und Zugehörigkeit verstanden" (Asbrand 2000, 1). Mit Instrumenten qualitativer Feldforschung wird „Religionsunterricht im Klassenverband" (Asbrand 2000, 20), zu dem Kinder verschiedener Religionen gehören, in drei Klassen an Hamburger Grundschulen beobachtet und ausgewertet (ebd., 32 und 28). Gerade auf dem Gebiet der „Interreligiosität" kann die Autorin dabei interessante Beobachtungen machen – etwa diejenige, dass „religiösen Kinder[n]" in diesem Unterrichtsarrangement wohl unvermeidlich die Rolle von Experten zufällt und damit eine „kategorisierende Identitätszuschreibung" stattfindet (ebd., 176; vgl. etwa 181f.), oder diejenige, dass interreligiöses Lernen auf der Basis „freundschaftlicher Beziehungen" unter den Grundschulkindern besonders erfolgversprechend sei (ebd., 238). Solche Beziehungen seien nicht unterrichtlich organisierbar, gleichwohl ist auf ein Schulklima zu achten, das „Raum und

---

[1] Die eingesetzte Unterrichtseinheit wird beschrieben bei Ziebertz 2010, 137-167. Das Untersuchungsdesign und die Ergebnisse kommen in zwei weiteren Kapiteln des Buches zur Sprache: Ziebertz/Hermans/Riegel 2010, 127-135 sowie Flunger/Ziebertz 2010, 187-205.

Zeit für das Zusammenleben" lässt (ebd., 241). Allerdings stellen diese wie weitere Feststellungen keine reliablen Einsichten dar, sondern – der gewählten explorativen Methode entsprechend – lediglich Hypothesen, die einer Überprüfung bedürften.

Carl Sterkens, Nijmwegen (NL) fragte 1995/96 in seiner von J. van der Ven und Chris Hermans begleiteten Doktorarbeit nach dem Effekt eigens konzipierter interreligiöser Lernsequenzen auf den Aufbau dessen, was er „religious polyphonic identity" nennt (Sterkens 2001, 126) – das methodische Instrumentarium der Untersuchung (quasi-experimentelle Interventionsstudie, „non-equivalent-control-group-design") kommt demjenigen der o.g. Ziebertz-Studie sehr nahe. Untersucht wurden 573 Schülerinnen und Schüler niederländischer Grundschulen im Alter von 10 bis 13 Jahren. Im Ergebnis stellt der Autor nach der Intervention v.a. Wissenszuwächse, aber auch einen Anstieg positiver Gefühle und Einstellungsveränderungen fest – wobei offen bleibt, ob diese Wirkungen tatsächlich auf die Unterrichtseinheit oder auf das Gemeinsam-Unterrichtet-Werden von Schülerinnen und Schülern verschiedener Religionszugehörigkeit zurückzuführen sind. Der Autor selbst resümiert: „the cognitive, affective and attitudinal conditions for the formation of a religious polyphonic self can be enhanced by a curriculum aimed at the exchange of personal notions and the exchange of perspectives" (ebd., 183).

Keine empirische Messung tatsächlicher Lernfortschritte, wohl aber „Stadien einer optionalen Entwicklungsfolge" legte 2005 *Heinz Streib* vor. Abgeleitet aus drei Fallstudien und basierend auf einer vorgängigen Modellierung „religiöser Stile" unterscheidet er fünf „Modi interreligiöser Verhandlungen" vom „xenophobisch monoreligiös[en]" über den „imperialistisch monoreligiös[en]", den „implizit multi-religiöse[n] und „explizit multi-religiös[en]" bis hin zum „inter-religiös[en]/ dialogisch[en]" Modus (Streib 2005, 237).

Da es sich nicht um eine interreligiöse, sondern ‚lediglich‘ um eine interkonfessionelle Lernform handelt (in der indes verwandte Herausforderungen und Prozesse zu bewältigen sind), sei hier nur hingewiesen auf die Untersuchungen zum Ertrag konfessionell-kooperativen Religionsunterrichts: „Es dürfte nicht übertrieben sein zu sagen, dass kein anderes Alternativmodell zum herkömmlichen Religionsunterricht [...] so aufwändig evaluiert worden ist wie der kooperative Religionsunterricht." (Schweitzer 2013, 31) Namentlich an dessen baden-württembergischer Spielart sind sowohl „Lernchancen" als auch qualitätssichernde Herausforderungen empirisch belegt worden (Schweitzer 2013, 32).

3. Kompetenzmodelle interreligiöser Bildung

In anderer Hinsicht mahnt eine weitere Studie zur Bescheidenheit. In zwei Projekten (abgekürzt: RU-Bi-Qua 2005–2007; KERK 2007–2009) haben Berliner Kollegen um *Dietrich Benner* und *Rolf Schieder* anhand des evangelischen Religionsunterrichts in Berlin und Brandenburg (der in beiden Fällen nicht unter den Bedingungen von Art. 7.3GG erteilt wird) ein religiöses Kompetenzmodell konstruiert. Was den Bereich interreligiöser Bildung angeht, so schloss jenes Modell ‚nur' die Kompetenzdimension „religionskundliche Kenntnisse" ein. Sowohl das vorgelegte Kompetenzmodell als auch die Testaufgaben konnten in aufwändigem Verfahren validiert werden; im Blick auf „religionskundliche Grundkenntnisse" konnten sogar Niveaustufen bzw. Schwierigkeitsgrade bestimmt werden (Benner/ Schieder/Schluss/Willems 2011,125-135). Damit sind indes noch keine repräsentativen Aussagen darüber möglich, in welchem Maße Schülerinnen und Schüler evangelischen Religionsunterrichts der Sekundarstufe I religionskundliche Kenntnisse tatsächlich erwerben; wohl aber steht deutlich vor Augen, dass das, was der Ausdruck „interreligiöse Bildung" i.E. meinen mag, zu komplex und vieldeutig ist, um ohne Weiteres empirisch erhoben zu werden (vgl. ebd., 141f.). Es bedürfte einer Zergliederung in operationalisierbare Bestandteile.

Eine entsprechende theoretische Weiterführung zu einem „Komponentenmodell interreligiöser Kompetenz", das allerdings nicht validiert werden konnte, ist von einem der Projektmitarbeiter, *Joachim Willems*, ausgearbeitet worden; es unterscheidet drei Komponenten: „interreligiöse Deutungs- und Urteilskompetenz", „interreligiöse Partizipations- und Handlungskompetenz" sowie „interreligiös relevante Kenntnisse" – und es besteht aus zwei Varianten: einer komplexeren „zur Strukturierung von Unterricht", einer schlankeren zur „empirischen Testung" (Willems 2011, 165-176, v.a. 168f.).

Auf zwei weitere Kompetenzmodelle, die im Blick auf interreligiöses Lernen entwickelt wurden, ist zumindest hinzuweisen:

Zum einen hat *Mirjam Schambeck* auf der Grundlage von 18 Experteninterviews, die sie 2008 in Indien (!) führte, ein Konzept „interreligiöse[r] Kompetenz als Diversifikations- und Relationskompetenz" entwickelt, das drei Kompetenzbereiche unterscheidet: einen „ästhetische[n]", einen „hermeneutisch-reflexive[n] und hermeneutisch-kommunikative[n]" sowie einen „praktische[n] Kompetenzbereich" (Schambeck 2011, 171-184). Insofern sie dieses Modell nicht zu bereits vorliegenden Kompetenzmodellen in Beziehung setzt und (bislang) keine empirische Bewährung vorlegt, verweist ihr Entwurf wieder zurück auf die oben benannten Schwierigkeiten mit Operationalisierung und Messung.

Zum anderen haben *Clauß Peter Sajak und Ann-Kathrin Muth* im Blick auf den Schulenwettbewerb „Trialog der Kulturen" Standards für interkulturelles und interreligiöses Lernen beschrieben, die sich in fünf Kompetenzbereiche gliedern (Kompetenzbereich 1: Die Relevanz erkennen, 2: Den Dialog fördern, 3: Den Anderen anerkennen, 4: Die eigene Identität weiterentwickeln, 5: Über die Schule hinaus wirken; s. Sajak/Muth 2011, 24). Diese Struktur ist nicht im Sinne empirischer Methodik, wohl aber der Sache nach ‚validiert', insofern diese fünf Kompetenzen solche „Kompetenzen [sc. widerspiegeln], die Schülerinnen und Schüler der Wettbewerbsschulen konkret, in einer für die unabhängige Jury erkennbaren sowie überprüfbaren Weise gezeigt und ausgewiesen haben" (ebd., 23).

Die bisher referierten Studien lassen empiriegestützt nur drei ernüchternde Einsichten zu: Zwar wird interreligiöse Bildung von Lehrenden wie Lernenden mit großen Mehrheiten bejaht und gewünscht, doch liegen kaum Studien zum *Ertrag* interreligiösen Lernens vor. Verhaltens- und Einstellungsänderungen etwa in Richtung des Aufbaus von Toleranz, Sich-in-Frage-stellen-Lassen und reflektierter Positionalität sind auf Grund von Unterricht im Umfang von zwei Wochenstunden schwerlich zu erwarten. „Interreligiöse Bildung" ist als ein so komplexes Konzept bzw. Ziel zu verstehen, dass dessen Erreichen schwerlich methodisch kontrolliert messbar zu sein scheint.

4. Lehrplan- und Unterrichtsmaterialanalysen

Vergleichsweise präzise auf interreligiöses Lernen und dessen Gehalte bezogen sind zwei groß angelegte Untersuchungen zu Materialien, die den (Religions-) Unterricht zum Thema steuern oder darin zum Einsatz kommen.

2003 haben *Lisa Kaul-Seidman, Jorgen S. Nielsen und Markus Vinzent* eine Studie zur Frage veröffentlicht, ob und in welchem Umfang Lehrpläne der Fächer Geschichte, Sprachen, Literatur und Religion verschiedener europäischer Länder (D, ESP, FIN, F, GR, GB, I, S) „die Beziehungen sowie die positiven Wechselwirkungen zwischen den drei Glaubenstraditionen [sc. von Judentum, Christentum und Islam] und Kulturen behandeln" (Kaul-Seidman/Nielsen/Vinzent 2003a, 11). Sowohl die knappe Liste der Befunde insgesamt als auch speziell die Sichtung der Curricula in Deutschland (Kaul-Seidman/Nielsen/Vinzent 2003b, 64-87) ist erhellend: Judentum und Islam werden als Faktoren europäischer Geschichte marginalisiert; Ähnliches gilt für das Christentum der Gegenwart. „Den Kulturflüssen zwischen den drei Glaubenstraditionen [...] wird wenig Aufmerksamkeit geschenkt"; ebenso „der kulturellen Vielfalt oder den internen Streitpunkten [...], die innerhalb jeder der drei Glaubenstraditionen [...] bestehen" (Kaul-Seidman/Nielsen/Vinzent 2003a, 12).

2010 hat ein Forscher(innen)team um *Robert Jackson* untersucht, welches Material im *englischen* Religionsunterricht für die Erschließung der Weltreligionen zur Verfügung steht und tatsächlich eingesetzt wird – letzteres wurde anhand qualitativer Lehrer- und Schülerinterviews an insgesamt 20 Schulen sowie mittels einer landesweiten (wegen der geringen Rücklaufquote allerdings nicht repräsentativen) Fragebogenerhebung ermittelt (dazu Jackson et al. 2010, 23-35). Das reichlich zur Verfügung stehende Print-Material macht in der Regel einen guten ersten Eindruck, doch näherhin gilt: „the representations of the religions raised a number of questions about accuracy, balance and relevance and were often marred by carelessness in details [...]" (Jackson et al. 2010, 208); "much material used in religious education classes was generated by the teachers" (205). "The case studies showed a variety of religious education approaches and pedagogies being used"; "in secondary schools learning about religions [...] had lower priority and the priorities [...] shifted to be more about ultimate questions and the development of critical thinking, and positive attitudes towards religions" (212).

In diesen Reigen der Materialsichtungen gehört auch die – methodisch wie sachlich innovative – Untersuchung der „Darstellung des Christentums in Schulbüchern islamisch geprägter Länder" von *Klaus Hock und Johannes Lähnemann*, die mit unzähligen interessanten Details belegt, wie fremd ‚interreligiöses Lernen' der Unterrichtstradition und -reflexion der betreffenden Länder zwischen Ägypten und Türkei ist (Hock/Lähnemann 2005/2012). Darüber hinaus wurden auf der Basis dieser Analysen Empfehlungen für die einschlägige Qualitätsverbesserung von Schulbüchern generiert (Lähnemann 2011).

5. Interreligiöses Lernen in Familie und Kindertagesstätte

Stand bisher die Schule als Lernort im Fokus, ist abschließend auf Studien zum interreligiösen Lernen außerhalb dessen hinzuweisen.

Schon 2005 hat *Regine Froese* auf ein vernachlässigtes, aber potenziell hoch bedeutsames „interreligiöses Lernfeld" hingewiesen: die religionsverschiedene Familie. Gegenstand ihrer Tübinger Dissertation ist die Auswertung leitfadengestützter Interviews mit Kindern und Eltern aus zwanzig christlich-muslimischen Familien (aus den Großräumen Rhein-Ruhr, Berlin, Stuttgart und München), die 1996/97 mit dem thematischen Schwerpunkt auf dem Verständnis Gottes und rituellen Praktiken geführt wurden. In den darin anschließenden religionspädagogischen Anregungen weist Froese darauf hin, dass religionsverschiedene Familien nicht schon als solche ein Lernort sind, dies aber werden *können*, wenn Eltern ihre Religiositäten leben, untereinander das interreligiöse Gespräch pflegen und so sowohl „leibhaftige Beheimatung" als auch die „Begegnung [der Kinder] mit der Begegnungskultur der Eltern" ermöglichen (Froese 2005, 267; vgl. Schweitzer/ Biesinger 2009).

Neben der Schule hat indes vor allem der Kindergarten die Aufmerksamkeit empirisch Forschender gefunden. 2010/11 wurde eine Repräsentativbefragung unter Erzieherinnen in Deutschland zum interkulturellen und interreligiösen Lernen in Kindertagesstätten verschiedener Träger veröffentlicht (dazu in diesem Band der Beitrag von Anke Edelbrock); zuvor schon, 2009, erschien eine Studie von *Eva Hoffmann* zu diesem Lernort mit dem Themenfokus ‚Tod'. Sie konstatierte – auf der Grundlage von Gruppendiskussionen mit je drei verschieden-religiösen Kindern in evangelischen Kindergärten einer Großstadt in Nordrhein-Westfalen –, dass „Kindergartenkinder [zwar] über gewisse Voraussetzungen verfügen, die für interreligiöses Lernen unerlässlich sind" (Hoffmann 2009b, 91), sich indes insgesamt im Bereich „propädeutische[n] interreligiöse[n] Lernens[s]" bewegen, z.B. weil sie noch nicht in der Lage zu sein scheinen, explizit „Bezüge" zwischen ihren individuellen Vorstellungen und religionsgemeinschaftlichen „Glaubenstraditionen" herzustellen (ebd.).

Kurzum: Die empirische Forschungslage zur interreligiösen Bildung stellt sich als Flickenteppich dar. Weder die didaktischen Konzepte, anhand derer unterrichtet wird, noch der Ertrag interreligiösen Lernens im Rahmen der Schule lässt sich bislang auch nur annähernd präzise bestimmen. Eine operationalisierbare Konzeptualisierung interreligiöser Bildung steht ebenso aus wie die Evaluierung dessen, was die Lehrenden verschiedener Konfessions- und Religionszugehörigkeit in diesem Bereich an Wissen, Erfahrungen und Kompetenzen einbringen. Außerschulische Lernorte (Familie, Medien, Gemeinde – allerdings mit der bemerkenswerten Ausnahme der Kindertagesstätten –, Öffentlichkeit) sind kaum im Blick.

Weitaus belastbarere Daten als zum interreligiösen Lernen liegen somit zur Ausgangslage auch interreligiöser Bildung vor, nämlich etwa zu Fremdenfeindlichkeit und Antisemitismus – dies allerdings nicht bezogen auf Schülerinnen bzw. Schüler (Zick/Küpper/Hövermann 2011).

Empirische Forschung im Bereich interreligiöser Bildung tut somit Not. Ohne deren Ergebnisse (und erwartbare Unbestimmtheiten) abwarten zu können, scheint mir indes sowohl die Ausweitung interreligiösen bzw. Begegnungs-Lernens von Schülerinnen und Schülern (an Stelle eines Lernens über andere Religionen i.S. der Weltreligionendidaktik) als auch die Intensivierung interreligiösen Lernens von Religionslehrerinnen und -lehrern bzw. Multiplikatoren wünschenswert. Eine Reihe von Lehrer(innen)-Fortbildungen, an der ich beteiligt bin, zeigt – ohne Anspruch auf Repräsentativität – , dass unter Religionslehrenden weder detailliertes bzw. strukturierendes Wissen über andere Religionen noch eigene Erfahrungen mit diesen ,anderen' Religionsgemeinschaften, geschweige denn die persönliche Begegnung oder gar Kooperation mit Religionslehrenden anderer Religionen, selbstverständlich sind.

Literatur

Asbrand, B. (2000): Zusammen Leben und Lernen im Religionsunterricht. Eine empirische Studie zur grundschulpädagogischen Konzeption eines interreligiösen Religionsunterrichts im Klassenverband der Grundschule. Frankfurt: IKO – Verlag für Interkulturelle Kommunikation.

Behr, H. H.; Boehme, K.; Krochmalnik, D.; Schröder, B. (Hg.) (2009ff.): Religionspädagogische Gespräche zwischen Juden, Christen und Muslimen. (Bisher) 5 Bde., Berlin: Frank & Timme.

Benner, D.; Schieder, R.; Schluß, H.; Willems, J. (Hg.) (2011): Religiöse Kompetenz als Teil öffentlicher Bildung. Paderborn: Schöningh.

Bertram-Troost, G. (2009): How do European Pupils See Religion in School? In: Valk, P.; Bertram-Troost, G.; Friederici, M.; Béraud, C. (Hg.): Teenagers' Perspectives on the Role of Religion in their Lives, Schools and Societies. A European Quantitative Study. (Religious Diversity and Education in Europe 7), Münster u.a.: Waxmann, S. 409-422.

Engebretson, K.; De Souza, M.; Durka, G.; Gearson, L. (Hg.) (2010): International Handbook of Interreligious Education. (International Handbooks of Religion and Education 4), Dordrecht/London: Springer.

Flunger, B.; Ziebertz, H.-G. (2010): Das Gender-Curriculum im quasi-experimentellen Design. In: Ziebertz, H.-G. (Hg.): Gender in Islam und Christentum. Theoretische und empirische Studien. (Empirische Theologie/Empirical Theology 20), Münster: LIT, S. 187-205.

Froese, R. (2005): Zwei Religionen – eine Familie. Das Gottesverständnis und die religiöse Praxis von Kindern in christlich-muslimischen Familien. (Religionspädagogik in pluraler Gesellschaft 7), Gütersloh/Freiburg: Gütersloher Verlagshaus/Herder.

Hock, K.; Lähnemann, J. (Hg.) (2005/2012): Die Darstellung des Christentums in Schulbüchern islamisch geprägter Länder. Teil I – Reiss, W.: Ägypten und Palästina, Teil II – Bartsch, P.: Türkei und Iran, Teil III – Kriener, J.; Reiss, W.: Libanon und Jordanien. (Pädagogische Beiträge zur Kulturbegegnung 21, 22 und 27), Schenefeld: EB-Verlag.

Hoffmann, E.(2009a): Interreligiöses Lernen im Kindergarten? Eine empirische Studie zum Umgang mit religiöser Vielfalt in Diskussionen mit Kindern zum Thema Tod. (Schriften aus dem Comenius-Institut 21), Berlin: LIT.

Hoffmann, E. (2009b): „Die Spatzen pfeifen es vom Minarett: Interreligiöses Lernen von Anfang an!?" – Empirische Erkenntnisse. In: Bucher, A. A.; Büttner, G. (Hg.): Jahrbuch für Kindertheologie 8: „In den Himmel kommen nur, die sich auch verstehen". Wie Kinder über religiöse Differenz denken und sprechen. Stuttgart: Calwer, S. 81-92.

Jackson, R.; Ipgrave, J.; Hayward, M. et al. (2010): Materials used to teach about World Religions in Schools in England. Research Report No DCSF-RR197. Warwick: Department for Children, Schools and Families.

Jozsa, D.-P.; Knauth, T.; Weisse, W. (2009): Religion in School – a Comparative Study of Hamburg and North Rhine-Westphalia. In: Valk, P.; Bertram-Troost, G.; Friederici, M.; Béraud, C. (Hg.): Teenagers' Perspectives on the Role of Religion in their Lives, Schools and Societies. A European Quantitative Study. (Religious Diversity and Education in Europe 7), Münster u.a.: Waxmann, S. 173-211.

Kaul-Seidman, L.; Nielsen, J. S.; Vinzent, M. (2003a): Europäische Identität und kultureller Pluralismus: Judentum, Christentum und Islam in europäischen Lehrplänen. Empfehlungen für die Praxis. Bad Homburg von der Höhe: Herbert-Quandt-Stiftung.

Kaul-Seidman, L.; Nielsen, J. S.; Vinzent, M. (2003b): European identity and cultural pluralism: Judaism, Christianity and Islam in European curricula. Supplement: country reports, Bad Homburg von der Höhe: Herbert-Quandt-Stiftung.

Lähnemann, J. (2011): Interreligiöse Schulbuchforschung und -entwicklung: Vorschläge für Standards/Interreligious Textbook Research and Development: A Proposal for Standards. In: Pirner, M; Lähnemann, J.; Haußmann, W. (Hg.): Medien-Macht und Religionen: Herausforderung für eine interkulturelle Bildung. (Pädagogische Beiträge zur Kulturbegegnung 29), Schenefeld: EB-Verlag, S. 316-335.

Riegel, U.; Ziebertz, H.-G. (2009): Germany: teachers of religious education – mediating diversity. In: Ziebertz, H.-G.; Riegel, U. (Hg.): How Teachers in Europe Teach Religion. (International Practical Theology 12), Berlin: LIT, S. 69-80.

Ritzer, G. (2010): Interesse – Wissen – Toleranz – Sinn: ausgewählte Kompetenzbereiche und deren Vermittlung im Religionsunterricht. Eine Längsschnittstudie. (Empirische Theologie 19), Wien u.a..: LIT.

Sajak, C. P.; Muth, A. K. (2011): Standards für das trialogische Lernen. Interkulturelle und interreligiöse Kompetenzen in der Schule fördern, Bad Homburg von der Höhe: Herbert-Quandt-Stiftung.

Schambeck, M. (2013): Interreligiöse Kompetenz: Basiswissen für Studium, Ausbildung und Beruf. Göttingen: Vandenhoeck & Ruprecht.

Schreiner, P.; Sieg, U.; Elsenbast, V. (Hg.) (2005): Handbuch Interreligiöses Lernen. Gütersloh: Gütersloher Verlagshaus.

Schweitzer, F. (2013): Kooperativer Religionsunterricht: Stand der Entwicklung – Realisierungsformen und Verbreitung – Zukunftsperspektiven. In: Zeitschrift für Pädagogik und Theologie 65; H.1, S. 25-34.

Schweitzer, F.; Biesinger, A. (2009): Religiöse Erziehung in evangelisch-katholischen Familien. Freiburg: Herder.

Sterkens, C.(2001): Interreligious Learning. The Problem of Interreligious Dialogue in Primary Education. (Empirical Studies in Theology VIII), Leiden u.a.: Brill.

Streib, H. (2005): Wie finden interreligiöse Lernprozesse bei Jugendlichen statt? In: Schreiner, P.; Sieg, U.; Elsenbast, V. (Hg.) (2005): Handbuch Interreligiöses Lernen. Gütersloh: Gütersloher Verlagshaus, S. 230-243.

Valk, P.; Bertram-Troost, G.; Friederici, M.; Béraud, C. (Hg.) (2009): Teenagers' Perspectives on the Role of Religion in their Lives, Schools and Societies. A European Quantitative Study. (Religious Diversity and Education in Europe 7), Münster u.a.: Waxmann.

Willems, J. (2011): Interreligiöse Kompetenz. Theoretische Grundlagen – Konzeptualisierungen – Unterrichtsmethoden. Wiesbaden: VS Verlag für Sozialwissenschaften.

Zick, A.; Küpper, B.; Hövermann, A. (2011): Die Abwertung der Anderen. Eine europäische Zustandsbeschreibung zu Intoleranz, Vorurteilen und Diskriminierung. Berlin: Friedrich-Ebert-Stiftung.

Ziebertz, H.-G. (Hg.) (2010): Gender in Islam und Christentum. Theoretische und empirische Studien. (Empirische Theologie/Empirical Theology 20), Münster: LIT.

Ziebertz, H.-G.; Hermans, C.; Riegel, U. (2010): Methodologie und Design der Genderstudie. In: Ziebertz, H.-G. (Hg.): Gender in Islam und Christentum. Theoretische und empirische Studien. (Empirische Theologie/Empirical Theology 20), Münster: LIT, S. 127-135.

Henrik Simojoki

Erträge und Desiderate international-vergleichender Studien zur Konfirmandenarbeit

1. International-vergleichende Forschung zur Konfirmandenarbeit – eine Problemanzeige

Als das bis heute bahnbrechende „Handbuch für die Arbeit mit Konfirmandinnen und Konfirmanden" vor 16 Jahren erschien, stach eine Entscheidung der von Volker Elsenbast geleiteten Redaktionsgruppe besonders hervor. Während das vorangehende Handbuch noch ganz ohne internationale Bezüge auskam, enthielt die Neuausgabe ein eigenes Kapitel zu „Konfirmandenarbeit in anderen Ländern" (Starck/Elsenbast 1998). Auch wenn diese Horizonterweiterung an Vorarbeiten anknüpfen konnte, die bis in die frühen 1960er Jahre zurückreichen (vgl. Frör 1962; Adam 1980, 131f.; Lutherischer Weltbund 1995), war sie doch von erheblicher Signalwirkung – was auch daran lag, dass den knappen Länderberichten übergreifende Leitfragen vorausgingen, an denen der analytische und didaktische Mehrwert einer internationalen Vergleichsperspektive fassbar wurde (Starck/Elsenbast 1998, 473f.).

Heute muss niemand mehr von der generellen Plausibilität komparativer Zugänge zur Konfirmandenarbeit überzeugt werden. Das liegt nicht nur an der gegenüber damals noch weiter gestiegenen Sensibilität für transnationale Dynamiken im Kontext von Religion und Bildung (vgl. Simojoki 2012), sondern auch daran, dass sich die vergleichende Religionspädagogik mittlerweile auch methodologisch als eigenständiger Forschungszweig etabliert hat (vgl. Schröder 2000; Bråten 2013). Dabei haben sich in Deutschland und Europa zwei Schwerpunkte herausgebildet: Die bislang umfangreichsten internationalen Studien auf diesem Feld gelten einerseits dem schulischen Religionsunterricht (vgl. den Beitrag von Schreiner in diesem Band) und andererseits, vielleicht weniger erwartungsgemäß, dem gemeindepädagogischen Arbeitsfeld der Konfirmandenarbeit. Führt man sich aber die Verbreitung dieses kirchlichen Bildungsangebots im europäischen Horizont vor Augen, erscheint diese Gewichtung freilich gar nicht so überraschend. Jahr für Jahr werden allein in Nord- und Mitteleuropa mehr als eine halbe Million junge Menschen konfirmiert. Damit erweist sich dieser zentrale Bildungsbereich evangelischer Kirchen als eine der wenigen länderübergreifend wirksamen Formen außerschulischer institutionalisierter Bildung im europäischen Raum.

Jedoch soll es im Folgenden ausdrücklich nicht darum gehen, einmal mehr die Potenziale international-vergleichender Forschung zur Konfirmandenarbeit herauszustreichen (vgl. dazu Schweitzer/Ilg/Simojoki 2009). Im Gegenteil – dieser Beitrag setzt bewusst bei den Grenzen, Fallstricken und Schwierigkeiten dieser spezifischen empirischen Erhebungs- und Analyseform an. Den Ausgangspunkt für diesen problemorientierten Zugriff bildet die quantitativ angelegte Vergleichsstudie „Confirmation Work in Europe" aus dem Jahr 2010 (vgl. Schweitzer/Ilg/Simojoki 2010). Sie basiert auf einer repräsentativen Fragebogenerhebung, die im Konfirmandenjahr 2007/08 durchgeführt wurde. Befragt wurden mehr als 28.000 an der Konfirmandenarbeit beteiligte Personen – Konfirmandinnen und Konfirmanden, haupt- und ehrenamtliche Mitarbeitende, teilweise auch Eltern – aus sieben europäischen Ländern (Dänemark, Deutschland, Finnland, Norwegen, Österreich, Schweden und die Schweiz). Während die Ergebnisse dieser Studie vielfach präsentiert worden sind und auch in deutscher Sprache vorliegen (vgl. Simojoki/Schweitzer/Ilg 2010, Simojoki/Ilg/Schweitzer 2011), will ich im Folgenden beispielhaft einige Deutungsperspektiven ansprechen, die sich mittlerweile – aufgrund neuer gesellschaftlichen Entwicklungen, erweiterter Analysemöglichkeiten etc. – graduell verschoben haben. Dahinter steht die etwas verwegene These, dass sich die Notwendigkeit kontinuierlichen empirischen Engagements auf dem Feld international-vergleichender Forschung zur Konfirmandenarbeit anhand der im Zuge des Interpretationsprozesses sich unvermeidlich einstellenden und manchmal erst retrospektivisch identifizierbaren Modifikationsbedarfe besonders plausibel erhärten lässt. Folgerichtig endet dieser Beitrag mit einem Ausblick auf die zweite internationale Vergleichsstudie zur Konfirmandenarbeit in Europa, die mit einem erweiterten Forschungsdesign an die Pilotstudie anknüpft, allerdings auch neue Schwerpunkte setzt.

2. Brüchige Stabilität? Vergleichende Perspektiven zur Entwicklung der Teilnahmezahlen der Konfirmandenarbeit

In der ersten Studie zur Konfirmandenarbeit in Europa wurde erstmals die diachrone Entwicklung der Konfirmationszahlen in den beteiligten Ländern erhoben und komparativ ausgewertet (vgl. Elsenbast/Schweitzer/Ilg 2010, 216f.). Dabei formierte sich ein zwiespältiges Gesamtbild: In den meisten Ländern sinkt die Partizipationsquote kontinuierlich, wenn auch in unterschiedlicher Intensität. Insbesondere Schweden hat in den letzten Jahrzehnten einen regelrechten Einbruch der Teilnahmezahlen erlebt. Ließen sich in den frühen 1970ern vier Fünftel und Ende der 1980er Jahre immerhin noch zwei Drittel aller schwedischen Jugendlichen eines Jahrganges konfirmieren, ist der Wert mittlerweile auf etwa ein Drittel zurückgegangen. Etwas moderater, wenn auch ähnlich stetig, fällt der Beteiligungsrückgang in Norwegen und Dänemark aus. Die Gründe für diese Entwicklung sind für sämtliche Länder eigens zu bestimmen, haben aber einen gemeinsamen Hintergrund in der für Nord- und Mitteleuropa insgesamt charakteristischen Tendenz zur religiösen Individualisierung und Pluralisierung.

Freilich gab es auch bemerkenswerte Ausnahmen vom generellen Trend: So liegt die Quote der Konfirmierten in Deutschland seit der Wiedervereinigung relativ konstant bei etwa 30% eines Altersjahrganges (vgl. Ilg/Schweitzer/Elsenbast 2009, 38ff). Auch für Finnland konnte eine bemerkenswerte Beständigkeit in den Teilnahmezahlen nachgewiesen werden: 2007 ließen sich noch immer fast neun von zehn finnischen Jugendlichen konfirmieren – gegenüber 1975 hatte sich die Teilnahmequote um nur einen Prozentpunkt von 89,5% auf 88,5% verringert. Unter Rückgriff auf die Beschreibungen und Deutungen der finnischen Kolleginnen und Kollegen (vgl. Innanen/Niemelä/Porkka 2010) lag es nahe, diese anhaltende Popularität auf bestimmte, seit den 1970er Jahre schrittweise ausgebaute und mittlerweile fest institutionalisierte konzeptionelle Innovationen der finnischen Konfirmandenarbeit zurückzuführen: In Finnland zentriert sich die gesamte Konfirmandenarbeit auf die im Regelfall einwöchigen Konfirmanden-Camps, die von einer hohen Zahl von jugendlichen Mitarbeitenden mitbetreut werden. Folglich kamen wir zu dem Schluss, es sei in Finnland gelungen, „die Konfirmandenarbeit als einen Teil der Jugendkultur zu etablieren, der bei den Teilnehmenden eine hohe Attraktivität besitzt" (Simojoki/Ilg/Schweitzer 2011, 190).

Auch wenn diese Aussage aufs Ganze gesehen immer noch zutreffen dürfte, hat sich die damals statistisch belegbare Stabilität in den Jahren danach als in unerwartetem Maße brüchig erwiesen. In der relativ kurzen Zeitspanne zwischen 2007 und 2011 sind die Teilnahmezahlen in Finnland um mehr als 5 Prozentpunkte auf insgesamt 83% zurückgegangen (Church Research Institute 2013, 83). In der Hauptstadtregion Helsinki wurden 2011 nur noch 66% der 15-Jährigen konfirmiert.

Auf der einen Seite ist dieser Rückgang eng mit dem allgemeinen religiösen Wandel verwoben: Er entspricht eins zu eins der generellen Kirchenmitgliedschaftsentwicklung in Finnland, die wiederum teilweise sehr spezielle Hintergründe hat. Ausgelöst durch eine im Oktober 2010 ausgestrahlte Diskussionsrunde kam es hier zu einer kontrovers geführten Diskussion um Homosexualität und Kirche, die eine bis dahin beispiellose Kirchenaustrittswelle lostrat. Noch im gleichen Jahr kehrten 40000 Finninnen und Finnen der Evangelisch-Lutherischen Kirche den Rücken (vgl. Church Research Institute 2013, 11ff.) – das sind mehr Kirchenaustritte als Kajaani, die zwanzigstgrößte Stadt des Landes, Einwohner hat (zum Vergleich: die der Einwohnerzahl nach zwanzigstgrößte Stadt Deutschlands ist Münster!). Hier zeigt sich exemplarisch, wie herausforderungsreich die Analyse empirischer Daten im internationalen Vergleich ist: Sie setzt nicht nur allgemeine, sondern spezifische Kenntnisse aller einbezogenen Länderkontexte voraus.

Gleichzeitig stellt sich die Frage, ob unser damaliges Datenmaterial nicht doch Indizien enthält, die diese relative Instabilität in der finnischen Konfirmandenarbeit wenn schon nicht direkt anzeigen, so doch zumindest partiell verständlich machen. Hier sind vor allem jene Items von Interesse, in denen die Zentralität und Bestimmtheit des Glaubens für die an der Befragung beteiligten Konfirmandinnen und Konfirmanden zur Sprache kommt:

Tabelle 1: Ausgewählte Glaubenseinstellungen der Konfirmand(innen)
(zu Beginn der Konfirmandenzeit)

What do you think about the following statements? (1 = not applicable at all; 7 = totally applicable)	Total (M | YES)	AT	CH	DE	DK	FI	NO	SE
I believe in God.	4.80	5.33	4.21	5.27	4.97	4.04	4.26	3.47
	57%	68%	45%	67%	62%	40%	45%	30%
I am not sure what I should believe.	3.68	3.56	3.87	3.45	3.77	3.97	3.93	4.22
	33%	31%	40%	30%	34%	37%	37%	46%

Angesichts dieser Befunde erscheint die hohe Beteiligungsrate an der Konfirmation in Finnland umso bemerkenswerter, geben doch nur 4 von 10 der befragten finnischen Jugendlichen zu Beginn ihrer Konfirmandenzeit an, überhaupt an Gott zu glauben. Lediglich in Schweden liegt diese Zahl um noch einmal 10 Prozentpunkte niedriger. Kongruent dazu finden sich in diesen beiden Ländern überdurchschnittlich viele Jugendliche, die sich am Anfang ihrer Konfirmandenzeit unsicher hinsichtlich ihres Glaubens äußern. Auch die generellen Einstellungen zum christlichen Glauben zu diesem Zeitpunkt weisen in eine ähnliche Richtung:

Tabelle 2: Gegenwärtige Einstellung zum christlichen Glauben insgesamt
(zu Beginn der Konfirmandenzeit)

How would you describe your current attitude towards the Christian faith in in general?	AT	CH	DE	DK	FI	NO	SE
very negative	3,4%	2,2%	1,8%	1,3%	4,2%	4,8%	3,3%
rather negative	6,5%	9,5%	4,5%	4,0%	8,4%	5,6%	8,1%
neither negative nor positive	30,2%	45,1%	36,0%	43,2%	43,5%	44,5%	42,7%
rather positive	47,0%	36,2%	47,4%	42,4%	35,4%	37,3%	37,2%
very positive	13,0%	7,1%	10,3%	9,2%	8,5%	7,9%	8,7%

Während sich vor allem die deutschen und österreichischen Konfirmandinnen und Konfirmanden vergleichsweise positiv zum christlichen Glauben äußern, bekunden die finnischen Jugendlichen eine weit größere Distanz. In keinem der untersuchten Länder gibt es so viele gegenüber dem christlichen Glauben negativ eingestellte Konfirmandinnen und Konfirmanden wie in Finnland. Auch der Anteil an Indifferenten ist überdurchschnittlich groß. Daher überrascht es auch nicht, dass die Motivation, mehr über Gott und den Glauben zu erfahren, hier eine eher geringe Rolle spielt. Während insgesamt zwei Fünftel der befragten Jugendlichen in den beteiligten Ländern sich in diesem Sinne äußerten, sahen nur 24% der jungen Finnen darin einen wesentlichen Grund für ihren Teilnahmebeschluss – der niedrigste Prozentsatz aller beteiligten Länder.

Um etwaigen Missverständnissen vorzubeugen: Diese Befunde bedeuten nicht unbedingt, dass finnische Jugendliche generell negativer gegenüber dem christlichen Glauben eingestellt wären. Vielmehr macht sich hier auch die im Vergleich höhere Partizipationsrate bemerkbar. Zumindest noch erreicht die finnische Konfirmandenarbeit überdurchschnittlich viele derjenigen Jugendlichen, die Religion, Glaube und Kirche kritisch gegenüber stehen und in anderen Länderkontexten womöglich keinen Kontakt mehr zur Kirche und ihren Jugendangeboten haben. Allerdings deutet sich in der oben skizzierten Entwicklung der Teilnahmezahlen an, dass diese Integrationswirkung nachlässt.

In der ersten Studie zur Konfirmandenarbeit in Europa lag der Akzent unserer Auswertungen auf der Veränderung dieser Einstellungsmuster im Laufe der Konfirmandenzeit. Dabei stellte sich heraus, dass sich die Einstellungen zum (christlichen) Glauben während dieser Zeit nirgendwo so zum Positiven wenden wie in Finnland und Schweden (Niemelä 2010, 245f.). Vor dem von mir entfalteten Hintergrund wäre jedoch ein stärkeres Augenmerk auf die niedrigen Ausgangswerte in beiden Ländern zu legen – nicht um die positiven Effekte der hier wie dort überdurchschnittlich ertragreichen Konfirmandenarbeit zu schmälern, sondern weil die vergleichsweise geringe Zentralität des Gottesglaubens zum Einstiegszeitpunkt in *beiden* (im Lichte der Teilnahmestatistiken ja scheinbar sehr differenten) Kontexten eine gewisse, bislang analytisch wohl nicht hinreichend veranschlagte Labilität anzeigt.

3. Worauf gründet sich eigentlich Zufriedenheit mit der Konfirmandenzeit? Eine komparative Antwortsuche in drei Anläufen

Gute Konfirmandenarbeit zeichnet sich dadurch aus, dass die Konfirmandinnen und Konfirmanden sie als solche erleben. Folglich kommt der Frage, ob, in welchem Maße und vor allem warum junge Menschen sich im Rückblick zufrieden oder unzufrieden mit ihrer Konfirmandenzeit zeigen, eine Schlüsselbedeutung bei der empirischen Erforschung von Konfirmandenarbeit zu. Erstmals umfassend untersucht wurde diese Frage von Kati Niemelä, die in ihrer auch längsschnittlich angelegten Studie zur Qualität und Wirksamkeit der finnischen Konfirmandenarbeit zwei ausschlaggebende Zufriedenheitsfaktoren identifizieren konnte: Am stärksten positiv beeinflusst wurde die subjektive Wahrnehmung der von ihr befragten Konfirmand(innen) einerseits durch die allgemeine Atmosphäre während der Konfirmandenzeit und andererseits durch die eng mit dem Camp-Setting verbundenen äußeren Rahmenbedingungen (Niemelä 2008, 73f.). Inhaltliche Aspekte traten demgegenüber deutlich zurück.

Die Schlüsselbedeutung der Konfirmanden-Camps scheint sich auch in den Befunden der internationalen Studie zu bestätigen. Im Rückblick bewerten europäische Konfirmandinnen und Konfirmanden diesen Aspekt ihrer Konfirmandenzeit besonders positiv. Neben den absoluten Zahlen fällt die Streuung ins Auge: Wie aus Tabelle 2 hervorgeht, erzielen die Camps in fünf von sieben Ländern entweder den höchsten oder den zweithöchsten Zufriedenheitswert. Ferner fällt auf, dass stärker inhaltlich bestimmte Aspekte (Themen, Andachten, Gottesdienste) am unteren Ende der Tabelle rangieren.

Tabelle 3: Zufriedenheit mit verschiedenen Aspekten der Konfirmandenzeit

To what extent are you satisfied with... (1 = not applicable at all; 7 = totally applicable)	Total (% | M)		AT	CH	DE	DK	FI	NO	SE
camp(s)	77%	5.58	69%	76%	73%	66%	86%	76%	91%
feeling of community	77%	5.51	69%	73%	71%	83%	88%	82%	86%
minister(s)/person(s) primarily responsible	76%	5.44	76%	74%	72%	72%	84%	76%	87%
other teachers/workers	72%	5.29	70%	66%	69%	60%	84%	65%	89%
having fun	68%	5.11	76%	70%	72%	43%	65%	53%	88%
music, songs and singing	60%	4.80	48%	44%	51%	55%	84%	58%	80%
content/topics of lessons	58%	4.75	48%	52%	49%	66%	81%	60%	76%
prayers in the group	52%	4.62	40%	40%	43%	46%	77%	50%	72%
church services	52%	4.49	47%	43%	47%	44%	73%	52%	65%
the whole confirmation time	72%	5,24	68%	66%	67%	63%	87%	72%	88%

In der Tat: „Aspects of community and the camps are considered the most precious parts of confirmation time in most of the countries involved." (Elsenbast/ Schweitzer/Ilg 2010, 215) – wobei in den deutschsprachigen Ländern das hauptverantwortliche Personal den Gemeinschaftsaspekt sogar noch überwiegt.

Allerdings ist damit noch nicht gesagt, dass diese Aspekte auch den größten – positiven oder negativen – Einfluss auf die Gesamtzufriedenheit haben. Das demonstrieren eindrücklich Wolfgang Ilg und Friedrich Schweitzer, die in einer vertiefenden Einzelanalyse den Zufriedenheitsursachen regressions- und mehrebenenanalytisch auf den Grund gegangen sind (Ilg/Schweitzer 2010). Gerade die Regressionsanalyse fördert hier einige aufschlussreiche Verschiebungen zutage (Tabelle 4). Demnach tragen die Zufriedenheit mit der inhaltlichen Seite der Konfirmandenarbeit sowie der „Spaßfaktor" mit Regressionskoeffizienten von 0.27 bzw. 0.20 am meisten zur allgemeinen Zufriedenheit bei – noch vor den oben aufgeführten Aspekten mit den höchsten Zufriedenheitswerten. Die von Niemelä erhobene Schlüsselbedeutung der Camps und der Gemeinschaft bestätigt sich zwar für Finnland, aber eben auch nur für Finnland.

Tabelle 4: Gesamtzufriedenheit – bedingende Faktoren (Beta-Werte)
(Ilg/Schweitzer 2010, 160)

To what extent are you satisfied with...	Total	AT	CH	DE	DK	FI	NO	SE
content/topics of lessons	0.27**	0.15**	0.24**	0.25**	0.39**	0.15**	0.26**	0.25**
having fun	0.20**	0.25**	0.18**	0.24**	0.21**	0.11**	0.04*	0.35**
feeling of community	0.16**	0.12*	0.10*	0.12**	0.09*	0.31**	0.20**	0.13**
camp(s)	0.13**	0.19**	0.20**	0.15**	-0.09*	0.28**	0.10**	0.06*
minister(s)/person(s) primarily responsible	0.13**	0.16**	0.25**	0.14**	0.20**	0.05*	0.14**	0.10**
music, songs and singing	0.06**	-0.02	0.06	0.05**	0.00	0.01	0.06*	0.06*
other teachers/ workers	0.04**	0.14**	0.01	0.04**	0.04	0.03	0.08**	0.04
church services	0.04**	0.05	0.01	0.04**	-0.02	0.04	0.10**	0.02
prayers in the group	0.03**	-0.01	0.04	0.03*	0.18**	0.00	0.05	-0.01
R^2	0.60	0.63	0.62	0.57	0.66	0.60	0.58	0.66

** $p < 0,01$; * $< 0,05$

Scheint der enge Zusammenhang zwischen Camps und allgemeiner Zufriedenheit durch diese Befunde zumindest graduell gelockert, so wird er auf einer wiederum anderen Ebene ausdrücklich erhärtet. Angesichts der großen Gesamtstichprobe der europäischen Vergleichsstudie konnte bei der Dateninterpretation auf das religionspädagogisch bislang noch kaum eingesetzte Verfahren der Mehrebenenanalyse zurückgegriffen werden. Dessen Vorteil besteht darin, dass es Effekte sowohl auf der Individual- als auch auf der Gruppenebene einfängt. Mit Hilfe dieses ausgesprochen komplexen Analyseinstruments konnten Ilg und Schweitzer für vier Länder einen signifikanten Zusammenhang zwischen der Länge des Konfirmandencamps und der Gesamtzufriedenheit nachweisen: „The longer the camp period lasts, the more positive is the confirmands' perception of confirmation time" (Ilg/Schweitzer 2010, 171, in Übereinstimmung mit Niemelä 2010, 252f).

An diesem dreifachen Anlauf zur präziseren Ermittlung von Zufriedenheitsfaktoren zeigt sich exemplarisch, dass international-vergleichende Forschung zur Konfirmandenarbeit, um interpretative Kurzschlüsse zu vermeiden, dringend auf den Einsatz komplexer Analyseverfahren angewiesen ist.

4. Das dänische Paradoxon – oder: Ist ein gutes Gemeinschaftsgefühl zwingend auf eine erlebnisorientierte Konfirmandenarbeit angewiesen?

Die Entscheidung, an der Konfirmandenzeit teilzunehmen, ist europaweit eng an die Erwartung geknüpft, eine gute Gemeinschaft in der Gruppe zu erleben, Freunde zu treffen und kennenzulernen (vgl. zum Folgenden Pettersson/Simojoki 2010, 268ff.). Allerdings gibt es eine auffällige Ausnahme von dieser Grundtendenz: In Dänemark begründeten nur 35% der Konfirmandinnen und Konfirmanden ihre Teilnahme mit gemeinschaftsbezogenen Motiven. Der Wunsch, Freunde zu treffen und kennenzulernen, spielte für sie mit 33% eine noch geringere Rolle. Es liegt nahe, diesen abweichenden Befund mit den spezifischen Rahmenbedingungen der dänischen Konfirmandenarbeit zu erklären. Gegenläufig zum gesamteuropäischen Trend in Richtung jugendarbeitsnaher Arbeitsformen findet der dänische Konfirmandenunterricht in der Regel an einem Schulvormittag statt und liegt fast ausschließlich in den Händen des Gemeindepfarrers, ohne ehrenamtliche Beteiligung. Die in anderen Ländern weithin üblichen erlebnis- und gemeinschaftsorientierten Organisationformen wie Camps und Freizeiten haben in Dänemark bislang nur wenig Verbreitung gefunden.

Vor diesem Hintergrund wäre eigentlich zu erwarten gewesen, dass die dänischen Jugendlichen während der Konfirmandenzeit weniger intensive Gemeinschaftserfahrungen als die Konfirmandinnen und Konfirmanden aus den anderen Ländern machen würden. Das ist aber keineswegs der Fall. Am Ende der Konfirmandenzeit gaben 77% der dänischen Konfirmandinnen und Konfirmanden an, eine gute Gemeinschaft in der Konfirmandengruppe erlebt zu haben. Damit haben sie diesen Aspekt positiver in Erinnerung als beispielsweise Konfirmandinnen und Konfirmanden aus den deutschsprachigen Ländern (AT: 72%, DE: 73%, CH: 75%) und liegen gleichauf mit Finnland, das ja in gewisser Hinsicht als konzeptionelles Gegenstück zum dänischen Konfirmandenunterricht angesehen kann. Auf der Zufriedenheitsebene ist der Abstand zu den deutschsprachigen Ländern sogar noch frappanter: Wie Tabelle 3 zeigt, äußern sich 83% der dänischen Konfirmandinnen und Konfirmanden zufrieden mit dem Gemeinschaftsgefühl während der Konfirmandenzeit – ein deutlich höherer Wert als in Deutschland (71%), Österreich (69%) und der Schweiz (73%).

Interpretationen dieser paradox anmutenden Befunde können aus den quantitativ erhobenen Daten alleine nicht geleistet werden, was wiederum auf ein letztes methodologisches Desiderat international-vergleichender Forschung zur Konfirmandenarbeit hinweist. Die scheinbare Inkongruenz wäre nur dann analytisch zu erhellen, wenn quantitative und qualitative Methoden triangulativ miteinander verknüpft würden (wobei auch dieser Zugang natürlich seine Grenzen hat). Im deutschsprachigen Kontext gibt es bereits ermutigende Beispiele für eine solche Triangulation quantitativer und qualitativer Zugänge zur Konfirmandenarbeit (vgl. Meyer 2012).

5. Vorausblick auf die zweite Studie für Konfirmandenarbeit in Europa

An drei exemplarischen Problemkreisen habe ich zu zeigen versucht, dass sich kumulativer Erkenntnisfortschritt im Bereich international-vergleichender Forschung zur Konfirmandenarbeit nicht zuletzt darin manifestiert, dass Desiderate identifiziert, schärfer konturiert und schließlich auch bearbeitet werden. Abschließend konkretisiere ich diese Einsicht am Beispiel der zweiten Studie zur Konfirmandenarbeit in Europa, die gerade im Vergleich zur ersten ganz neue Forschungsspielräume eröffnet.

Die erste Säule des Projektes besteht aus einer Repräsentativbefragung, die im Konfirmationsjahr 2012/13 durchgeführt wurde und die Grundanlage der ersten Studie repliziert (Befragung zu Beginn und am Ende der Konfirmandenzeit). Da die meisten Items beibehalten wurden, wird es nun erstmals möglich wird, längerfristige Tendenzen in der Konfirmandenarbeit einzufangen. Welche Tendenzen setzen sich fort? Welche Veränderungen zeichnen sich ab? Wie sich bereits oben am Beispiel Finnlands andeutete, sind bei aller erwartbaren Beständigkeit Momente der Diskontinuität keineswegs ausgeschlossen.

Allerdings wiederholt die zweite Studie nicht bloß das Forschungsdesign der ersten, sondern enthält zahlreiche Modifikationen, Fokussierungen und Erweiterungen, die im oben vorgezeichneten Sinne kritisch an die Ergebnisse und Erfahrungsbestände des ersten Projektes anschließen. So kam die kontextuelle Vielfalt europäischer Konfirmandenarbeit in der ersten Studie nur in ihrem deutschsprachigen und skandinavischen Ausschnitt in den Blick. In der zweiten Studie kommen mit Polen und Ungarn zwei ostmitteleuropäische Länder dazu, die das komparative Analysespektrum nicht nur räumlich erweitern. In beiden Kontexten findet die Konfirmandenarbeit geschichtlich geformte Bedingungen und Herausforderungen vor, die sich von denen der bislang untersuchten Länder zum Teil beträchtlich unterscheiden.

Die erste Erhebung diente dazu, einen möglichst breiten Überblick über die gegenwärtige Praxis von Konfirmandenarbeit in Europa zu gewinnen. Dabei wurden Themen, Probleme und Herausforderungen aufgeworfen, die länderübergreifend einer vertiefenden Bearbeitung bedürfen. So deutete sich beispielsweise an, dass ehrenamtliches Engagement von Jugendlichen in verschiedener Hinsicht zur Qualität der Konfirmandenarbeit beiträgt. Auch konnte belegt werden, was vielen in diesem Praxisfeld Tätigen unmittelbar einsichtig ist: Der Gottesdienst genießt bei den Konfirmandinnen und Konfirmanden aufs Ganze gesehen nur geringe Wertschätzung. In der zweiten Studie werden solche für die Praxis der Konfirmandenarbeit zentralen Fragestellungen eingehender untersucht.

Des Weiteren werden bestimmte, in diesem Beitrag teils bereits adressierte Analysevariablen stärker gewichtet. Neben einer ganzen Reihe sozialer Zugehörigkeitsmerkmale sollen insbesondere Stadt-Land-Differenzen sowie Majoritäts- und Minoritätssituationen auf ihren Einfluss hin befragt werden.

Schließlich macht sich die Studie eine Frage zueigen, die vielen, die mit Konfirmandenarbeit befasst sind, besonders auf den Nägeln brennt: Was passiert eigentlich nach der Konfirmation? Folglich werden die Jugendlichen nicht nur, wie in der ersten Studie, zu Beginn und am Ende ihrer Konfirmandenzeit, sondern auch zwei Jahre nach ihrer Konfirmation befragt. Mit dieser zweiten Säule des Projekts hoffen wir, weiterführende Aufschlüsse über die langfristigen Effekte der Konfirmandenarbeit zu gewinnen – und über diese Aufschlüsse neue Perspektiven, die das bisherige Forschungsbild erweitern, korrigieren oder auch erschüttern. Letzteres zu betonen dürfte ganz im Sinne Volker Elsenbasts sein, der die Aussageintention dieses Beitrages in einem Forschungsüberblick zur Konfirmandenarbeit bereits prägnant vorweggenommen hat: „Mit neuem Wissen entstehen neue Fragen, oder es wird klar, was man eigentlich wissen müsste oder wissen will." (Elsenbast 2009, 39)

Literatur

Adam, G. (1980): Der Unterricht der Kirche. Studien zur Konfirmandenarbeit. Göttingen: Vandenhoeck & Ruprecht.

Bråten, O. M. H. (2013): Towards a Methodology for Comparative Studies in Religious Education. A Study of England and Norway (Religious Diversity and Education in Europe 24), Münster u.a.: Waxmann.

Church Research Institute (2013): Community, Participation and Faith. Contemporary Challenges of the Evangelical Lutheran Church of Finland. Tampere: Church Research Institute.

Elsenbast, V. (2009): Konfirmandenarbeit erforschen. Ziele – Erfahrungen – Perspektiven. In: Schweitzer, F.; Elsenbast, V. (Hg.): Konfirmandenarbeit erforschen. Ziele – Erfahrungen – Perspektiven (Konfirmandenarbeit forschen und gestalten 1), Gütersloh: Gütersloher Verlagshaus, S. 31-39.

Elsenbast, V.; Schweitzer, F.; Ilg, W. (2010): Similarities and Differences of Confirmation Work in the Seven Countries. In: Schweitzer, F.; Ilg, W., Simojoki, H. (Hg.): Confirmation Work in Europe. Empirical Results, Experiences and Challanges. A Comparative Study in Seven Countries (Konfirmandenarbeit erforschen und gestalten 4), Gütersloh: Gütersloher Verlagshaus, S. 212-221.

Frör, K. (Hg.) (1962): Zur Geschichte und Ordnung der Konfirmation in lutherischen Kirchen. Aus den Verhandlungen des Internationalen Seminars des Lutherischen Weltbundes in Loccum 1961 über Fragen der Konfirmation. München: Claudius-Verlag.

Ilg, W.; Schweitzer, F. (2010): Researching Confirmation Work in Europe: The Need for Multi-Level Analysis for Identifying Individual and Group Influences in Non-Formal Education. In: Journal of Empirical Theology 23; H.2, S. 159-178.

Innanen, T.; Niemelä, K.; Porkka, J. (2010): Confirmation Work in Finland. In: Schweitzer, F.; Ilg, W., Simojoki, H. (Hg.): Confirmation Work in Europe. Empirical Results, Experiences and Challanges. A Comparative Study in Seven Countries (Konfirmandenarbeit erforschen und gestalten 4), Gütersloh: Gütersloher Verlagshaus, S. 139-161.

Lutherischer Weltbund, Abteilung für Mission und Entwicklung, Christliche Erziehung (Hg.) (1995): Studie über Konfirmandenarbeit. Berichte aus der ganzen Welt. 4.-8. September 1995 (LWB-Dokumentation 38), Genf: Lutherischer Weltbund.

Meyer, K. (2012): Gottesdienst in der Konfirmandenarbeit. Eine triangulative Studie (Arbeiten zur Religionspädagogik 50), Göttingen: Vandenhoeck & Ruprecht.

Niemelä, K. (2008): Does Confirmation Training Really Matter? A longitudinal study of the quality and effectiveness of confirmation training in Finland. Tampere: Church Research Institute.

Niemelä, K. (2010): Religious Change during Confirmation Time. In: Schweitzer, F.; Ilg, W., Simojoki, H. (Hg.): Confirmation Work in Europe. Empirical Results, Experiences and Challanges. A Comparative Study in Seven Countries (Konfirmandenarbeit erforschen und gestalten 4), Gütersloh: Gütersloher Verlagshaus, S. 265-275.

Pettersson, P.; Simojoki, H. (2010): Does Confirmation Work Contribute to Civil Society? In: Schweitzer, F.; Ilg, W., Simojoki, H. (Hg.): Confirmation Work in Europe. Empirical Results, Experiences and Challanges. A Comparative Study in Seven Countries (Konfirmandenarbeit erforschen und gestalten 4), Gütersloh: Gütersloher Verlagshaus, S. 244-253.

Schröder, B. (2000): Jüdische Erziehung im modernen Israel. Eine Studie zur Grundlegung vergleichender Religionspädagogik (Arbeiten zur Praktischen Theologie 18), Leipzig: Evangelische Verlagsanstalt.

Schweitzer, F.; Ilg, W.; Simojoki, H. (2009): Aufgaben, Möglichkeiten und Grenzen international-vergleichender Forschung zur Konfirmandenarbeit. In: Schweitzer, F.; Elsenbast, V. (Hg.): Konfirmandenarbeit erforschen. Ziele – Erfahrungen – Perspektiven (Konfirmandenarbeit forschen und gestalten 1), Gütersloh: Gütersloher Verlagshaus, S. 197-211.

Schweitzer, F.; Ilg, W.; Simojoki, H. (Hg.) (2010): Confirmation Work in Europe. Empirical Results, Experiences and Challanges. A Comparative Study in Seven Countries (Konfirmandenarbeit erforschen und gestalten 4), Gütersloh: Gütersloher Verlagshaus.

Simojoki, H. (2012): Globalisierte Religion. Ausgangspunkte, Maßstäbe und Perspektiven religiöser Bildung in der Weltgesellschaft (Praktische Theologie in Geschichte und Gegenwart 12), Tübingen: Mohr Siebeck.

Simojoki, H.; Schweitzer, F.; Ilg, W. (2010): Praxis der Konfirmandenarbeit in Europa. Impulse aus einer europäischen Vergleichsstudie. In: Böhme-Lischewski, T.; Elsenbast, V.; Haeske, C.; Ilg, W.; Schweitzer, F. (Hg.): Konfirmandenarbeit gestalten. Perspektiven und Impulse für die Praxis aus der Bundesweiten Studie zur Konfirmandenarbeit in Deutschland (Konfirmandenarbeit erforschen und gestalten 5), Gütersloh: Gütersloher Verlagshaus, S. 249-259.

Simojoki, H.; Ilg, W.; Schweitzer, F. (2011): Europäische Impulse für die Konfirmandenarbeit. Empirische Befunde aus einer internationalen Studie. In: Deutsches Pfarrerblatt 111; H.4; S. 189-193.

Starck, R.; Elsenbast, V. (1998): Konfirmandenarbeit in Kirchen anderer Länder. In: Comenius-Institut (Hg.): Handbuch für die Arbeit mit Konfirmandinnen und Konfirmanden. Gütersloh: Gütersloher Verlagshaus, S. 473-490.

Autorinnen und Autoren

Beier, Miriam, M.A., Wissenschaftliche Mitarbeiterin im Fachbereich Religionspädagogik an der Friedrich-Schiller-Universität Jena.

Bücker, Dr. Nicola, Wissenschaftliche Mitarbeiterin am Comenius-Institut, Münster.

Domsgen, Dr. Michael, Professor für Evangelische Religionspädagogik an der Theologischen Fakultät der Martin-Luther-Universität Halle-Wittenberg.

Edelbrock, Dr. Anke, ev. Theol., AOR am Ökumenischen Institut für Theologie und Religionspädagogik der Pädagogischen Hochschule Schwäbisch Gmünd.

Fleige, Dr. Marion, Programmleitung „Programme und Beteiligung" im Forschungs- und Entwicklungszentrum des Deutschen Instituts für Erwachsenenbildung/Leibniz-Zentrum für Lebenslanges Lernen, Bonn.

Greier, Kirsti, Wissenschaftliche Mitarbeiterin und Referentin für Kindergottesdienst/Kirche mit Kindern am Comenius-Institut, Münster.

Grenz, Dr. Sabine, Wissenschaftliche Mitarbeiterin im Fachgebiet Geschlechterforschung für den Bachelorstudiengang Sozialwissenschaften an der Universität Göttingen. Mitarbeiterin im Projekt des Comenius-Instituts „Grundlagenstudie zur genderorientierten religiösen Bildung ‚Was Männern, was Frauen Sinn gibt': Die Auswirkungen der Kategorie Geschlecht auf die Herstellung von (religiösem) Lebenssinn".

Heller, Dr. Thomas, Wissenschaftlicher Mitarbeiter im Fachbereich Religionspädagogik und Geschäftsführer des Zentrums für Religionspädagogische Bildungsforschung an der Friedrich-Schiller-Universität Jena.

Ilg, Dr. Wolfgang, Wissenschaftlicher Mitarbeiter am Forschungsprojekt Konfirmandenarbeit am Lehrstuhl Praktische Theologie mit Schwerpunkt Religionspädagogik an der Universität Tübingen.

Kaiser, Dr. Yvonne, Wissenschaftliche Mitarbeiterin an der Fachhochschule Münster, Fachbereich Sozialwesen, Projekt: Schwer erreichbare Jugendliche.

Kalbheim, Dr. Boris, Akademischer Rat am Lehrstuhl für Religionspädagogik, Julius-Maximilian-Universität Würzburg.

Kleint, Dr. Steffen, Wissenschaftlicher Mitarbeiter am Comenius-Institut, Münster.

Möller, Dr. Rainer, Wissenschaftlicher Mitarbeiter am Comenius-Institut, Münster.

Mulia, Dr. Christian, Wissenschaftlicher Mitarbeiter am Seminar für Praktische Theologie der Universität Mainz.

Pithan, Dr. Annebelle, Wissenschaftliche Mitarbeiterin am Comenius-Institut, Münster.

Rothgangel, Dr. Martin, Professor für Religionspädagogik an der Evangelisch-theologischen Fakultät der Universität Wien.

Scheunpflug, Dr. Annette, Professorin für Allgemeine Pädagogik an der Otto-Friedrich Universität Bamberg.

Schneider-Harpprecht, Dr. Christoph, Leiter des Referates Erziehung und Bildung in Schule und Gemeinde der Evangelischen Landeskirche in Baden, Karlsruhe, und apl. Professor für Praktische Theologie an der Theologischen Fakultät der Ruprecht-Karls-Universität Heidelberg.

Schöll, Dr. Albrecht, Wissenschaftlicher Mitarbeiter und Leiter Zentrale Dienste Information – Dokumentation – Bibliothek am Comenius-Institut, Münster.

Schreiner, Dr. Peter, Wissenschaftlicher Mitarbeiter und stellv. Direktor des Comenius-Instituts, Münster.

Schröder, Dr. Bernd, Professor für Praktische Theologie mit den Schwerpunkten Religionspädagogik und Bildungsforschung an der Theologischen Fakultät der Georg-August-Universität Göttingen.

Schweitzer, Dr. Friedrich, Professor für Praktische Theologie mit Schwerpunkt Religionspädagogik an der Universität Tübingen.

Sendler-Koschel, Birgit, Leiterin der Bildungsabteilung im Kirchenamt der EKD, Hannover.

Simojoki, Dr. Henrik, Professor für Evangelische Theologie mit Schwerpunkt Religionspädagogik und Didaktik des Religionsunterrichts an der Otto-Friedrich-Universität Bamberg.

Spenn, Matthias, Direktor des Amtes für Kirchliche Dienste der Evangelischen Kirche in Berlin-Brandenburg-Schlesische Oberlausitz (EKBO).

Steinhäuser, Dr. Martin, Professor für Gemeindepädagogik und kirchliche Arbeit mit Kindern an der Evangelischen Hochschule Moritzburg/Sachsen.

Wermke, Prof. Dr. Michael, Professor für Religionspädagogik und Direktor des Zentrums für Religionspädagogische Bildungsforschung an der Friedrich-Schiller-Universität Jena.